R. Das / E. v. Krause

Manöver für Segler

Robbert Das
Erik v. Krause

Manöver für Segler

Delius Klasing Verlag

Inhalt

Zu diesem Buch

Bei den Manövern hier handelt es sich ausschließlich um solche mit Kielbooten. Vielleicht sind Sie ein Umsteiger aus der Jolle. Oder ein „Seiteneinsteiger", der sogleich auf einem Kielboot — einen frischen Segelschein vielleicht in der Tasche — zu segeln beginnt. Oder Sie sind Crew auf einer Kielyacht, lange genug gewohnt, willig die Anweisungen eines wenig mitteilungsfreudigen Skippers zu befolgen. Ohne sich bisher zugetraut zu haben, selbst einmal eines dieser Manöver zu fahren.

Der Jollensegler wird sogleich feststellen, daß er in manchen Dingen umlernen muß: Da ist die größere Masse Schiff, mit größerem Drehkreis und erschreckend langem Auslauf. Zuviel Fahrt läßt sich nicht mehr mit Hand oder Fuß aufstoppen. Und aufgepaßt: Das ist eine verdammt andere Sache, anstatt so eines Lappens von 8 oder 10 m^2, in einer Halse, 40, 50 m^2 über die Köpfe schwingen zu lassen. Wahrscheinlich ist man auch noch niemals unter Segeln ankerauf gegangen, wenn der Wind plötzlich umspringt und man auf Legerwall zu geraten droht.

Moderne kleine Kreuzer sind sicherer und leistungsfähiger geworden: Rollfocks, die den riskanten Segelwechsel auf dem Vorschiff erübrigen, ins relativ sichere Cockpit umgelenkte Fallen und Strecker. Winschen und Batterien von Klemmen, die das Handling erleichtern. Aber je zahlreicher vorhanden die Hilfsmittel, umso größer die Gefahr von Fehlreaktionen in schnellen Manövern. Gerade von kleinen Crews.

Und welche wahrhaft phantastischen Möglichkeiten stecken in den heutigen Konstruktionen! Äußerst sensible Trimmeinrichtungen für Rigg und Schoten, bis hin zu den einfachen und doppelten Backstagen, wollen sicher beherrscht sein, will man diese Möglichkeiten voll ausschöpfen.

Die kleinen Kreuzer werden überwiegend zu zweit oder zu dritt gesegelt von einer Crew mit oft recht unterschiedlicher Segelerfahrung. An sie richten sich unsere Basismanöver. Unser Wunsch ist es, diese Crew zu einem Team zusammenzuschweißen, in dem jeder die Aufgaben des anderen jederzeit übernehmen kann. Sei's das optimale Segeln auf allen Kursen zum Wind, der Vorsegelwechsel bei auffrischender Brise oder das Setzen und Bergen des Spinnakers, der gemeinhin als ein schwieriges Segel gilt. Sei's das Reffen, womöglich auf einem im Seegang bockenden Boot, oder das Kreuzen im Strom, das Schleusen und Segeln in schwerer See oder nach Verlust des Ruders.

Wahrscheinlich werden die wenigsten nur Gelegenheit haben, einmal als Crew auf einer großen Rennyacht — sei es ein Tonner oder gar eine Maxiyacht — zu segeln. Denn dort an Bord läuft manches anders. Die technischen Einrichtungen sind weitaus zahlreicher. Zahlreicher sind aber auch die Hände an Bord. Solche Schiffe zu manövrieren, das ist Logistik, ist auf die Spitze getriebene Ökonomie, ist High Tech-Segeln. Da sind Profis am Werk.

Der Fahrtensegler wird allerdings nur wenig davon selbst praktizieren können. Weil zum einen sein Boot selten so groß sein wird, und ihm zum anderen niemals eine entsprechend trainierte Profimannschaft zur Verfügung steht. Weshalb denn diese trickreichen Manöver von Regatta-Profis überhaupt? Weil es faszinierend, ja geradezu aufregend ist, ihre Manövertechnik hier in allen Phasen verfolgen zu können. Und weil man dennoch die eine oder andere Anregung aufgreifen, ein paar Handgriffe sich abgucken kann, die sich auf die eigene Manöverpraxis eines jeden übertragen lassen.

Segel anschlagen

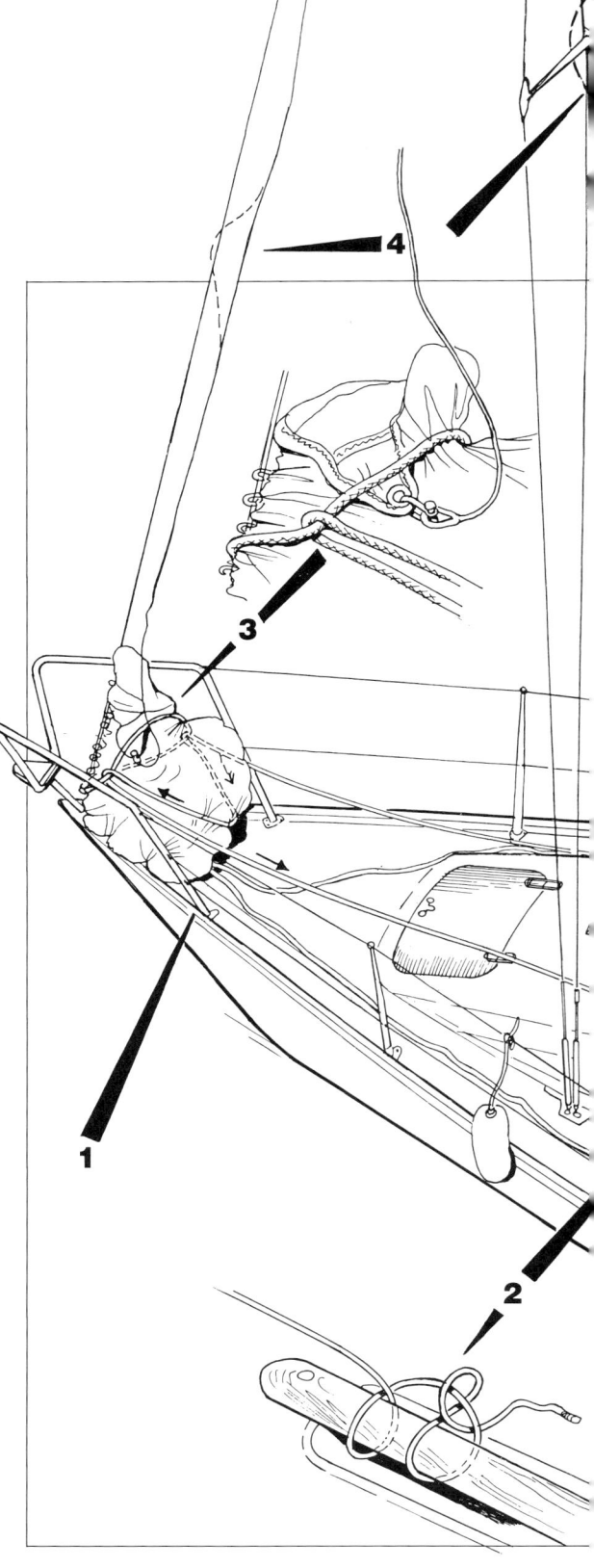

Dieser kleine Küstenkreuzer ist bereits seeklar gemacht worden. Die Segel sind angeschlagen und können sofort nach dem Auslaufen gesetzt werden:

1 Die Fock ist mit ihren Stagreitern am Vorstag befestigt. Die Schoten sind bereits angeknotet und werden unter das Paket geklemmt. Das Segel wird von einer Sicherungsleine zusammengehalten, damit es nicht vom Wind über Bord geweht werden kann.

2 Die beiden Tampen der Sicherungsleine werden an die Handläufer geknotet, so daß sie entfernt werden kann, ohne daß jemand auf das Vorschiff muß.

3 Die Sicherungsleine soll auch den Kopf des Segels festhalten, damit das Fall sich nicht um das Vorstag wickeln kann.

4 Bevor die Fallen an die Segel geschäkelt werden, ist zu prüfen, ob sie klar am Vorstag und den Salingen laufen.

5 Das Fockfall wird ein wenig gespannt; die Hebelklemme ist geschlossen. Das Ende des Falls liegt im Cockpit.

6 Das Großfall wird ebenfalls nur wenig auf Spannung gesetzt. Das Ende wird mit einem Achtknoten versehen und liegt im Cockpit.

7 Das aufgetuchte Großsegel ist mit drei Zeisingen gesichert. Diese bestehen aus einem Gurtband vom Segelmacher oder aus einem Tauende, in das ein Auge geknotet oder eingespleißt worden ist. Steckt man das andere Ende des Tampens durch dieses Auge, so kann das Segel stramm zusammengezogen werden. Gummis mit Kunststoffkugeln oder -knebeln sind keinesfalls zu empfehlen, da sie leicht Augenverletzungen verursachen.

8 Der Großbaum wird auf einer Seite des Cockpits fixiert, damit Cockpit und Niedergang frei bleiben. Dazu wird der Traveller an einem Ende der Schiene festgemacht und der Baum mit Schot und Dirk festgesetzt.

9 Vor dem Auslaufen ist darauf zu achten, daß keine Leinen im Wasser hängen, die Schraube oder Welle gefährden können. Die Fockschoten liegen unterschiedlich, da alle Winschen grundsätzlich nur rechtsherum drehen.

10 Die Winschkurbeln stecken griffbereit in ihren Halterungen.

11 Der Baumniederholer muß lose sein, da sonst das Großsegel nicht richtig gesetzt werden kann.

12 Die Fender werden erst nach dem Auslaufen abgenommen, sollten aber dann keinesfalls vergessen werden.

13 Der Pinnenausleger ist auf der Pinne arretiert, damit er beim Manövrieren nicht stört.

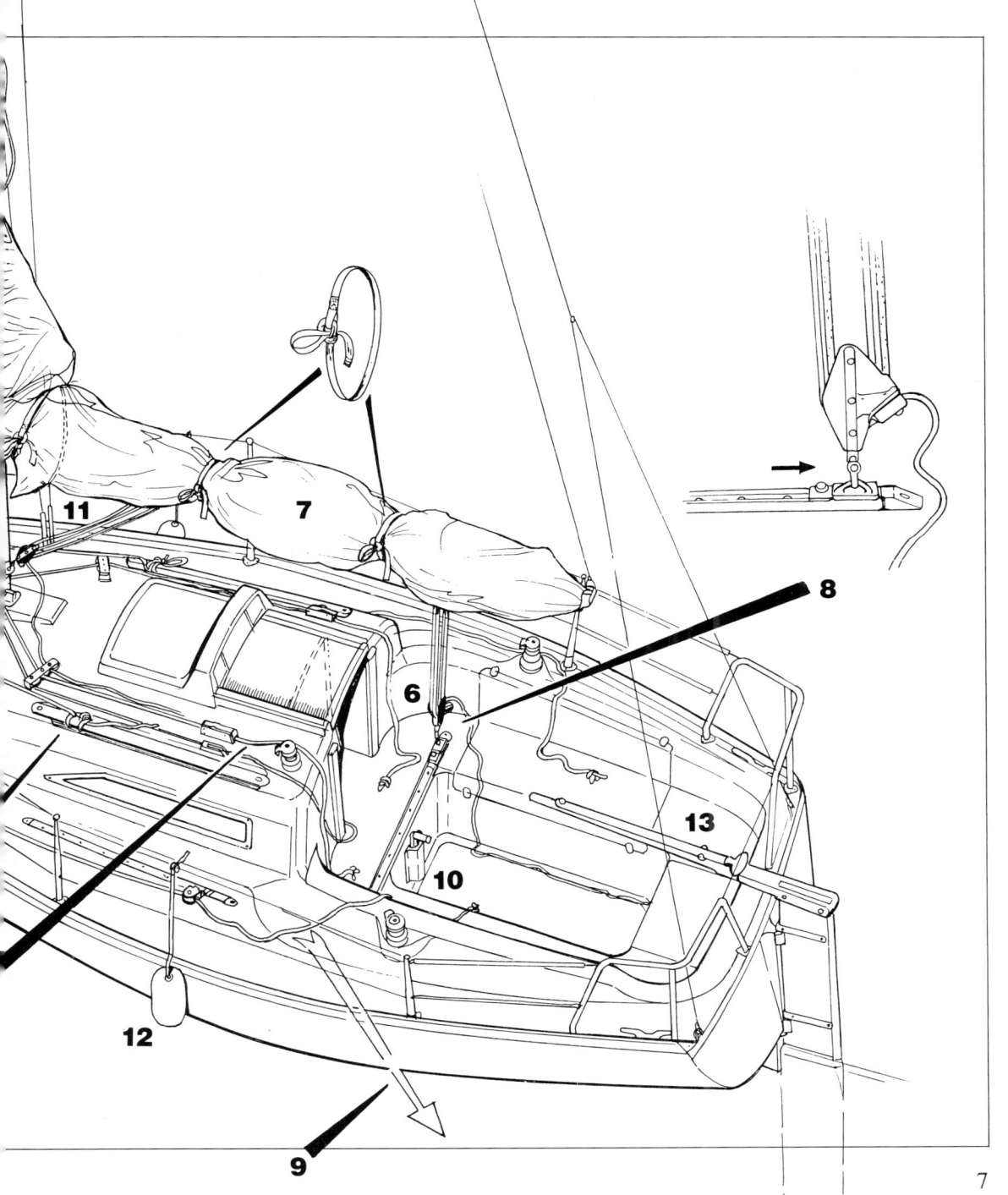

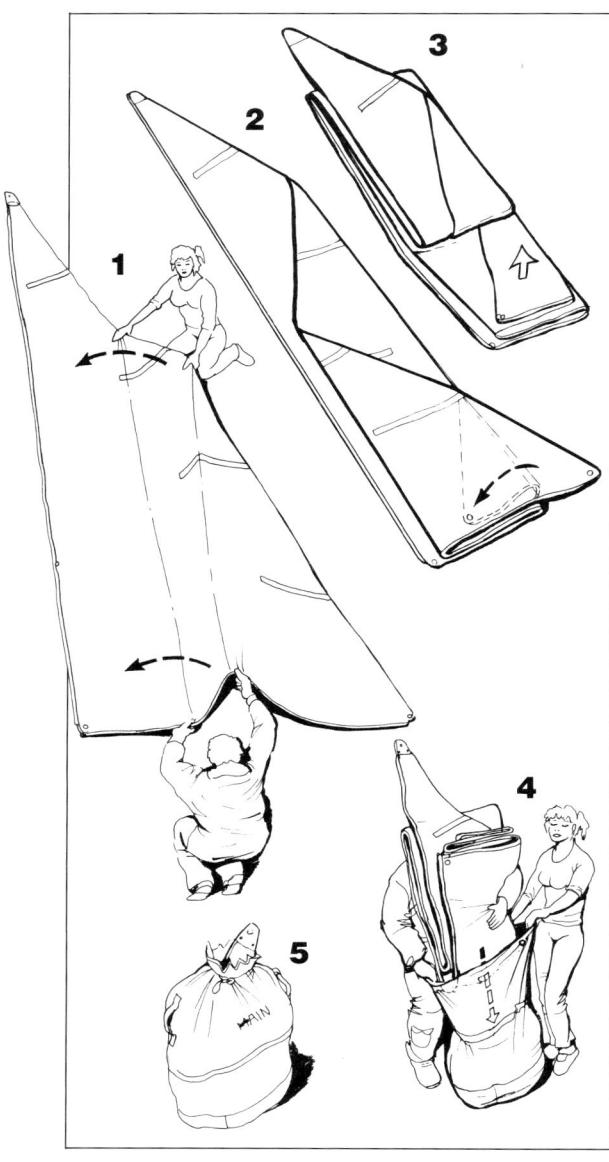

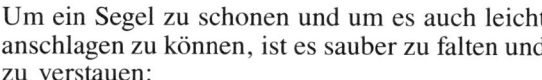

Um ein Segel zu schonen und um es auch leicht
anschlagen zu können, ist es sauber zu falten und
zu verstauen:

1 In diesem Beispiel wird ein Großsegel (ohne
Latten) parallel zum Vorliek gefaltet.

2 Die letzte Ecke des Segels wird untergefaltet.

3 Je nach Größe des Segelsackes wird das Segel
zusammengefaltet.

4 Das Segel wird so in den Sack geschoben,
daß der Kopf obenauf liegt.

5 Läßt man den Kopf oben aus dem Segelsack
herausragen, hat man ihn zum erneuten Segelset-
zen sofort zur Hand.

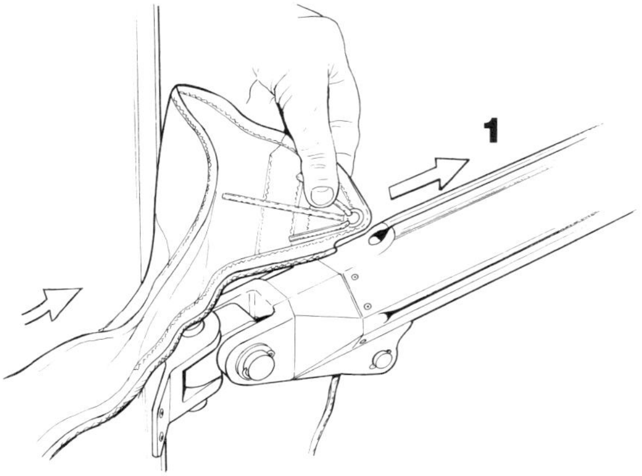

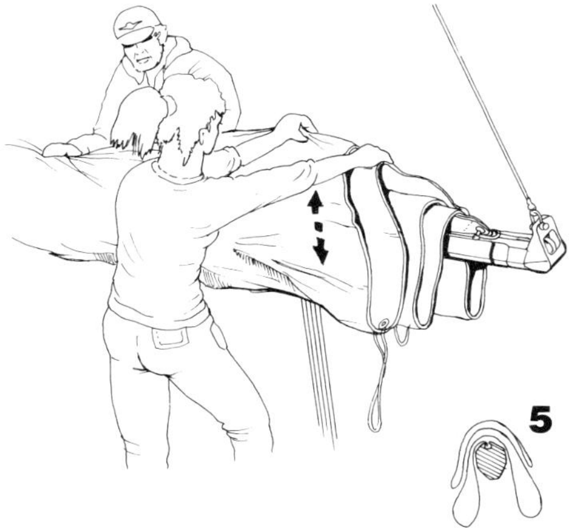

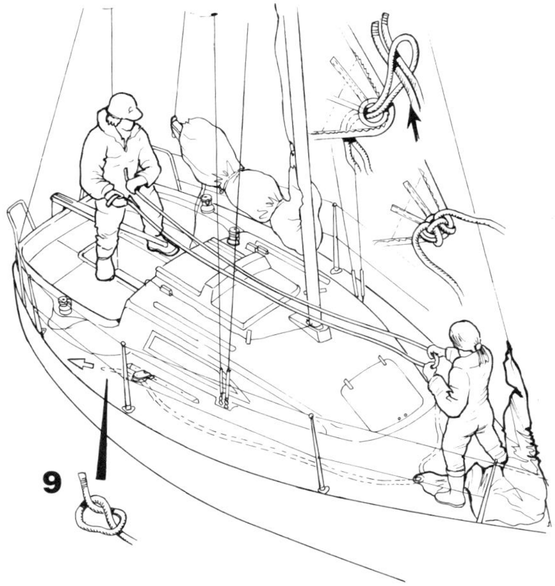

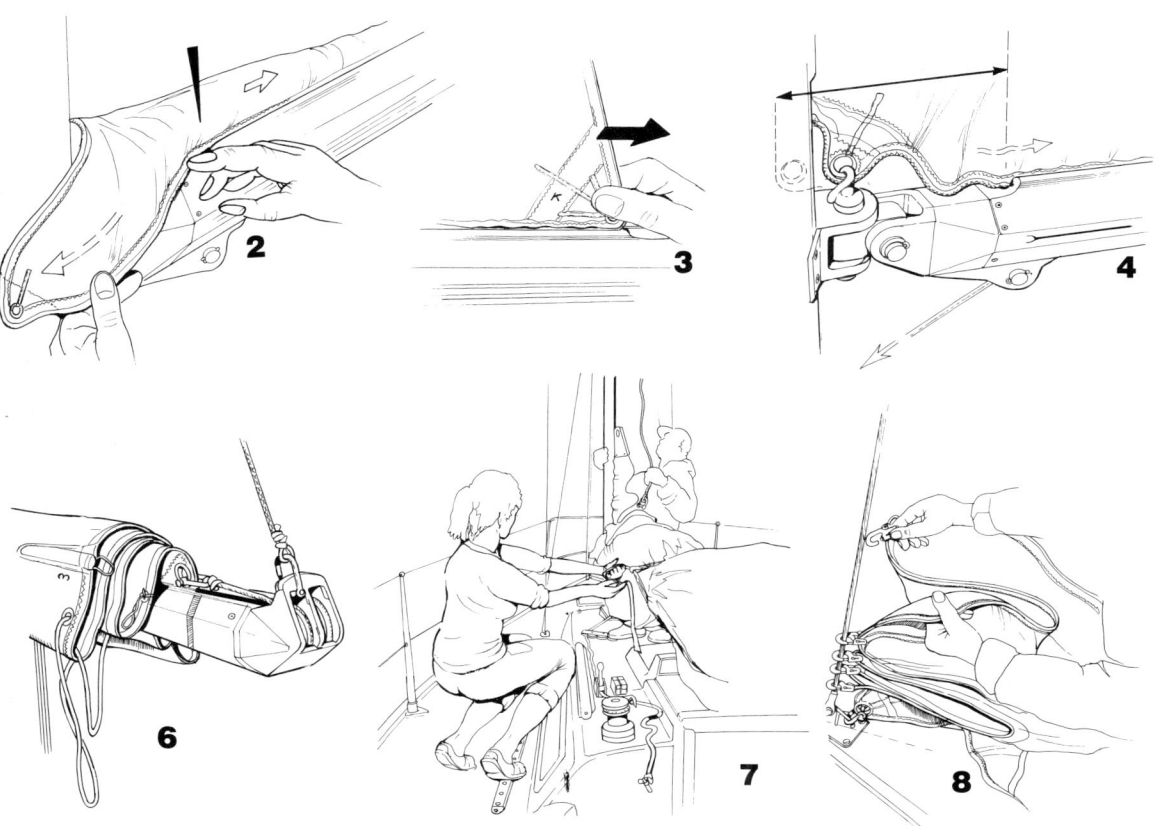

1 Bevor das Großsegel in die Nut des Baumes eingeführt wird, ist der Großbaum mit Schot, Traveller und Dirk zu fixieren.

2 Während der Skipper das Schothorn nach achtern zieht, muß die Bordfrau vorne am Baum dafür sorgen, daß das Unterliek richtig in die Nut läuft.

3 Der Kraftaufwand beim Einziehen des Unterlieks ist oft recht groß.

4 Bevor das Unterliek gestreckt wird, muß der Segelhals befestigt werden. In diesem Falle wird die Kausch einfach über einen drehbaren Haken am Lümmelbeschlag geschoben. Es gibt aber auch Konstruktionen, die die Befestigung mit einem Schäkel erfordern. Anschließend werden die Reffleinen eingebunden.

5 Das Großsegel wird in annähernd gleich großen Falten über den Großbaum gelegt.

6 Zweckmäßig ist es, wenn die Segellatten (Pfeil) vor dem Einstecken durchnumeriert werden, die kürzeste, obere mit 1 beginnend. Hierfür eignet sich ein wasserfester Filzschreiber.

7 Der Kopf des Großsegels wird in die Mastnut eingeführt und das Fall angeschäkelt. Anschließend holt man den Segelkopf etwas auf, hakt aber das Fall hinter eine Mastklampe oder sichert die Fallbucht mit einem Zeising am aufgetuchten Segel, so daß es nicht frei schlagen und beim Auslaufen hinter der Saling verhaken kann. Das Fall ist unbedingt am Ende mit einem Achtknoten zu sichern, damit es nicht aus Versehen in den Mast gezogen werden kann. Das aufgetuchte Großsegel wird mit Zeisingen gesichert.

8 Der Hals der Fock wird zuerst befestigt. Anschließend werden die Stagreiter von unten nach oben auf das Vorstag gehakt.

9 Die Fockschot wird so am Schothorn des Segels befestigt, daß beide Enden gleich lang sind. Ein Schäkel wird aus Sicherheitsgründen nicht verwendet. Die Schoten sind durch die Umlenkblöcke zu führen und mit je einem Achtknoten am Tampen zu sichern.

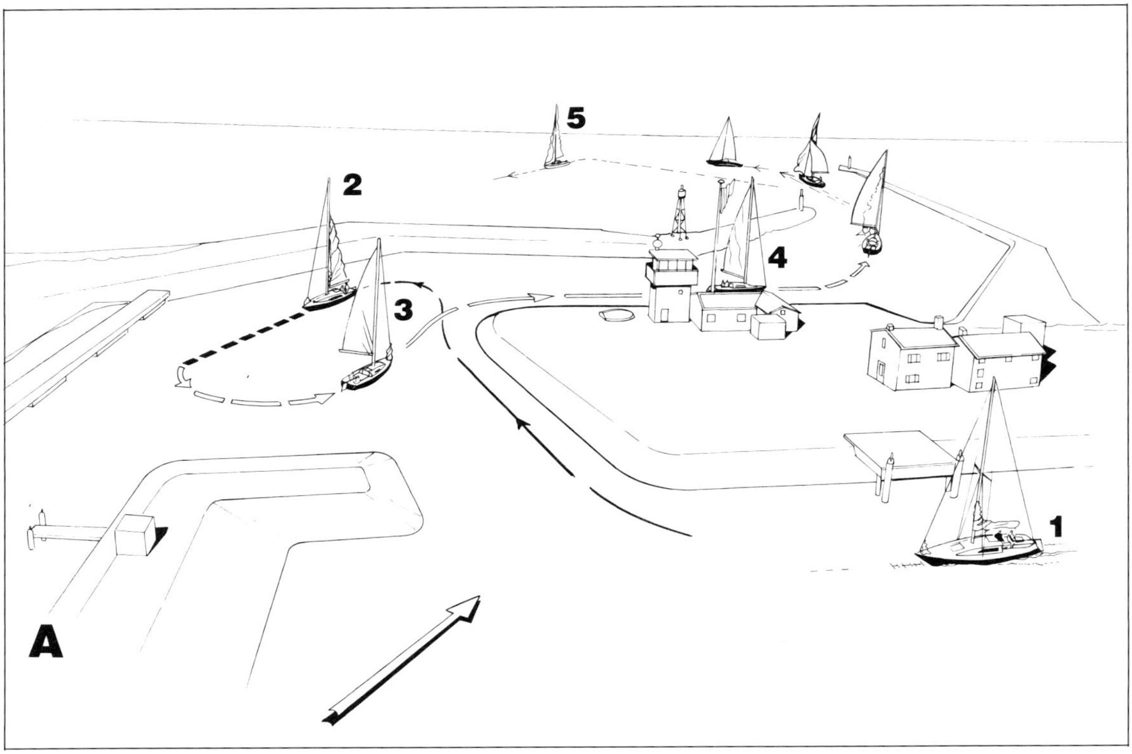
5
2
3
4
1
A

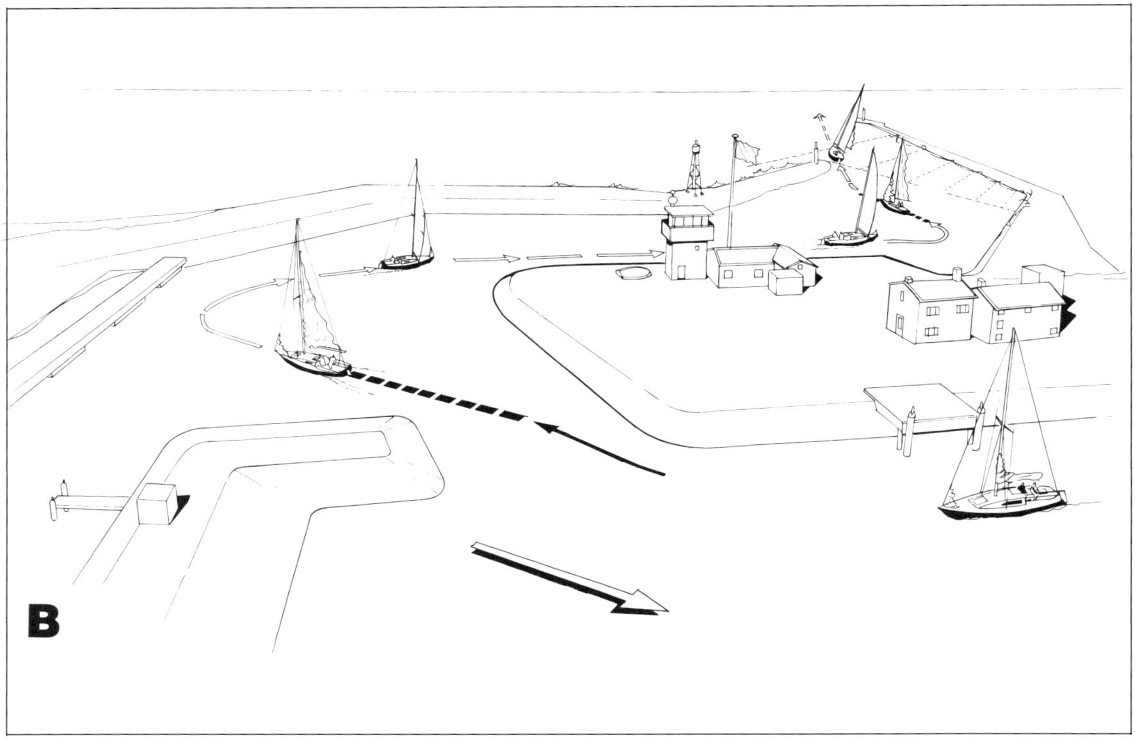
B

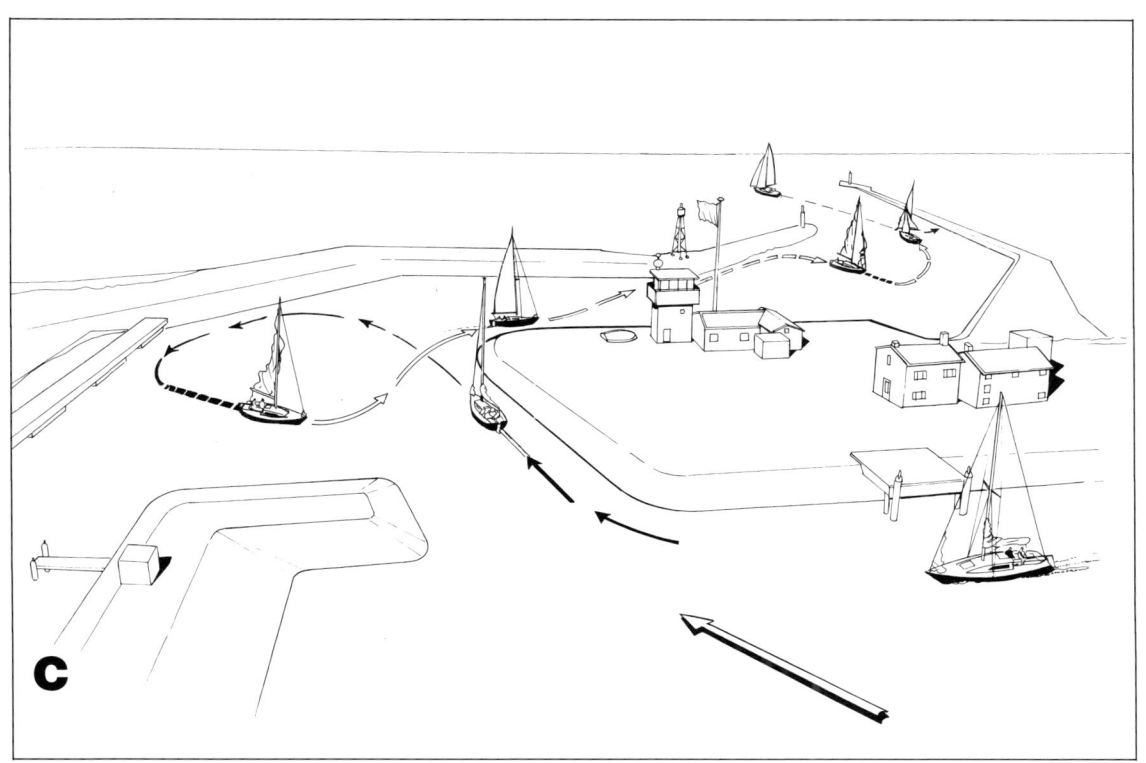

Segel setzen

Unter guter Seemannschaft versteht man nichts anderes als ein Verhalten an Bord, das der Sicherheit von Crew und Material dient. Sollen die Segel gesetzt werden, so ist darauf zu achten, daß dies in möglichst ruhigem Wasser geschehen kann. Die drei Zeichnungen zeigen dreimal den gleichen Hafen, der Wind aber weht jedes Mal aus einer anderen Richtung. Der große Vorhafen mit der engen Ausfahrt ist vor Seegang gut geschützt und bietet ausreichend Platz, um in aller Ruhe wenigstens das Großsegel setzen zu können. Der Motor läuft dann bis nach dem Verlassen des Hafengebietes lediglich im Leerlauf mit — aus Sicherheitsgründen.

A 1 Während das Schiff mit langsamer Fahrt — meist sind in Yachthäfen Höchstgeschwindigkeiten vorgeschrieben — in Richtung Außenhafen läuft, wird das Großsegel vorbereitet.

2 Während das Schiff in den Wind gedreht wird, sollte ausgekuppelt werden. Gleichzeitig sind die Zeisinge abzunehmen, die das Großsegel zusammenhalten. Sobald die Yacht 10 bis 20 Grad gegen den Wind gesteuert wird, kann das Segel vorgeheißt werden. Der Mann oder die Frau am Ruder löst gleichzeitig die Großschot, damit sich das Segel frei im Wind bewegen kann und keinen Druck auf das Boot überträgt.

3 Die Yacht dreht mit gesetztem Großsegel in Richtung Ausfahrt, gegebenenfalls muß die Maschine zu Hilfe genommen werden.

4 Mit langsamer Fahrt — bei viel Wind kann man das Großsegel klappern lassen — wird die Yacht an der rechten Seite der Ausfahrt auf See hinausgesteuert.

5 Nach einer vorsichtigen Halse wird in Lee der Hafenmole, immer noch in ruhigem Wasser, das Vorsegel gesetzt.

B Weht es von See, steht in dem markierten Gebiet in der Hafenausfahrt bereits Seegang. Dann ist es sinnvoll, das Vorsegel bereits vorher zu setzen. Voraussetzungen aber sind genügend Platz und kein einlaufender Schiffsverkehr.

C Der dritte Fall zeigt, daß auch bei ablandigem Wind und ausreichend Platz im Vorhafen das Vorsegel früh gesetzt werden kann. Auf andere, ein- oder auslaufende Schiffe ist aber unbedingt zu achten!

1 Wenn das Großsegel gesetzt werden soll, steuert die Bordfrau einen Kurs von etwa zehn bis 20 Grad aus der Windrichtung. Als sehr hilfreich haben sich Windfäden in den Wanten etwa zwei bis drei Meter über Deck erwiesen. Baumwollfäden eignen sich dazu besonders gut. Zeigen diese Fäden etwa auf die Mitte des Hecks, läuft man einen für das Setzen des Großsegels richtigen Kurs zum Wind.

Der Großbaum kann dann nicht direkt über dem Cockpit hin- und herschlagen und zu Kopfverletzungen führen. Der Traveller, falls vorhanden, wird ganz nach Lee gefahren und festgesetzt, die Großschot bleibt zunächst dicht.

2 Während die Bordfrau ihren Kurs beibehält, werden die Zeisinge des Großsegels entfernt.

3 Das Fall ist ein- bis zweimal um die Winsch gelegt. Das Segel wird jetzt Hand über Hand vorgeheißt.

4 Das Fall wird etwas durchgesetzt und mit Hilfe des Stoppers vor der Winsch belegt.

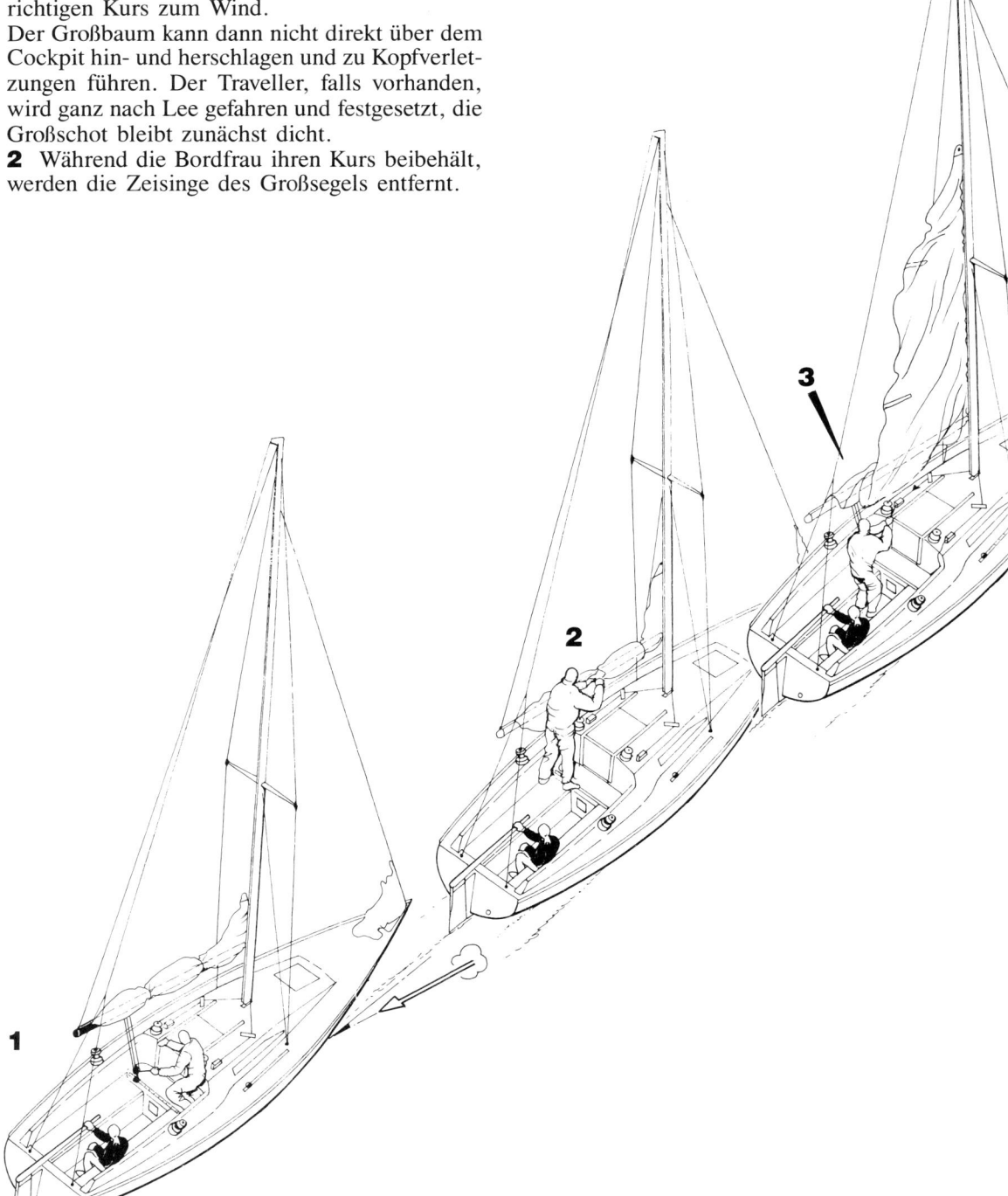

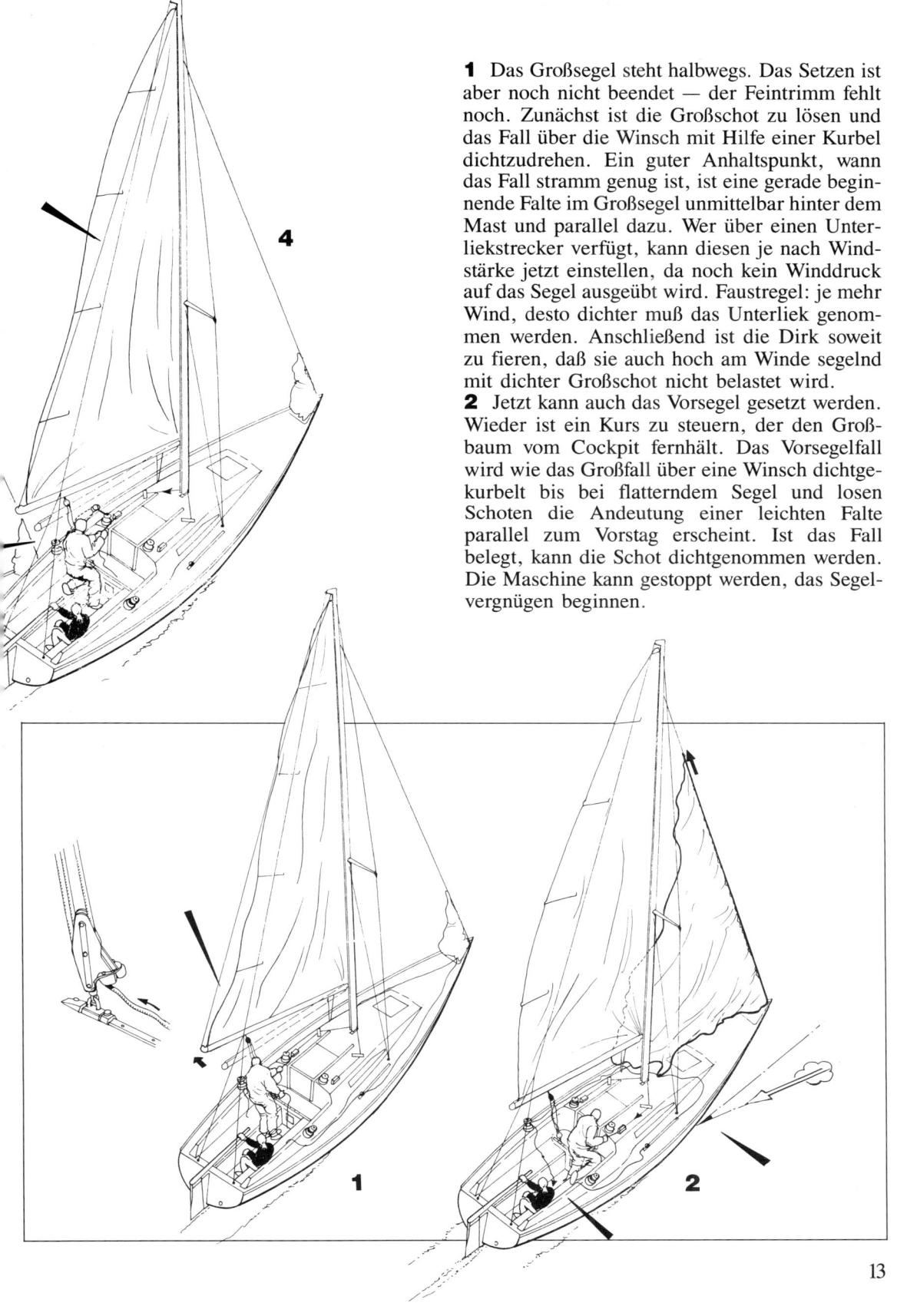

1 Das Großsegel steht halbwegs. Das Setzen ist aber noch nicht beendet — der Feintrimm fehlt noch. Zunächst ist die Großschot zu lösen und das Fall über die Winsch mit Hilfe einer Kurbel dichtzudrehen. Ein guter Anhaltspunkt, wann das Fall stramm genug ist, ist eine gerade beginnende Falte im Großsegel unmittelbar hinter dem Mast und parallel dazu. Wer über einen Unterliekstrecker verfügt, kann diesen je nach Windstärke jetzt einstellen, da noch kein Winddruck auf das Segel ausgeübt wird. Faustregel: je mehr Wind, desto dichter muß das Unterliek genommen werden. Anschließend ist die Dirk soweit zu fieren, daß sie auch hoch am Winde segelnd mit dichter Großschot nicht belastet wird.

2 Jetzt kann auch das Vorsegel gesetzt werden. Wieder ist ein Kurs zu steuern, der den Großbaum vom Cockpit fernhält. Das Vorsegelfall wird wie das Großfall über eine Winsch dichtgekurbelt bis bei flatterndem Segel und losen Schoten die Andeutung einer leichten Falte parallel zum Vorstag erscheint. Ist das Fall belegt, kann die Schot dichtgenommen werden. Die Maschine kann gestoppt werden, das Segelvergnügen beginnen.

Segeln hoch am Wind

So segelt eine gut ausgetrimmte Fahrtenyacht optimal hoch am Wind:

1 Die Besatzung sitzt vorne im Cockpit, damit der Längstrimm stimmt. Das Heck des Bootes soll nicht in das Wasser tauchen und dadurch eine Welle verursachen.

2 Die Steuerfrau (oder der Steuermann) sitzt möglichst weit in Luv und steuert das Boot mit dem Ausleger. Nur dann können die Trimmfäden in der Genua gut beobachtet und die Wellen optimal ausgesteuert werden.

3 Das zweite Crewmitglied sitzt bequem, aber sicher vor dem Niedergang, die Großschot in der Hand.

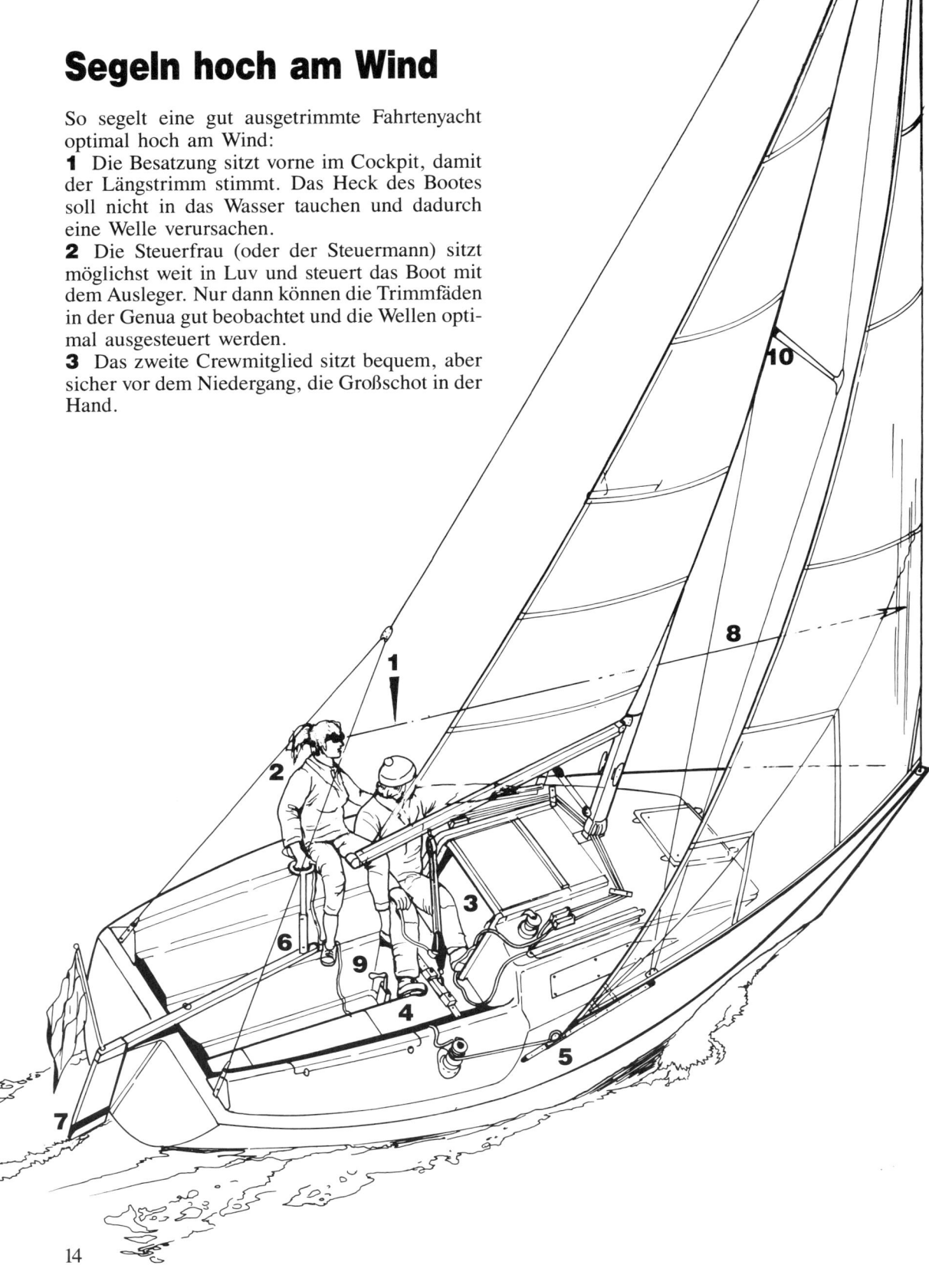

4 Der Traveller wird (bei mäßigem Wind) etwas in Lee von der Mittschiffslinie positioniert. Je mehr Wind kommt, desto weiter wird der Traveller nach Lee gefahren.

5 Die Holepunkte der Genuaschoten stimmen.

6 Das Boot wird mit möglichst sparsamen Ruderausschlägen geradeaus gesteuert. Die Trimmfäden der Genua sollten beide anliegen, der Leefaden darf auch ab und zu etwas steigen.

7 Das Boot ist ein wenig luvgierig.

8 Der Windeinfall wird durch Beobachtung des Standers im Masttopp und der Trimmfäden ständig kontrolliert. Im Zusammenspiel mit dem Ruderdruck entwickelt sich bald ein Gefühl für gute Kreuzgeschwindigkeiten unter verschiedenen Wind- und Seegangsbedingungen.

9 Die Winschkurbeln sind sicher verstaut. Nur dann sind sie sofort zur Hand.

10 Die Genuaschoten sind gerade so dichtgeholt, daß das Segel die Salings nicht berührt.

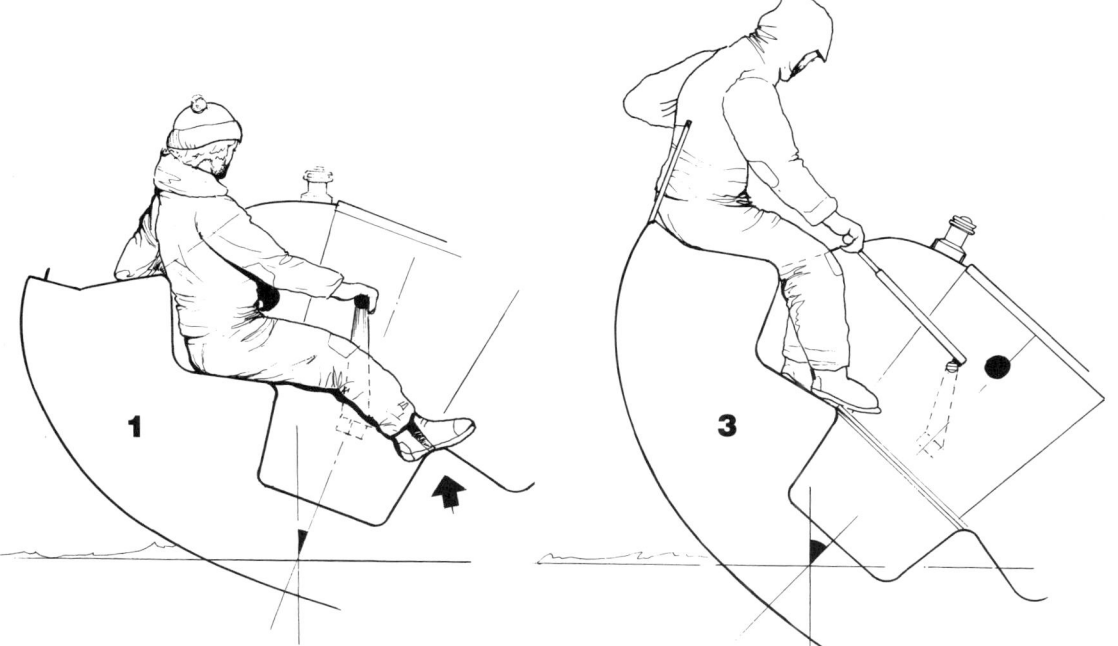

1 Bei wenig Wind sitzt der Steuermann im Cockpit. Mit den Füßen kann er sich gut an der gegenüberliegenden Ducht abstützen. Gesteuert wird ohne den Ausleger.

2 Die Bordfrau sitzt am besten vor dem Steuermann — wenn sie nicht gerade selbst an der Pinne sitzt. Diese Position ist auch auf längeren Strecken bequem, und die Aussicht des Steuermannes wird nicht beeinträchtigt.

3 Bei viel Wind sitzt der Rudergänger auf dem Seitendeck am bequemsten. Er kann sich mit dem freien Arm gut an der Seereling festhalten. Gesteuert wird mit dem Pinnenausleger.

15

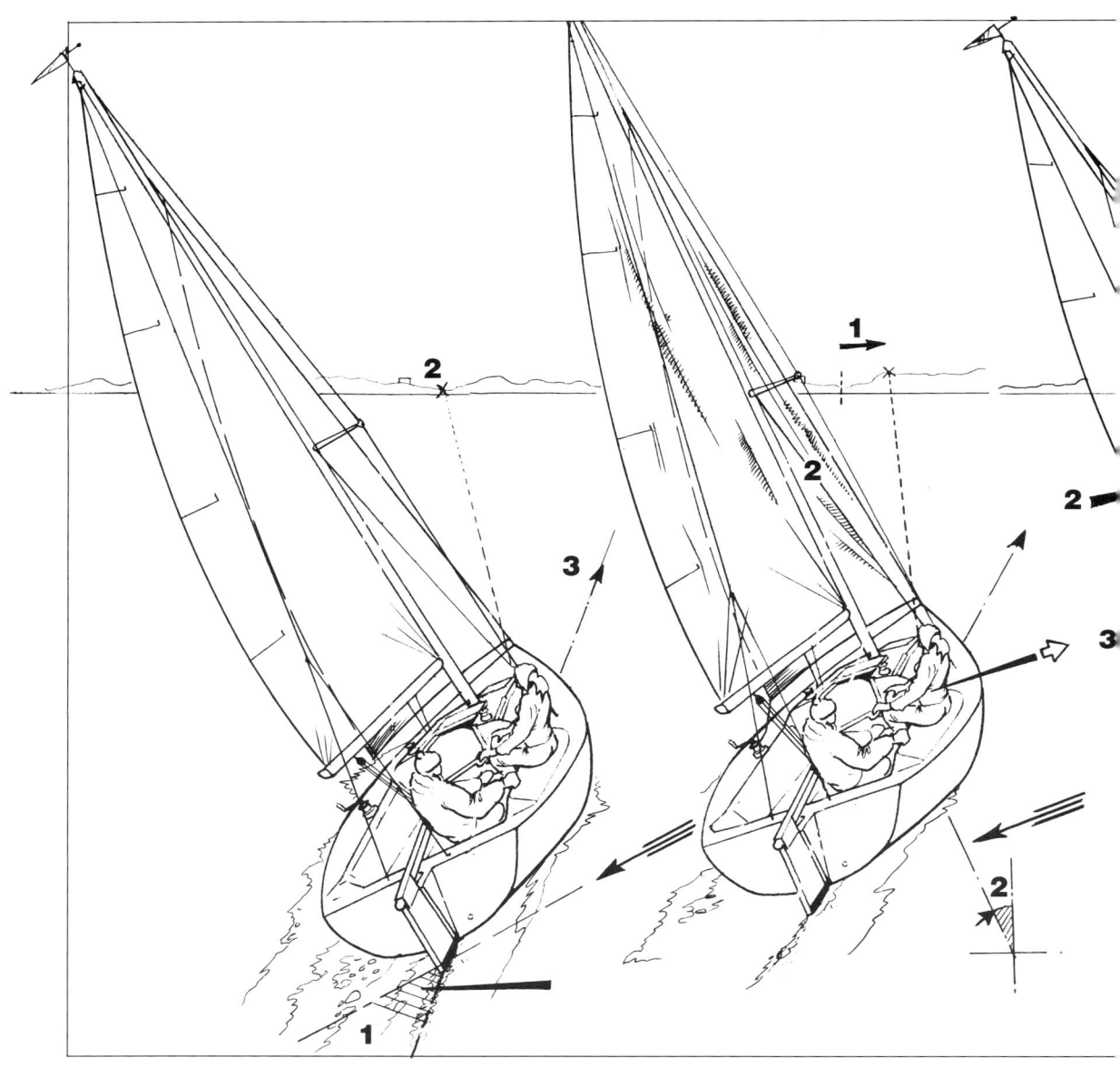

Wer zum ersten Mal hoch am Wind geradeaus segeln will, sollte sich irgendwo auf dem vorausliegenden Land einen festen Punkt suchen.

1 Gesegelt wird zunächst mit einem scheinbaren Windeinfallswinkel von 40 bis 45 Grad. Dabei hilft der Verklicker im Masttopp, dünne Wollfäden in den Wanten sind mindestens ebenso gut.

2 Ein markanter Punkt an Land wird vom Rudergänger über das Vorstag anvisiert.

3 Der Kurs ist möglichst so zu steuern, daß das Objekt an Land immer über das Vorstag peilt.

1 Luvt man zu weit an, ist das Objekt an Land nicht mehr zu sehen, sondern verschwindet hinter dem Vorsegel.

2 Waren die Segel zuvor richtig eingestellt, fallen die Vorlieks von Genua und Großsegel ein oder flattern sogar. Der scheinbare Windwinkel wird kleiner, die Krängung nimmt stark ab.

3 Um das Boot wieder auf den richtigen Kurs zu bringen, muß man abfallen, also an der Pinne ziehen.

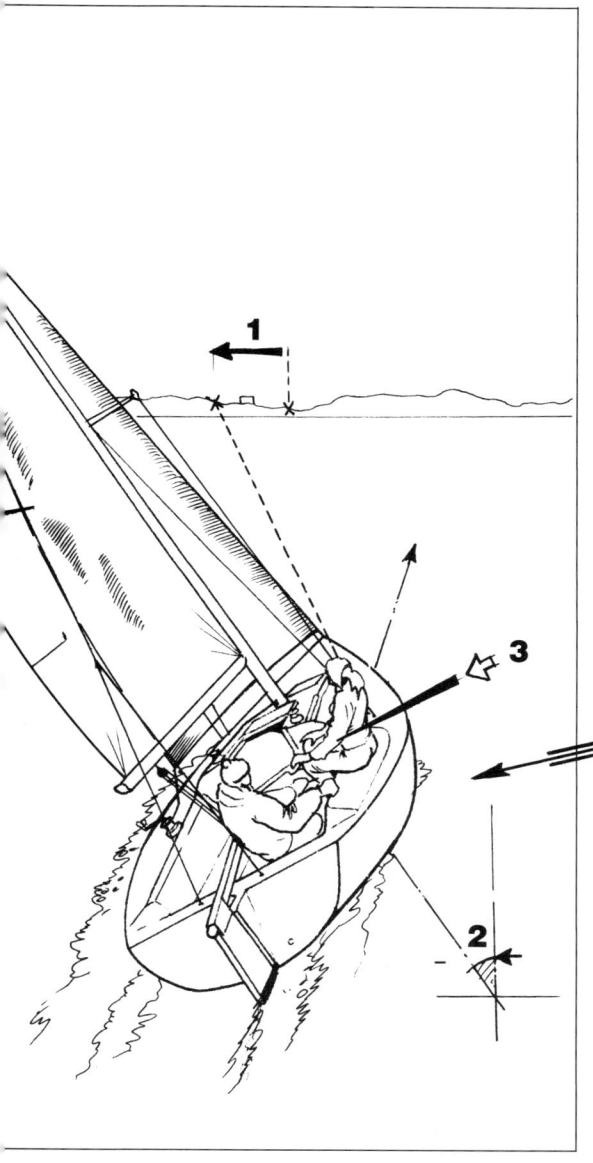

1 Der Pinnenausleger wird auf die richtige (bequemste) Länge eingestellt.

2 Die Großschot ist jederzeit erreichbar.

3 Die Fallen sind auf Stoppern belegt, die losen Enden liegen in der Kajüte, damit das Cockpit aufgeräumt bleibt.

4 Der Traveller ist bei wenig Wind leicht nach Luv gesetzt. Ihn nach Lee zu verschieben ist leichter, als ihn nach Luv zu holen.

5 Hin und wieder gilt ein prüfender Blick dem Verklicker.

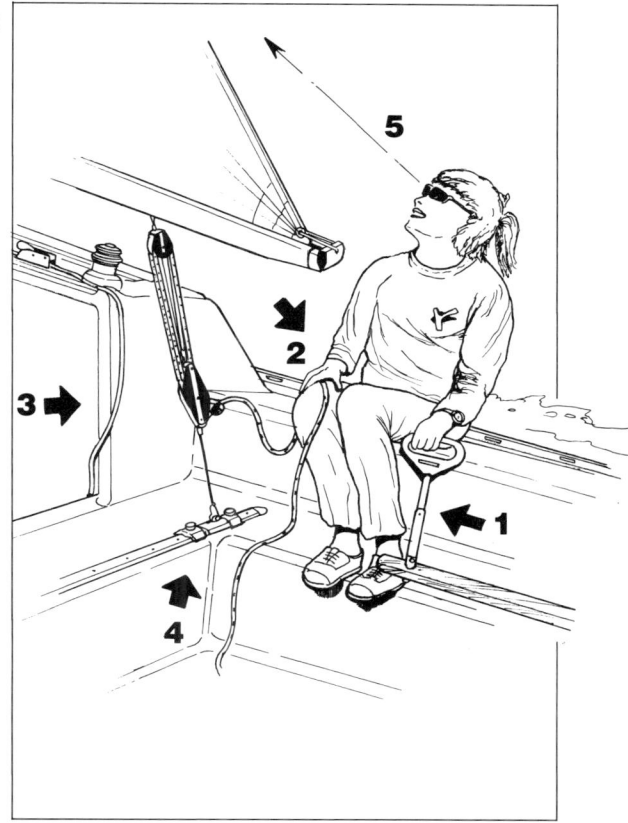

1 Jetzt ist die Yacht zu weit abgefallen, das anvisierte Objekt ist deutlich in Luv des Vorstages zu sehen.

2 Der Windeinfallswinkel wird größer, das Boot krängt stärker, und die Genua erzeugt einen Abwindbauch im Großsegel.

3 Um auf den gewünschten Kurs zurückzukommen, muß angeluvt werden, die Pinne muß etwas nach Lee gedrückt werden.

Die Stellung des Genuaholepunktes ist für den optimalen Vortrieb des Segels entscheidend. Fällt die Genua beim Anluven zuerst im oberen Bereich ein, muß der Holepunkt nach vorne versetzt werden, weil das Unterliek zu stramm gezogen wird (links). Steht das Segelprofil dagegen im oberen Bereich noch gut, fällt aber im

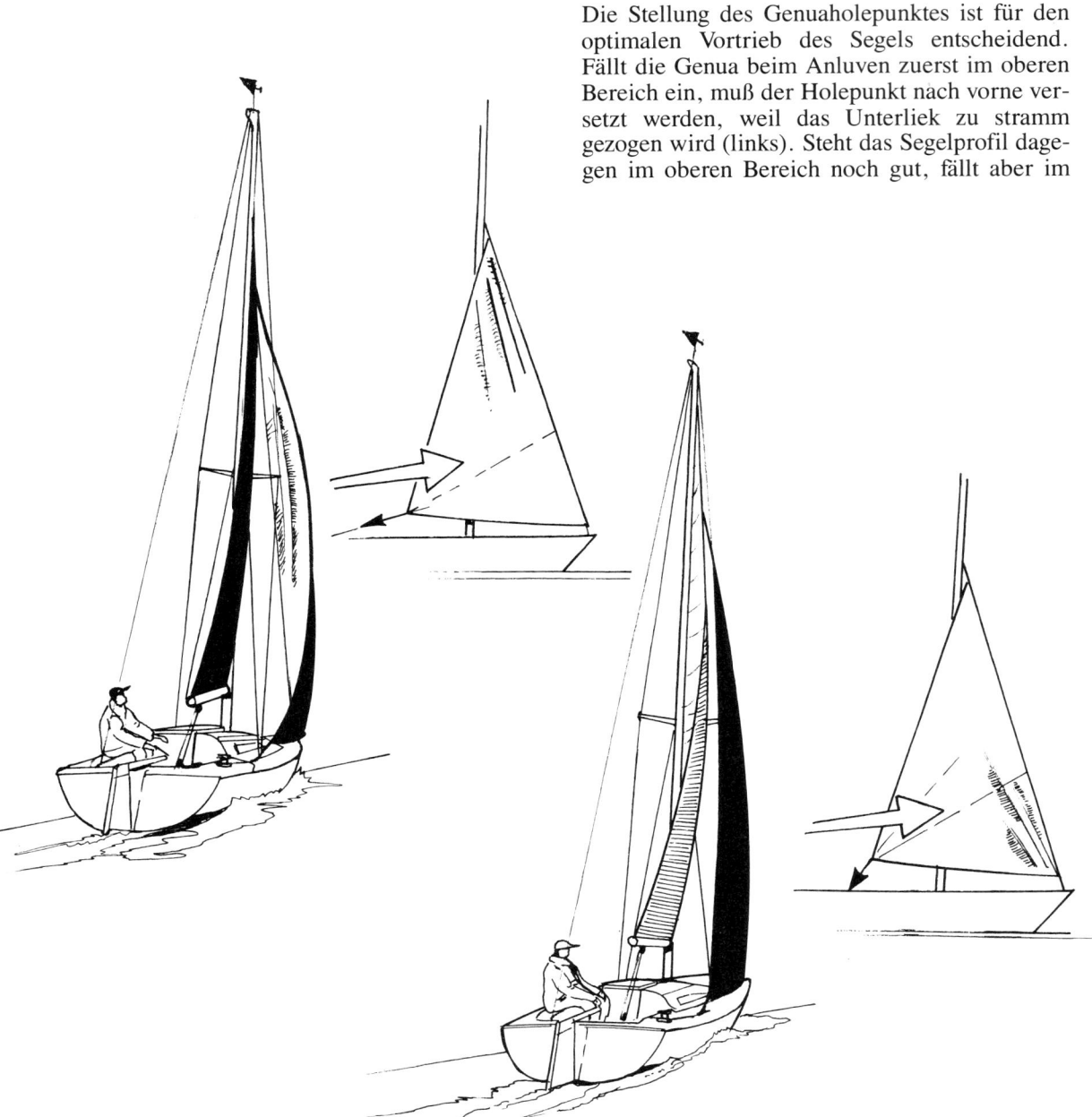

unteren Teil leicht ein, steht zuviel Schotdruck auf dem Achterliek, und der Holepunkt ist nach achtern zu versetzen (oben). Die Holepunkte sind auf beiden Bugen individuell einzustellen, da die Genuaschienen selten hundertprozentig symmetrisch auf das Deck geschraubt sind. Unauffällige Markierungen mit einem wasserfesten Filzschreiber sind hilfreich, wenn man unterschiedlich große Vorsegel einsetzt.

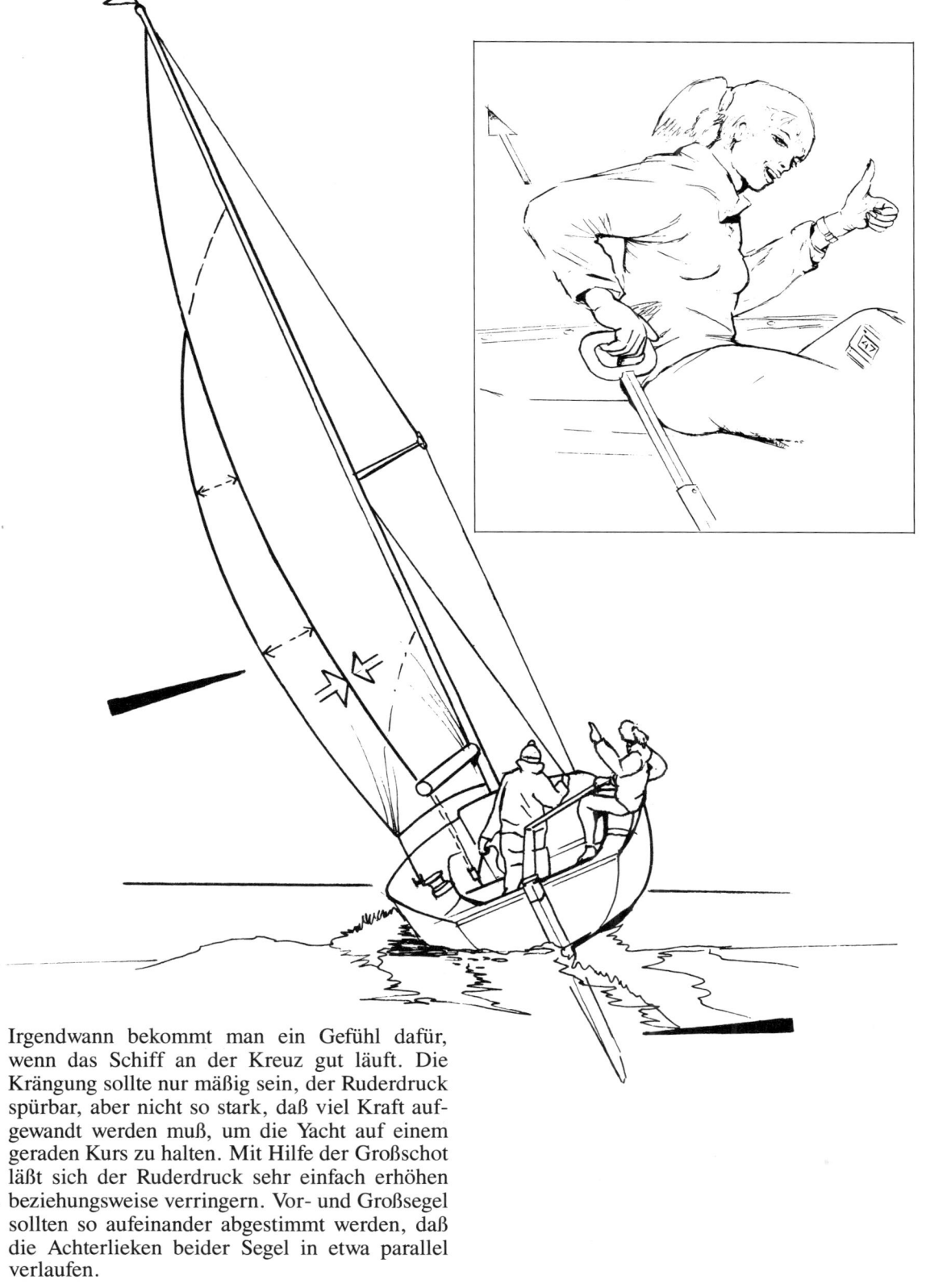

Irgendwann bekommt man ein Gefühl dafür, wenn das Schiff an der Kreuz gut läuft. Die Krängung sollte nur mäßig sein, der Ruderdruck spürbar, aber nicht so stark, daß viel Kraft aufgewandt werden muß, um die Yacht auf einem geraden Kurs zu halten. Mit Hilfe der Großschot läßt sich der Ruderdruck sehr einfach erhöhen beziehungsweise verringern. Vor- und Großsegel sollten so aufeinander abgestimmt werden, daß die Achterlieken beider Segel in etwa parallel verlaufen.

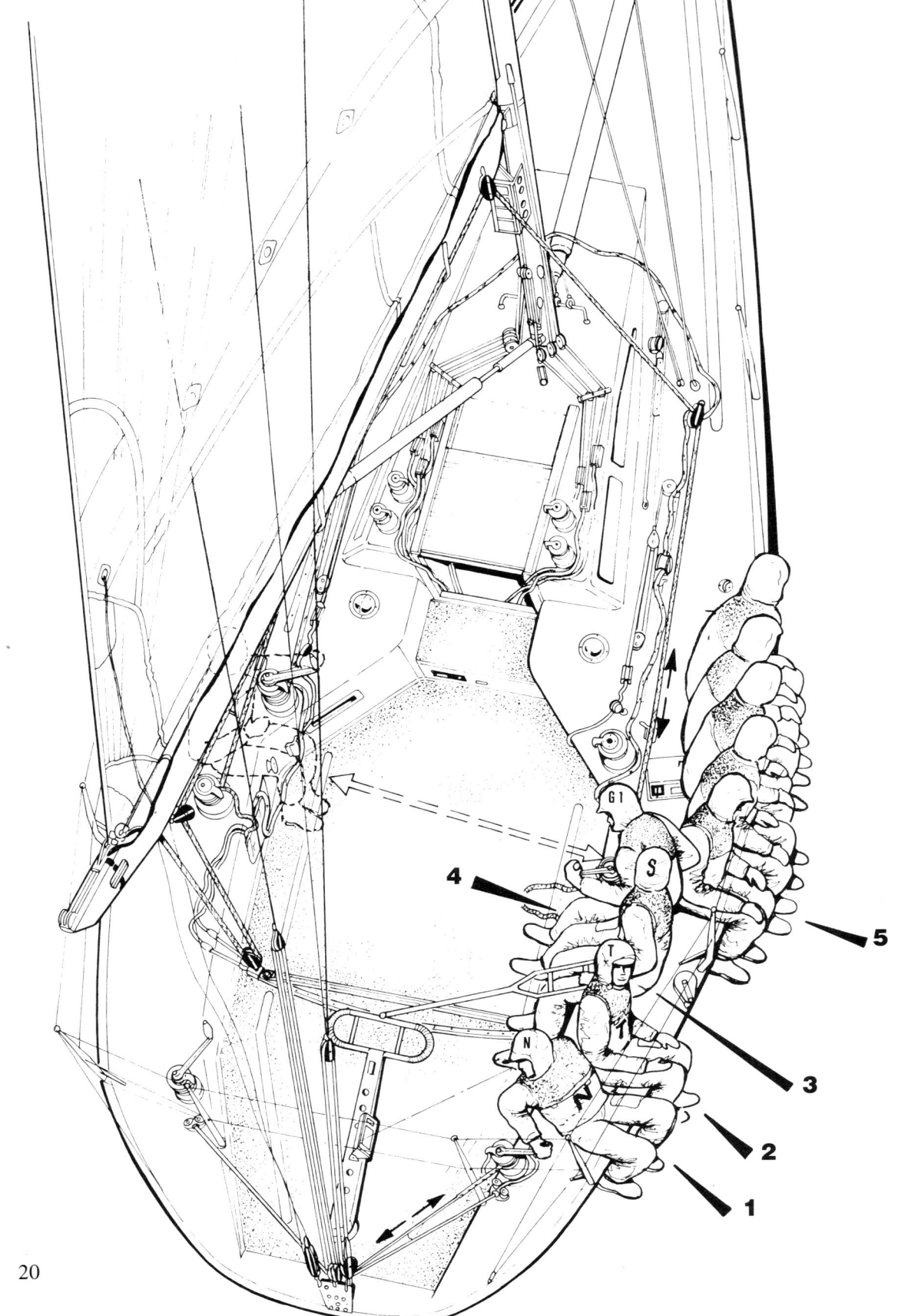

Der Segeltrimm

Der Bootstrimm an der Kreuz wird normalerweise von zwei, höchstens von drei Personen erledigt. Die Zeichnung stellt die Yacht „Diva" dar, die das größte Boot im Admiral's Cup-Team 1985 war.

1 Der Navigator (N) hat als letzter Mann das Backstag (auf der Winsch) und das Achterstag (in der Curry-Klemme) zu bedienen. Die Belastung des Backstages wird auf einem Anzeigegerät auf der Pinne dargestellt, so daß der Navigator dem Verantwortlichen für den Trimm immer genau die momentane Belastung angeben kann. Das Gerät auf der Pinne — eine Tochteranzeige des Decca-Gerätes ist dort ebenfalls eingebaut — ist klappbar, damit es der Navi von beiden Kanten aus gut sehen kann.

2 Der Taktiker (T) sitzt auf der Kante und beobachtet Wind, Wetter und die Konkurrenz. Er bespricht notwendige Entscheidungen mit dem Navigator und

3 dem Steuermann (S).

4 Der Großschotmann (Gl) bedient Traveller und Großschot nach Absprache mit dem Steuermann. Er kontrolliert auch ab und zu die Genua.

5 Die Crew sitzt geschlossen auf der Kante.

An der Kreuz werden abhängig von Windstärke und Seegang zwei völlig unterschiedliche Trimmvarianten angewandt. In der linken Zeichnung (zur besseren Übersicht haben wir das Großsegel weggelassen) steht das gesamte Rigg unter hoher Spannung, die Schoten sind dicht. Das Schiff soll bei glattem Wasser eine gute Höhe bei möglichst hoher Geschwindigkeit laufen und dabei eine nur geringe Abdrift haben. In der rechten Zeichnung ist angedeutet, wie der Trimm bei starkem Seegang generell auszusehen hat — das Rigg und da vor allem das Backstag ist nicht völlig dichtgesetzt. Mit ganz leicht gefierter Genuaschot wird so eine etwas höhere Kraft nach vorne erzeugt, damit das Boot besser durch den Seegang läuft. Die Abdrift ist dann etwas größer. Die Zeichnung darüber stellt den Belastungssensor des Vorstags dar.

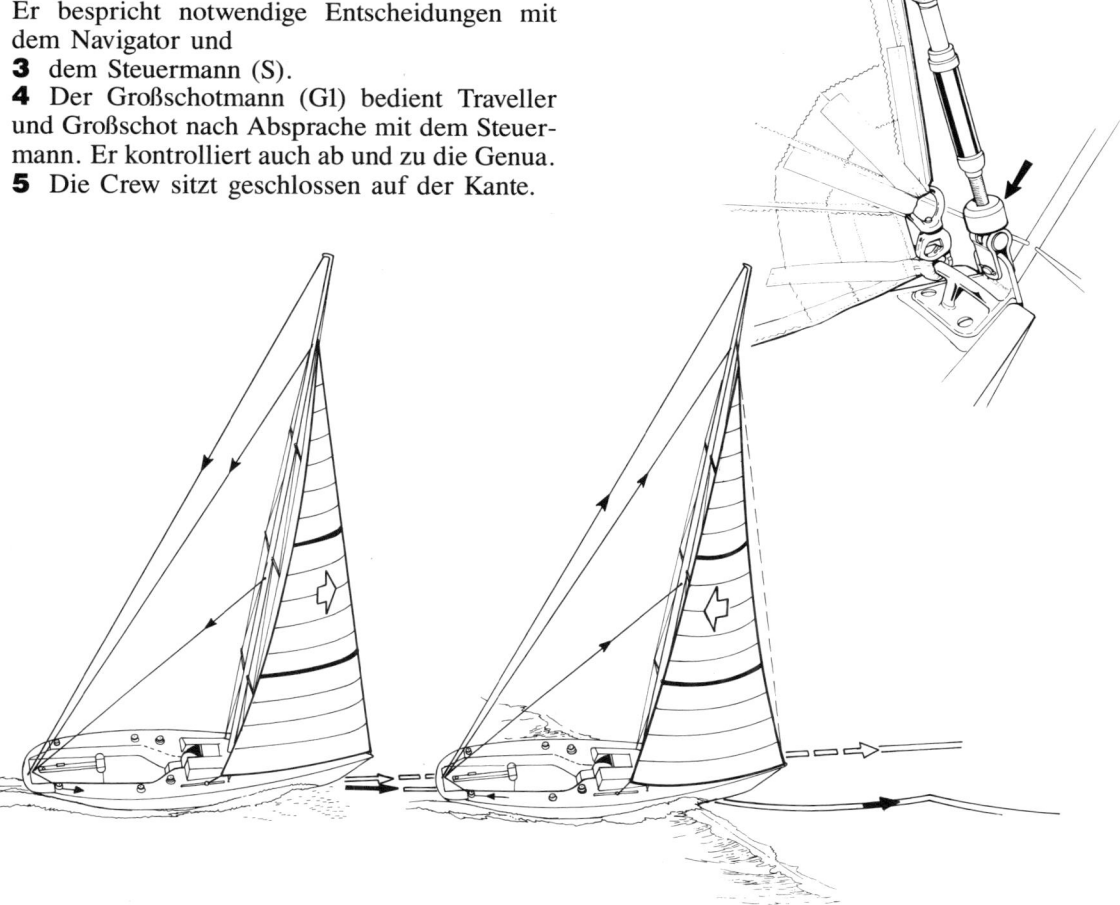

Wie gesehen, kann bei starkem Seegang die notwendige höhere Vortriebskraft durch leichtes Fieren der Schot und durch ein etwas loseres Backstag erzeugt werden. Eine andere Möglichkeit ist die Veränderung des Genuaholepunktes. Wird der Holepunkt zurückgenommen, öffnet sich das Vorsegel im oberen Bereich. Fällt der Steuermann dann nicht ab, ist der Effekt sehr gut an den oberen Windfäden zu erkennen — links liegt die Strömung gerade noch an, rechts ist sie bereits abgerissen. Der Genuatrimmer muß dann darauf achten, daß der Steuermann nicht zu viel Höhe läuft und damit das Schiff bremst.

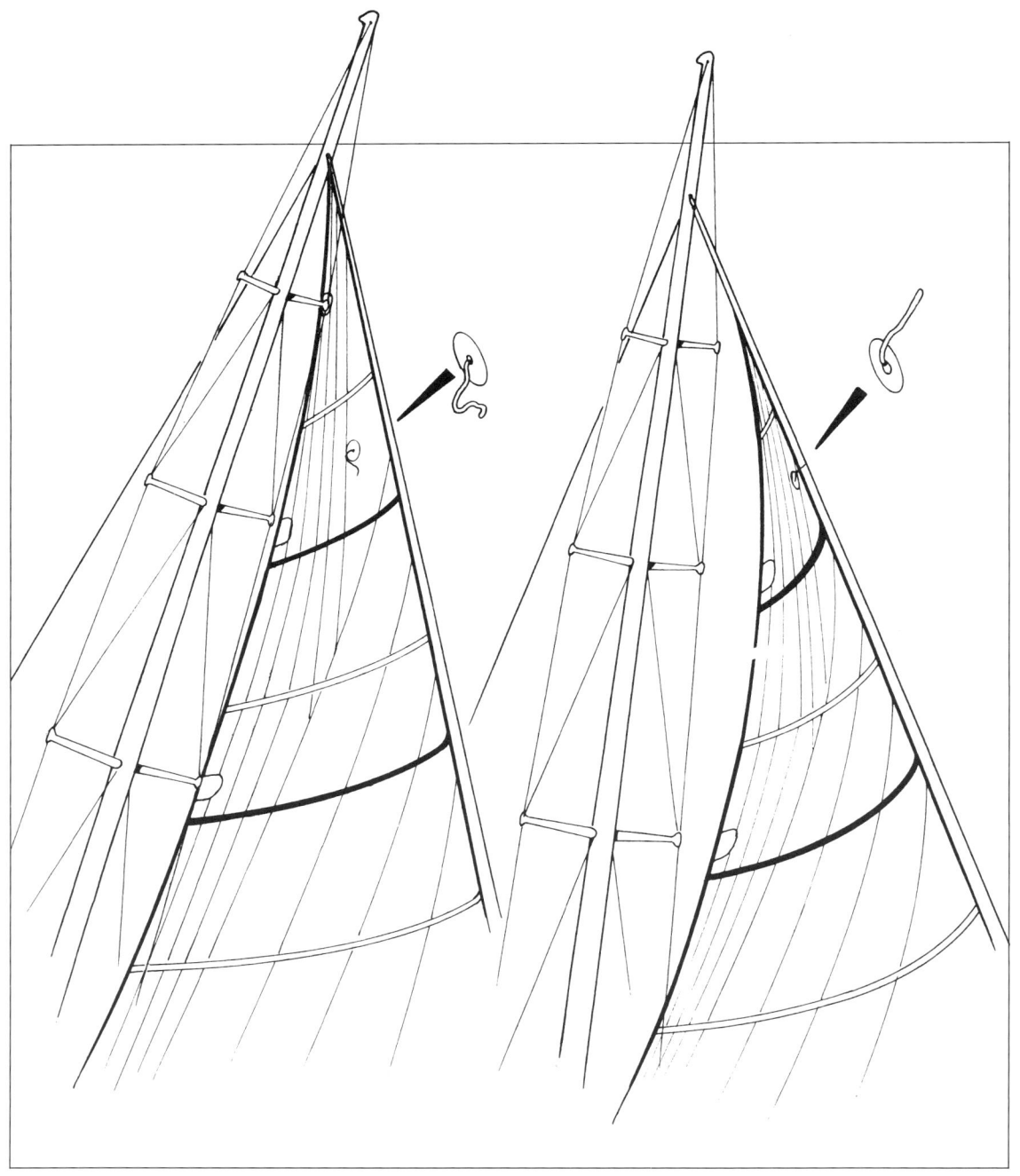

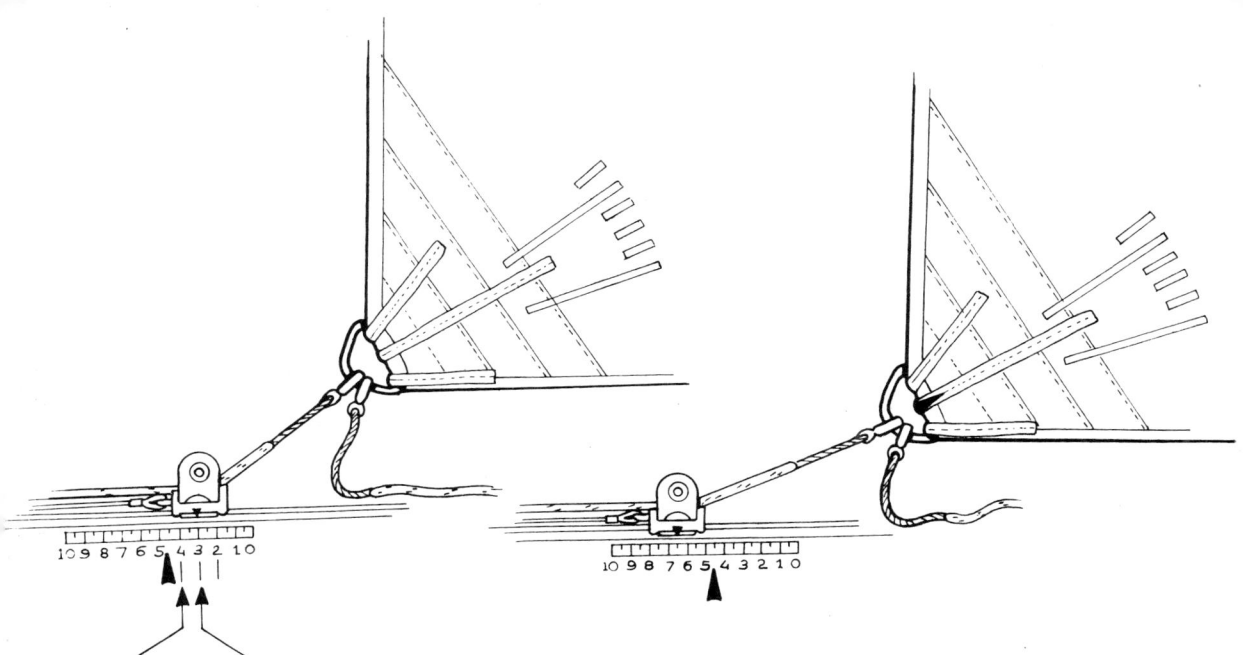

Trimmstreifen an den Holepunkten sind sehr hilfreich, wenn bei Seegang versucht wird, die optimale Synthese aus Höhe am Wind, Bootsgeschwindigkeit und Abdrift zu finden. Durch die Zahlen auf den angeklebten Streifen lassen sich die Stellungen des Schotschlittens einfach rekonstruieren. Wenn der gesamte Bootstrimm unter verschiedenen Bedingungen gar mit Hilfe eines Computers erfaßt werden soll, sind Hilfen dieser Art unentbehrlich. Die Zeichnung unten zeigt die gleichzeitige Verwendung von zwei Genuaschienen, wenn der Holepunkt nach außen verschoben werden soll.

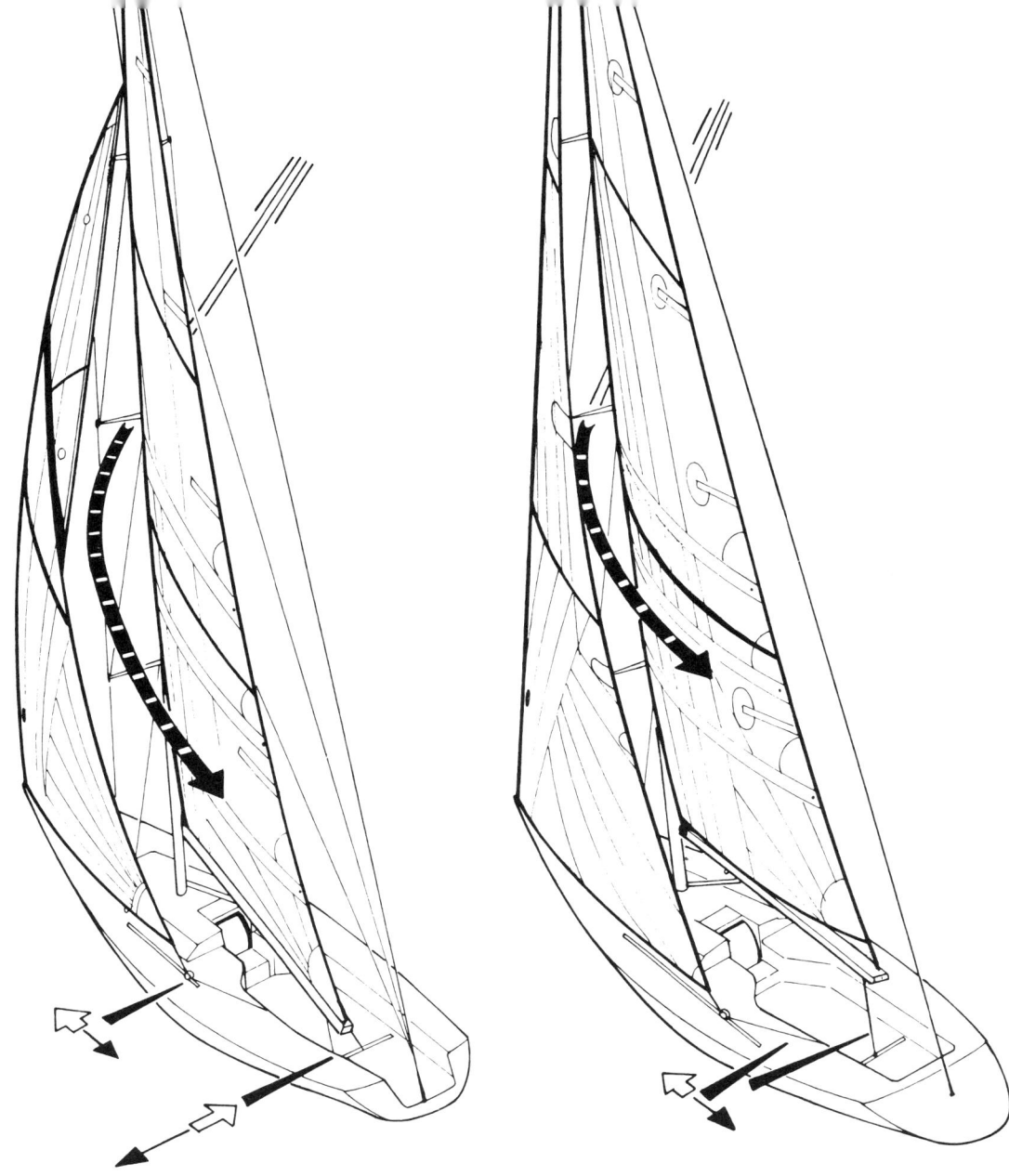

Der generelle Trimmzustand eines 7/8getakelten Bootes bei viel Wind und Seegang ist in der linken Zeichnung angedeutet: Der Holepunkt der Genua wird etwas nach achtern verschoben, damit sich das Segel im oberen Bereich verwindet, sich öffnet. Natürlich muß das Großsegel entsprechend eingestellt werden: Bei Starkwind wird der Traveller etwas nach Lee gefahren und die Großschot leicht gefiert. Dadurch öffnet sich das Großsegel im oberen Bereich ebenfalls, es wird mehr getwistet (verwunden), wie es in der angelsächsisch angehauchten Fachsprache der Seesegler heißt. Wird der Wind leichter, zieht man zunächst nur den Traveller etwas nach Luv, bevor dann die Schoten wieder dichter genommen werden. In der rechten Zeichnung ist dagegen eine toppgeriggte Yacht im Leichtwind-Trimm zu sehen: Die Genuaschot ist dicht, das Segel verwindet im oberen Bereich kaum. Der Ruderdruck kann allein durch die Veränderung der Travellerposition vergrößert oder verkleinert werden. Die unterschiedlichen Einfallswinkel des scheinbaren Windes bei beiden Trimmzuständen sind sehr deutlich.

Die unten dargestellte Anordnung der Großschot wird zunehmend auf kleineren IOR-Yachten eingesetzt. Sinn und Zweck dieser oder ähnlicher Techniken ist die Unterteilung der Schot in eine Grob- und eine Feineinstellung. Bei diesem Beispiel ist die Feintrimmung der Schot am Mast geteilt und läuft auf beide Seitendecks. Der Bierkasten an der Unterseite des Baumes ermöglicht eine Gesamtuntersetzung bis eins zu acht, je nach Größe des Schiffes. Durch die Teilung am Mast wird die notwendige Kraft nochmals halbiert. Die Grobverstellung ist direkt auf dem Traveller montiert und in diesem Falle eins zu vier untersetzt.

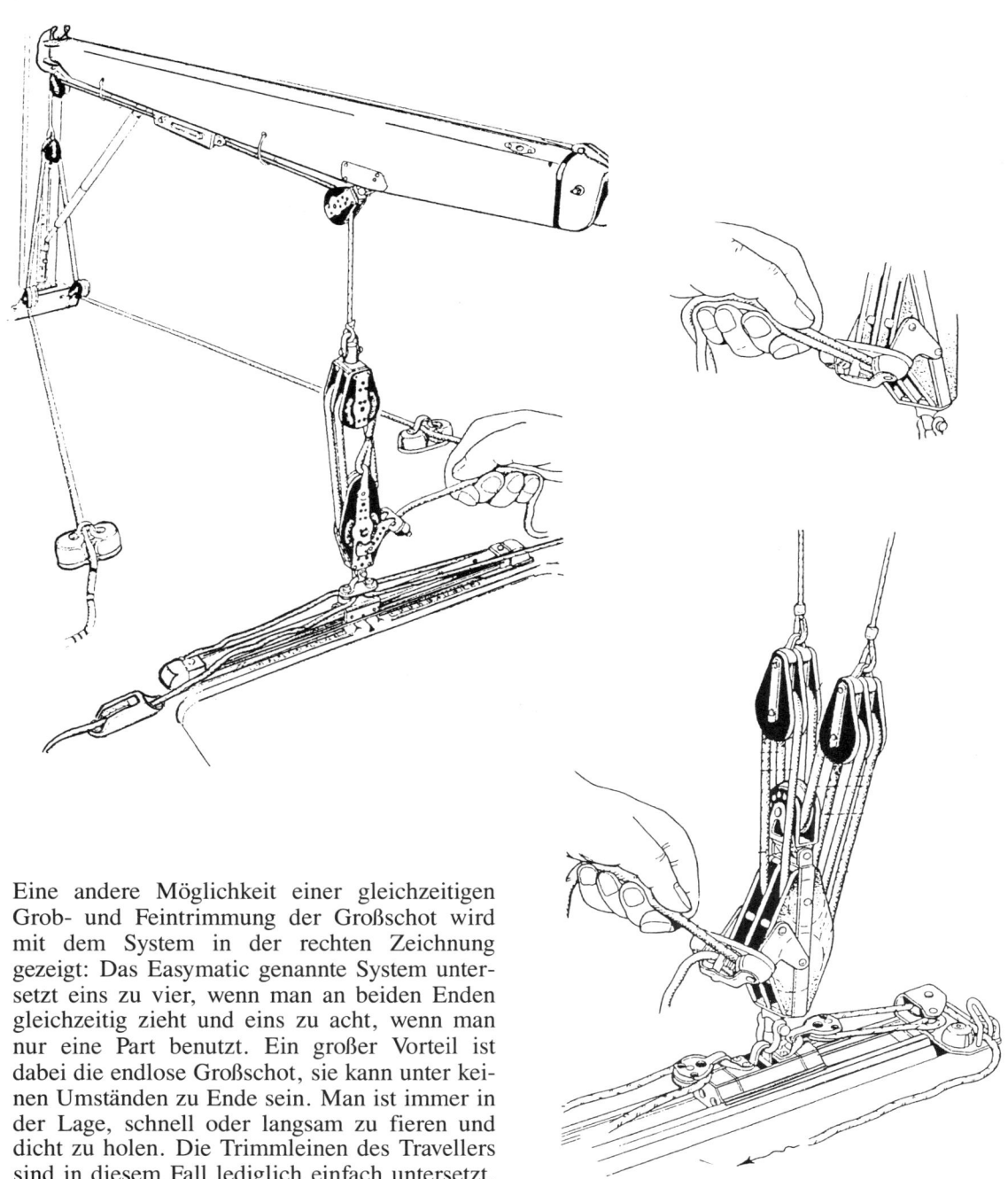

Eine andere Möglichkeit einer gleichzeitigen Grob- und Feintrimmung der Großschot wird mit dem System in der rechten Zeichnung gezeigt: Das Easymatic genannte System untersetzt eins zu vier, wenn man an beiden Enden gleichzeitig zieht und eins zu acht, wenn man nur eine Part benutzt. Ein großer Vorteil ist dabei die endlose Großschot, sie kann unter keinen Umständen zu Ende sein. Man ist immer in der Lage, schnell oder langsam zu fieren und dicht zu holen. Die Trimmleinen des Travellers sind in diesem Fall lediglich einfach untersetzt.

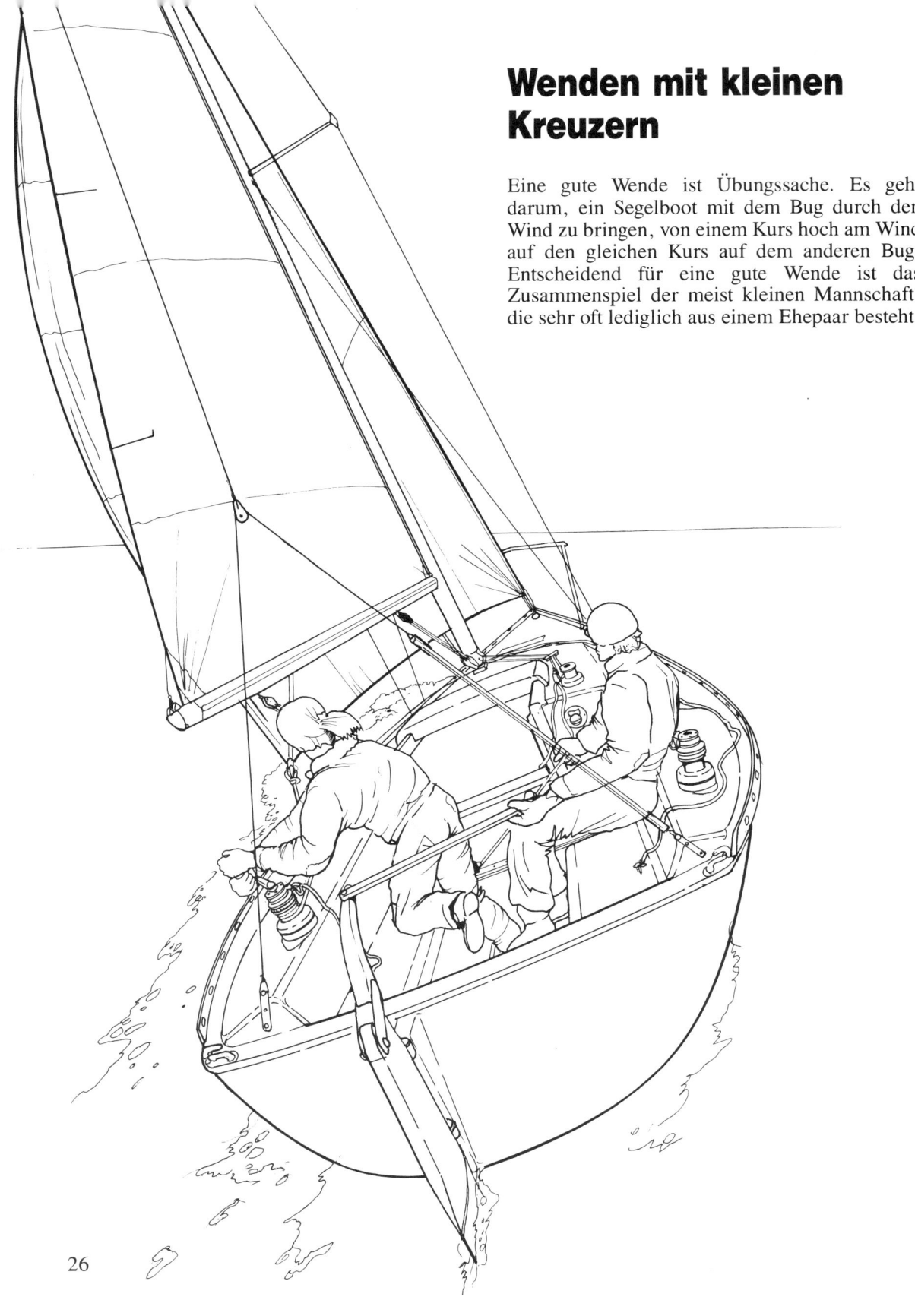

Wenden mit kleinen Kreuzern

Eine gute Wende ist Übungssache. Es geht darum, ein Segelboot mit dem Bug durch den Wind zu bringen, von einem Kurs hoch am Wind auf den gleichen Kurs auf dem anderen Bug. Entscheidend für eine gute Wende ist das Zusammenspiel der meist kleinen Mannschaft, die sehr oft lediglich aus einem Ehepaar besteht.

Der Rudergänger kann dem Vorschoter sehr leicht helfen, indem er nur langsam durch den Wind geht und erst dann auf den neuen Amwind-Kurs abfällt, wenn das Vorsegel dichtgenommen worden ist. Der dazu notwendige Kraftaufwand wird durch eine langsame Wende auf ein Minimum reduziert. Wichtig ist auch, daß der Rudergänger nach der Wende nicht zu weit abfällt. Das nämlich bedeutet einen sehr viel höheren Kraftaufwand beim Dichtnehmen des Vorsegels, und gleichzeitig wird ein Teil der mühsam gewonnenen Höhe verschenkt.

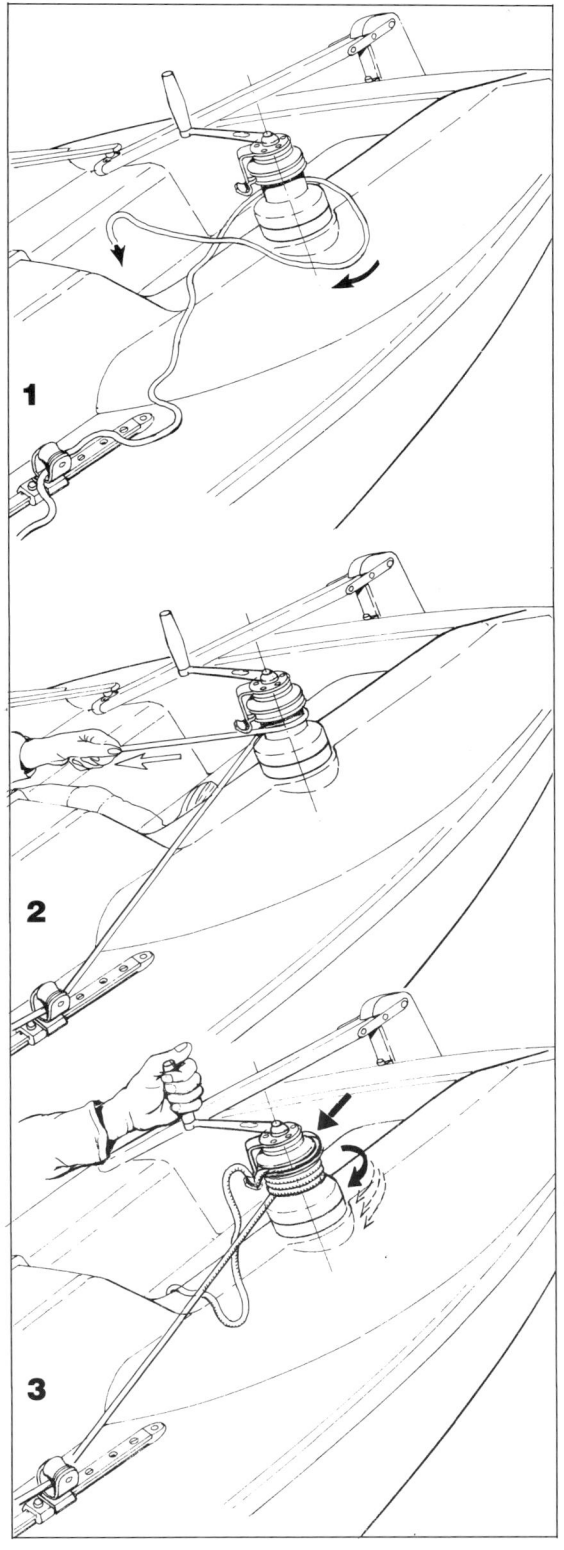

1
Sobald eine Wende beendet ist, sollte die luvwärtige Schot wieder klargemacht werden. Die Schot wird rechtsherum um die Winde gelegt, bei wenig Wind einmal, bei mehr Wind zwei- bis dreimal. Anschließend sollte die Lose aus der Schot gezogen werden, damit sie nirgendwo, etwa am Mast, verhaken kann.
2
Sobald das Boot durch den Wind gedreht wird und das Vorsegel vor dem Mast flattert, wird die Schot so kräftig wie möglich geholt. Bei wenig Wind ist es einfach, bei viel Wind aber stützt man sich am besten mit den Füßen ab und zieht mit beiden Händen.
3
Bei wenig Wind werden anschließend drei- bis vier Törns um die Winsch gelegt und das lose Ende in den Selbsthole-Mechanismus geklemmt und so lange gedreht, bis das Vorsegel ausreichend dichtgeholt worden ist.

Linke Seite:
Moderne, kleine Küstenkreuzer sind recht einfach zu segeln und zu manövrieren. Durch die effektive 7/8-Takelung ist das Vorsegel sehr viel kleiner als das einer toppgeriggten Yacht. Moderne, selbstholende Winschen erleichtern die Arbeit des Dichtholens ungemein, da das lose Ende der Schot von der Winsch gehalten wird, abziehen wie früher ist nicht mehr notwendig.

Unmittelbar vor der Wende geht der Vorschoter nach Lee und bereitet die Schot zum Loswerfen vor. Falls die Kurbel noch auf der Leewinsch steckt, muß sie natürlich abgenommen werden und kann entweder in eine Kurbeltasche gelegt oder aber, wenn ein schnelles Manöver notwendig ist, gleich auf die luvwärtige Winsch gesteckt werden.

1 Der Steuermann überprüft, ob die Luvschot klarläuft.

2 Der Steuermann leitet die Wende ein, indem er das Ruder um etwa 30 Grad anstellt.

In starkem Seegang sollte die Wende möglichst in dem Moment eingeleitet werden, in dem das Vorschiff durch den Wellenkamm geht.

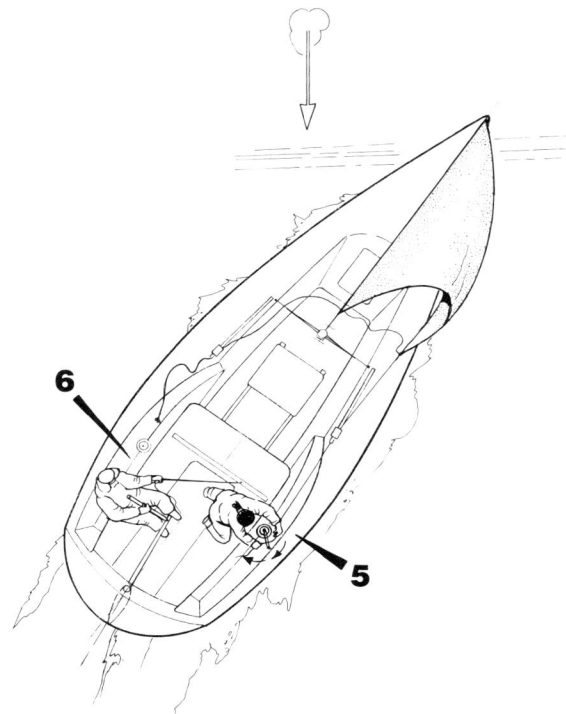

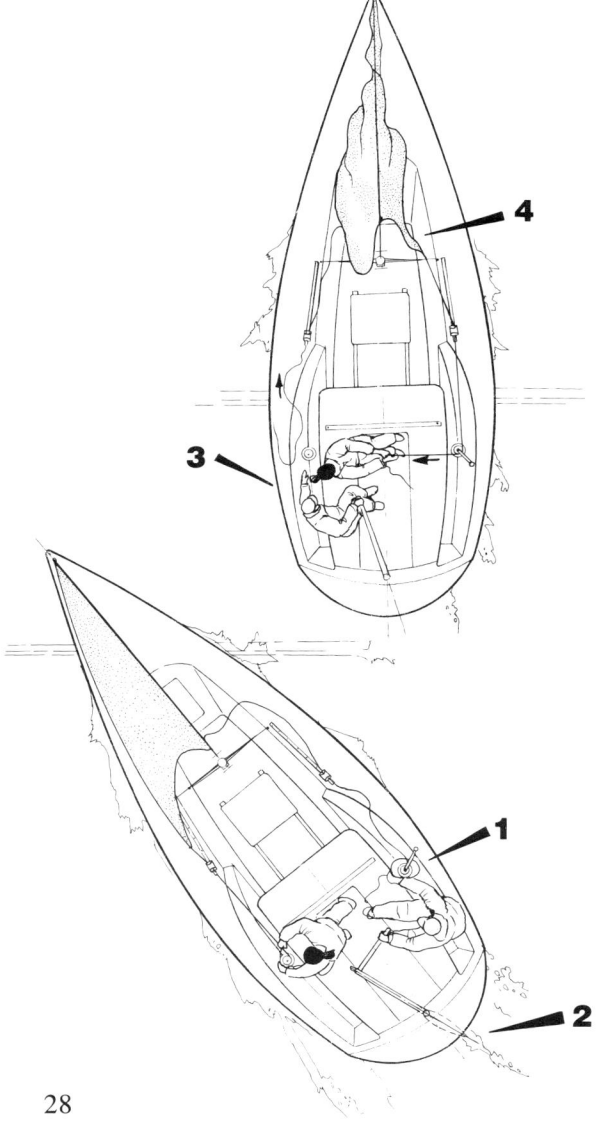

3 Die alte Schot ist bereits losgeworfen worden. Es ist darauf zu achten, daß das lose Ende frei durch den Schotschlitten läuft und sich nirgendwo verhakt. Der Steuermann, der sich auf die andere Seite setzt, sobald die Yacht genau im Wind liegt, kann darauf achten.

4 Sobald das Schothorn des Vorsegels vom Wind auf die neue Leeseite des Mastes geweht wird, muß die Schot so schnell wie möglich mit beiden Händen dichtgeholt werden. Die Drehbewegung der Yacht ist soweit zu verlangsamen, daß nur wenig Winddruck in das Vorsegel kommt.

5 Jetzt muß die Kurbel auf die Winsch gesteckt werden. Ist dies bereits vorher geschehen und das Vorsegel schon von Hand fast dichtgeholt worden, kann der Vorschoter zuerst das Segel richtig trimmen und anschließend das lose Ende in den Selbstholer einklemmen. Welche Variante bevorzugt wird, ist Geschmack- und Übungssache. Schneller geht es sicherlich mit aufgesteckter Kurbel und nachträglicher Sicherung der Schot mit dem Selbsthole-Mechanismus.

6 Der Steuermann geht allmählich auf den optimalen Amwind-Kurs und trimmt gegebenenfalls das Großsegel mit Schot und Traveller.

Moderne, kleine See- und Küstenkreuzer können aufgrund ihrer Unterwasserform blitzschnell gewendet werden. Der Drehkreis sollte allerdings nicht zu klein gewählt werden, damit genügend Zeit zum Loswerfen der Schot bleibt. Bei überlappenden Vorsegeln kann es sonst passieren, daß das Segel für kurze Zeit backsteht (1) und von der Saling beschädigt wird. Nur bei sehr wenig Wind und in engen Fahrwassern sollte man kurze, schnelle Wenden fahren; dann dreht das Boot fast auf dem Teller.

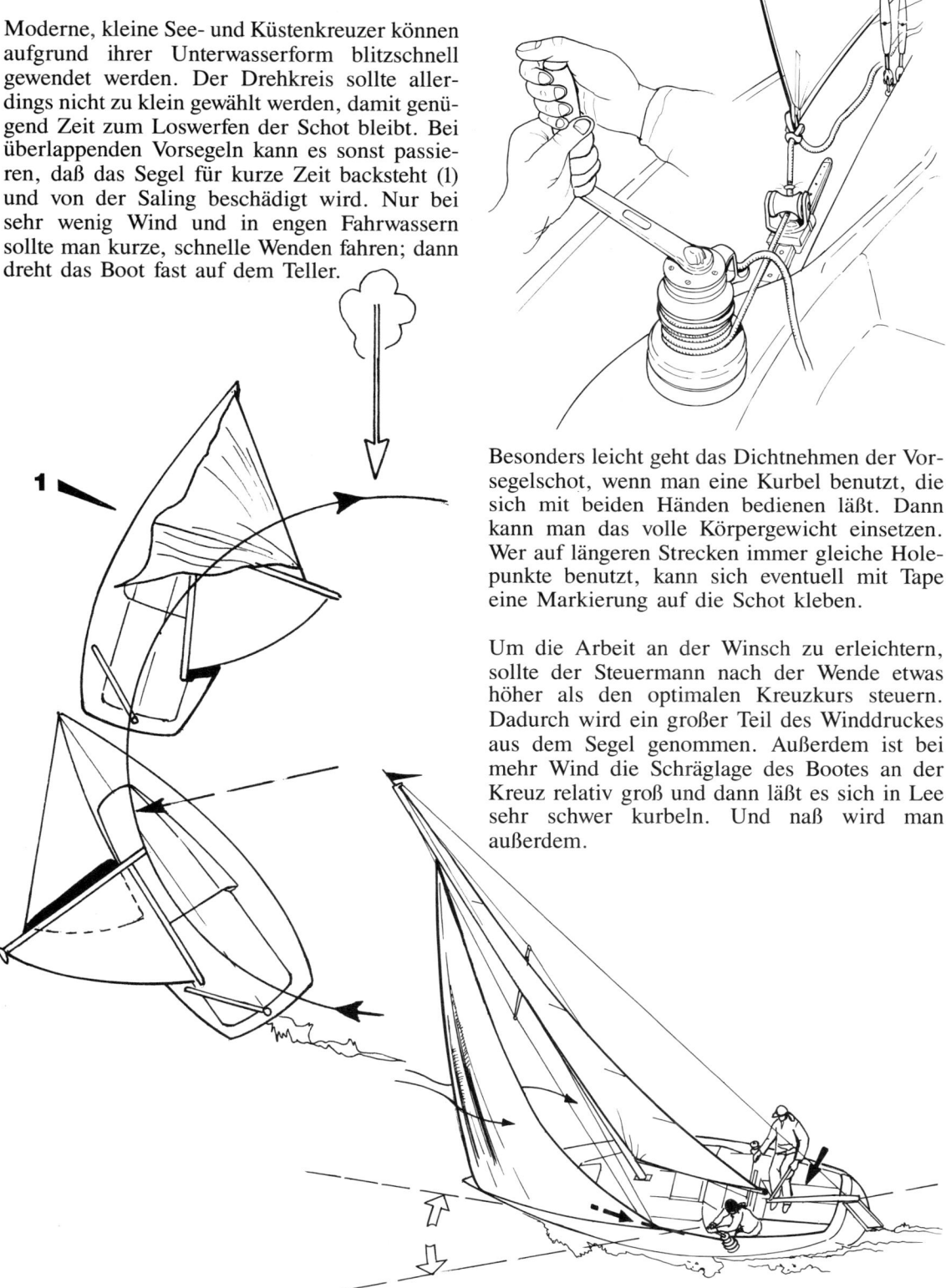

1

Besonders leicht geht das Dichtnehmen der Vorsegelschot, wenn man eine Kurbel benutzt, die sich mit beiden Händen bedienen läßt. Dann kann man das volle Körpergewicht einsetzen. Wer auf längeren Strecken immer gleiche Holepunkte benutzt, kann sich eventuell mit Tape eine Markierung auf die Schot kleben.

Um die Arbeit an der Winsch zu erleichtern, sollte der Steuermann nach der Wende etwas höher als den optimalen Kreuzkurs steuern. Dadurch wird ein großer Teil des Winddruckes aus dem Segel genommen. Außerdem ist bei mehr Wind die Schräglage des Bootes an der Kreuz relativ groß und dann läßt es sich in Lee sehr schwer kurbeln. Und naß wird man außerdem.

Trimmtechnik

Kleinboot-Technik:

1 Bei Starkwind unter Spinnaker muß die Besatzung so weit wie möglich hinten sitzen, damit das Vorschiff nicht unterschneiden kann.

2 Bei hohen Geschwindigkeiten im Surf muß die Strömung am Ruder abreißen.

3 Um das Vorschiff zu entlasten, wird das lose Gewicht unter Deck nach achtern gestaut.

4 Höchste Aufmerksamkeit ist an der Spinnakerschot geboten, falls das Boot zu stark anluven sollte.

5 Der Traveller muß so weit wie möglich nach Lee gefahren werden.

6 Der Beiholer der Spinnakerschot muß so weit dichtgeholt werden, daß die Schot frei vom Großbaum ist. Sonst könnte die Schot schnell durchgescheuert werden.

7 Andere Vorsegel als der Spinnaker müssen bei hohen Geschwindigkeiten weggenommen werden, weil sie sonst leicht vom Vorschiff gewaschen werden können.

8 Der Großbaum wird von einem Bullenstander mit Sollbruchstelle festgesetzt.

9 Das Genuafall wird am Stevenbeschlag angesetzt und durchgeholt, um den Mast nach vorne zu trimmen.

10 Der Spinnaker wird bei viel Wind flach gefahren.

11 Das Großsegel wird mit dem Baumniederholer flach getrimmt.

12 Der Großbaum muß gerade frei von den Wanten sein.

13 Mit dem Cunningham wird die Profiltiefe des Großsegels reguliert.

14 Wollfäden an den Wanten zeigen grob den Windeinfallswinkel.

15 Der Spinnakerbaum wird bei viel Wind nicht zu hoch gefahren, um den Spinnaker selbst flach und unkritisch halten zu können.

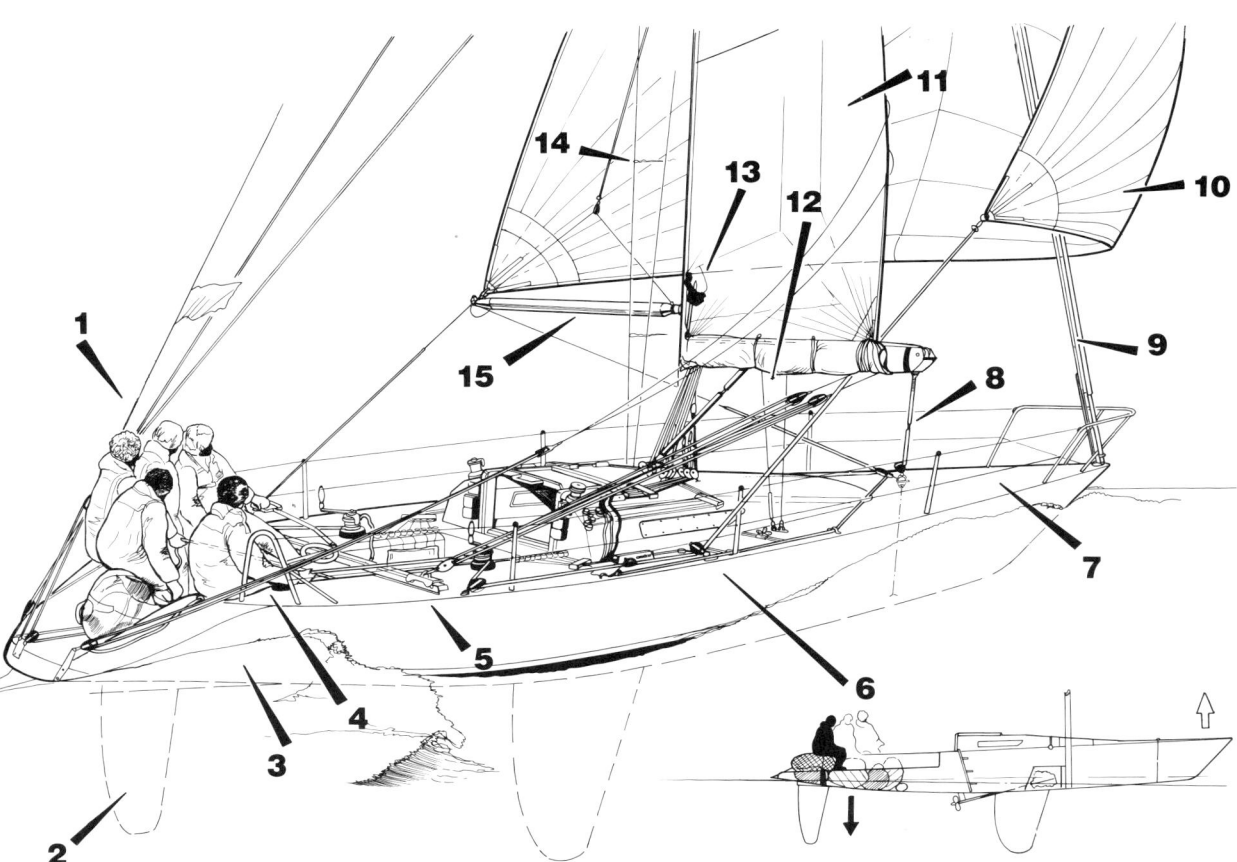

Die Technik der Mini- und Vierteltonner:

1 Das Achterstag wird zunächst einmal untersetzt und dann auf dem Cockpitboden an einer doppelten Talje verzweigt.

2 Das Hauptbackstag wird ebenfalls geteilt und läuft

2a zu einer Mehrfachtalje als Fein- und

2b zu einer einfachen Talje als Grobeinstellung.

3 Das Zwischenbackstag hängt am Block des Hauptbackstags und wird über eine eigene Talje verstellt.

4 Die Großschot und

5 der Traveller werden vom Steuermann bedient.

6 Die Pinne hat einen verstellbaren Teleskopausleger.

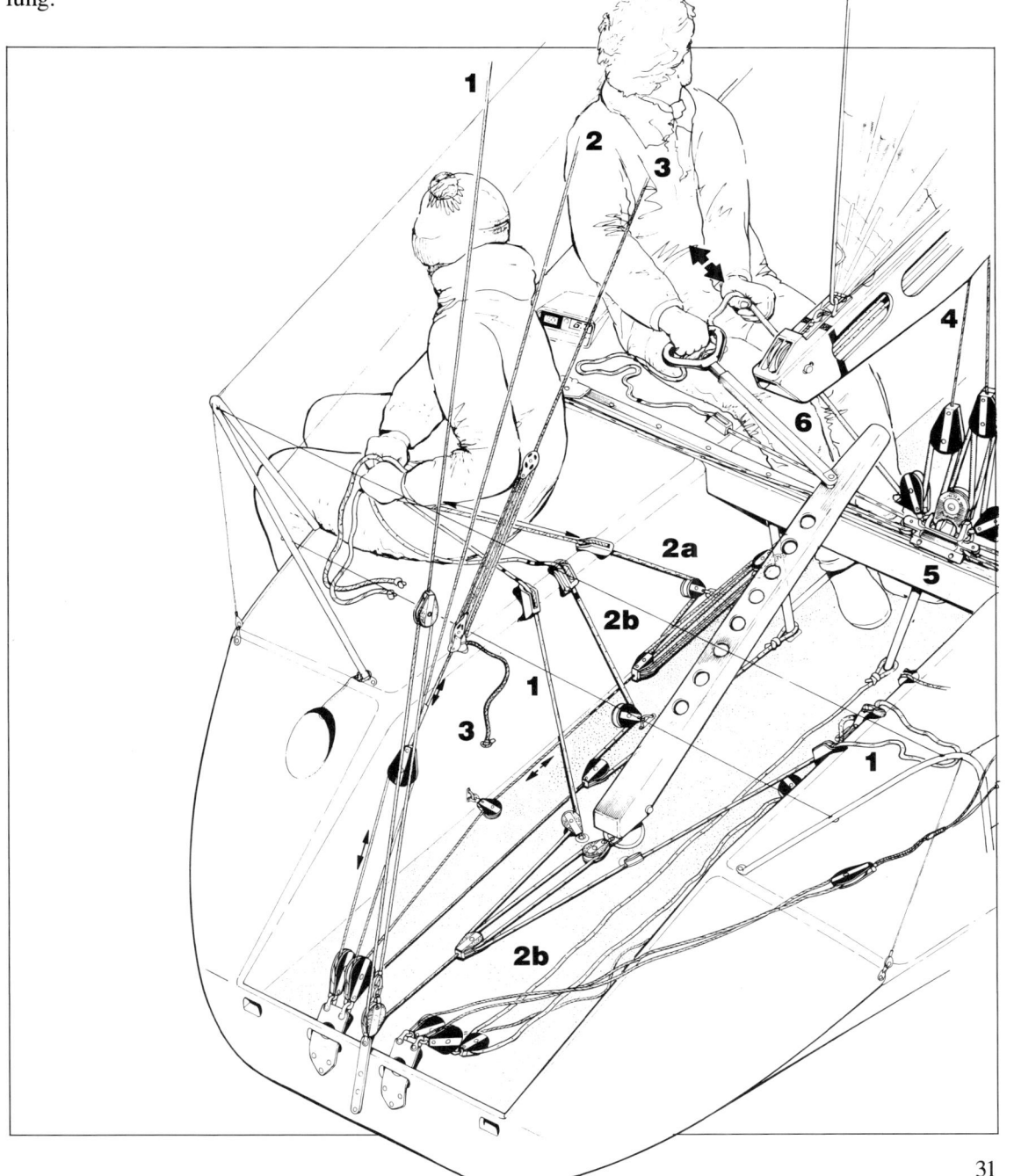

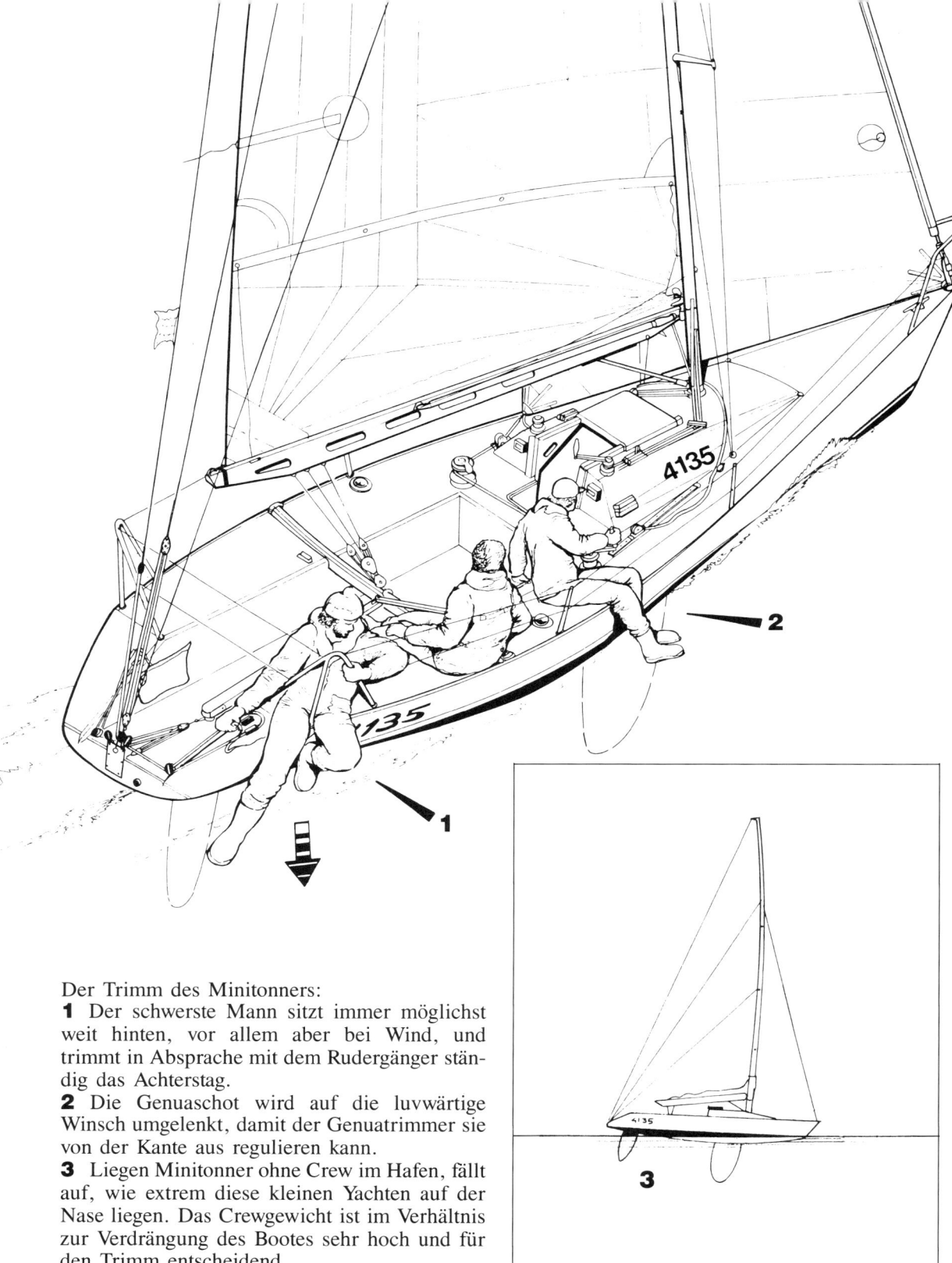

Der Trimm des Minitonners:

1 Der schwerste Mann sitzt immer möglichst weit hinten, vor allem aber bei Wind, und trimmt in Absprache mit dem Rudergänger ständig das Achterstag.

2 Die Genuaschot wird auf die luvwärtige Winsch umgelenkt, damit der Genuatrimmer sie von der Kante aus regulieren kann.

3 Liegen Minitonner ohne Crew im Hafen, fällt auf, wie extrem diese kleinen Yachten auf der Nase liegen. Das Crewgewicht ist im Verhältnis zur Verdrängung des Bootes sehr hoch und für den Trimm entscheidend.

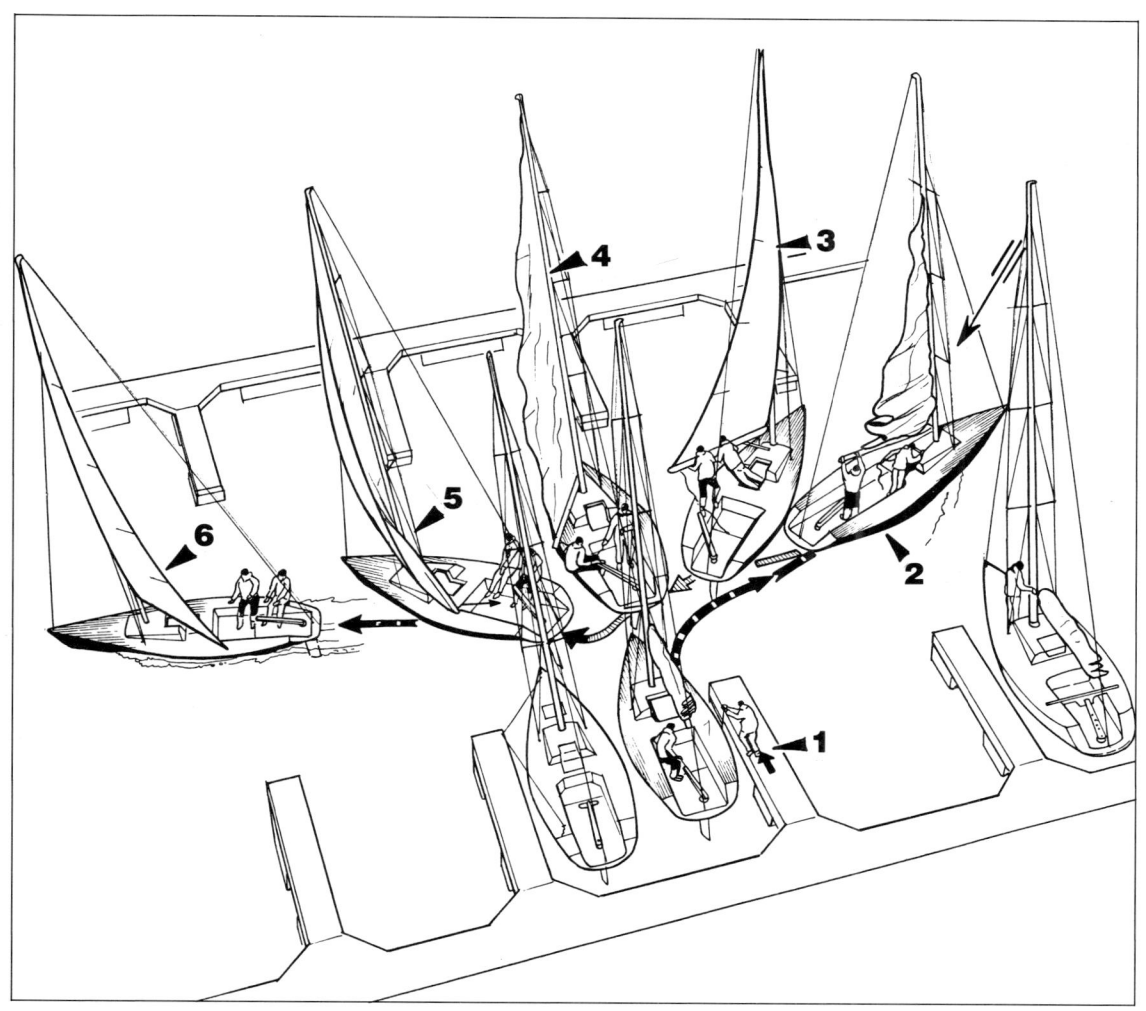

Muß man bei ungünstigen Windrichtungen enge Häfen mit einem kleinen Minitonner ohne Maschine verlassen, muß die Crew genau wissen, wie sie vorzugehen hat.

1 Das Boot wird mit möglichst viel Fahrt vom Steg abgeschoben.

2 Sobald die Yacht im Wind liegt, wird das Großsegel schnell vorgeheißt.

3 Das Großsegel wird back gehalten, damit das Schiff Fahrt über den Achtersteven macht. Die Pinne wird entsprechend gelegt, um das Boot in die gewünschte Richtung zu steuern.

4 Sobald das Boot Fahrt aufgenommen hat, wird das Großsegel losgelassen und die Großschot weit gefiert.

5 Das Großsegel wird langsam dichtgeholt, der Steuermann fällt dabei stark ab. Die Großschot muß dabei feinfühlig bedient werden, damit das Boot auch auf den gewünschten Kurs kommt.

6 Das Manöver ist beendet, das Schiff fährt problemlos aus dem engen Hafen.

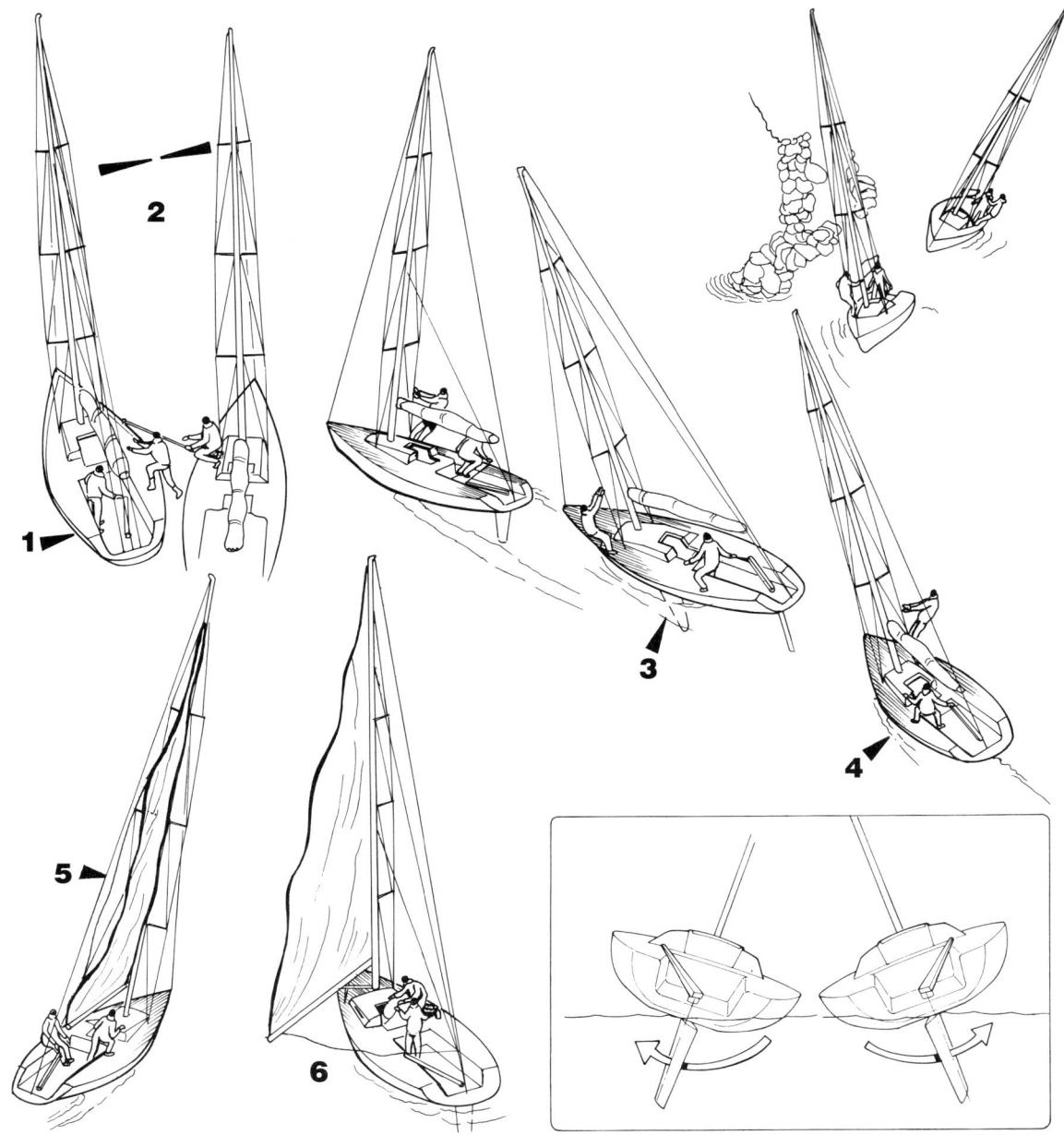

Kleine Rennboote ohne Maschine: Bei Flaute versuchen die kleinen Yachten ohne Maschine, einen Schlepp zum Start zu ergattern, der oft weit weg vom Hafen ausgelegt wird. Sie müssen dazu mit eigener Kraft mindestens bis zur Hafenausfahrt kommen, um auf die größeren Yachten mit einer Maschine zu warten. Zur Fortbewegung hat sich die „Schaukelmethode" bestens bewährt:

1 Mit Schwung wird das Boot vom Päckchen abgestoßen, bis

2 die Masten weit genug voneinander entfernt sind.

3 Das Ruder wird besetzt, der Rest der Mannschaft hängt sich auf einer Seite in die Wanten, um das Boot zu krängen.

4 Dann läuft die Crew auf die andere Seite, um sich dort in die Wanten zu hängen. Der Steuermann unterstützt die Schiffsbewegungen mit dem Ruder. Auf diese Weise lassen sich im Grunde alle Einrumpfboote, also auch Jollen, bewegen, wenn die erreichbaren Geschwindigkeiten auch nicht sehr hoch sind.

5 Erst kurz vor dem Start wird das Schiff in den Wind gedreht und

6 das Großsegel gesetzt.

Dickschiff-wende der Regatta-profis

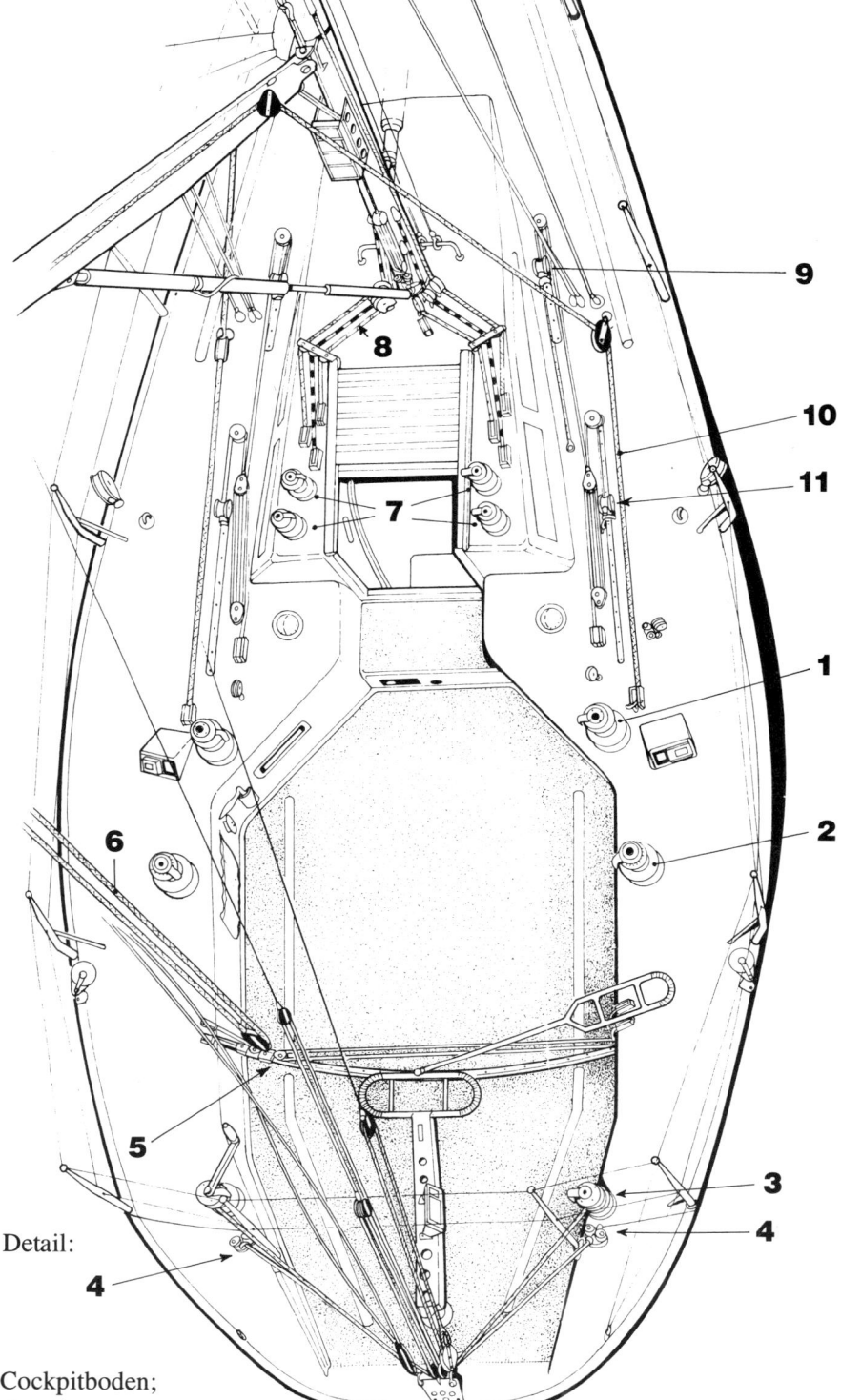

Admiral's Cupper im Detail:
1 Genuawinsch;
2 Großwinsch;
3 Backstagwinsch;
4 Achterstag;
5 Traveller auf dem Cockpitboden;
6 Großschot ohne Untersetzung;
7 Fallwinschen;
8 Fallen und Strecker;
9 Holepunkt für Genua III und IV, stufenlos verstellbar;

10 Großschot;
11 Holepunkt für Genua I und II, stufenlos vom Cockpit aus verstellbar.

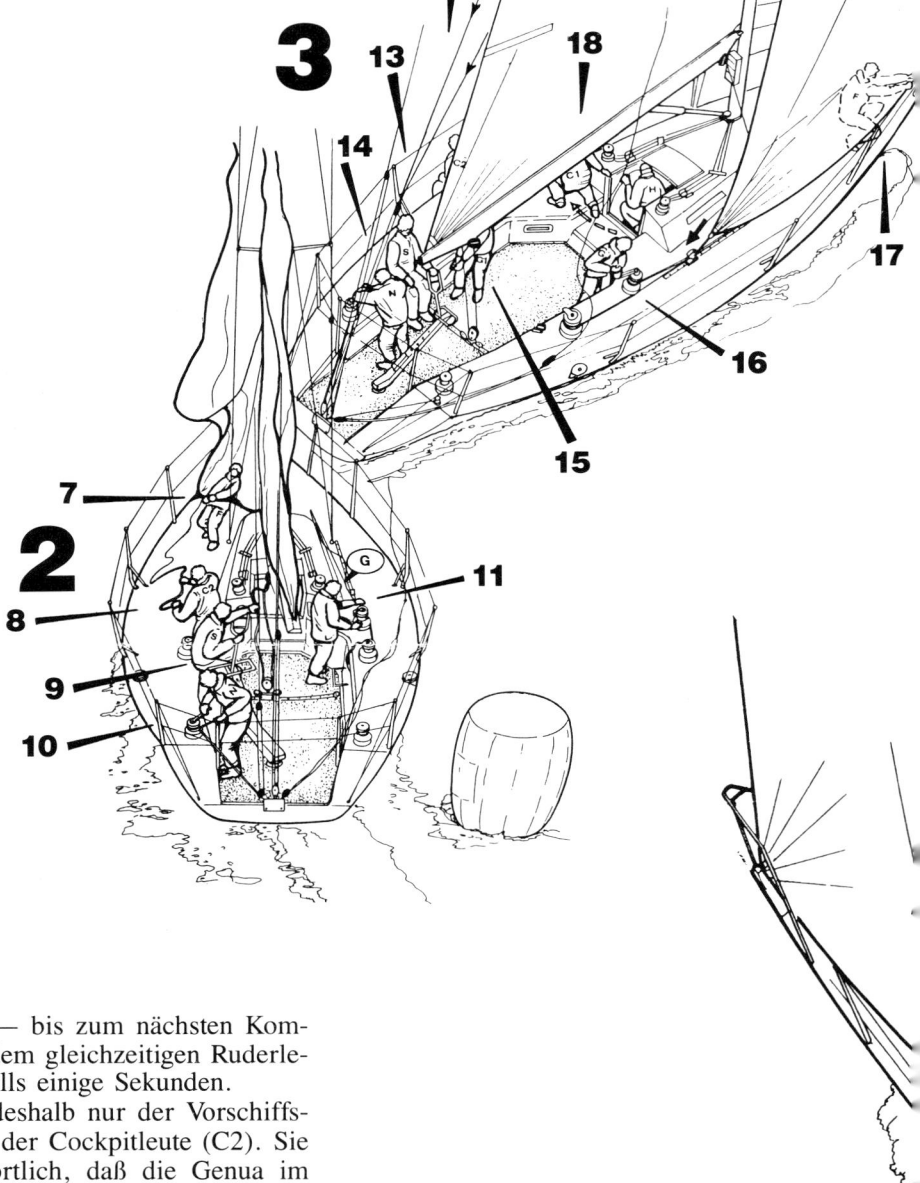

1

„Klar zur Wende" — bis zum nächsten Kommando „Ree" und dem gleichzeitigen Ruderlegen vergehen allenfalls einige Sekunden.

1 In Lee arbeiten deshalb nur der Vorschiffsmann (F) und einer der Cockpitleute (C2). Sie sind dafür verantwortlich, daß die Genua im richtigen Moment losgeworfen und, ohne mit der Schot zu haken, um den Mast herumkommt.

2 Der Mann (C2), er wird die Schot loswerfen, belegt zuvor die leewärtige Travellerregulierung.

3 Der Navigator (N), meist auch verantwortlich für die Backstagen, bereitet das Luvbackstag zum Loswerfen vor.

4 Der Steuermann (S) wartet auf die Klarmeldung der einzelnen Positionen.

5 Der Mastmann (MS) und die restliche Crew (sie wurde aus Gründen der Übersichtlichkeit nicht gezeichnet) bleibt sitzen, bis die Wende eingeleitet ist.

6 Der Fallenmann (H) nimmt seinen Platz im Niedergang ein, um gegebenenfalls ein Fall nachzusetzen, was wegen der hohen Belastung an der Kreuz nicht möglich ist. Der zweite Cockpitmann (C1) ist schon auf dem Weg zu seinem Sitzplatz im neuen Luv.

2

„Ree" — das Schiff dreht schnell in den Wind.

7 Der Vorschiffsmann (F) reißt die Genua nach vorne um die Wanten und den Mast herum.

8 Der Cockpitmann (C2) hat darauf zu achten, daß sich in der auslaufenden Schot keine Kinken bilden.

9 Der Steuermann (S) beobachtet, wie schnell der Genuamann (G) die neue Schot dichtholt und legt entsprechend schnell oder langsam Ruder, um das Schiff auf den neuen Bug zu bringen.

10 Der Navigator (N) dreht das Luvbackstag dicht. Dessen Spannung kontrolliert er anhand eines elektronischen Meßgerätes. Die Anzeige ist auf der Pinne angebracht.

11 Der Genuamann (G) reißt mit aller Kraft an der Schot, um das Segel möglichst schnell dichtkurbeln zu können. Bei viel Wind hilft ihm einer der Cockpitleute, der das lose Ende der Schot abzieht.

3

Die Wende ist beendet.

12 Wer nichts zu tun hat, sitzt wieder auf der Luvkante.

13 Der Steuermann (S) bemüht sich, das Schiff wieder auf volle Fahrt zu bringen.

14 Der Navigator (N) dreht das Backstag langsam auf die vorgegebene Endspannung.

15 Der Großschotmann (Gl) stellt den Traveller auf die richtige Position ein, kontrolliert anschließend die Großschotspannung.

16 Der Genuamann (G) trimmt das Vorsegel und verstellt gegebenenfalls den Holepunkt.

17 Der Vorschiffsmann (F) hebt das Unterliek der Genua über die Seereling nach innen („Schürze").

18 Der Fallenmann (H) klettert nach Erledigung seines Jobs auf seine Position nach Luv.

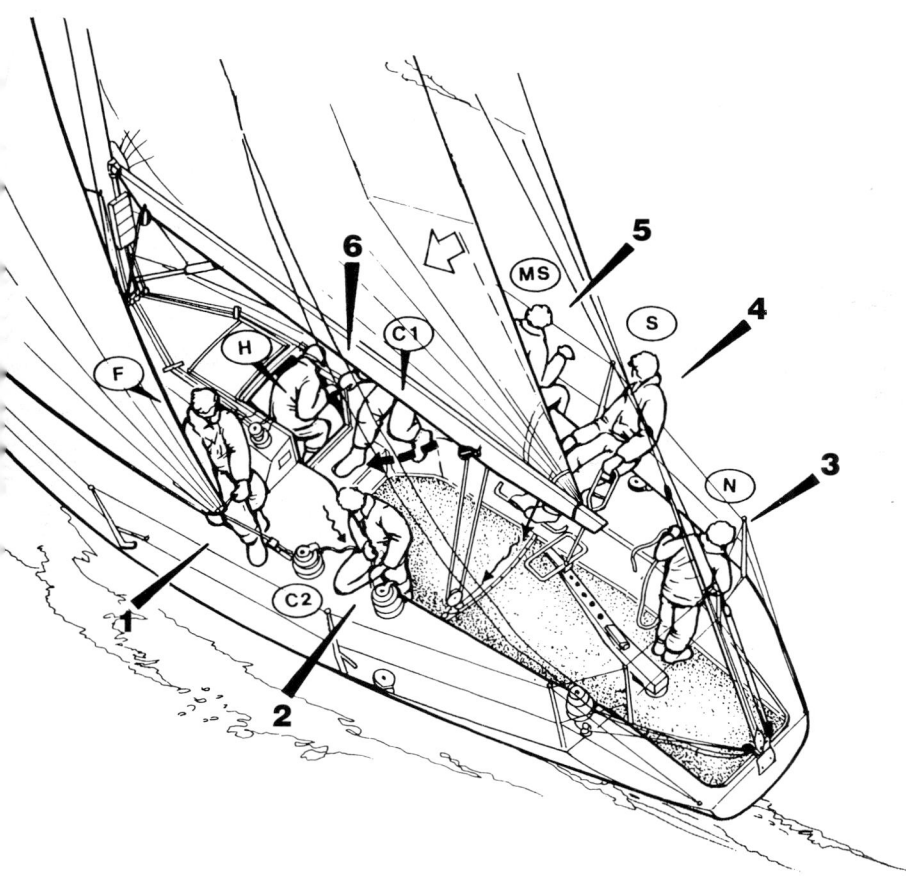

Bei leichten bis mittleren Winden ist in der Wende der Einsatz des Vorschiffsmannes unbedingt erforderlich (bei mehr Wind, wenn kleinere, nicht überlappende Vorsegel gefahren werden, wechselt der Mann nur seinen Sitzplatz auf der Kante). Die weit überlappenden großen Genuas schlagen zwar auch ohne menschliche Hilfe um die Wanten und den Mast auf die neue Leeseite, sie können dabei aber an den Salingen beschädigt werden. Außerdem besteht die Möglichkeit, daß die Schot an einem Beschlag hängenbleibt.

1 Der Vorschiffsmann stellt sich mit dem Rücken in Fahrtrichtung innen neben das Schothorn und greift, je nach Machart des Segels, mit beiden Händen in den Schotring oder in die alte, noch durchgesetzte Schot. Bevor sie losgeworfen wird, legt er sich mit seinem Gewicht nach hinten.

2 Sobald die Schot losgemacht·ist, läuft der Vorschiffsmann rückwärts bis zu den Wanten (aufpassen, über die vordere Genuaschiene kann man leicht stolpern!).

3 Immer noch mit dem Rücken in Fahrtrichtung stellt sich der Vorschiffsmann vor den Mast und läßt die Genua über seinen Rücken rutschen.

4 Sobald die Genua von den Wanten frei ist, läuft der Vorschiffsmann, das Schothorn immer noch in den Händen, nach achtern und hilft damit der Cockpitcrew, die Genuaschot so schnell wie möglich dichtzuholen.

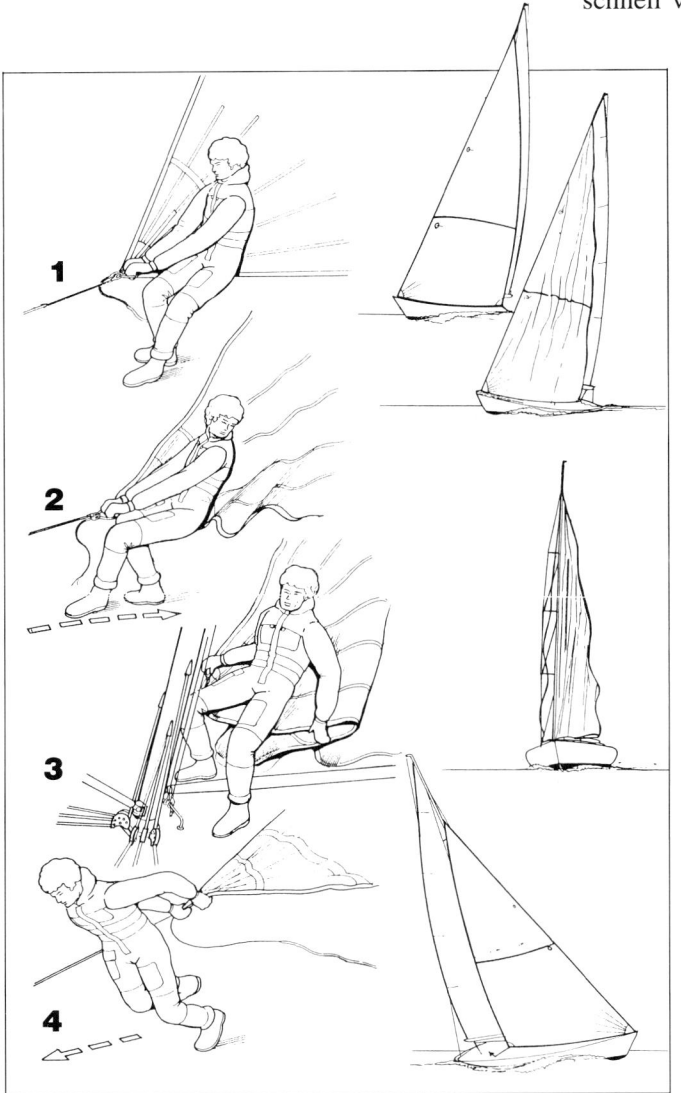

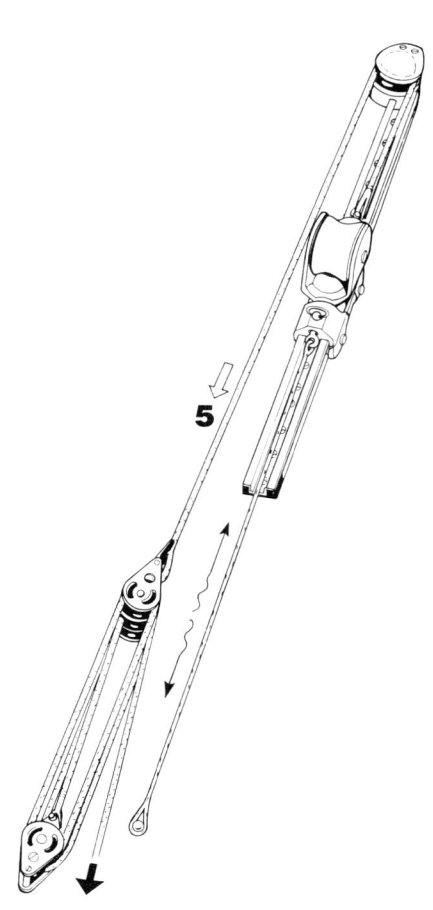

Selbst bei einem einfachen Manöver wie einer Wende können Fehler gemacht werden. Meist sind sie nicht gravierend, sie können aber doch die schnelle Abfolge des Manövers verhindern. Die häufigsten Fehler:

1 Das Luvbackstag wird zu früh losgeworfen. Das Boot steht noch nicht im Wind, erhält also seinen Vortrieb immer noch durch gut stehende Segel. Ein zu früh losgeworfenes Backstag verändert die Segelprofile, die Bootsgeschwindigkeit nimmt ab, obwohl die Wende noch gar nicht eingeleitet ist.

2 Ebenso verringert eine zu langsame Wende die Bootsgeschwindigkeit. Ein guter Steuermann wird das Boot schnell in den Wind drehen. Die weitere Drehung erfolgt langsamer, bis das Schothorn der Genua um die Vorderkante des Mastes herum ist. Dann wird der Steuermann das Boot schnell auf den neuen Am-Wind-Kurs legen.

3 Die Genua wird zu spät losgeworfen. Bei sehr leichtem Wind geschieht das absichtlich, damit der Bug schneller durch den Wind dreht. Aber sonst ist es ein grober Fehler. Die Folgen sind mögliche Beschädigungen des Segels durch die Salinge (auch wenn die überlappenden Genuas durch aufgeklebte „patches" geschützt sind) und eine unnötige Beanspruchung der Männer, die die neue Schot dichtholen sollen — sie müssen gegen den vollen Winddruck ankurbeln.

4 Ein zu spät dichgedrehtes Backstag hat dieselbe Wirkung wie eines, das zu früh losgeworfen wurde — die Segelprofile stimmen nicht.

Der technische Tip für die Kreuz:

5 Linke Seite: So funktioniert der auch unter Last stufenlos verstellbare Genuaholepunkt. Meist ist an die mehrfach untersetzte Talje auch der Schlitten auf der zweiten Schiene (für die kleinen Genuas) gekoppelt. Ein starkes Gummi zieht den Holepunkt immer selbständig nach hinten.

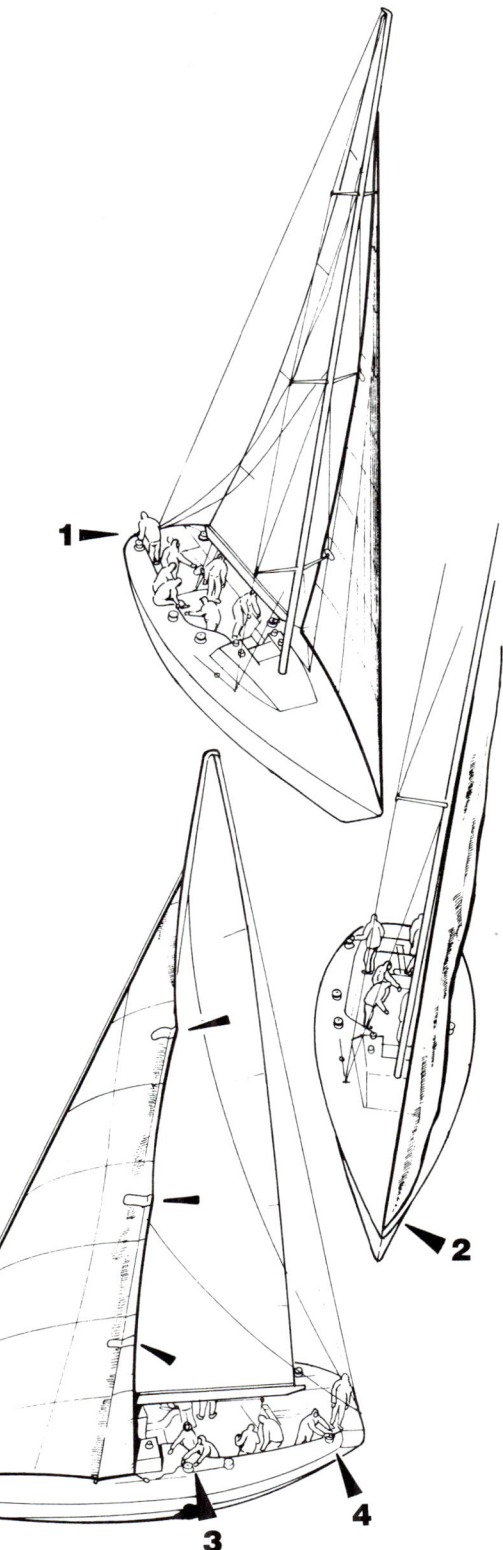

Raumschots segeln

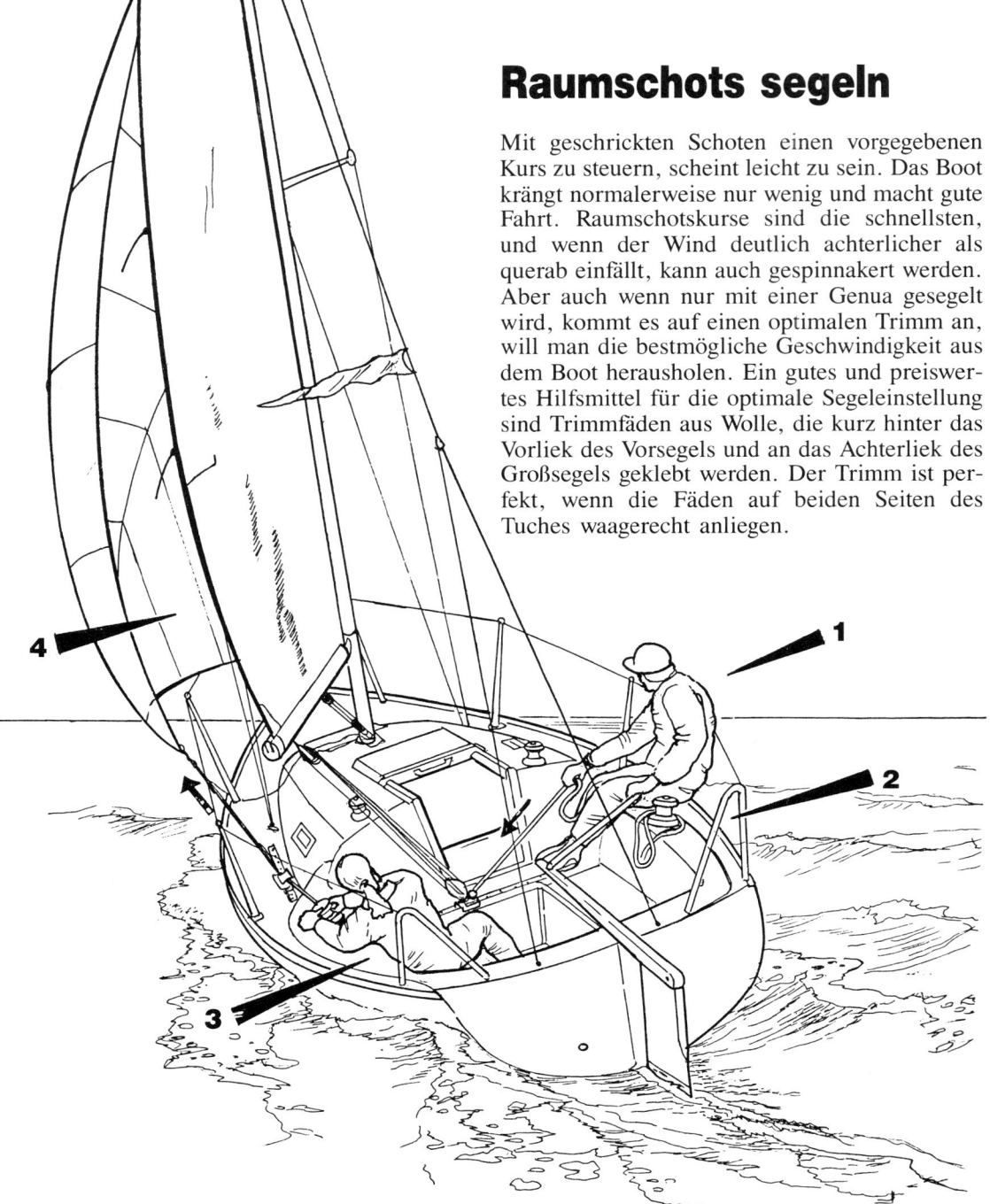

Mit geschrickten Schoten einen vorgegebenen Kurs zu steuern, scheint leicht zu sein. Das Boot krängt normalerweise nur wenig und macht gute Fahrt. Raumschotskurse sind die schnellsten, und wenn der Wind deutlich achterlicher als querab einfällt, kann auch gespinnakert werden. Aber auch wenn nur mit einer Genua gesegelt wird, kommt es auf einen optimalen Trimm an, will man die bestmögliche Geschwindigkeit aus dem Boot herausholen. Ein gutes und preiswertes Hilfsmittel für die optimale Segeleinstellung sind Trimmfäden aus Wolle, die kurz hinter das Vorliek des Vorsegels und an das Achterliek des Großsegels geklebt werden. Der Trimm ist perfekt, wenn die Fäden auf beiden Seiten des Tuches waagerecht anliegen.

1 Auf kleinen Seekreuzern sitzt der Steuermann am besten bequem auf dem Seitendeck. Er bedient die Pinne und die Großschot gleichzeitig.
2 Vom Seitendeck aus kann der Steuermann die Vorlieken von Groß- und Vorsegel gut sehen und sofort erkennen, wenn ein Segel neu getrimmt oder der Kurs korrigiert werden muß.

3 Die Crew kann gemütlich und sicher in Lee sitzen und von dort aus das Vorsegel bedienen.
4 Aus dieser Leeposition ist erkennbar, ob der Trimm des Vorsegels korrekt ist und ob er zum Großsegel paßt.

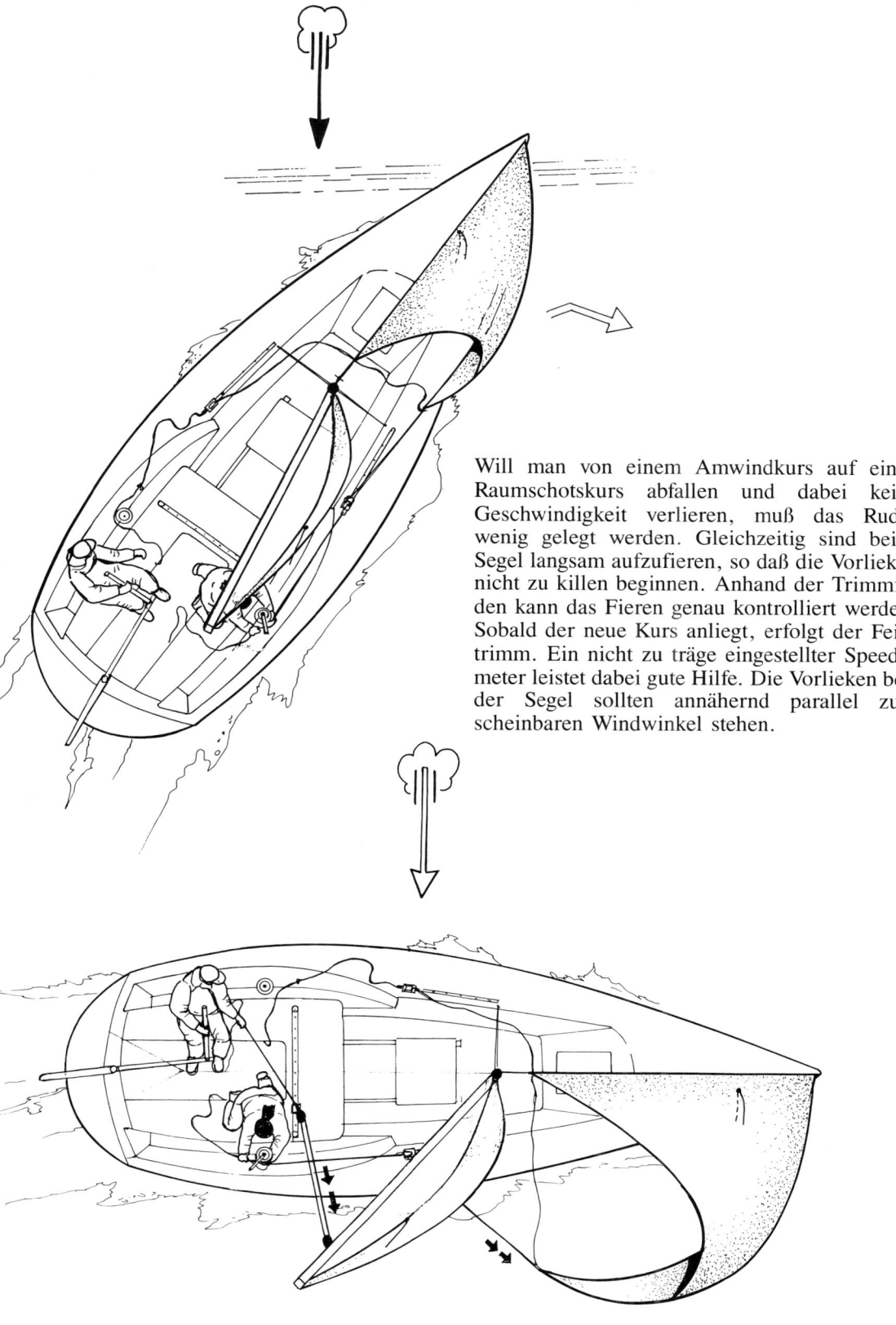

Will man von einem Amwindkurs auf einen Raumschotskurs abfallen und dabei keine Geschwindigkeit verlieren, muß das Ruder wenig gelegt werden. Gleichzeitig sind beide Segel langsam aufzufieren, so daß die Vorlieken nicht zu killen beginnen. Anhand der Trimmfäden kann das Fieren genau kontrolliert werden. Sobald der neue Kurs anliegt, erfolgt der Feintrimm. Ein nicht zu träge eingestellter Speedometer leistet dabei gute Hilfe. Die Vorlieken beider Segel sollten annähernd parallel zum scheinbaren Windwinkel stehen.

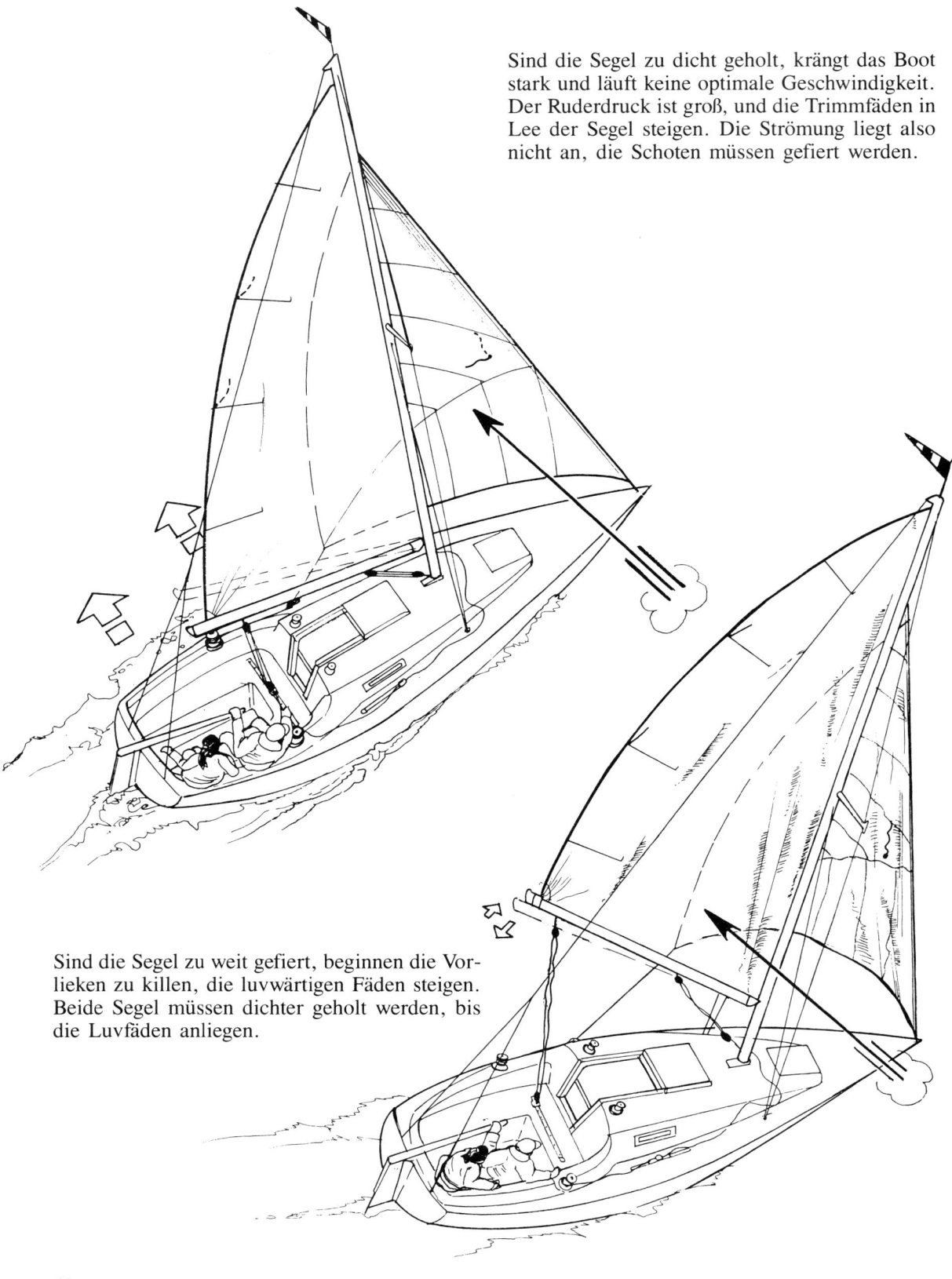

Sind die Segel zu dicht geholt, krängt das Boot stark und läuft keine optimale Geschwindigkeit. Der Ruderdruck ist groß, und die Trimmfäden in Lee der Segel steigen. Die Strömung liegt also nicht an, die Schoten müssen gefiert werden.

Sind die Segel zu weit gefiert, beginnen die Vorlieken zu killen, die luvwärtigen Fäden steigen. Beide Segel müssen dichter geholt werden, bis die Luvfäden anliegen.

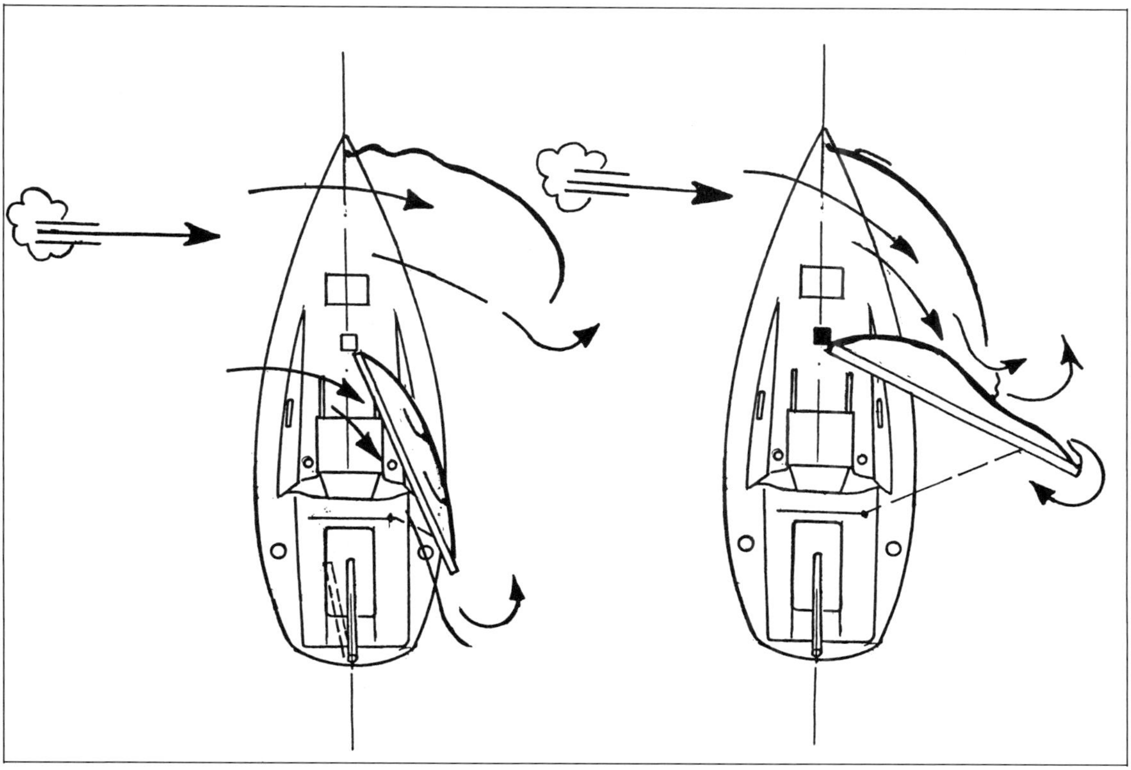

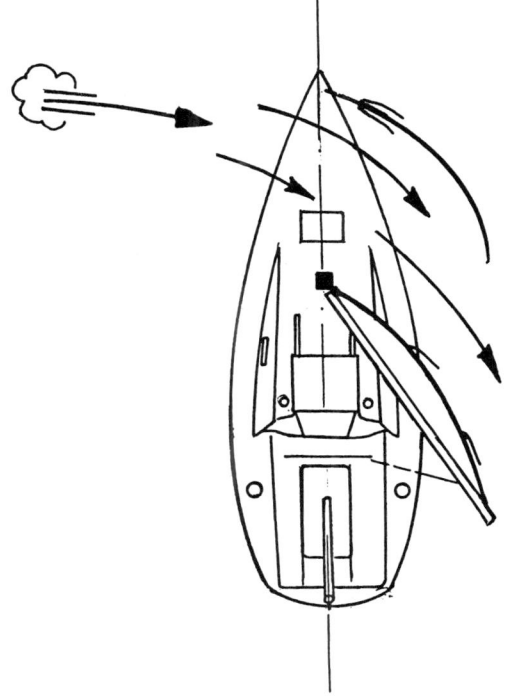

Die Zeichnungen oben zeigen zwei extrem falsche und die Zeichnung rechts den richtigen Trimmzustand für Raumschotskurse. Links ist die Großschot viel zu dicht geholt, die Genuaschot zu weit aufgefiert. Der Rudergänger müßte am Ruderdruck merken, daß etwas nicht stimmt — das Boot ist stark luvgierig. Beide Schoten müssen neu eingestellt werden, bis alle Trimmfäden optimal anliegen. Das Beispiel daneben zeigt das andere Extrem — das Großsegel ist zu weit aufgefiert, die Genuaschot zu dicht. Dadurch werden Abwinde im Vorliek des Großsegels erzeugt, erkennbar durch einen Bauch nach Luv. Je nach Schiffstyp macht sich dieser Trimmzustand durch eine mehr oder weniger starke Leegierigkeit bemerkbar; ein sicheres Indiz für extrem falschen Segeltrimm. Bei richtigem Trimmzustand stehen die Achterlieken beider Segel annähernd parallel zueinander. Da dies nur aus einiger Entfernung erkennbar ist, müssen die Segel mit Hilfe der Trimmfäden eingestellt werden. Der Rudergänger fühlt nur geringen Druck, optimal ist eine geringe Luvgierigkeit. Das Boot läuft jetzt bestmögliche Geschwindigkeit.

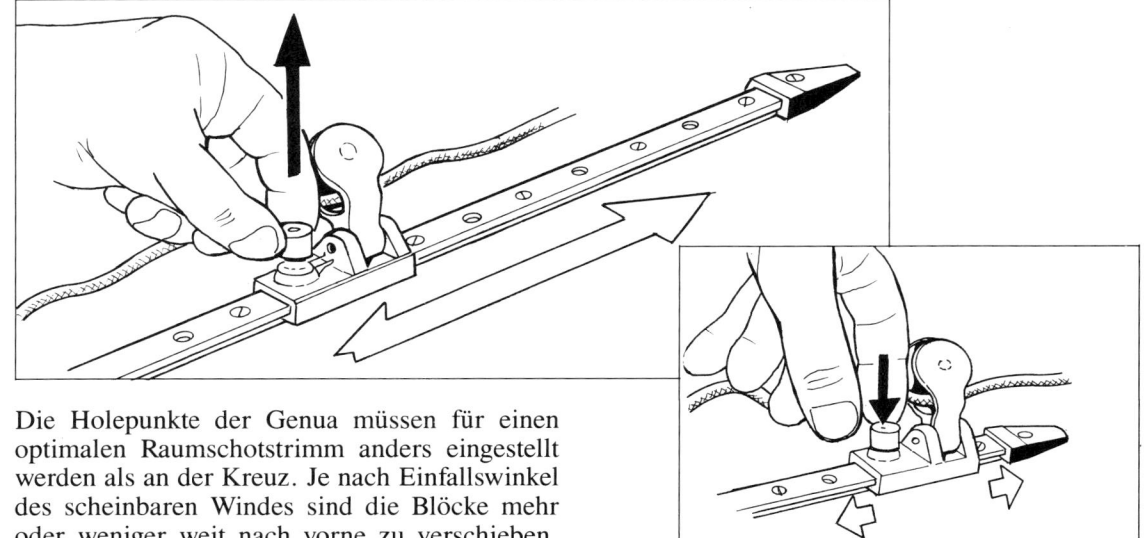

Die Holepunkte der Genua müssen für einen optimalen Raumschotstrimm anders eingestellt werden als an der Kreuz. Je nach Einfallswinkel des scheinbaren Windes sind die Blöcke mehr oder weniger weit nach vorne zu verschieben. Mit mehreren Trimmfäden in der Genua läßt sich der richtige Punkt leicht finden — alle Fäden müssen anliegen.

Die Holepunkte sollten nur verstellt werden, wenn der Druck der Schot weg oder gering ist (Verletzungsgefahr!) Auch sollten grundsätzlich beide Holepunkte gleich eingestellt werden.

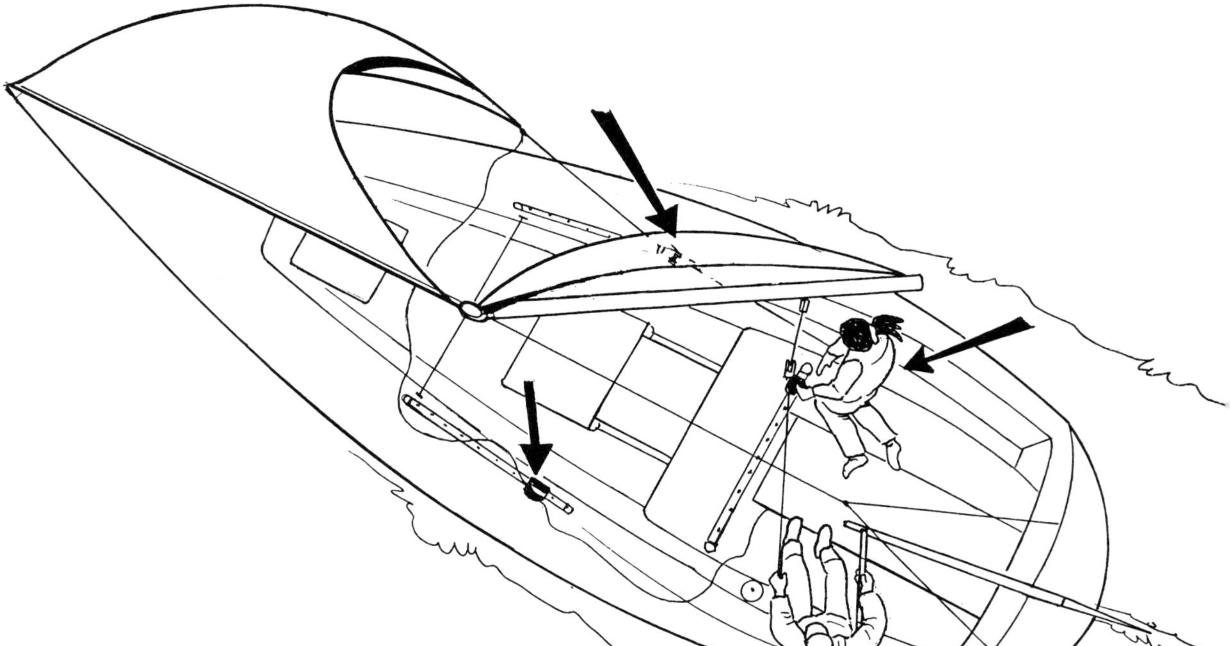

Bei einem leichten Schrick werden die Genuaholepunkte nur wenig nach vorne verstellt. Der Traveller wird nach Lee gefahren und der Baumniederholer so weit dichtgeholt, daß alle Trimmfäden des Großsegels waagerecht auswehen.

Segeln vor dem Wind

Das Segeln vor dem Wind ist komplizierter und auch gefährlicher als jeder andere Kurs zum Wind. Selbst in einer nur leichten Brise kann der Großbaum in einer unkontrollierten Halse schwere Verletzungen vor allem am Kopf verursachen wenn jemand im Cockpit gerade stehen sollte.

1 Platt vor dem Wind im Schmetterlingsstil mit nach beiden Seiten ausgestellten Segeln ablaufen ist zwar die schnellste Art voranzukommen, sie erfordert aber auch höchste Aufmerksamkeit des Rudergängers. An den Segeln entsteht keinerlei Strömung, einzig der Winddruck treibt das Boot voran. Deshalb ist die Geschwindigkeit auch deutlich niedriger als auf Raum- oder Halbwindkursen.

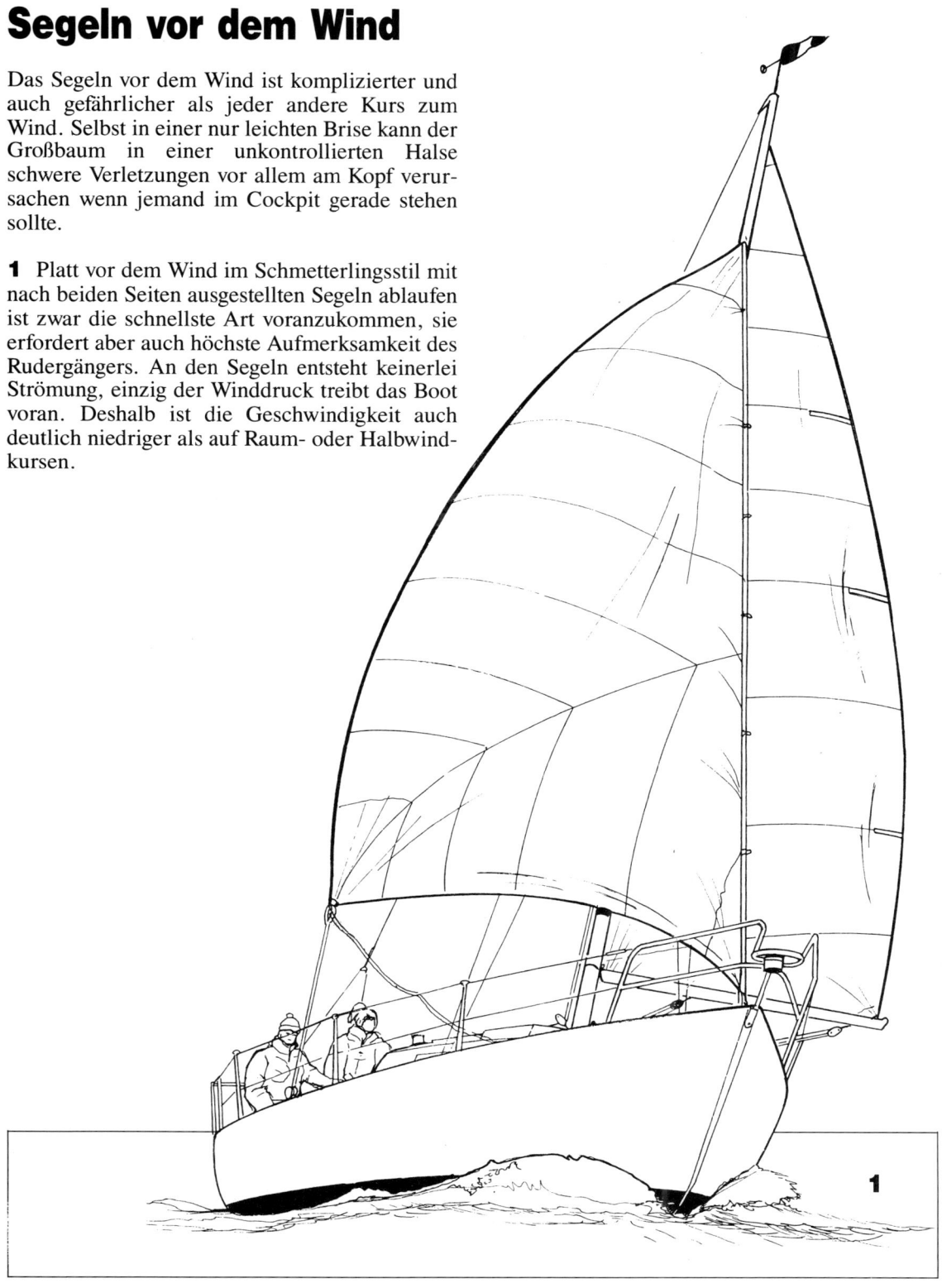

1

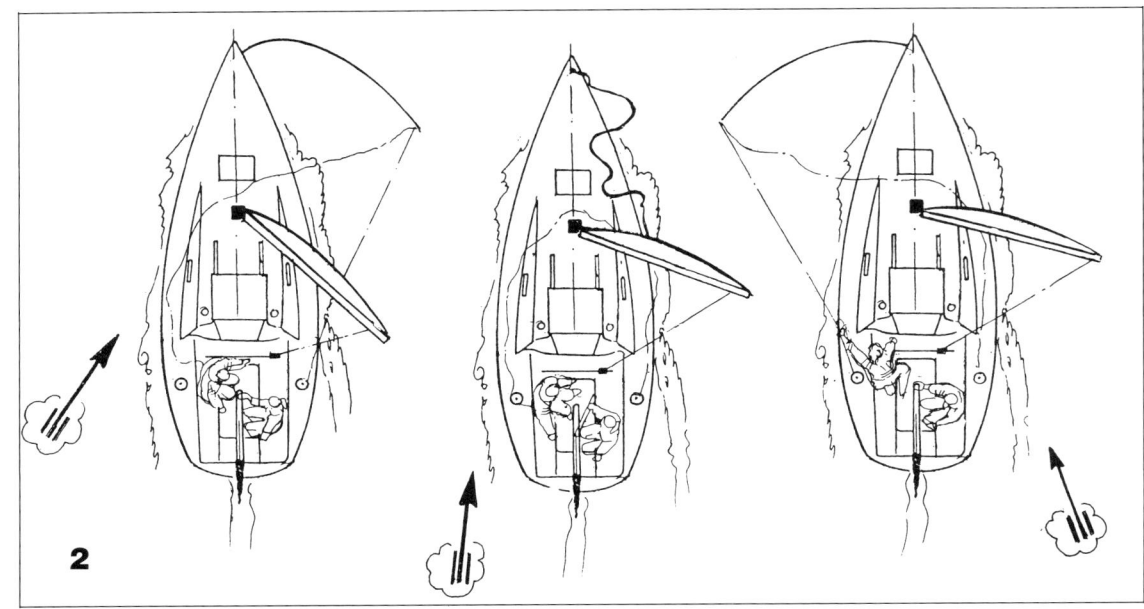

2

2 Damit die Genua ziehen kann, sollte der Wind einige Grad von Lee einfallen (rechts). Dann aber ist höchste Vorsicht geboten, da es schon bei der kleinsten Kursschwankung nach Lee zu einer unbeabsichtigten Patenthalse kommen kann.

Fällt der Wind genau von achtern ein (Mitte) und ist das Vorsegel auf der gleichen Seite wie das Großsegel geschotet, zieht die Genua nur selten und wird oft laut knallend schlagen.

Ein etwas raumerer Kurs (links) ist dagegen deutlich schneller als platt vor dem Wind zu segeln. Beide Segel werden richtig angeströmt und ziehen gut.

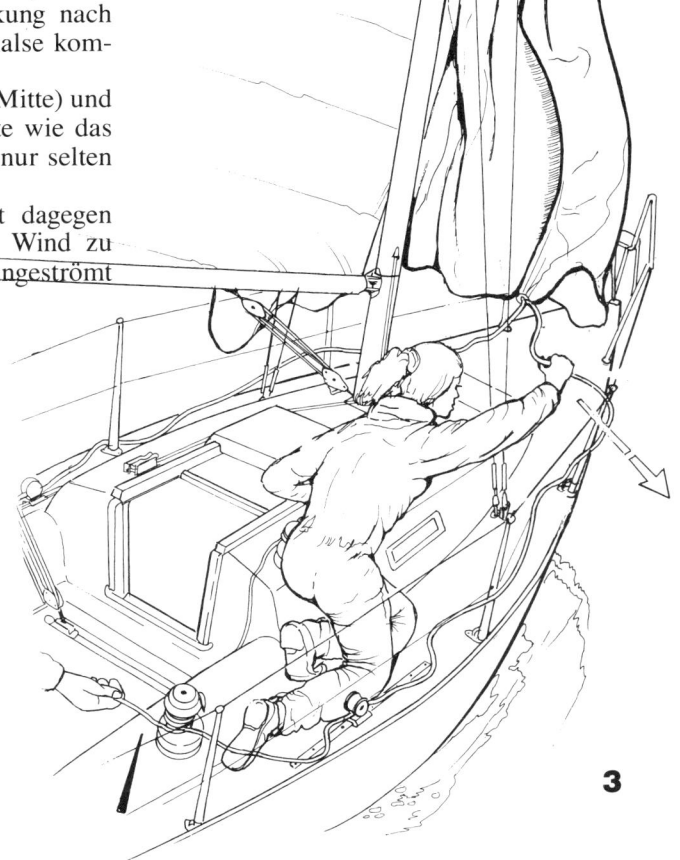

3 Soll nur die Genua gehalst werden, muß einer der Crew auf das Vorschiff. Der Steuermann zieht an der neuen Schot, die bereits einige Male um eine Winsch gelegt ist. Das Schothorn muß von Hand nach außen gebracht werden, damit der Wind in die Genua drücken kann.

3

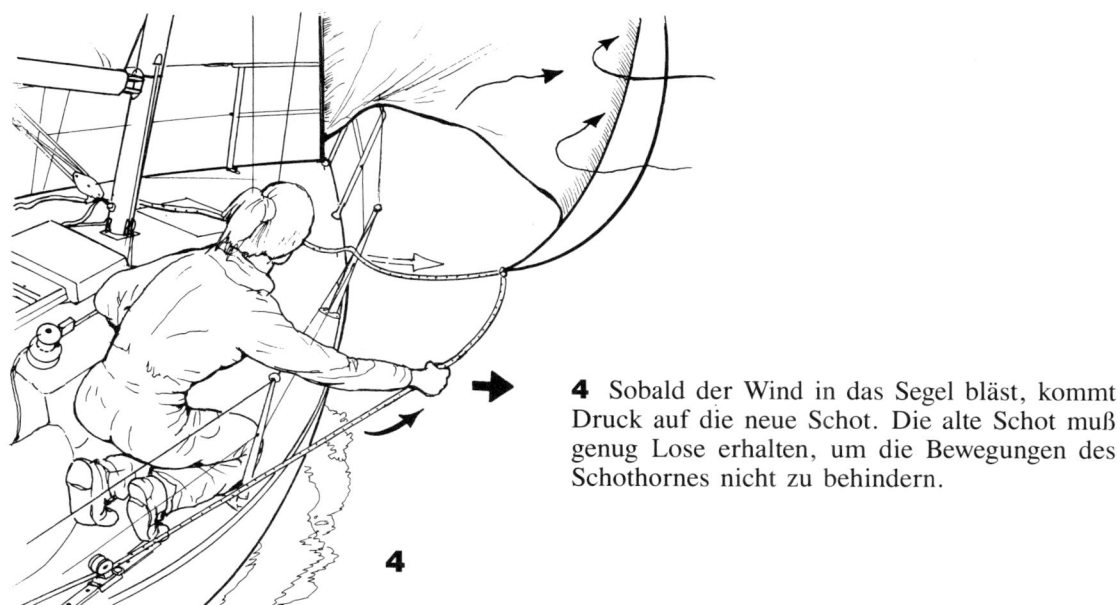

4 Sobald der Wind in das Segel bläst, kommt Druck auf die neue Schot. Die alte Schot muß genug Lose erhalten, um die Bewegungen des Schothornes nicht zu behindern.

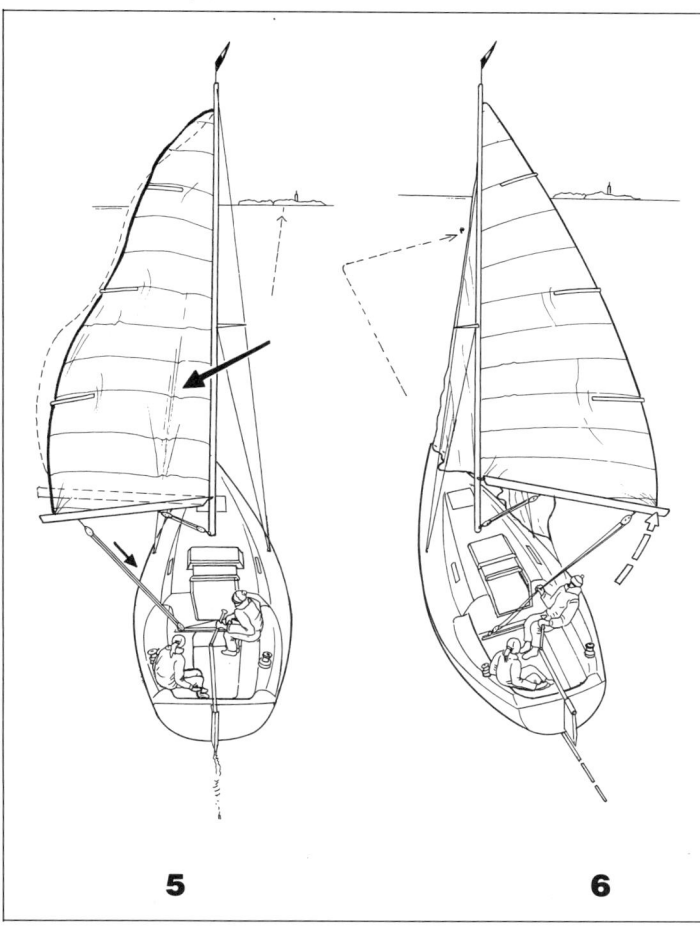

5 Ein Kurs platt vor dem Wind ist nicht sonderlich gemütlich. Abgesehen von der ständigen Gefahr einer Patenthalse rollt das Boot nach beiden Seiten, das Segel schlägt häufig und schamfielt an den Wanten. Um den Kurs halten zu können, sollte man ständig den Verklicker im Masttopp beobachten und, wenn möglich, einen markanten Punkt an Land anvisieren.

6 Deutlich schneller ans Ziel kommt man, wenn man etwas anluvt und dann auch sicherer segelt. Wird die Genua richtig getrimmt, wird auch sie ziehen und zu einer höheren Geschwindigkeit beitragen. Liegt das Ziel genau in Lee, muß man rechtzeitig, aber nicht zu früh halsen, will man es ebenfalls mit einem raumen Windeinfallswinkel erreichen.

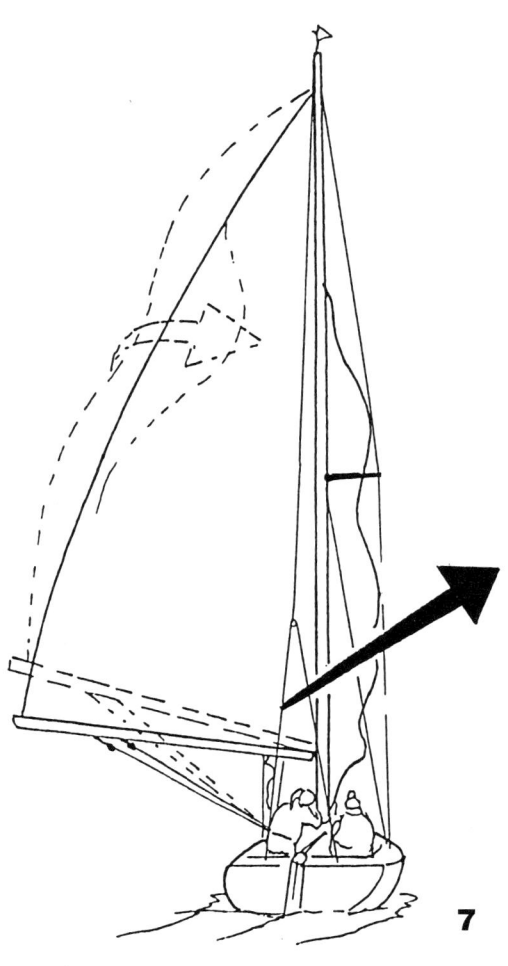

7

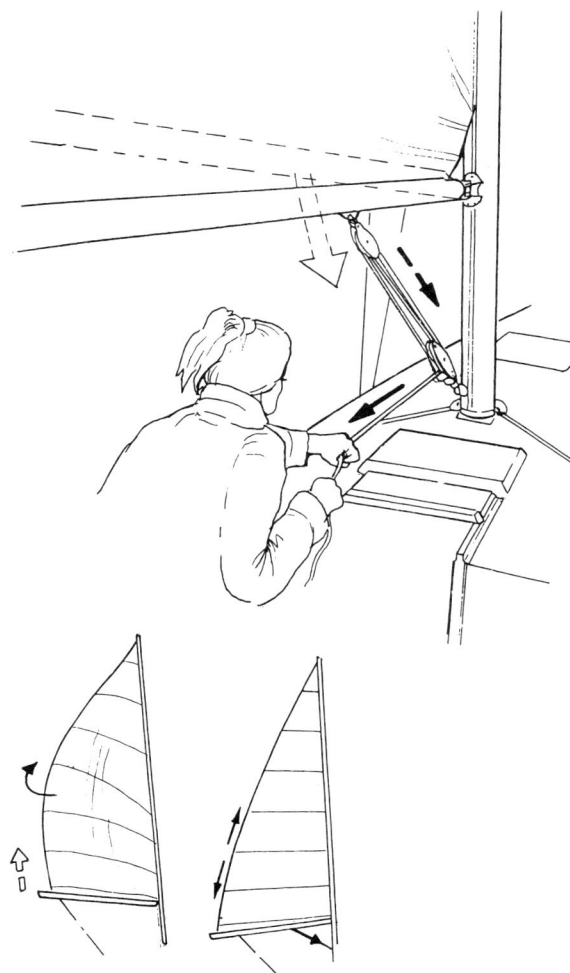

7 Vor dem Wind muß vor allem das Großsegel richtig und völlig anders getrimmt werden als etwa an der Kreuz. Um das Segel möglichst flach zu machen, muß der Baumniederholer stramm durchgesetzt werden. Mit geradem Achterliek wird dem Wind die größtmögliche Segelfläche entgegengebracht. In einer Halse wird dadurch auch die Tendenz des Großbaumes zu steigen verhindert.

8 Bei starkem Wind ist es fast immer besser, das Vorsegel zu bergen und sicher im Bugkorb zu befestigen. Das Boot wird dann nicht spürbar langsamer werden. Die Crew sollte möglichst weit achtern sitzen, damit der Steven über Wasser bleibt, wenn das Boot die Wellen hinabsurft. Sollte die Situation bei zunehmendem Wind kritisch werden, muß das Großsegel gerefft werden.

Halsen
mit kleinen Kreuzern

Wer auf Backbordbug vor dem Wind segelt und seinen Kurs nach Backbord ändern will oder muß, der wird eine Halse fahren müssen. Das wichtigste Segel in einer Halse ist das Großsegel. Es ist vor dem Wind weit aufgefiert, muß dann möglichst dichgeholt und nach der Kursänderung wieder aufgefiert werden. Damit ist eine Person vollauf beschäftigt. Der Steuermann muß langsam abfallen, im richtigen Moment mit dem Heck durch den Wind drehen und anschließend die Drehbewegung der Yacht nach Luv abfangen. Die Zeichnung zeigt das Boot im Moment der Halse; das Vorsegel wird erst später auf die andere Seite genommen.

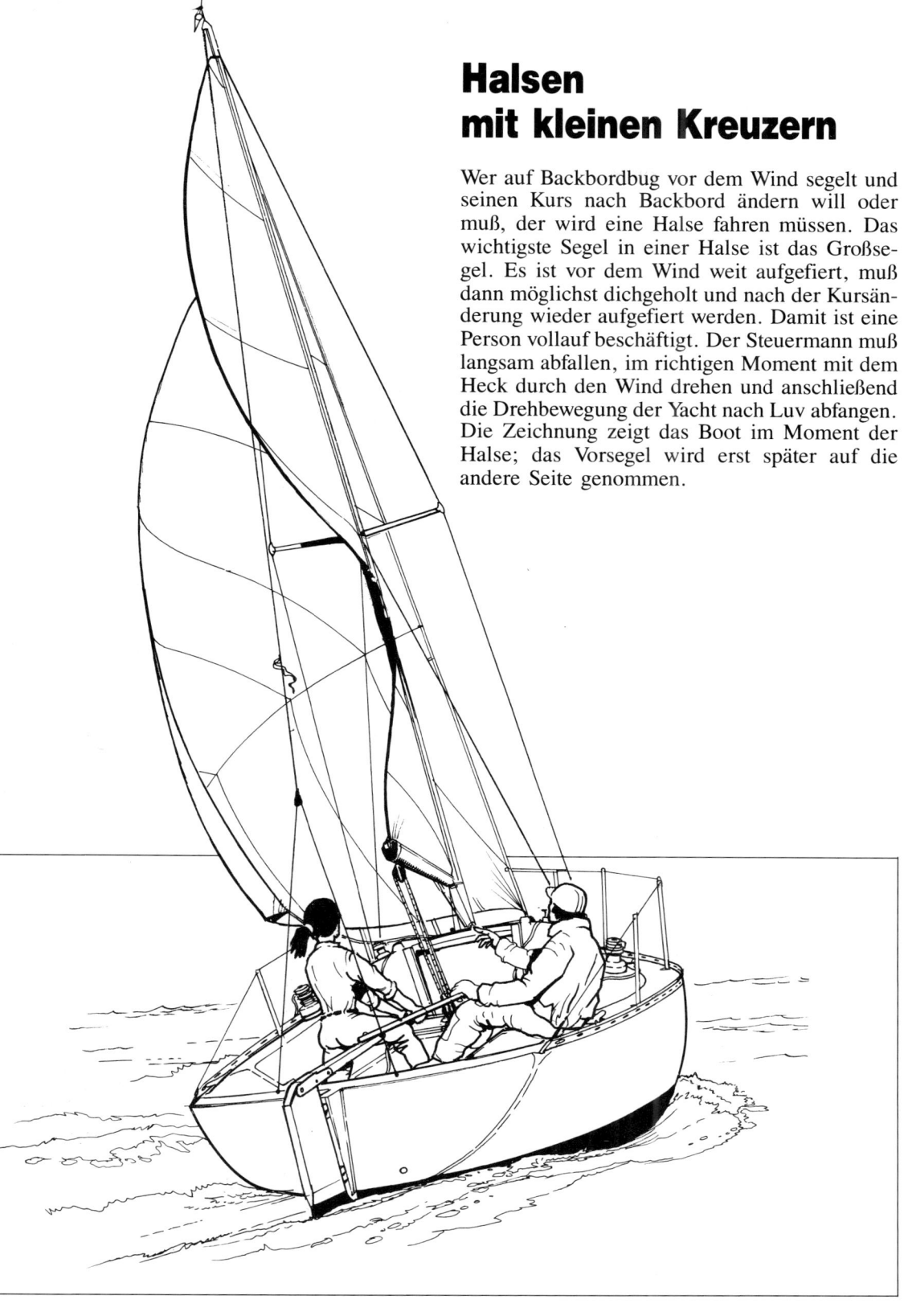

Vor dem Wind, wenn beide Segel aufgefiert sind, kann das Boot ins „Geigen" kommen. Deshalb wird häufig platt vor dem Wind, wenn das Vorsegel auf der dem Großsegel entgegengesetzten Seite steht (Schmetterling), der Großbaum mit einem Bullenstander gesichert, um einer Patenthalse (einer unfreiwilligen Halse) vorzubeugen. Das Kommando heißt: „Klar zum Halsen."

Der Bullenstander ist gelöst, der Steuermann fällt weiter ab. Die Großschot muß dabei schnell so weit wie möglich dichtgeholt werden. Die Crew bleibt im Cockpit und muß die Köpfe einziehen.

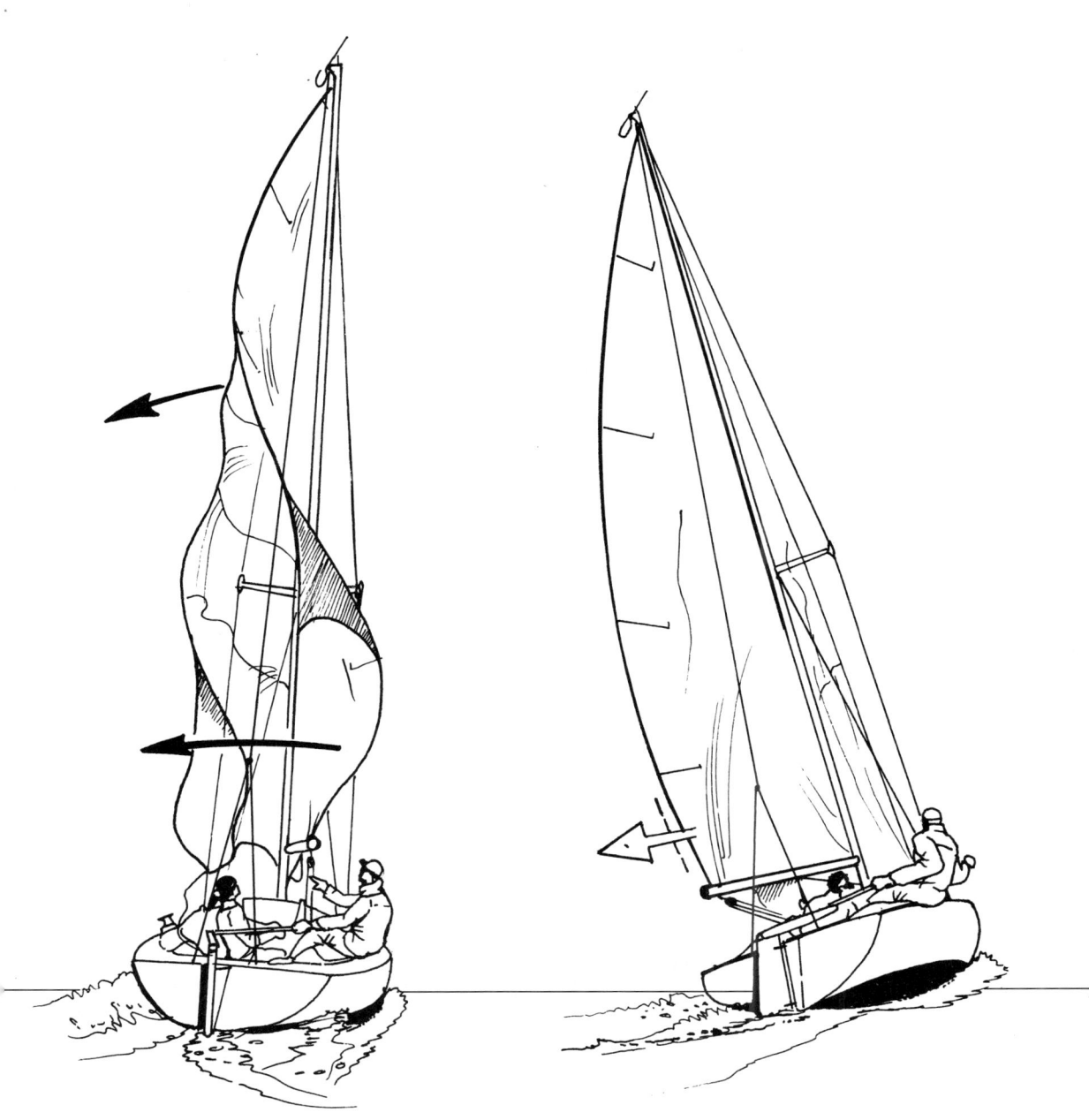

Das Großsegel wird vom Wind auf die andere Seite gedrückt. Das Schiff bekommt dadurch die Tendenz, anluven zu wollen. Diese Bewegung muß vom Steuermann mit dem Ruder gestoppt werden, allerdings darf er das Boot nicht so weit zurückdrehen, daß das Großsegel erneut gehalst wird.

Die Großschot muß unmittelbar nach der Halse des Großsegels möglichst weit aufgefiert werden. Dadurch wird bei viel Wind verhindert, daß das Boot stark krängt und zu luvgierig wird. Wenn es richtig weht, kann man nach der Halse die Schot auch einfach loslassen, bevor man sich die Finger verletzt.

1 Unmittelbar vor der Halse muß der Bullenstander gelöst werden; falls einer gesetzt ist. Andernfalls kann es zum Bruch des Großbaumes kommen. Der Steuermann setzt sich auf die Leeseite. Gesteuert wird vor dem Wind und in der Halse entweder mit dem Ausleger oder auch direkt mit der Pinne. Das ist abhängig von der Cockpitbreite und welche Art für den Steuermann bequemer ist.

2 Die Vorsegelschot bleibt zunächst belegt, die Großschot wird nach dem Kommando „Klar zur Halse" dichtgeholt. Der Steuermann legt sich die andere Vorsegelschot griffbereit, steuert aber nach wie vor einen ungefährlichen Kurs geradeaus.

3 „Rund achtern!" Mit diesem Kommando gibt der Steuermann bekannt, daß er das Ruder zur Halse legt. Die Frau (oder der Mann) an der Großschot beobachtet das Großsegel.

4 Das Großsegel ist vollständig gehalst, die Großschot muß jetzt so schnell wie möglich aufgefiert werden. Dabei kann man sich leicht die Hände verletzen. Vorsicht ist also angesagt. Zur Not wird die Großschot einfach losgelassen. Der Steuermann gibt „Stützruder".

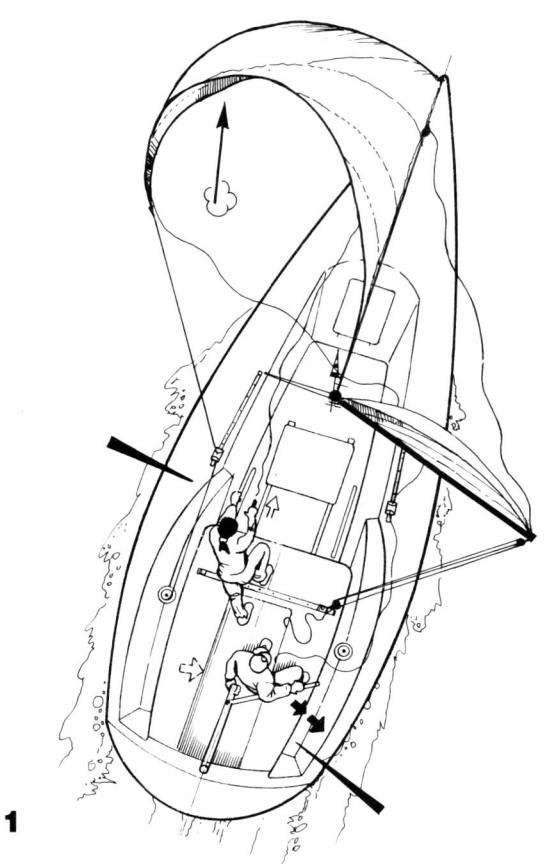

1

5 Die Großschot ist weit aufgefiert, die Vorsegelschot in Lee gelöst. Während der Steuermann geradeaus segelt und die Großschot wieder belegt wird, kann er bereits die neue Vorsegelschot dichtnehmen, wenn nicht ein raumer Kurs gesegelt werden soll.

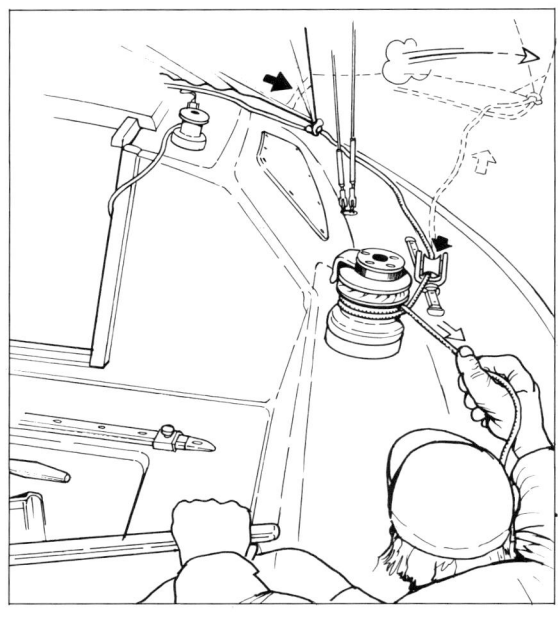

Wird die zu holende Vorsegelschot vor der Halse bereits zweimal um die Winsch gelegt, kann der Steuermann nach der Halse so weit dichtholen, daß das Schothorn etwa auf Höhe der Wanten steht. Geschieht dies rechtzeitig genug, drückt der Wind noch nicht voll in das Vorsegel.

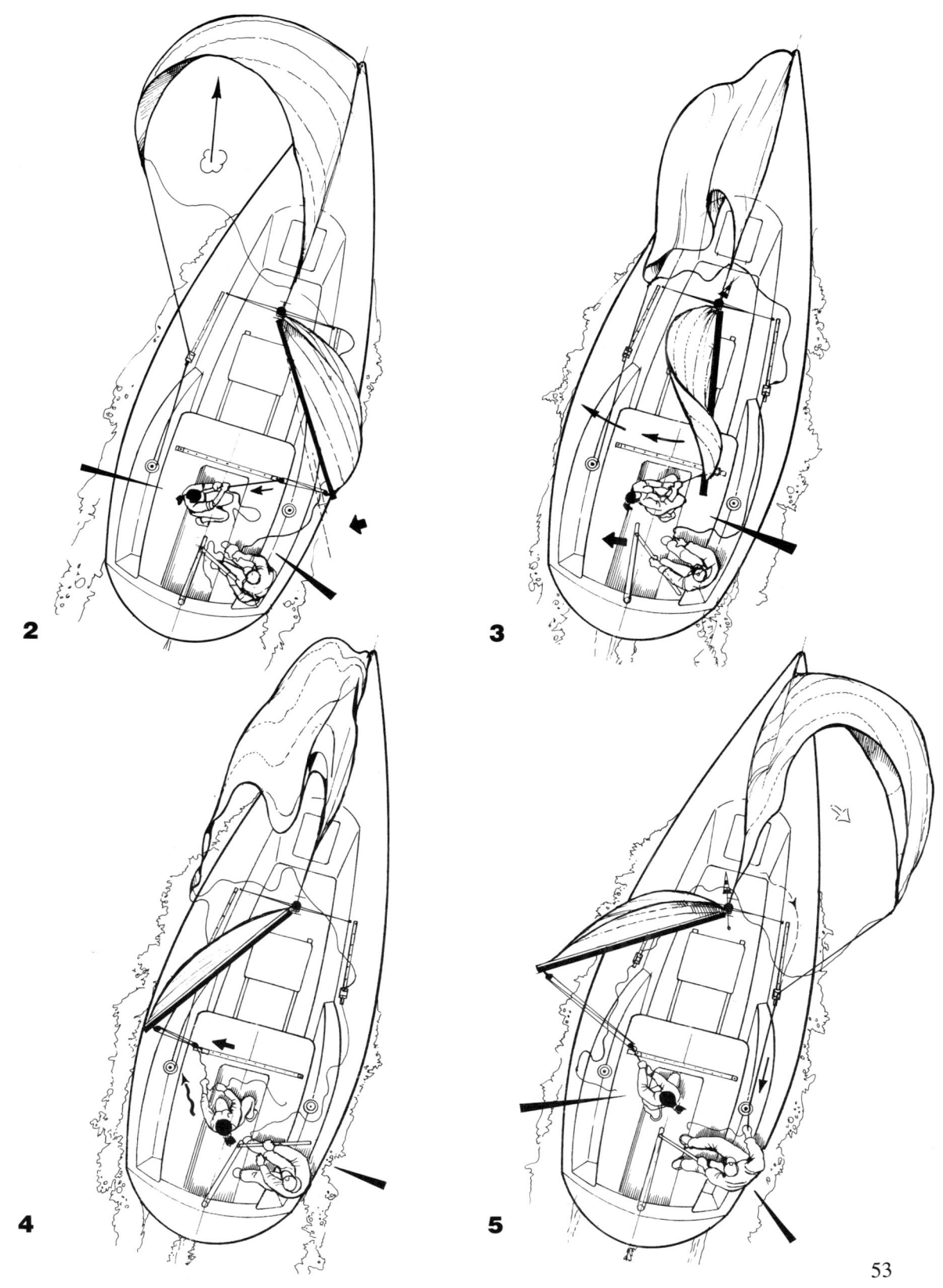

2

3

4

5

53

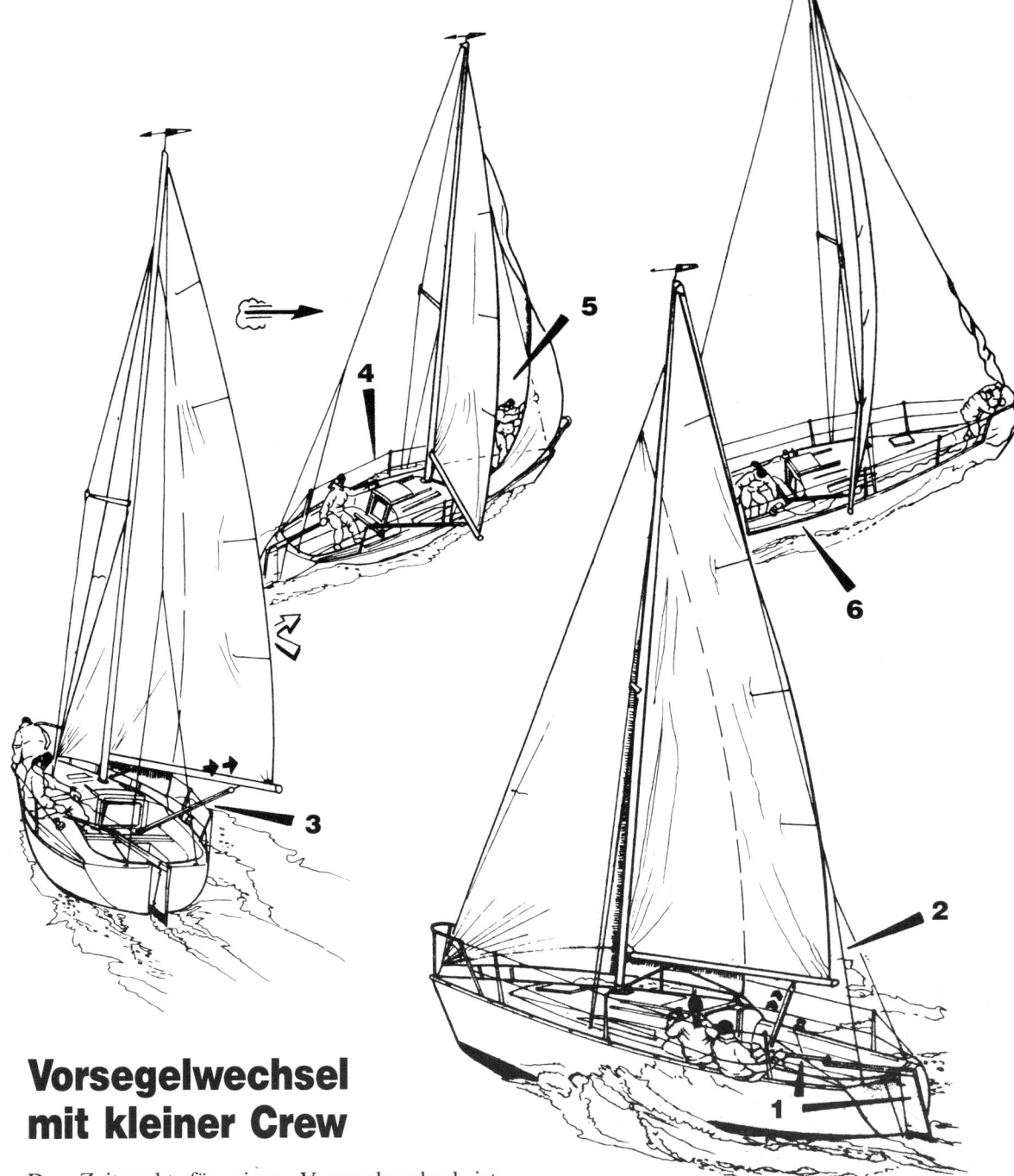

Vorsegelwechsel
mit kleiner Crew

Der Zeitpunkt für einen Vorsegelwechsel ist gekommen, wenn

1 der Ruderdruck so groß ist, daß die Yacht kaum noch auf Kurs zu halten ist und

2 das Großsegel aufgemacht werden muß, damit das Boot nicht in den Wind schießt. Am einfachsten ist der Vorsegelwechsel auf einem Kurs vor dem Wind. Die Bordfrau übernimmt die Pinne,

3 fiert die Großschot auf und fällt ab. Der Mann geht auf der Luvseite nach vorne.

4 Die Bordfrau öffnet die Klemme des Vorsegelfalls, der Mann auf dem Vorschiff zieht

5 das Segel an Deck.

6 Die Schot in Lee wird losgeworfen und das Segel im Bugkorb verpackt.

Grundsätzlich fallen zwei Arten des Vorsegelwechsels an — von einem großen Segel auf ein
kleines, wenn der Wind zunimmt, und umge-
kehrt, wenn er abnimmt. Der Ablauf ist in beiden Fällen gleich, ob es sich bei dem neuen
Segel um eine kleine Fock, eine Sturmfock oder
eine Genua handelt. Am schwierigsten ist der
Segelwechsel, wenn der Wind so stark zugenom-
men hat, daß das Boot nicht mehr richtig gesegelt werden kann, stark luvgierig geworden ist
und an der Kreuz sehr stark krängt. Dann nämlich muß ein Crewmitglied auf das Vorschiff,
und bei einer kleinen Mannschaft bleibt achtern
nur noch der Rudergänger übrig. Bei viel Wind
ist es deshalb wichtig, Rettungswesten mit
Sicherheitsleinen anzulegen und sich immer
irgendwo mit dem Karabiner festzuhaken. Das
gilt für alle Crewmitglieder an Deck, denn bei
viel Wind und Seegang ist es nur sehr schwer
möglich, einen über Bord Gefallenen wieder
aufzufischen. Ob der Wechsel einige Minuten
länger dauert, spielt schließlich keine Rolle, die
Sicherheit geht in jedem Fall vor.

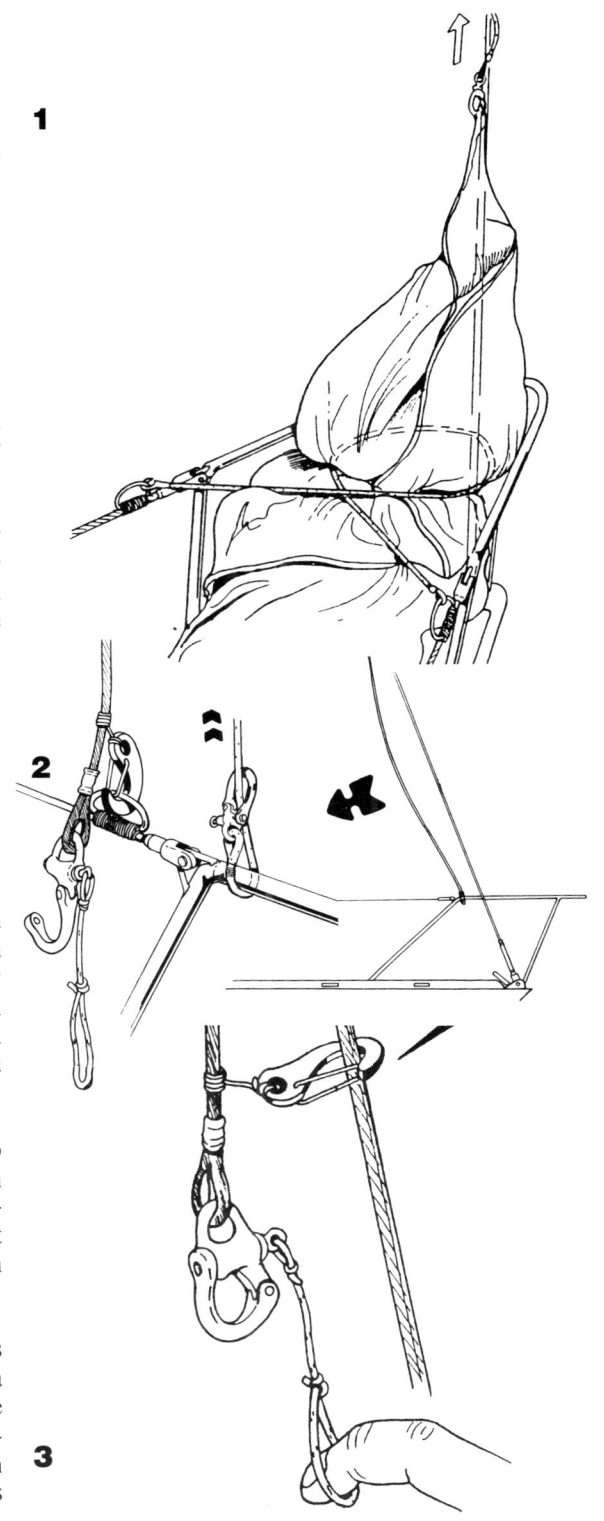

1 Das heruntergenommene Vorsegel wird im
Bugkorb mit einem Gummistropp oder einem
Zeising gesichert. Das ist vor dem Wind relativ
einfach, da der Winddruck gering ist. Dadurch
hat man die Hände frei, um die Schoten zu
lösen, ohne daß das Segel über Bord wehen
kann.

2 Das Fall wird abgeschlagen und am Bugkorb
gesichert. Es wird dazu entweder einmal um den
Bugkorb gelegt und mit dem eigenen Schnappschäkel festgemacht. Noch einfacher ist es mit
einem angebändselten Haken und einer kleinen
Schlaufe am Relingsdraht.

3 Der gleiche Haken erleichtert später auch das
Anschlagen des Falls an dem neuen Vorsegel, da
das Fall in der Nähe des Segelkopfes bleibt. Die
Schlaufe am Schnappschäkel erleichtert das Öffnen, der standardmäßig angebrachte Ring allein
ist sehr klein, und mit klammen Händen ist das
Öffnen damit schwierig.

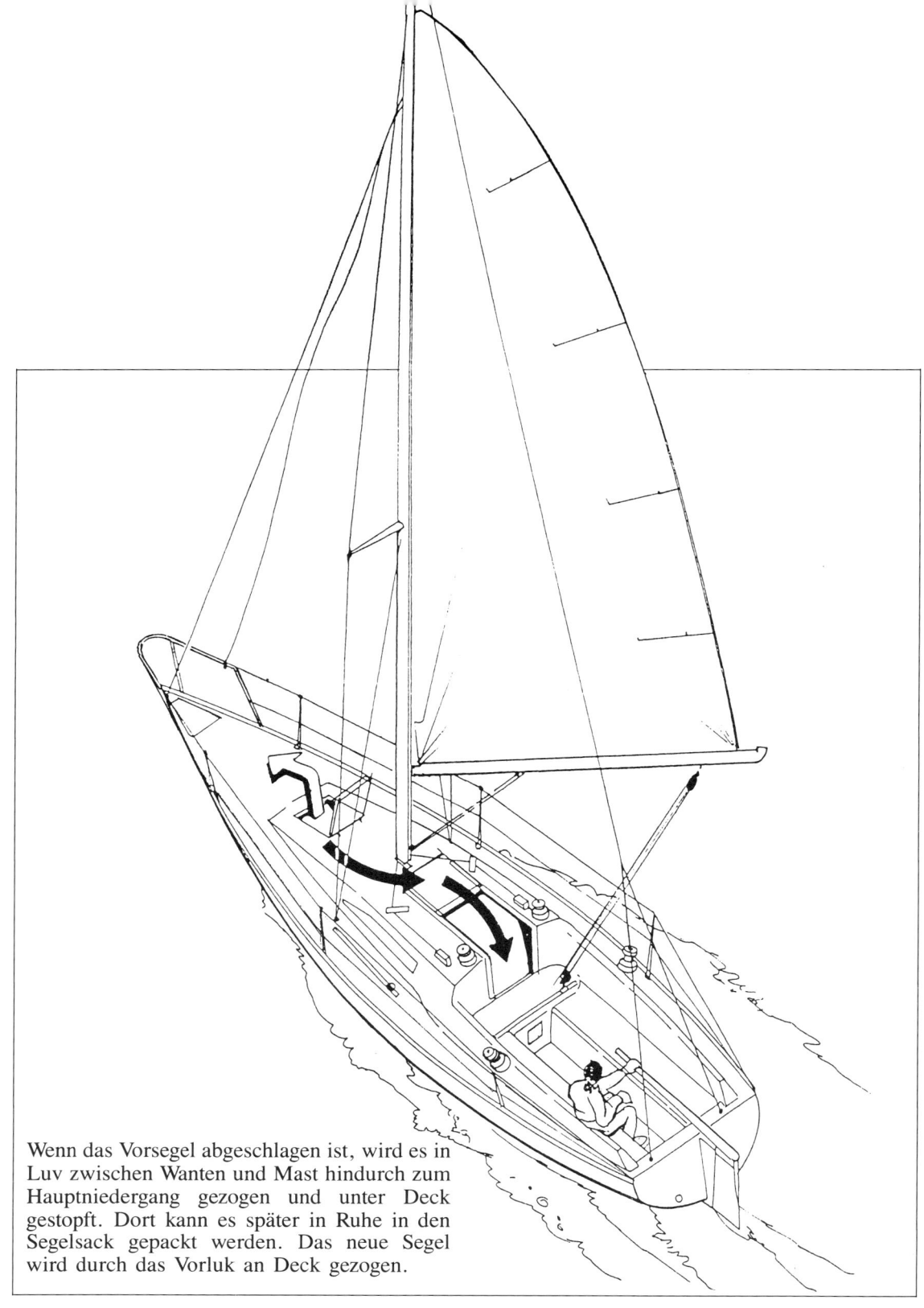

Wenn das Vorsegel abgeschlagen ist, wird es in
Luv zwischen Wanten und Mast hindurch zum
Hauptniedergang gezogen und unter Deck
gestopft. Dort kann es später in Ruhe in den
Segelsack gepackt werden. Das neue Segel
wird durch das Vorluk an Deck gezogen.

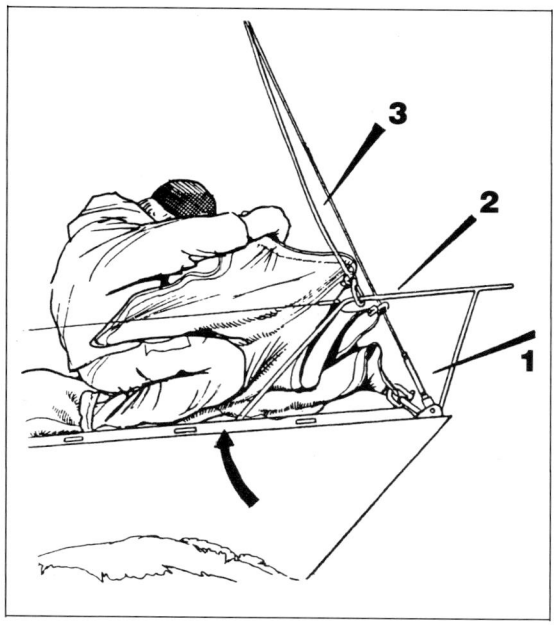

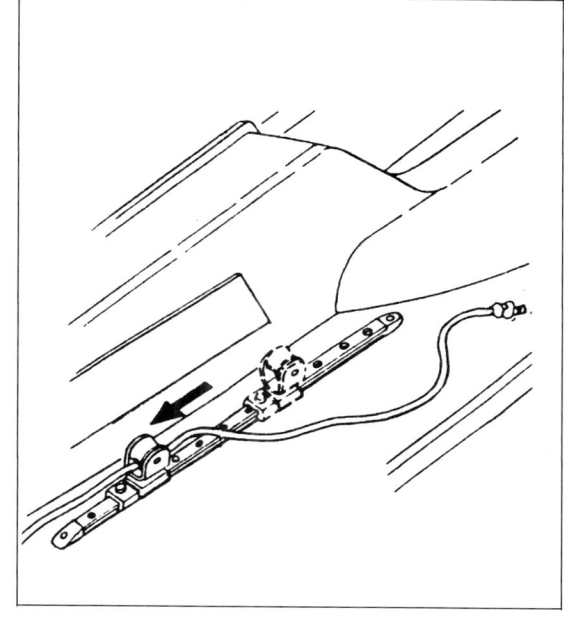

Das Anschlagen des neuen Segels läuft in der folgenden Reihenfolge ab:

1 Der Segelhals wird befestigt.
2 Die Stagreiter werden am Vorstag befestigt.
3 Zuletzt wird das Fall angeschlagen.

Wenn möglich, können die Holepunkte aus dem Cockpit heraus auf das neue Segel eingestellt werden. Dazu sind Markierungen an den Schienen sehr hilfreich.

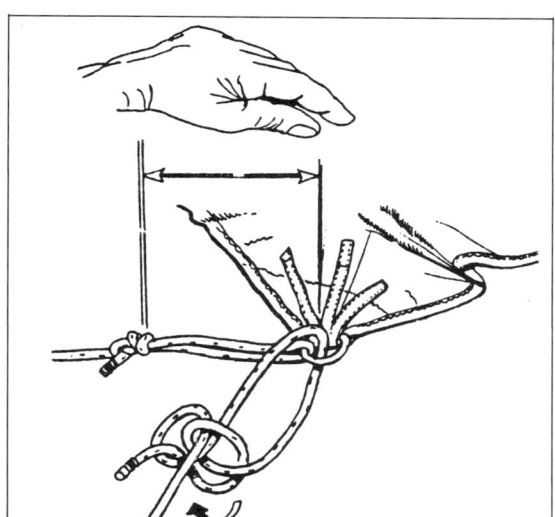

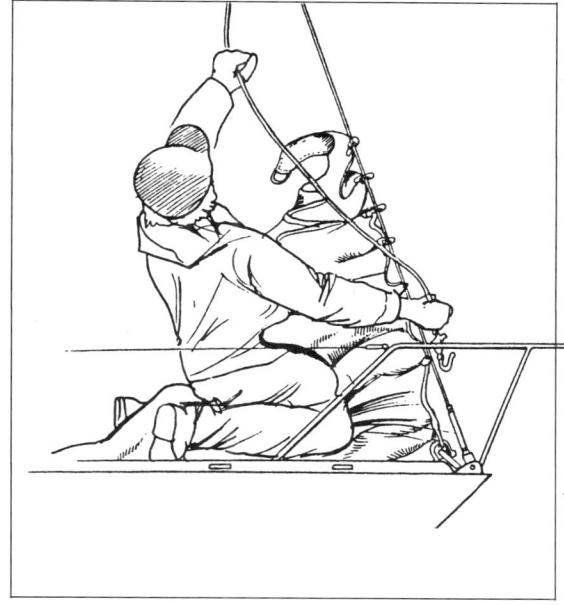

Die Schoten werden mit Palsteks am Schothorn befestigt. Ist das Segel so geschnitten, daß das Schothorn dicht über den Holepunkten steht, müssen sie kurz geknotet werden.

Bevor das Fall angeschlagen wird, muß kontrolliert werden, ob es bis zum Block beziehungsweise bis zum Falleintritt klar vom Vorstag und von den Salingen läuft. Ist es vertörnt, kann es sich verklemmen, und dann geht nichts mehr!

Die abgebildete Grafik ist nur ein Beispiel und deshalb natürlich nicht für alle Bootstypen gültig. Es soll lediglich verdeutlicht werden, daß man auf kleinen, modernen See- und Küstenkreuzern normalerweise nur einmal das Vorsegel wechselt. Mehr als zwei Vorsegel sind auf den meisten kleinen Booten gar nicht vorhanden. Der nächste Schritt nach dem Vorsegel wäre das Reffen.

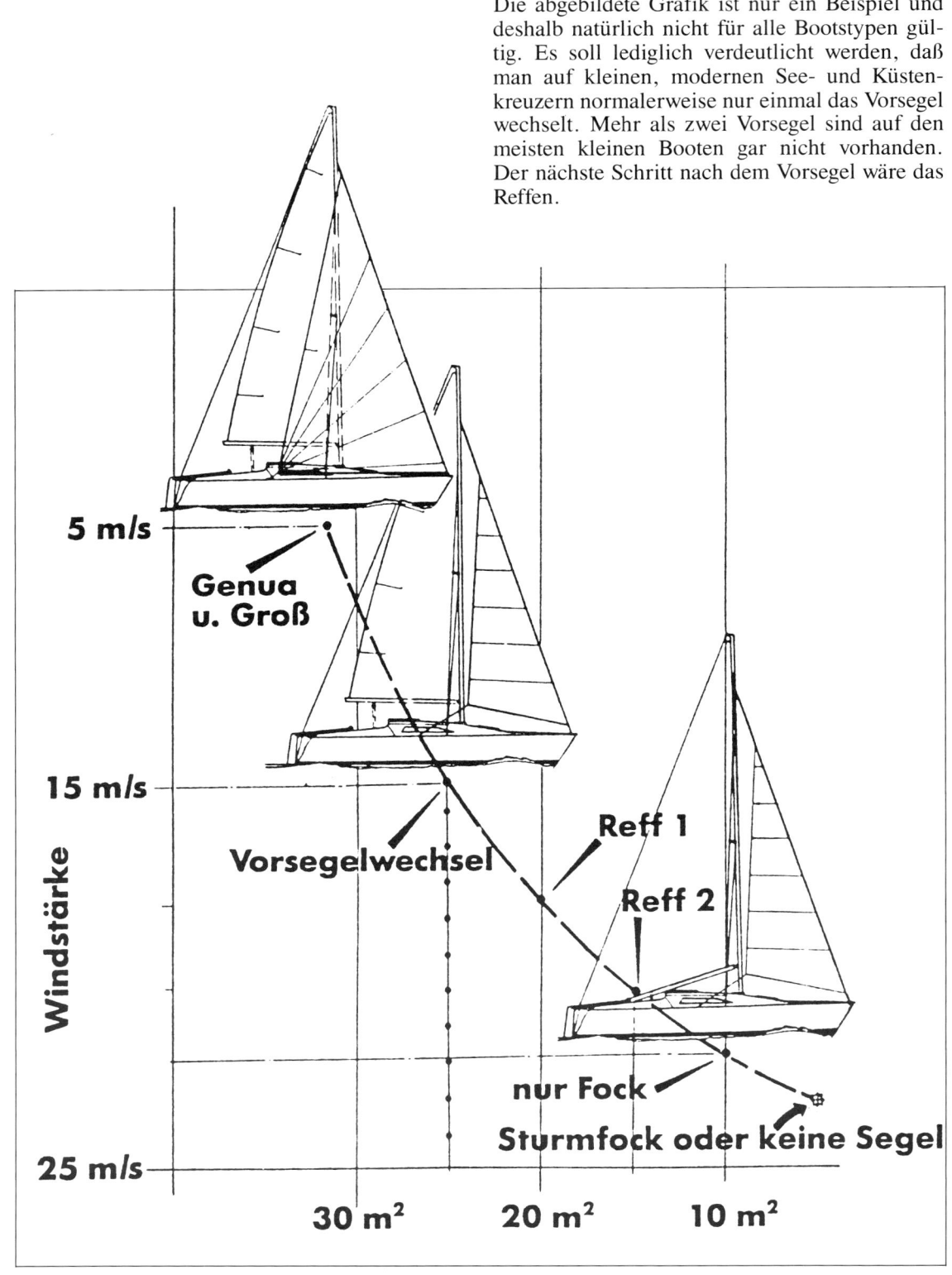

Noch immer vor dem Wind segelnd, wird das neue Vorsegel vom Cockpit aus vorgeheißt. Solange das Großsegel den Vorschiffsbereich abdeckt, kann das Vorsegel dabei kaum Wind fangen. Trotzdem — je schneller es gesetzt wird, desto besser. Die Steuerfrau nimmt beim Setzen die Schot in die Hand, die zweimal um die Winsch gelegt sein sollte.

Genuawechsel auf einer Rennyacht

Der Segelwechsel in einer Wende ist zwar nicht besonders schwierig, er muß jedoch gut vorbereitet sein und blitzschnell durchgeführt werden, will man nicht kostbare Meter an der Kreuz verlieren. Nach genauem Studium der sehr übersichtlichen Darstellungen und der Detailskizzen dürfte jede Crew in der Lage sein, das Manöver nachzuvollziehen, vorausgesetzt, das Boot hat ein Profilvorstag mit zwei Kammern. Gezeigt wird auch, wie das „alte" Vorsegel blitzschnell an Deck zusammengelegt wird, damit es wieder voll einsatzfähig ist.

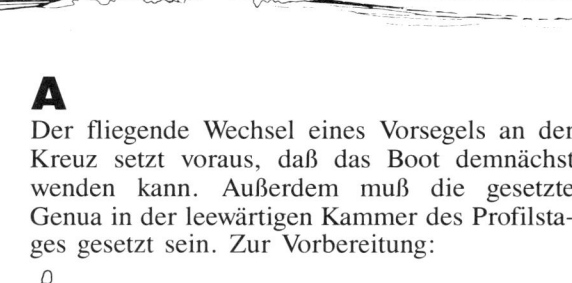

A

Der fliegende Wechsel eines Vorsegels an der Kreuz setzt voraus, daß das Boot demnächst wenden kann. Außerdem muß die gesetzte Genua in der leewärtigen Kammer des Profilstages gesetzt sein. Zur Vorbereitung:

1 Der Vorschiffsmann holt die neue Genua an Deck und packt sie nach Luv neben die Wanten. Die freie Schot der alten Genua wird am Schothorn der neuen befestigt, das neue Genuafall angeschlagen.
2 Kurz vor Beginn des Manövers nimmt der Fallenmann seinen Posten im Niedergang ein.
3 Der Mastmann hilft auf dem Vorschiff.

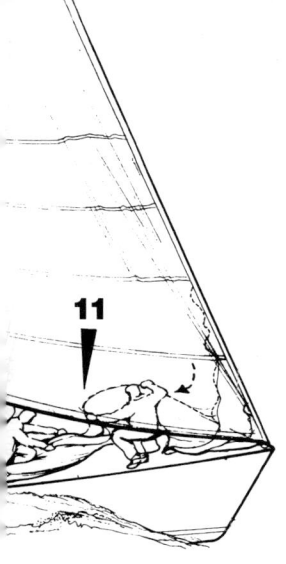

11

D

Die Situation kurz bevor das Boot durch den Wind geht im Detail:

12 Der Mastmann heißt das neue Segel vor, während

13 der Fallenmann die Lose über die Winsch abzieht.

14 Das Fall der alten Genua ist klar zum Fieren.

15 Die Schot der alten Genua wird losgeworfen.

16 Der Genuamann bereitet die Schot des neuen Vorsegels zum Dichtholen vor.

17 Der Traveller wird auf die neue Position eingestellt.

18 Der Steuermann wendet langsam das Schiff.

19 Der Navigator holt das neue Backstag dicht, während

20 der Taktiker das leewärtige für die Wende vorbereitet.

B

4 Kurz vor der Wende beginnt der Mastmann mit höchster Geschwindigkeit und vollem Körpereinsatz, das Genuafall vorzuheißen.

5 Der Fallenmann zieht die Lose über die Winsch ab.

6 In der Wende setzt der Genuamann die neue Schot langsam dicht.

7 Der Navigator bedient, wie bei einer normalen Wende, die Backstagen, während sich die übrige Crew auf die Kante nach Luv setzt.

8 Der Vorschiffsmann kontrolliert das Vorliek der Genua und führt es in die Profilkammer ein.

C

9 Die Wende ist beendet. Der Genuamann trimmt das Segel und korrigiert gegebenenfalls den Holepunkt.

10 Der Fallenmann löst schon in der Wende, nachdem die neue Genua gesetzt ist, das Fall des alten Vorsegels. Da die Cockpitcrew die Schot losgeworfen hat, kommt das Segel nach Lee und liegt lose innen auf der neuen Genua.

11 Der Vorschiffsmann reißt die alte Genua herunter, der Mastmann hilft ihm dabei.

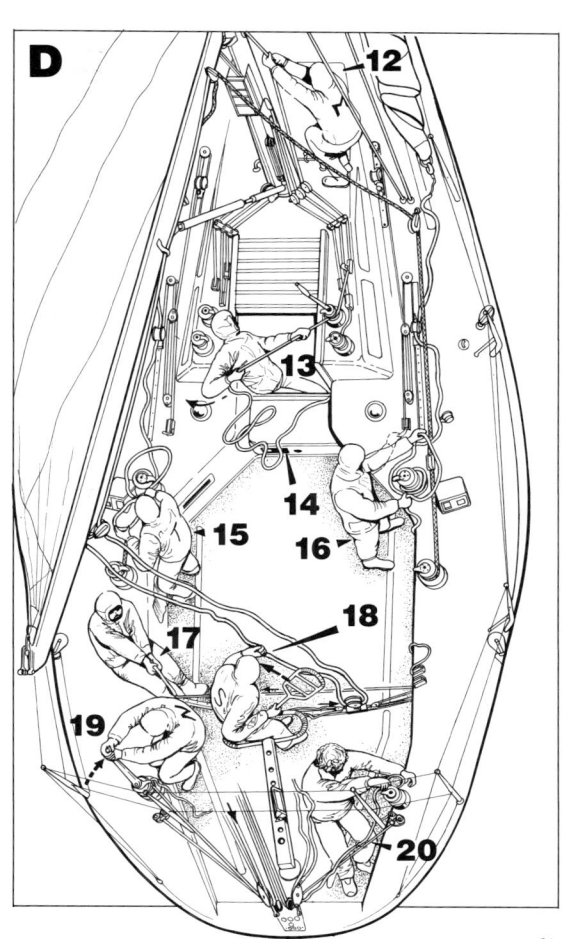

D

12 **13** **14** **15** **16** **18** **17** **19** **20**

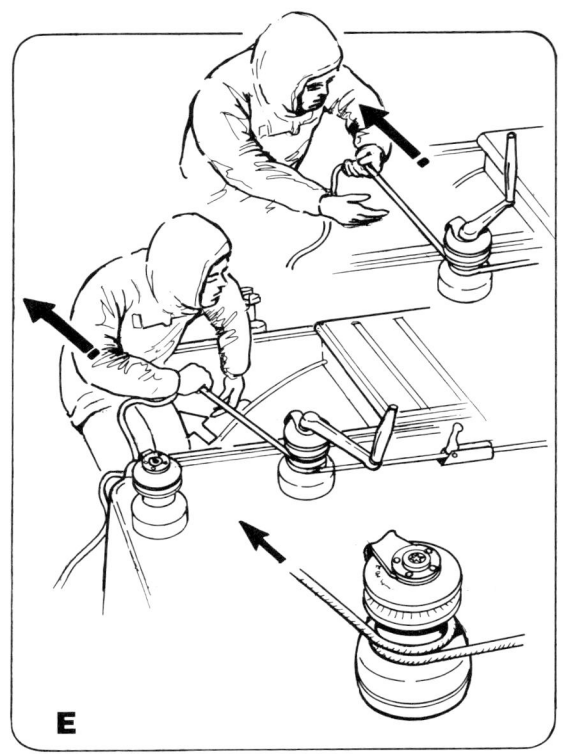

E

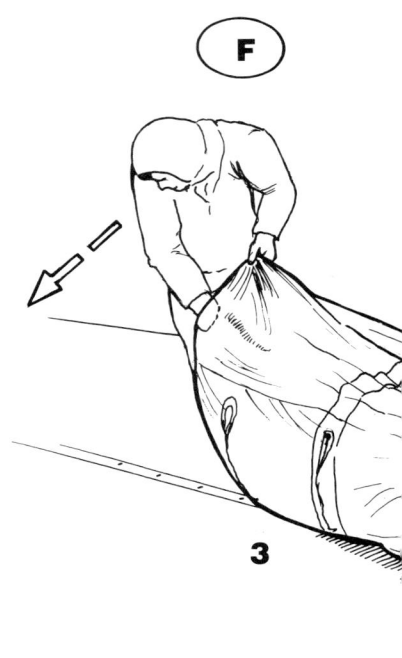

F

3

E

Der Fallenmann muß die Lose des Falles so schnell wie möglich Hand über Hand abziehen. Vorsicht, Überläufer darf es dabei auf keinen Fall geben, sonst wird der Manöverablauf gestört!

F

F

Mit vollem Körpereinsatz heißt der Mastmann das Fall der neuen Genua vor. Auch hier wird möglichst schnell gearbeitet!

Die Vorbereitung eines Segelwechsels muß schnell und vor allem reibungslos klappen, damit die Bootsgeschwindigkeit nicht zu lange beeinträchtigt wird. Normalerweise, wenn ein kleineres Vorsegel gesetzt werden soll, bewegt sich der Vorschiffsmann (F) aus Gewichtsgründen allein auf dem Vorschiff, bei größeren Segeln hilft ihm der Mastmann (M).

1 Der Mastmann (M) löst die Luvschot der alten Genua, sie wird nicht mehr gebraucht.
2 Der Fallenmann (H) hilft gegebenenfalls, das neue Segel aus dem Schiff auf das Vorschiff zu bringen.
3 Der Vorschiffsmann (F) zieht den schweren Sack nach vorne. Er muß darauf achten, daß er nicht an den vorderen Genuaschienen hängenbleibt. In extremen Fällen hilft ihm dabei der Mastmann (M)
4 Der Vorschiffsmann (F) packt das Segel aus und klappt es so auseinander, daß der Kopf und das Schothorn freiliegen.
5 Der Fallenmann (H) steht im Niedergang und löst das neue Genuafall.
6 Der Vorschiffsmann (F) nimmt das Fall mit nach vorne und

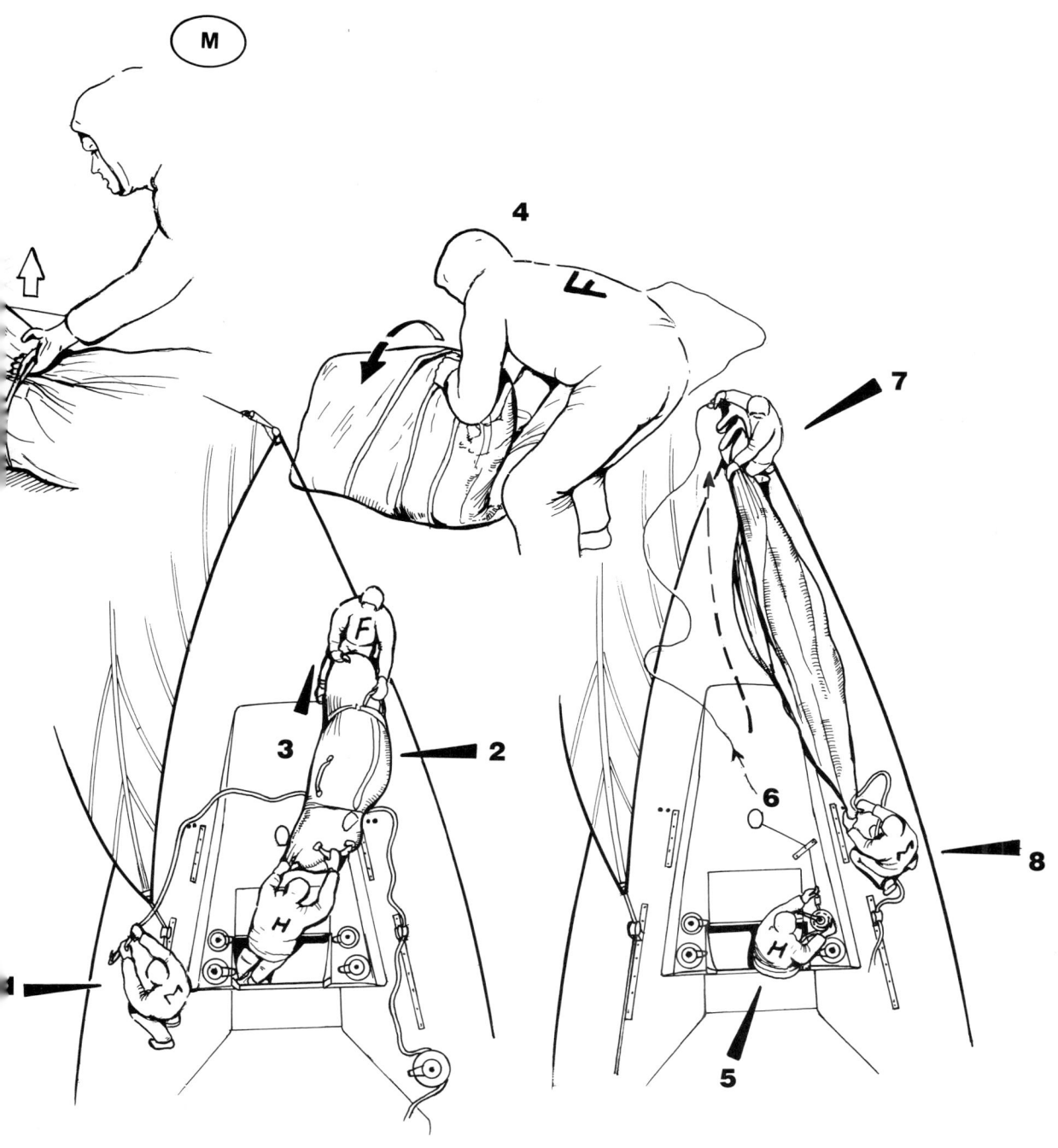

7 pickt es in den Kopf des Segels ein. Dann führt er das Vorliek durch den Vorfeeder hindurch und ein kurzes Stück in die luvwärtige Kammer des Profilstages ein.

8 Der Mastmann (M) muß darauf achten, daß die neue Schot durch den richtigen Schlitten für die neue Genua läuft und pickt sie in das Schothorn ein.

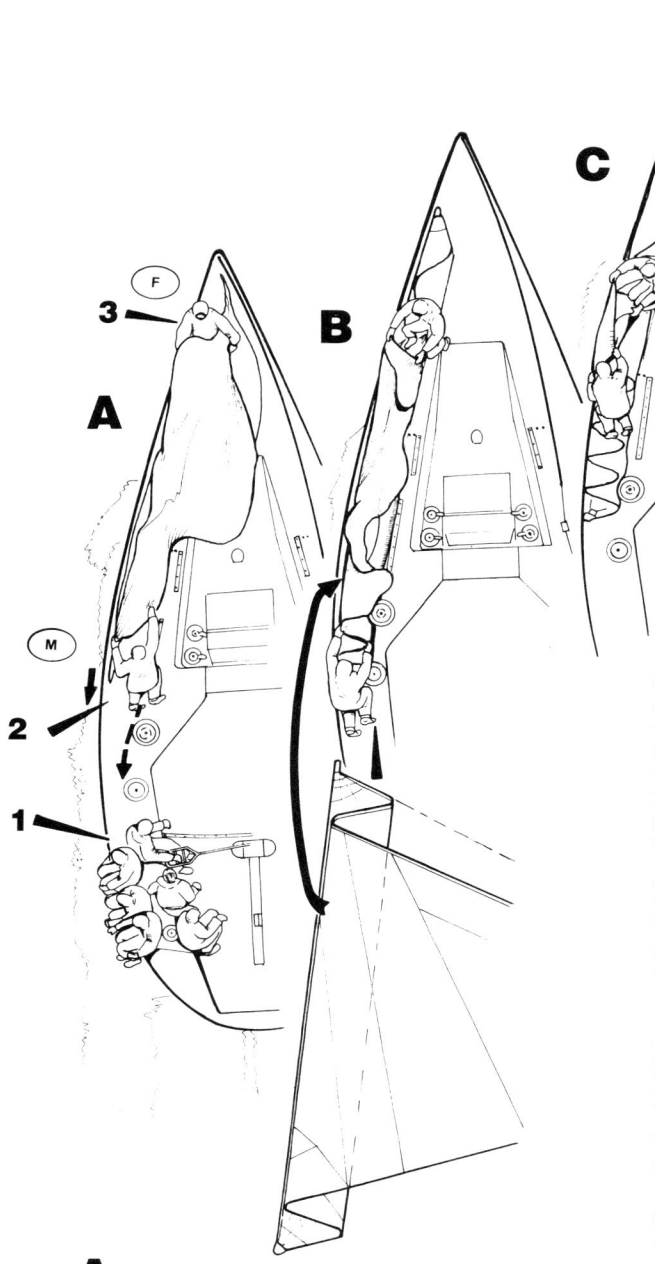

3 Der Vorschiffsmann (F) hat das Fall der alten Genua nach achtern zum Mast gebracht. Dann klariert er das Vorsegel, um es zum Zusammenlegen vorzubereiten. Das funktioniert an Deck nur dann, wenn es nicht zu sehr weht. Wenn abzusehen ist, daß das Boot in Kürze auf einen Vorwindkurs gehen wird und kein weiterer Segelwechsel ansteht, wird die Genua lose unter Deck gebracht und später zusammengelegt. Auf langen Kreuzen jedoch sollte die Genua wieder klar zum Wechseln gemacht werden.

B

Die beiden Männer falten das Segel in schmalen Bahnen immer hin und her übereinander. So wird erreicht, daß das Vorliek der Genua nicht verdreht ist und das Segel später unbehindert vorgeheißt werden kann.

C

Das Zusammenlegen ist ein mühsames Geschäft, vor allem wenn der Wind das Segel wegzuwehen droht. Die beiden knien deshalb auf dem Segel und halten es so an Deck. Der Fallenmann müßte inzwischen unter Deck sein, um den Genuasack zu holen, damit das Segel sofort weggepackt werden kann.

D

Der Hals des Vorsegels muß mit dem angenähten Schnappschäkel immer in die Seite des Vorstagbeschlages eingepickt werden, die zu der Kammer des Profilstages gehört.

A

1 Der Steuermann (S) hat das Boot gewendet und segelt weiter an der Kreuz mit höchstmöglicher Geschwindigkeit. Die Crew sitzt auf der Luvkante.

2 Der Mastmann (M) zieht das alte Segel am Schothorn so weit wie möglich nach achtern. Der Grund: Das Gewicht des Segels und des Vorschiffsmannes (F) muß so weit wie nur möglich nach hinten, um das Vorschiff zu entlasten. Je mehr Gewicht sich auf dem Vorschiff befindet, desto mehr wird das Boot gebremst.

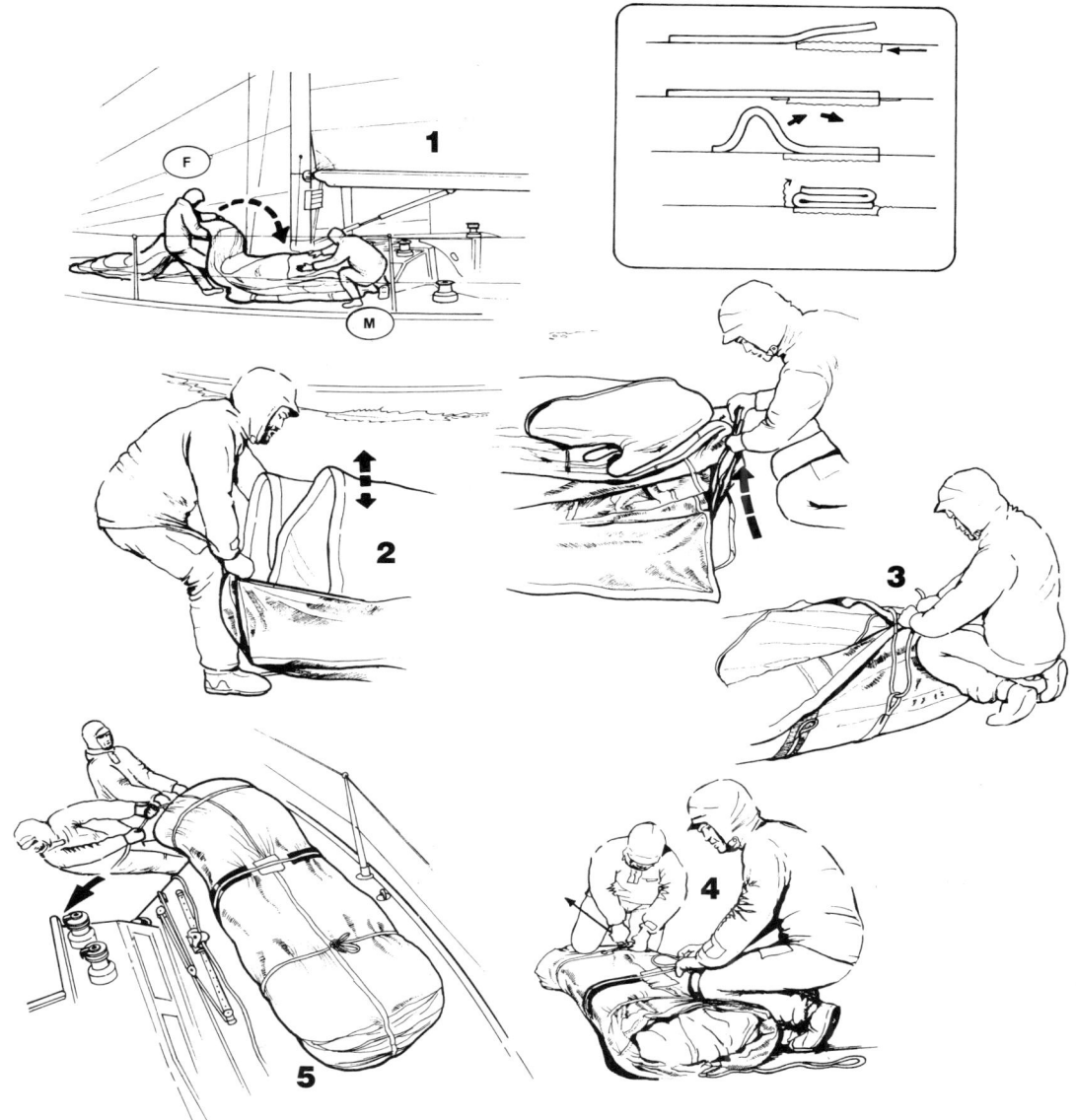

1 Der Vorschiffsmann (F) und der Mastmann (M) falten das zusammengelegte Segel in Buchten übereinander (siehe Zeichnung S. 8) So liegen später Kopf, Hals und Schothorn frei zugänglich, Fall und Schot können also auch angeschlagen werden, wenn sich das Segel noch in seinem Sack befindet.

2 Das zusammengefaltete Segel wird in den Wechselsack gehoben und durch kräftiges Schütteln von beiden Seiten so im Sack verteilt, daß er leicht zugeschnürt werden kann.

3 Lange Klettbänder an beiden Enden des Wechselsackes werden durch Schothorn beziehungsweise Kopf und Hals gezogen und außen am Sack befestigt.

4 Je nach Länge des Wechselsackes wird er in der Mitte zwei- oder dreimal zusammengebunden. Dazu wurde vom Segelmacher auf der einen Seite eine Schlaufe, auf der anderen ein loses Ende angenäht. Der Knoten, mit dem beides zusammengeschnürt wird, ist ein normaler Slipstek, damit er leicht und schnell wieder geöffnet werden kann.

5 Wenn das Segel wieder ordentlich verpackt ist, wird es unter Deck gebracht.

Der Manöverablauf geschieht erheblich schneller, als Sie für das Lesen gebraucht haben.

Der Spinnaker soll auf Steuerbord gesetzt werden. Aus der Vogelperspektive sieht man, daß Achterholer und Schot bereits angeschlagen sind, der Spi selbst befindet sich noch in seinem Sack.

Spinnakersetzen auf einer Rennyacht

Das Setzen des Spinnakers an der Luvtonne mit anschließendem Abfallen wird zwar als „das einfache Spisetzen" bezeichnet, trotzdem müssen alle Handgriffe sitzen. Da auf modernen Cuppern nur wenige Winschen vorhanden sind, müssen sie mehrere Funktionen erfüllen — so auch beim Setzen des Spinnakers.

Rechtzeitig vor Erreichen der Luvtonne wird der Spinnaker zum Setzen vorbereitet.

1 Der Großschotmann (MS) legt die Großschot auf die freie luvwärtige Genuawinsch und macht sie klar zum Fieren.

2 Der Genuatrimmer (G) legt den Achterholer des Spinnakers auf die jetzt freie Großschotwinsch.

3 Der Steuermann (S) steuert die Luvtonne an.

4 Der zweite Genuamann (G) legt die Spinnakerschot auf die leewärtige Großschotwinsch.

5 Der Fallenmann (H) bereitet das Spinnakerfall und das Genuafall vor.

6 Der Vorschiffsmann (F) pickt das Fall ein.

7 Der Spibaum ist bereits gestellt.

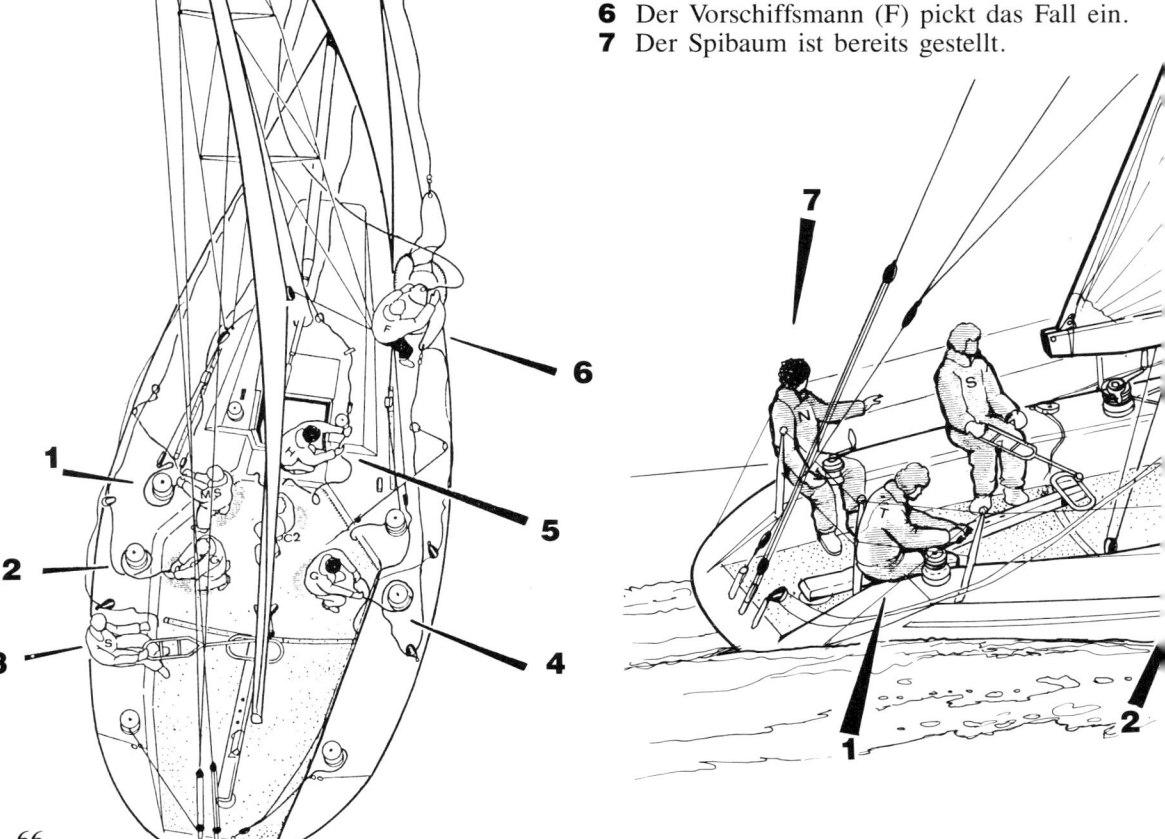

Das Boot erreicht innerhalb der nächsten Sekunden die Luvtonne.

1 Der Taktiker (T) hat das Leebackstag völlig gelöst. Er entscheidet, wann der Spinnaker vorgeheißt wird.

2 Der Genuamann (G) hält die Spinnakerschot bereits in der Hand.

3 der Spinnakersack ist an der Reling festgelascht und weit offen.

4 Der Vorschiffsmann (F) geht an den Mast, um das Fall vorheißen zu können.

5 Der Fallenmann (H) steht klar am Spinnakerfall, das Genuafall hat er bereits klar zum Loswerfen gelegt.

6 Der Großschotmann (MS) holt den Achterholer so weit , daß das luvwärtige Schothorn des Spinnakers bis zur Nock des Spinnakerbaumes kommt. Bei viel Wind muß er den Achterholer so weit holen, daß der Baum auf keinen Fall gegen das Vorstag schlagen kann — die modernen Bäume aus Kohlefasern brechen dabei sehr leicht.

7 Der Navigator (N) bereitet Backstag und Achterstag zum Fieren vor und nimmt die Rundungszeit unmittelbar an der Tonne.

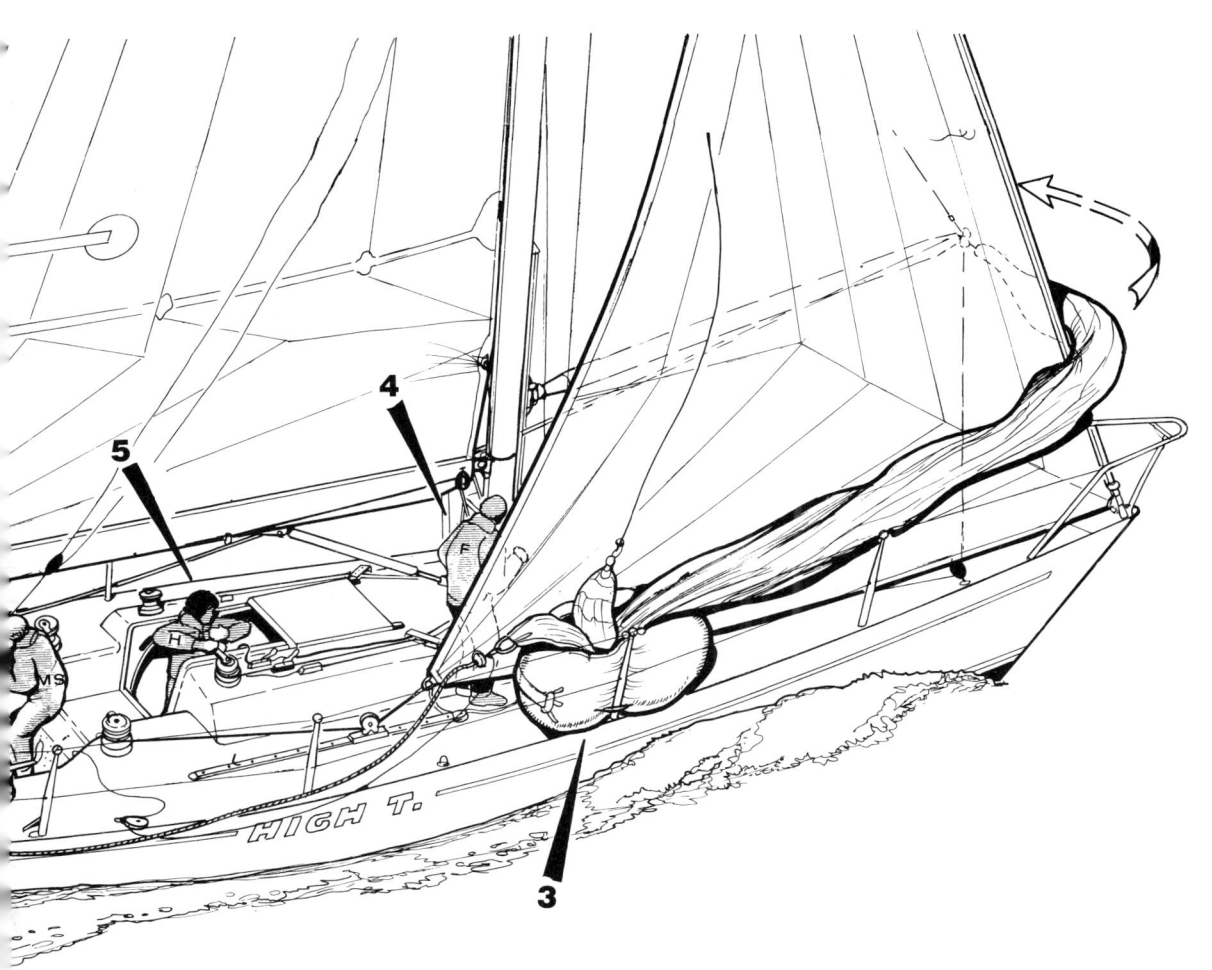

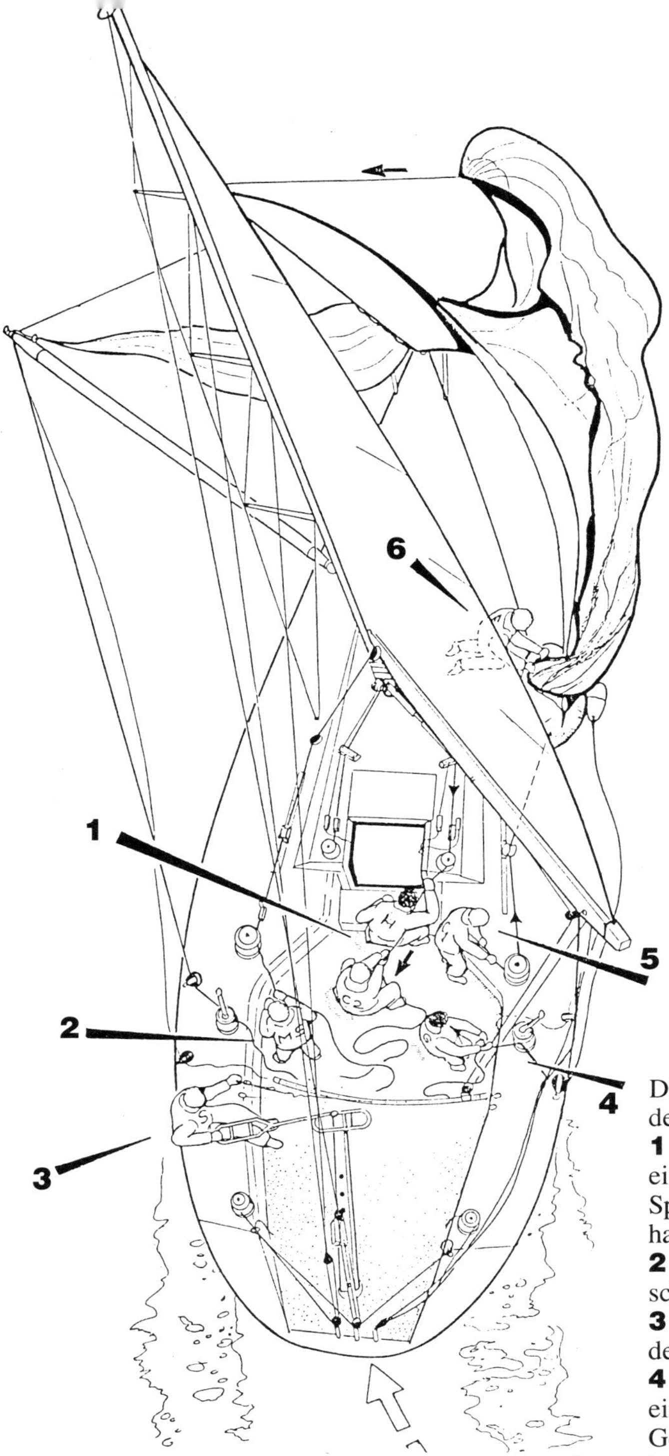

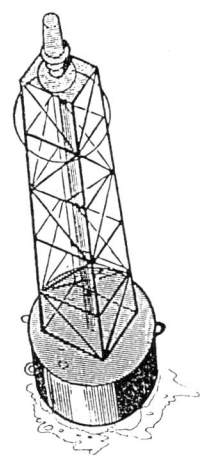

Die Luvtonne ist erreicht. ,,Heiß auf Spi!" brüllt der Taktiker.

1 Der Fallenmann (H) reißt zusammen mit einem Cockpitmann (C2) die letzten Meter des Spinnakerfalls hoch. Der Vorschiffsmann (F) half nur bei den ersten Metern.

2 Der Großschotmann (MS) fiert die Großschot in gleichem Maße, wie

3 der Steuermann (S) langsam abfällt und dabei den Manöverablauf beobachtet.

4 Die Spinnakerschot wird je nach Windstärke ein- oder mehrmals um die Winsch gelegt, der Genuamann (G) bedient die Spinnakerschot und beobachtet dabei das luvwärtige Liek des Spinnakers.

5 Ein Cockpitmann (C1) fiert die Genuaschot, während

6 der Vorschiffsmann (F) dem unteren Teil des Spinnakers aus dem Sack hilft.

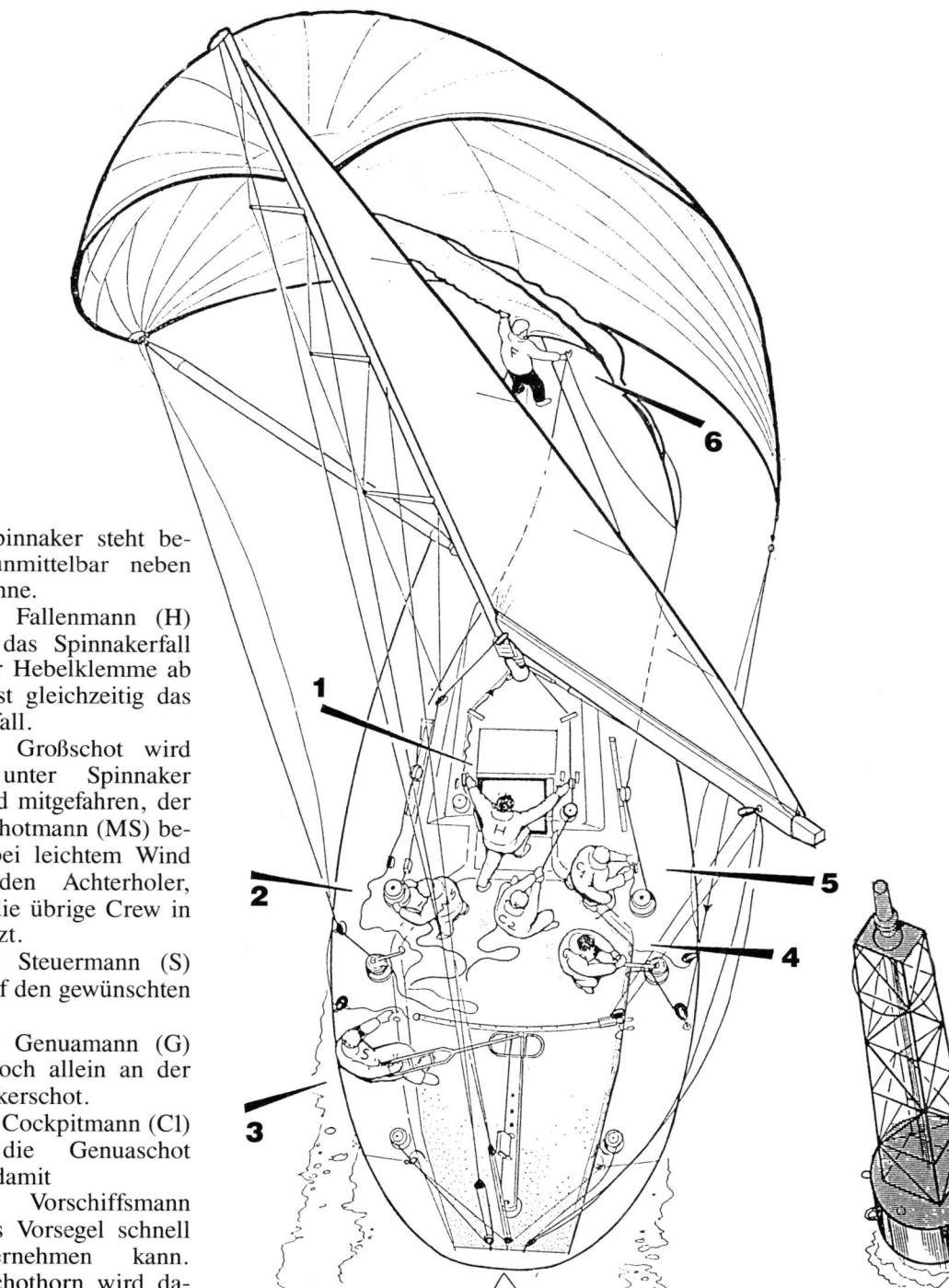

Der Spinnaker steht bereits unmittelbar neben der Tonne.

1 Der Fallenmann (H) stoppt das Spinnakerfall mit der Hebelklemme ab und löst gleichzeitig das Genuafall.

2 Die Großschot wird auch unter Spinnaker dauernd mitgefahren, der Großschotmann (MS) bedient bei leichtem Wind auch den Achterholer, wenn die übrige Crew in Lee sitzt.

3 Der Steuermann (S) geht auf den gewünschten Kurs.

4 Der Genuamann (G) steht noch allein an der Spinnakerschot.

5 Ein Cockpitmann (Cl) fiert die Genuaschot stark, damit

6 der Vorschiffsmann (F) das Vorsegel schnell herunternehmen kann. Das Schothorn wird dabei mit der freien Luvschot an Deck geholt. Bei viel Wind hilft einer der Cockpitcrew dem Vorschiffsmann beim Einsammeln des Vorsegels.

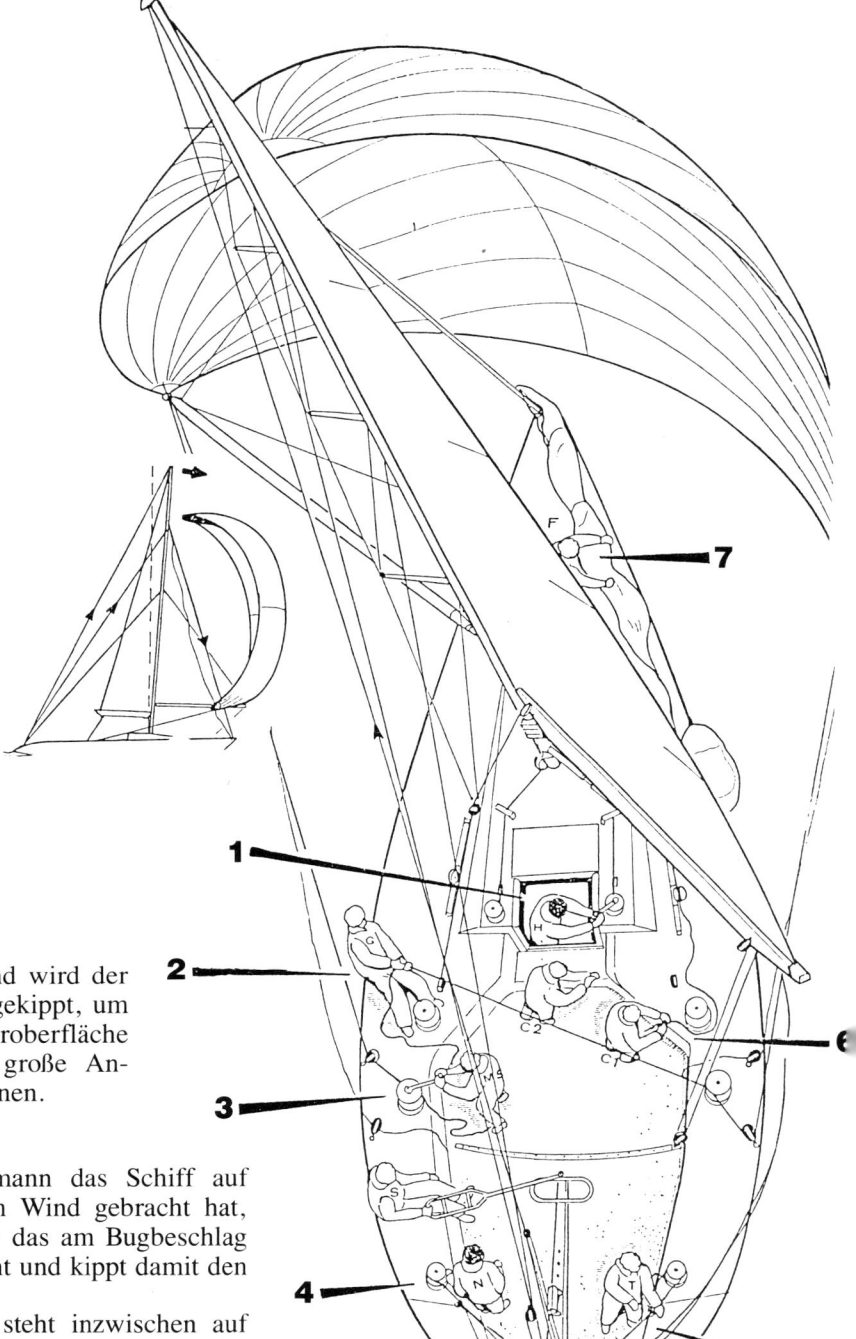

Auf Kursen vor dem Wind wird der Mast extrem nach vorne gekippt, um dem schräg auf die Wasseroberfläche auftretenden Wind eine große Angriffsfläche bieten zu können.

1 Nachdem der Steuermann das Schiff auf einen Kurs platt vor dem Wind gebracht hat, dreht der Fallenmann (H) das am Bugbeschlag eingepickte Genuafall dicht und kippt damit den Masttopp nach vorne.

2 Der Genuamann (G) steht inzwischen auf dem Luvdeck mit der Spinnakerschot in der Hand. Bei leichtem Wind kann er die Schot allein fieren und dichtholfen, bei viel Wind muß einer der Cockpitleute an der Winsch stehen.

3 Der Großschotmann (MS) bedient bei Bedarf den Achterholer.

4 Der Navigator (N) löst das Backstag,

5 der Taktiker (T) das Achterstag, damit der Mast nach vorne gekippt werden kann.

6 Die Genuaschot wird klargelegt, damit das Vorsegel notfalls schnell gesetzt werden kann.

7 Der Vorschiffsmann (F) packt die Genua lose zusammen und sichert sie mit quer über das Vorschiff gespannten Gummis, damit sie nicht über Bord gewaschen werden kann.

So halsen die Regattaprofis

Nur schnelle, reibungslose Manöver garantieren letztlich den Regatta-Erfolg. Die Halse zum Beispiel ist ein kompliziertes Allemann-Manöver, das — soll es auch in dichtem Gedränge oder gar bei Starkwind perfekt ablaufen — viel Übung verlangt. Denn schon der kleinste Bedienungsfehler kann schwerwiegende Folgen haben: Schäden an den Segeln oder gar ein Mastbruch.

Hier wird die Situation unmittelbar vor der Halse noch einmal aus der Vogelperspektive dargestellt.

1 Der Taktiker steht klar zum Dichtholen am (noch) leewärtigen Backstag,

2 der Navigator klar zum Loswerfen am Luvbackstag.

3 Der Steuermann hat den Ausleger der Pinne schon aus dem Weg geklappt und visiert die Tonne an.

4 Der Spinnakerachterholer wird noch getrimmt.

5 Der Fallenmann fiert bei viel Wind gegebenenfalls den Kicker des Großbaums, um in der Halse nicht zu viel Druck auf den Mast zuzulassen. Den Toppnanten hat er klar zum schnellen Fieren.

6 Der Mastmann steht klar, um den Toppnanten des Spinnakerbaumes zu fieren

7 Der Vorschiffsmann hat die Lose des neuen Achterholers in der Hand. Er zieht den Spinnakerbaum mit dem Niederholer zu sich heran, sobald der Baum vom alten Achterholer frei ist.

8 Der Großschotmann legt den neuen Achterholer auf die Winsch.

9 Der zweite Cockpitmann steht klar an der Spinnakerschot.

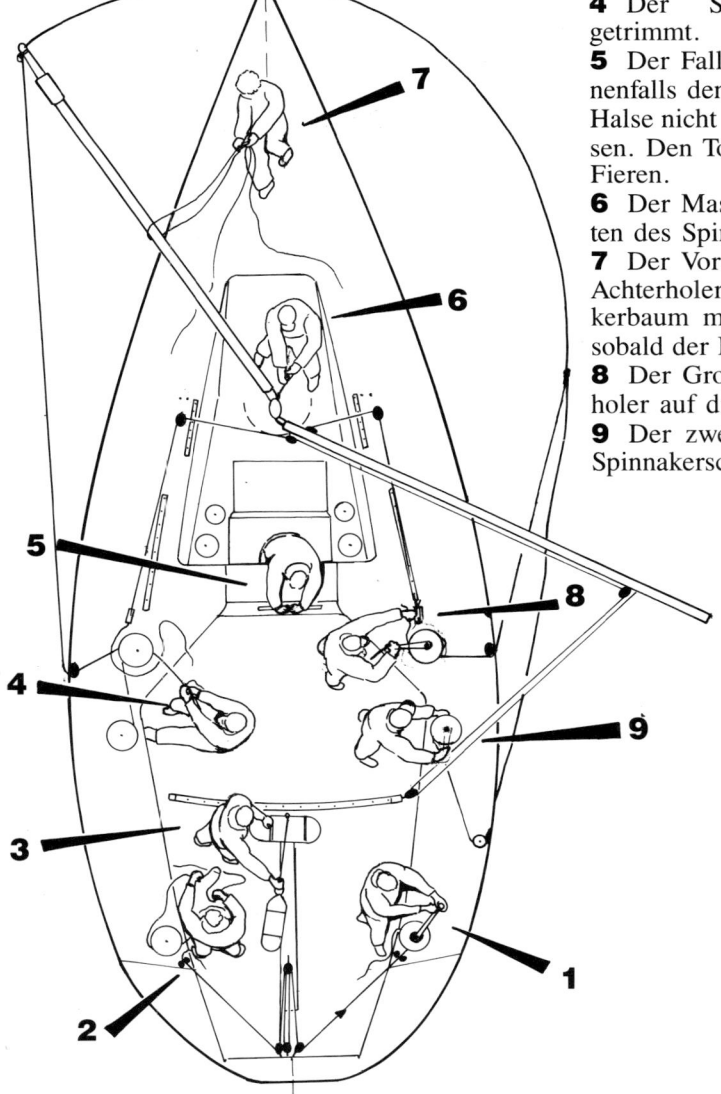

Die Raumtonne ist nur noch wenige Meter entfernt. Die gesamte Crew weiß, daß innerhalb der nächsten Sekunden gehalst werden muß, jeder ist auf seinem Posten.

1 Der Taktiker (T) legt das Leebackstag auf die Winsch und gibt nach Absprache mit dem Steuermann und unter laufender Beobachtung der Konkurrenz das Kommando „Klar zur Halse".

2 Der Navigator (N) hat das Luvbackstag, das noch auf der Winsch belegt ist, klar zum schnellen Fieren. Vorher hat er bereits das Achterstag leicht angesetzt, um dem Mast während der kurzen Zeit, wenn er von keinem der beiden Backstagen gehalten wird, genügend Stabilität zu verleihen.

3 Der Steuermann (S) hält noch seinen Kurs. Er ist schließlich verantwortlich für den genauen Zeitpunkt des Halsenbeginns. Bei Starkwind versucht er, diesen Moment so einzuleiten, daß das Boot gerade eine Welle mit Höchstfahrt hinuntersurft. Dann ist am wenigsten Druck in den Segeln.

4 Einer der Cockpitcrew (C1) steht am Achterholer bereit, die Spinnakerschot liegt klar an der Großschotwinsch. Die luvwärtige Part der Großschot wird mit der Klemme davor erst unmittelbar vor der Halse abgeklemmt, so daß die Winsch für die Spinnakerschot frei wird.

5 + 6 Der Fallenmann (H) bedient Toppnant und Niederholer.

7 Der Mastmann zieht bereits vor der Halse den Spinnakerbaum am Mast so weit hoch (bis zu einer Marke), daß die Baumnock später unter dem Vorstag durchschwingen kann.

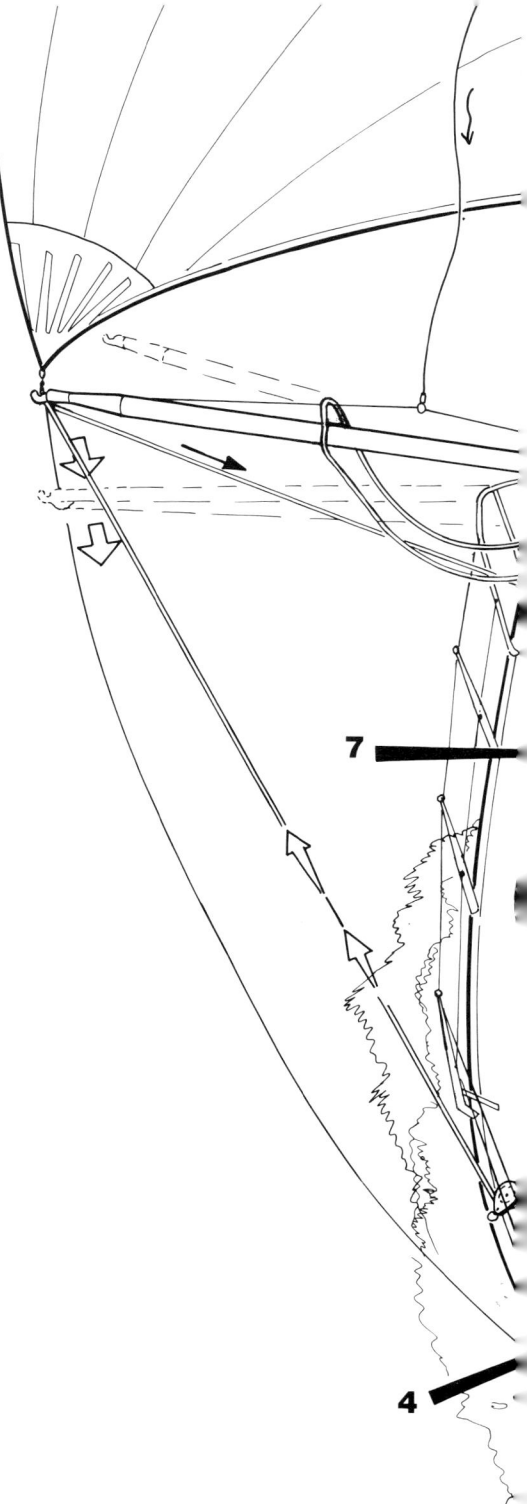

8 Der Vorschiffsmann hat den neuen Achterholer bereits in der Hand. Er hat darauf zu achten, daß ihm der zweite Cockpitmann (C2) genug Lose gibt, damit er den Achterholer problemlos in den Nockbeschlag einklinken kann. Mit der Genuaschot, die er ebenfalls bereits in der Hand hält, wird er in der Halse den Spinnakerbaum zu sich heranziehen.

9 Der Großschotmann (MS) steht klar an der leewärtigen Part der Großschot.

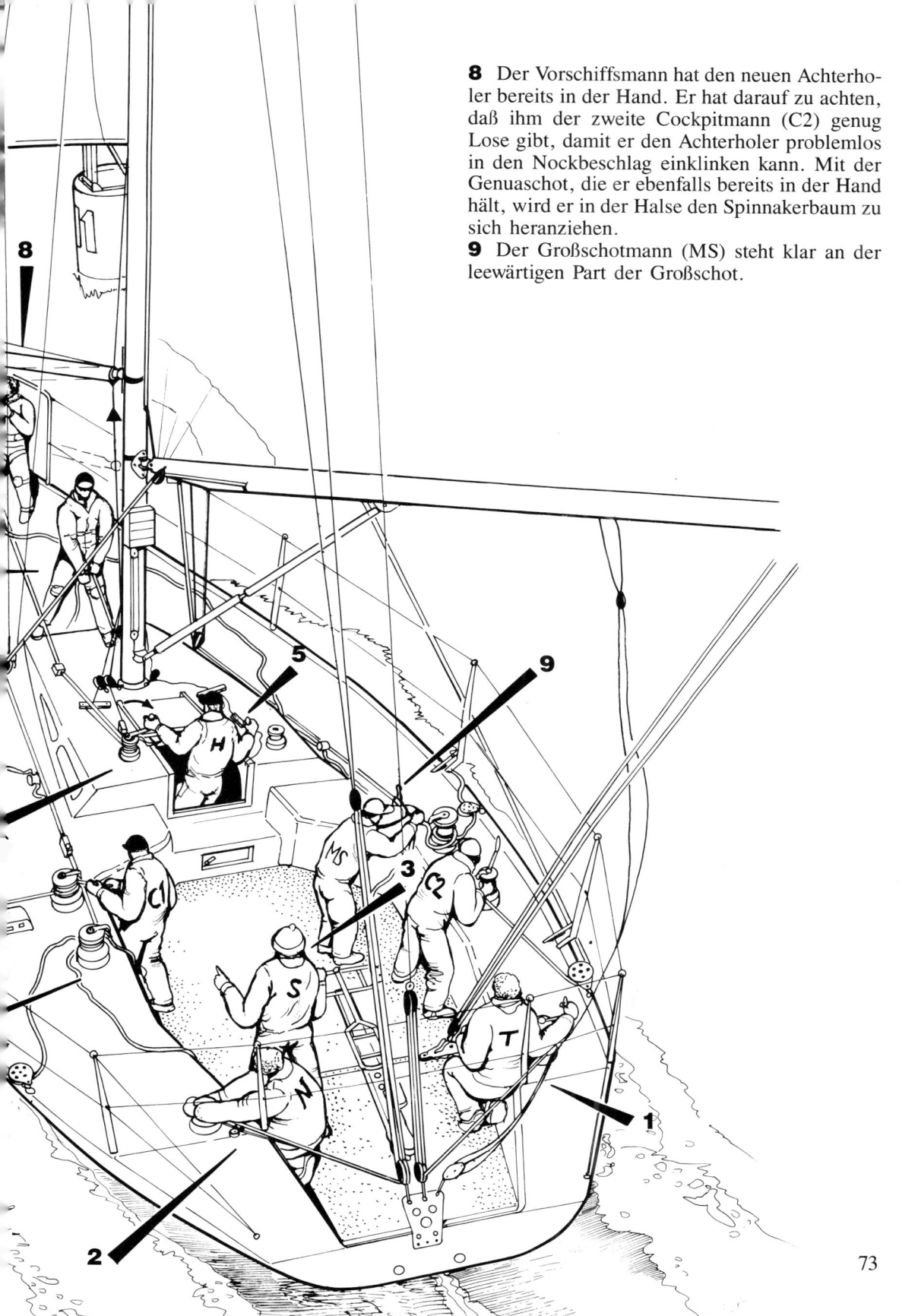

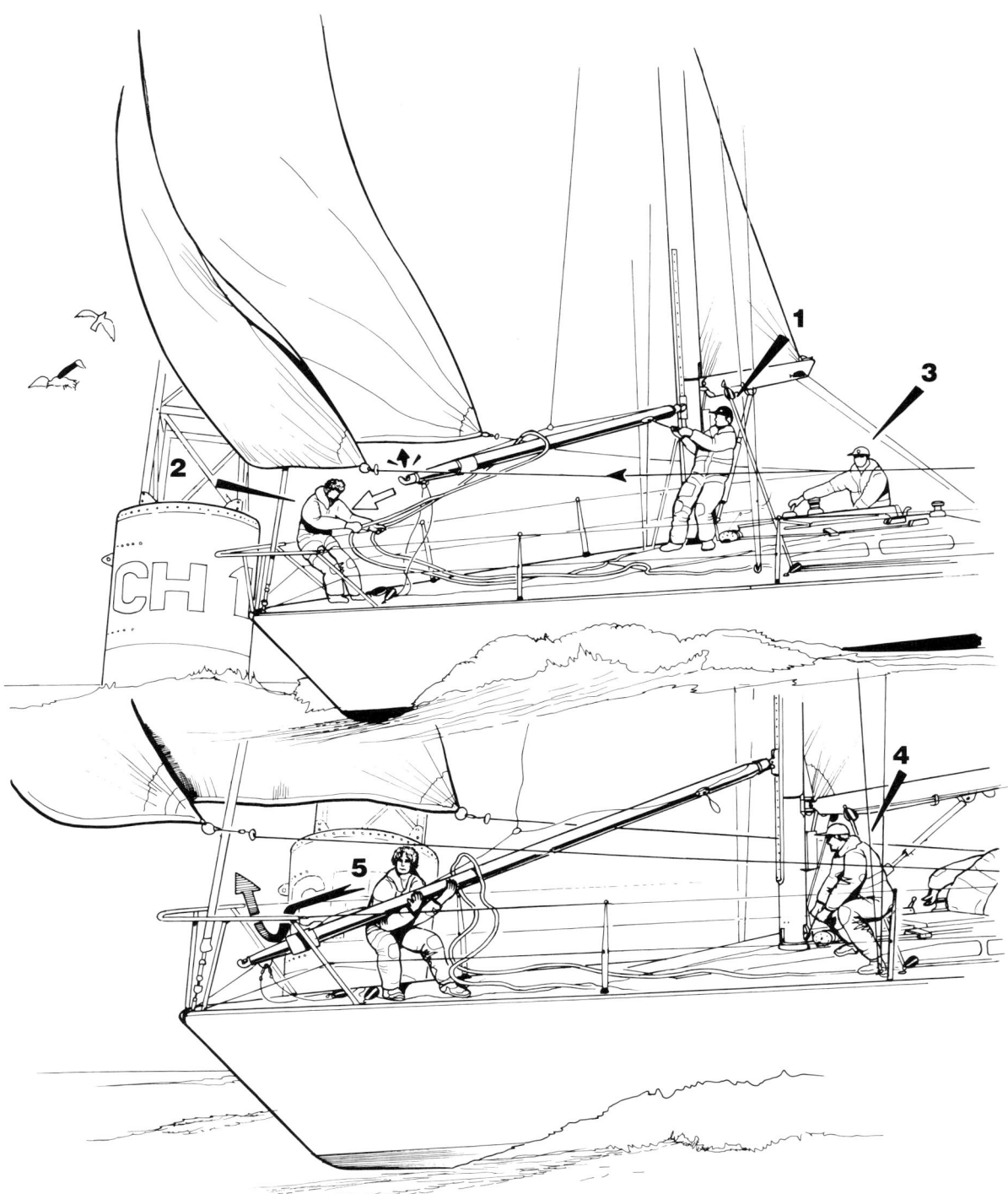

Die Raumtonne ist fast querab, die Halse beginnt. Der Steuermann dreht das Schiff langsam an und ruft „Ausreißen!"

1 Der Mastmann zieht heftig an der Reißleine, so daß der Achterholer nach oben aus dem Nockbeschlag freikommt. Klappt dies nicht auf Anhieb, muß der Achterholer eventuell leicht gefiert werden.

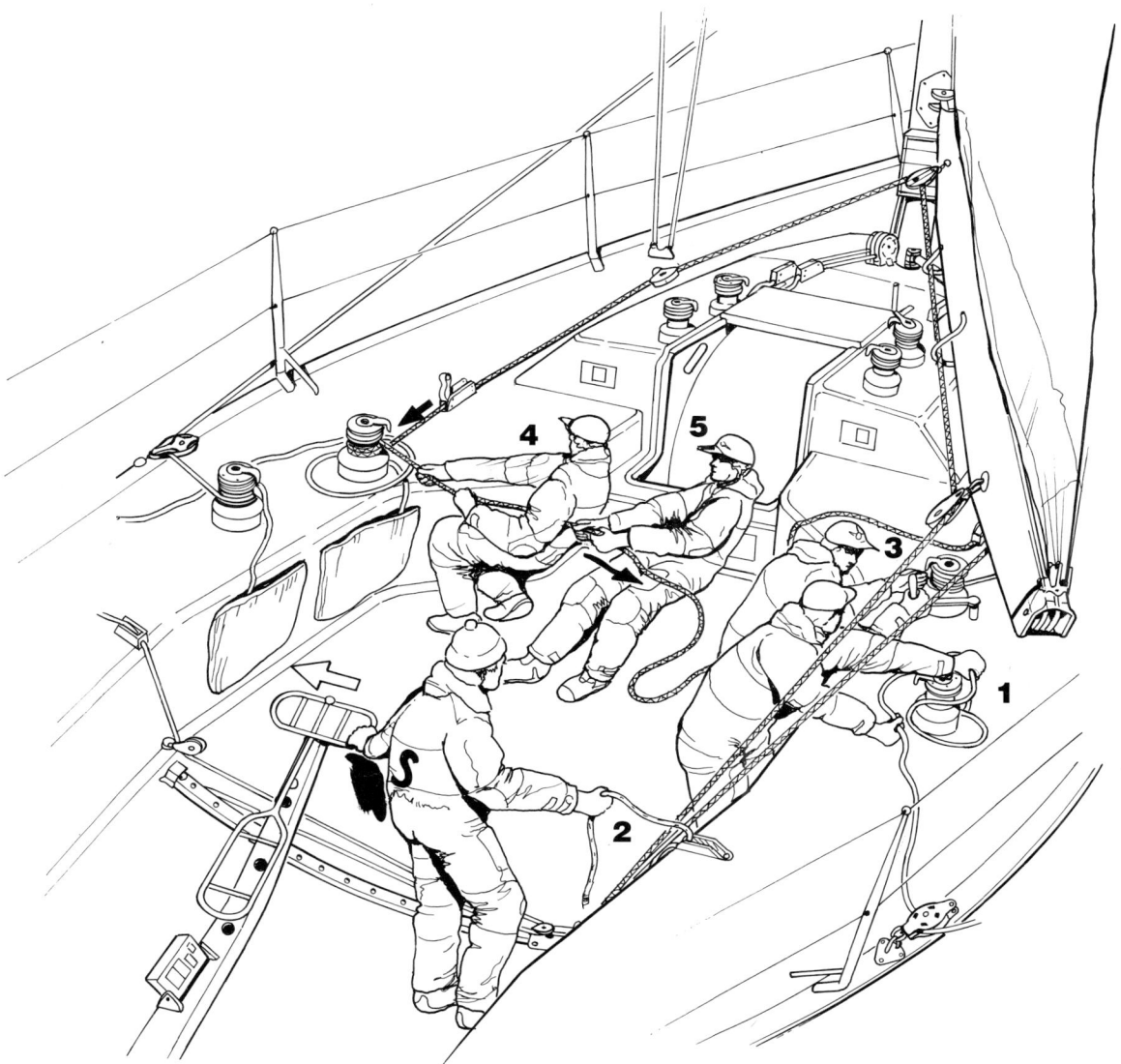

2 Im gleichen Moment reißt der Vordecksmann den freien Spinnakerbaum zu sich heran.

3 Der Fallenmann ist dafür verantwortlich, daß der Toppnant des Spinnakerbaums schnell, aber nur so weit gefiert wird, daß er den Vorschiffsmann nicht erschlägt.

4 Der Mastmann steht klar am Aufholer des Spinnakerbaum-Schlittens, um ihn unmittelbar nach erfolgter Halse wieder auf die richtige Höhe am Mast zu bringen.

5 Der Vorschiffsmann hat den Spinnakerbaum mittlerweile in der Hand und drückt ihn unter dem Vorstag durch.

Während auf dem Vorschiff der Spinnakerbaum auf die andere Seite gebracht wird, passiert auch achtern im Cockpit einiges. Der Übersichtlichkeit wegen haben wir einige Mannschaftsmitglieder weggelassen.

1 Die alte Spinnakerschot wird von der Winsch genommen.

2 Der Steuermann (S) dreht die Yacht mit dem Heck weiter durch den Wind, gleichzeitig löst er den Traveller.

3 Der neue Achterholer wird geholt.

4 Der Großschotmann reißt die Lose aus der Schot, während der Großbaum beginnt überzukommen. Bei viel Wind ist das ein besonders harter Job, bei dem ihm gegebenenfalls

5 ein freier Cockpitmann hilft.

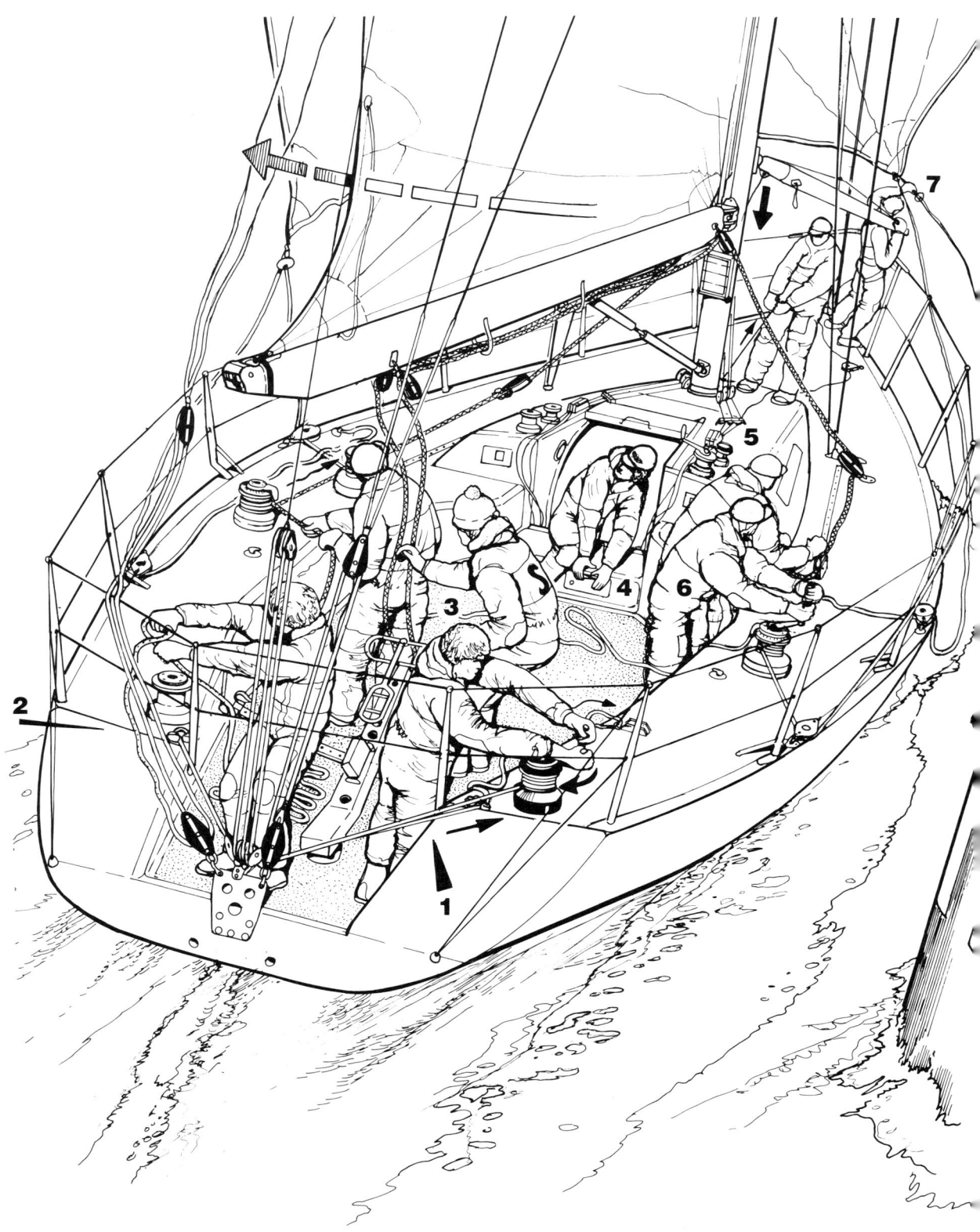

In dem Augenblick, in dem das Großsegel überkommt, müssen viele wichtige Handgriffe praktisch gleichzeitig erfolgen:

1 Der Taktiker dreht das neue Luvbackstag dicht.

2 Der Navigator läßt das jetzt leewärtige Backstag voll ausrauschen, um den Großbaum nicht abzubremsen.

3 Der Steuermann (S) beobachtet das Vorschiff und steuert das Boot entsprechend dem Fortgang des Manövers — wenn er genug Platz an der Tonne hat.

4 Der Fallenmann pumpt den Kicker wieder

an, sobald der Großbaum auf die Leeseite durchgeschwungen ist.

5 Der Genuamann öffnet gegebenenfalls auch in Luv die Klemme der Großschot, damit der Baum schneller gefiert wird.

6 Einer der Cockpitleute steht bereit, um den neuen Achterholer dichtzukurbeln, sobald er in die Spinnakerbaumnock eingepickt ist.

7 Der Vorschiffsmann drückt den neuen Achterholer in den Nockbeschlag, der sich automatisch schließt. Unmittelbar danach zieht der Mastmann den Baumschlitten am Mast auf die gewünschte Höhe.

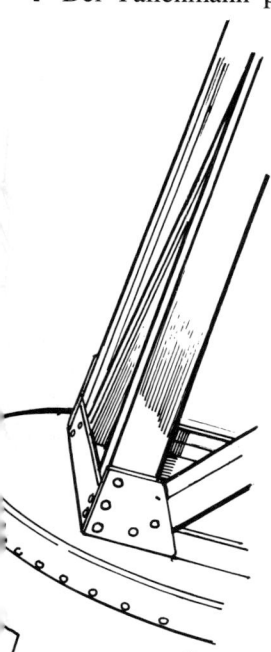

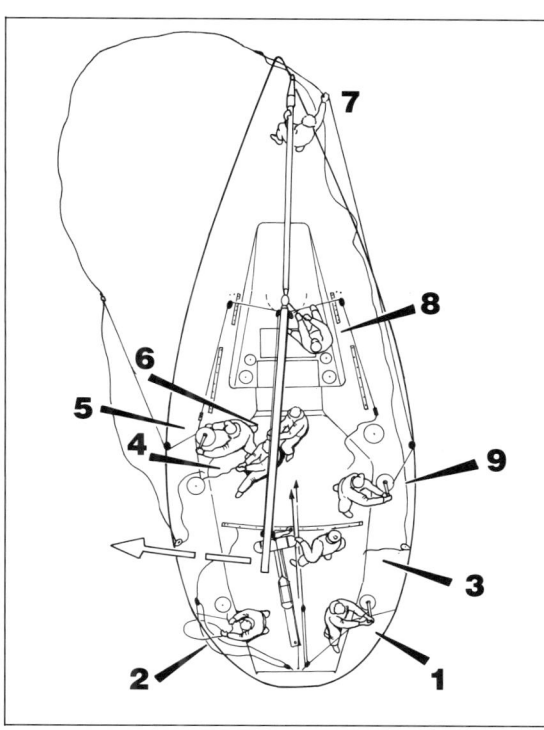

Zur besseren Übersicht zeigen wir den Moment der Halse ein zweites Mal genau von oben.

1 Der Taktiker muß das neue Luvbackstag so schnell wie möglich dichtholen. Das ist besonders wichtig, wenn der folgende Kurs sehr spitz werden sollte.

2 Der Navigator muß das andere Backstag unbedingt rechtzeitig loswerfen und es frei ausrauschen lassen, andernfalls kann bei viel Wind der Großbaum beschädigt werden und das Boot aus dem Ruder laufen.

3 Der Steuermann muß den Manöverablauf genau verfolgen. Dreht er das Schiff nach der Halse zu schnell hoch und der Vorschiffsmann hat den Achterholer noch nicht eingepickt, ist das Manöver bereits mißglückt.

4 Der Großschotmann muß darauf achten, daß die Schot frei auslaufen kann. Sie darf aber kei

nesfalls so viele Lose haben, daß der Baum erst vor den Wanten gebremst wird.

5 Mit dem alten Achterholer wird der Spinnaker so lange gefahren, bis der neue eingepickt ist. Der Spinnaker darf auf keinen Fall einfallen.

6 Der Kicker muß vor allem bei viel Wind sofort wieder angesetzt werden, um das Profil des Großsegels wieder flach zu ziehen.

7 Der Vorschiffsmann legt, wenn er genug Zeit hat, die luvwärtige, freie Spinnakerschot über die Baumnock, damit sie in der nächsten Halse frei vom abzusenkenden Baum bleibt.

8 Der Fallenmann steht klar am Toppnanten.

9 Der neue Achterholer ist klar zum Holen.

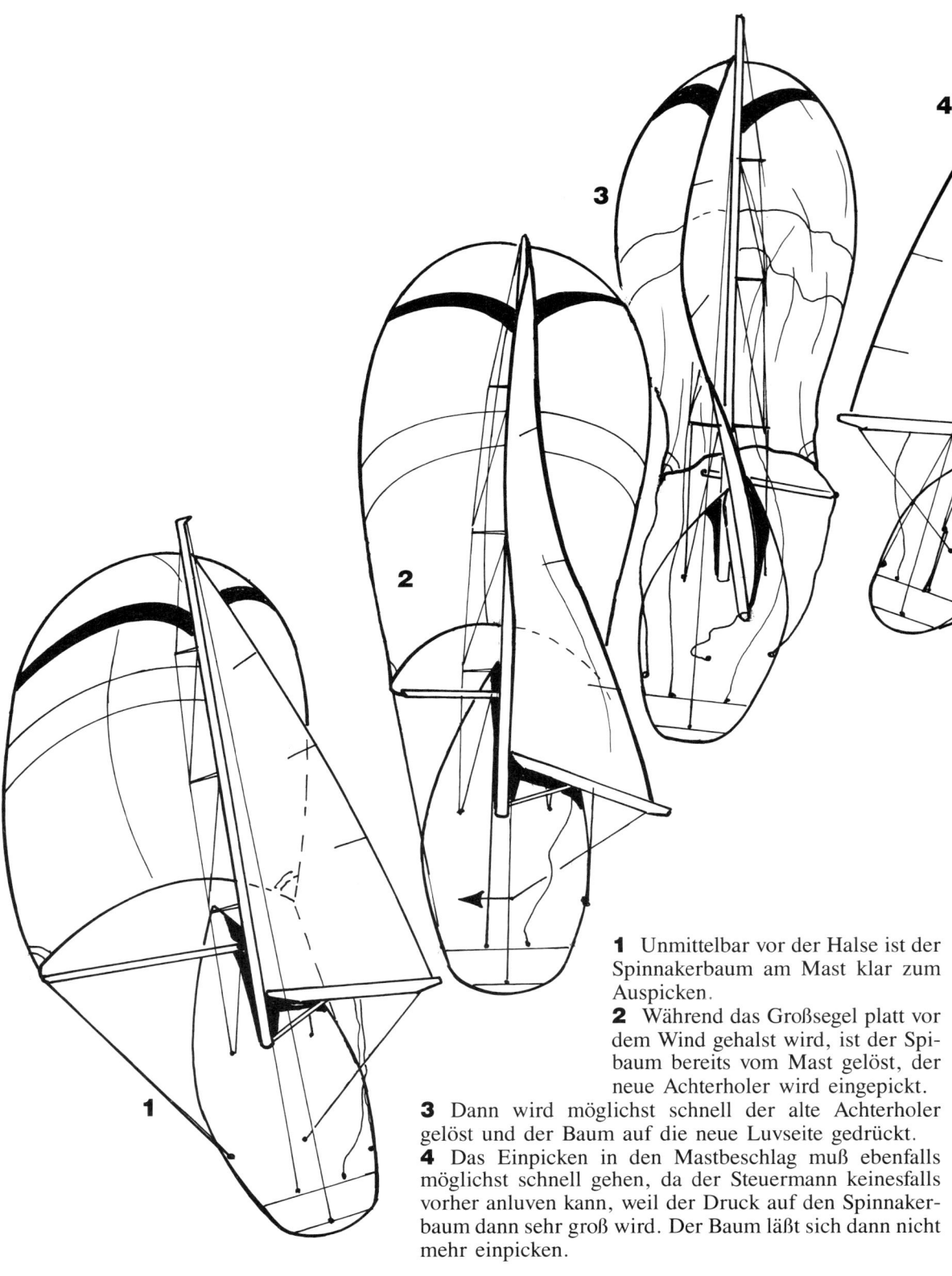

1 Unmittelbar vor der Halse ist der Spinnakerbaum am Mast klar zum Auspicken.

2 Während das Großsegel platt vor dem Wind gehalst wird, ist der Spibaum bereits vom Mast gelöst, der neue Achterholer wird eingepickt.

3 Dann wird möglichst schnell der alte Achterholer gelöst und der Baum auf die neue Luvseite gedrückt.

4 Das Einpicken in den Mastbeschlag muß ebenfalls möglichst schnell gehen, da der Steuermann keinesfalls vorher anluven kann, weil der Druck auf den Spinnakerbaum dann sehr groß wird. Der Baum läßt sich dann nicht mehr einpicken.

Der Mastschlitten ist so weit weggefiert, daß der Vorschiffsmann (F) den Beschlag mit den Händen erreichen kann. Unmittelbar vor der Halse wird der Spinnakerbaum vom Mastschlitten gelöst.

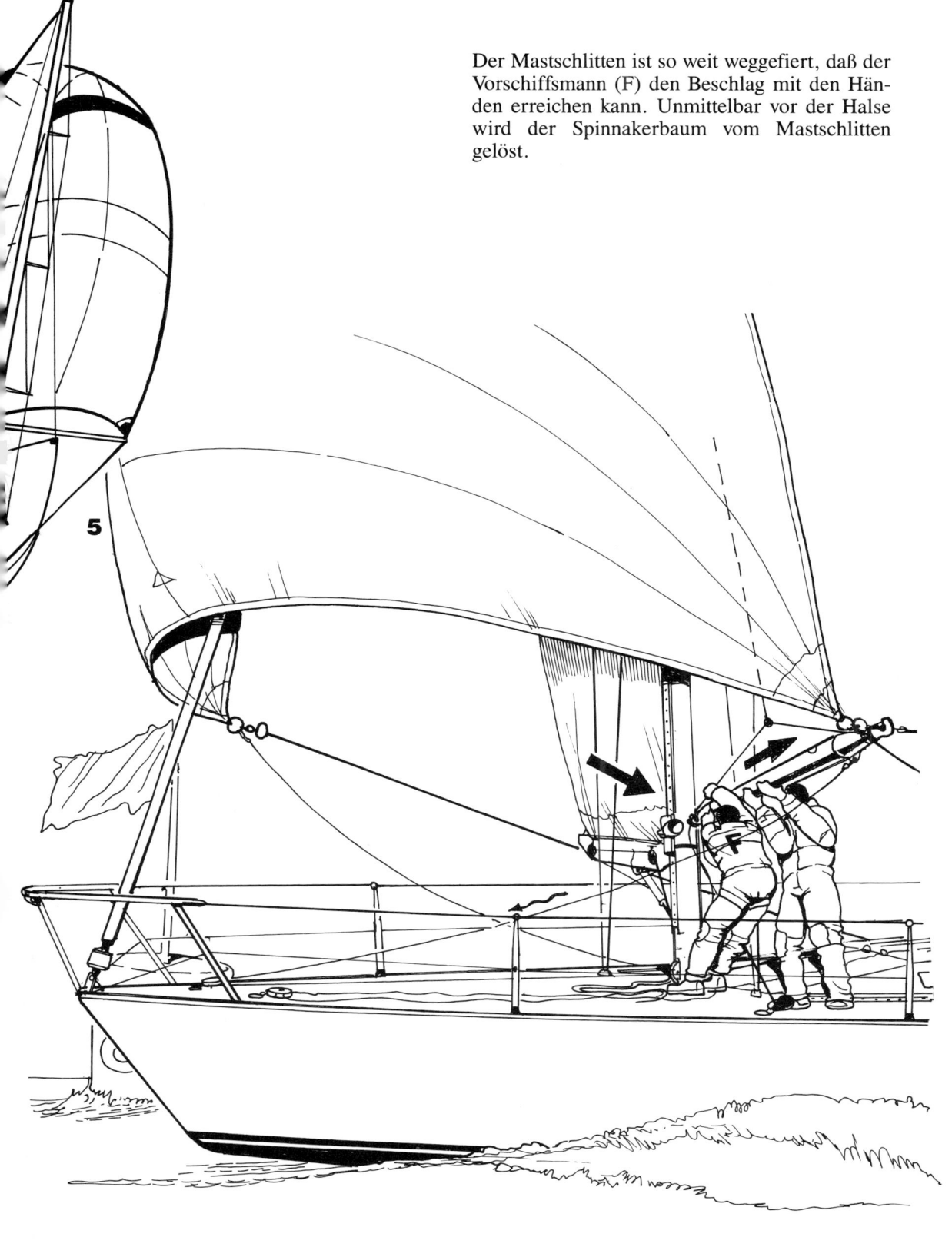

Tack-Jibe-Set — eine Regattaspezialität

Eines der kompliziertesten Manöver ist das Setzen des Spinnakers in einer Halse um eine Tonne unmittelbar nach einer Wende. Das Alle-Mann-Manöver erfordert volle Konzentration und einen reibungslosen Ablauf, andernfalls gibt es ein heilloses Durcheinander an Bord.

Die Voraussetzungen für einen Tack-Jibe-Set, wie das Manöver nicht nur auf englisch, sondern auch in der deutschen Seglersprache heißt, sind denkbar selten — an einer Luvtonne muß die Differenz zwischen dem Kreuz- und dem folgenden Kurs mehr als 180 Grad betragen. In unserer Zeichnung läuft die Yacht auf Steuerbordbug an die Tonne. Man kann sich vorstellen, daß in einem großen Feld ein solches Manöver auf Backbordbug ein großer Vorteil sein kann. Aber der Reihe nach:

1 Das Boot läuft an der Kreuz auf die Tonne zu. Der Spinnakerbaum ist bereits in Luv gestellt, der Vorschiffsmann baut gerade die Schoten und das Fall an den Spinnaker in Lee auf dem Vorschiff an. Wichtig ist, daß die Yacht die Tonne direkt anliegen kann, damit nach der Wende nicht mehr am Wind weitergesegelt werden muß.

2 Der Steuermann wendet das Boot. Die Genuaschot wird gefiert, auf der neuen Leeseite aber kann sie nicht dichtgeholt werden, weil ja der Spinnakerbaum bereits steht. Die Cockpitmannschaft steht klar am Spinnakergeschirr, der Fallenmann wartet auf das Kommando „Heiß auf Spi".

3 Das Boot fällt weiter ab. Wenn der Wind etwa von querab einfällt, kommt das Kommando, und der Spinnaker wird vorgeheißt. Der Vorschiffsmann achtet darauf, daß das Segel gut aus dem Sack kommt. Der Achterholer wird gleichzeitig so weit wie möglich geholt, damit der Spinnaker unmittelbar nach der Halse voll stehen kann.

4 Die Situation unmittelbar vor der Halse: Der Spinnaker ist oben und steht bereits halbwegs voll. Der Achterholer wird weiter geholt, damit das Schothorn bis an die Baumnock gezogen wird. Die Spinnakerschot ist noch lose. Die Cockpitcrew achtern bereitet die Halse vor.

5 Im einzelnen wird die Halse auf der nächsten Seite beschrieben.

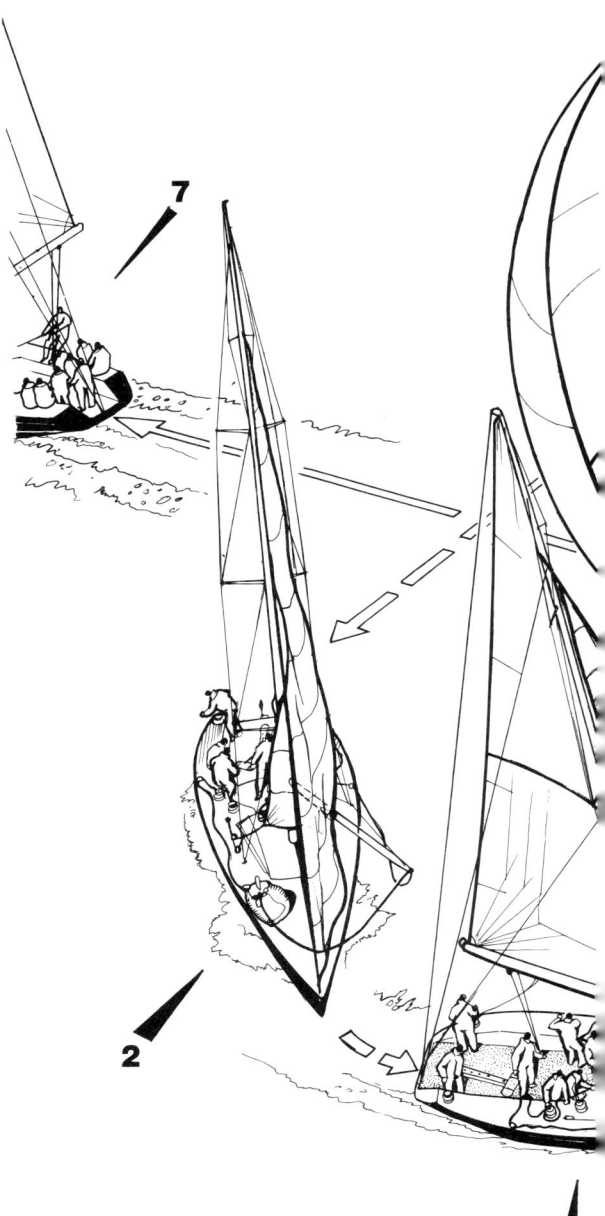

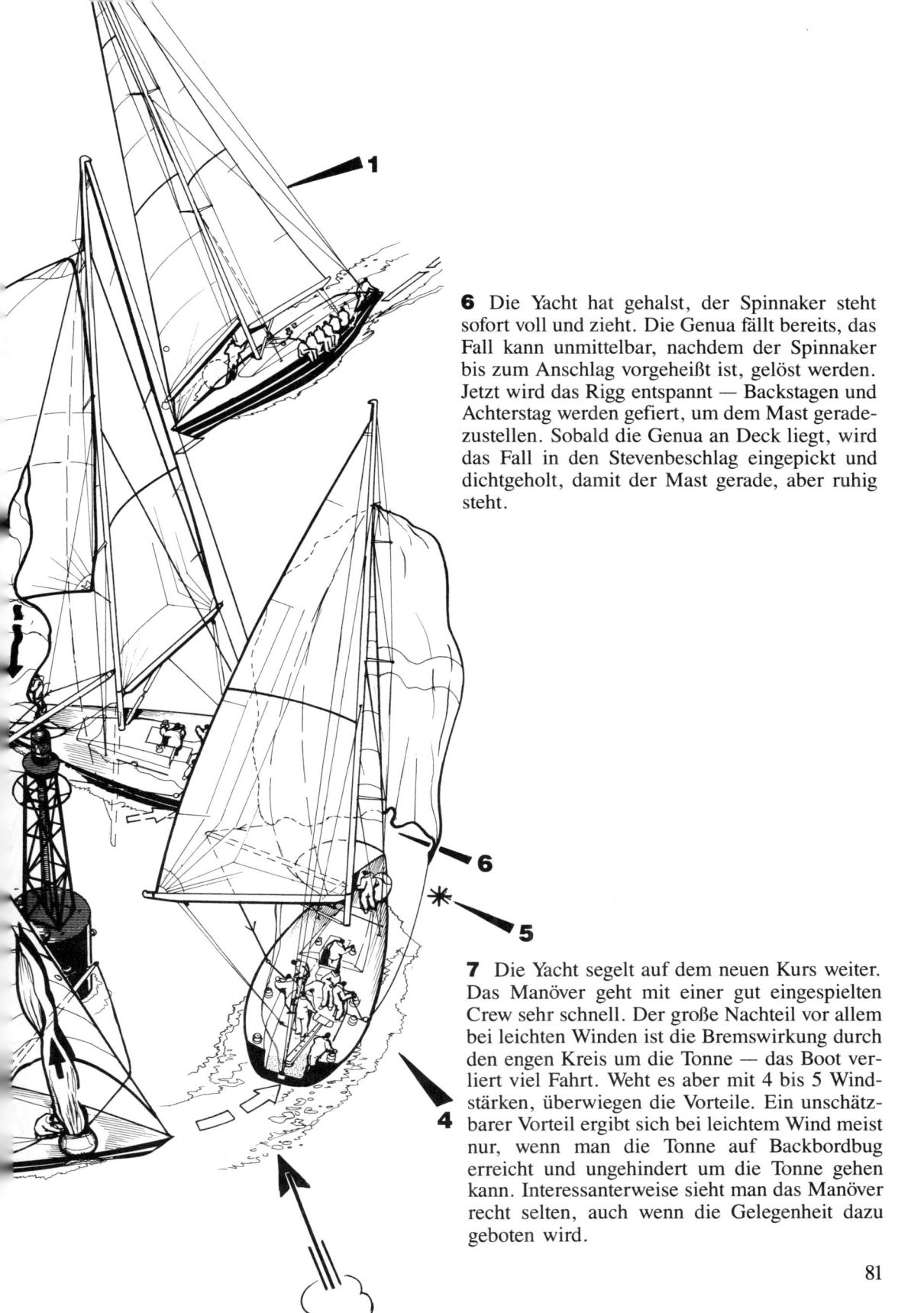

6 Die Yacht hat gehalst, der Spinnaker steht sofort voll und zieht. Die Genua fällt bereits, das Fall kann unmittelbar, nachdem der Spinnaker bis zum Anschlag vorgeheißt ist, gelöst werden. Jetzt wird das Rigg entspannt — Backstagen und Achterstag werden gefiert, um dem Mast geradezustellen. Sobald die Genua an Deck liegt, wird das Fall in den Stevenbeschlag eingepickt und dichtgeholt, damit der Mast gerade, aber ruhig steht.

7 Die Yacht segelt auf dem neuen Kurs weiter. Das Manöver geht mit einer gut eingespielten Crew sehr schnell. Der große Nachteil vor allem bei leichten Winden ist die Bremswirkung durch den engen Kreis um die Tonne — das Boot verliert viel Fahrt. Weht es aber mit 4 bis 5 Windstärken, überwiegen die Vorteile. Ein unschätzbarer Vorteil ergibt sich bei leichtem Wind meist nur, wenn man die Tonne auf Backbordbug erreicht und ungehindert um die Tonne gehen kann. Interessanterweise sieht man das Manöver recht selten, auch wenn die Gelegenheit dazu geboten wird.

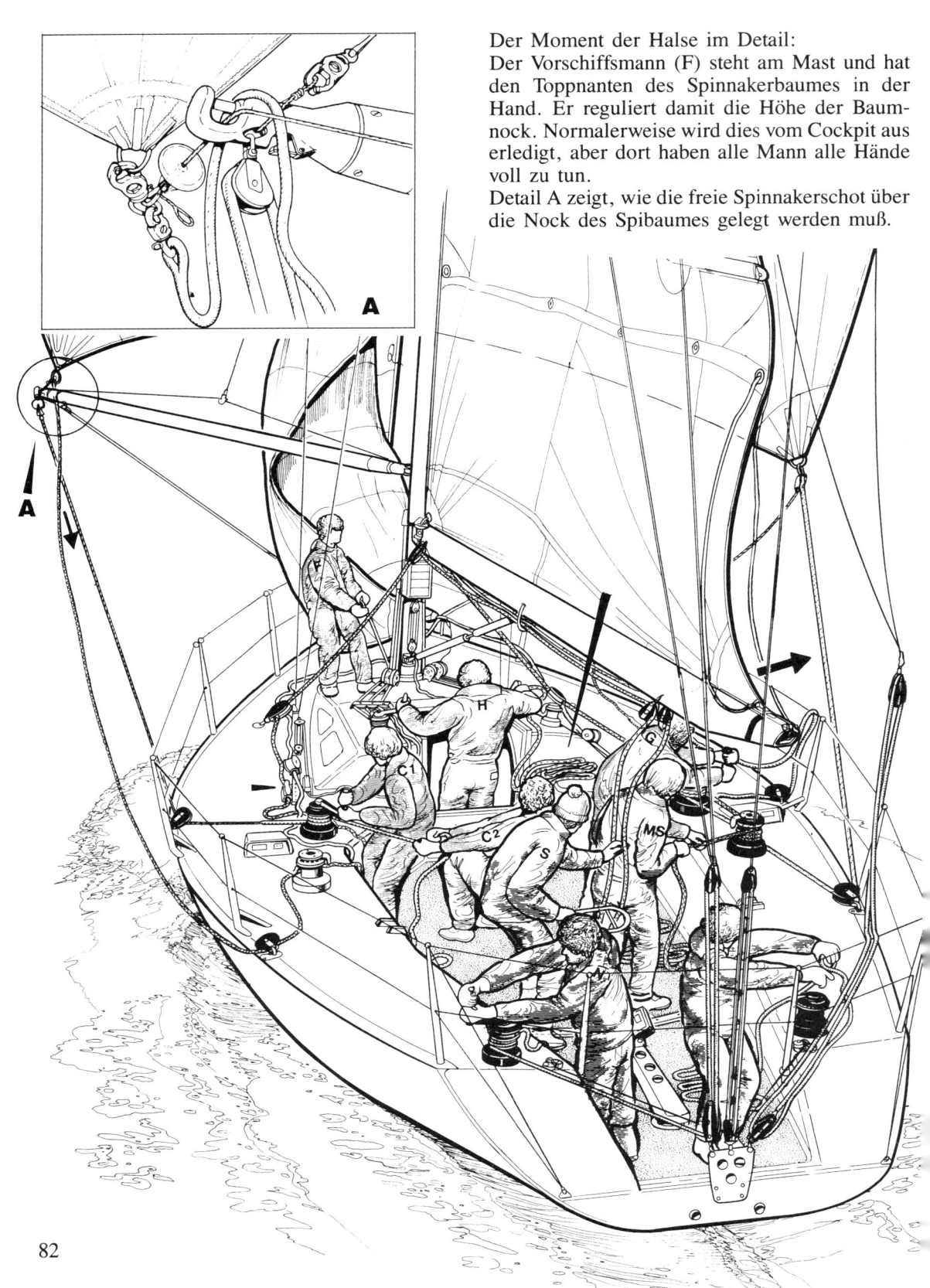

Der Moment der Halse im Detail:
Der Vorschiffsmann (F) steht am Mast und hat den Toppnanten des Spinnakerbaumes in der Hand. Er reguliert damit die Höhe der Baumnock. Normalerweise wird dies vom Cockpit aus erledigt, aber dort haben alle Mann alle Hände voll zu tun.
Detail A zeigt, wie die freie Spinnakerschot über die Nock des Spibaumes gelegt werden muß.

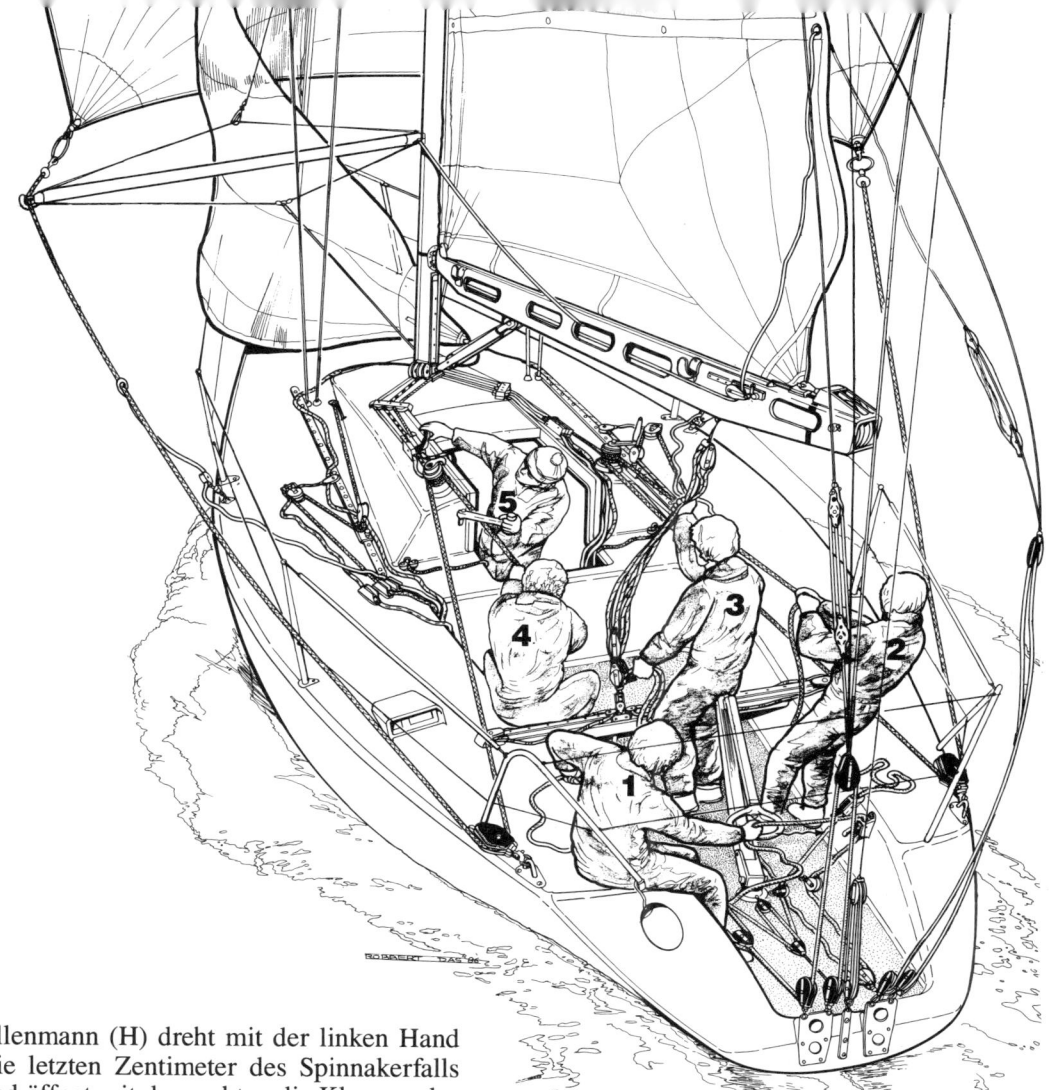

Der Fallenmann (H) dreht mit der linken Hand noch die letzten Zentimeter des Spinnakerfalls hoch und öffnet mit der rechten die Klemme des Genuafalls. Da der Mast bereits entspannt ist, fällt das Segel fast von allein an Deck.

Zwei Mann im Cockpit (C1) und (C2) bedienen den Achterholer des bereits voll stehenden Spinnakers.

Der Genuamann (G) justiert die Schot. Sobald der Achterholer weit genug geholt ist, wechselt der Abzieher (C2) an die Schotwinsch. Dort kurbelt er dann auf Zuruf des Schotfahrers (G). Der Großschotmann (MS) kontrolliert die Großschot über die Winsch, damit der Baum nicht ungebremst überkommt. Der Steuermann (S) geht mit dem Boot auf den neuen Kurs. Der Navigator (N) dreht das luvwärtige Backstag nur leicht dicht, während auf der anderen Seite der Taktiker das Leebackstag loswirft. Das Achterstag wurde bereits nach der Wende ein gutes Stück gefiert, um den Mast geradezustellen.

Das Manöver läuft auf kleinen Yachten entsprechend ab:

1 Der letzte Mann bedient in der Halse beide Backstagen und gegebenenfalls auch das Achterstag allein.

2 Der Taktiker hat von achtern am Spinnakerfall gezogen. Er wartet jetzt, bis der Fallenmann (5) es abklemmt.

3 Der Steuermann hat die Pinne zwischen den Beinen und kontrolliert mit den Händen das Großsegel.

4 Der Cockpitmann hilft dem Fallenmann am Achterholer.

5 Der Fallenmann löst gerade das Genuafall und hat in einer Hand schon die Kurbel für die Achterholerwinsch. Anschließend wird er sofort das Spinnakerfall abklemmen.

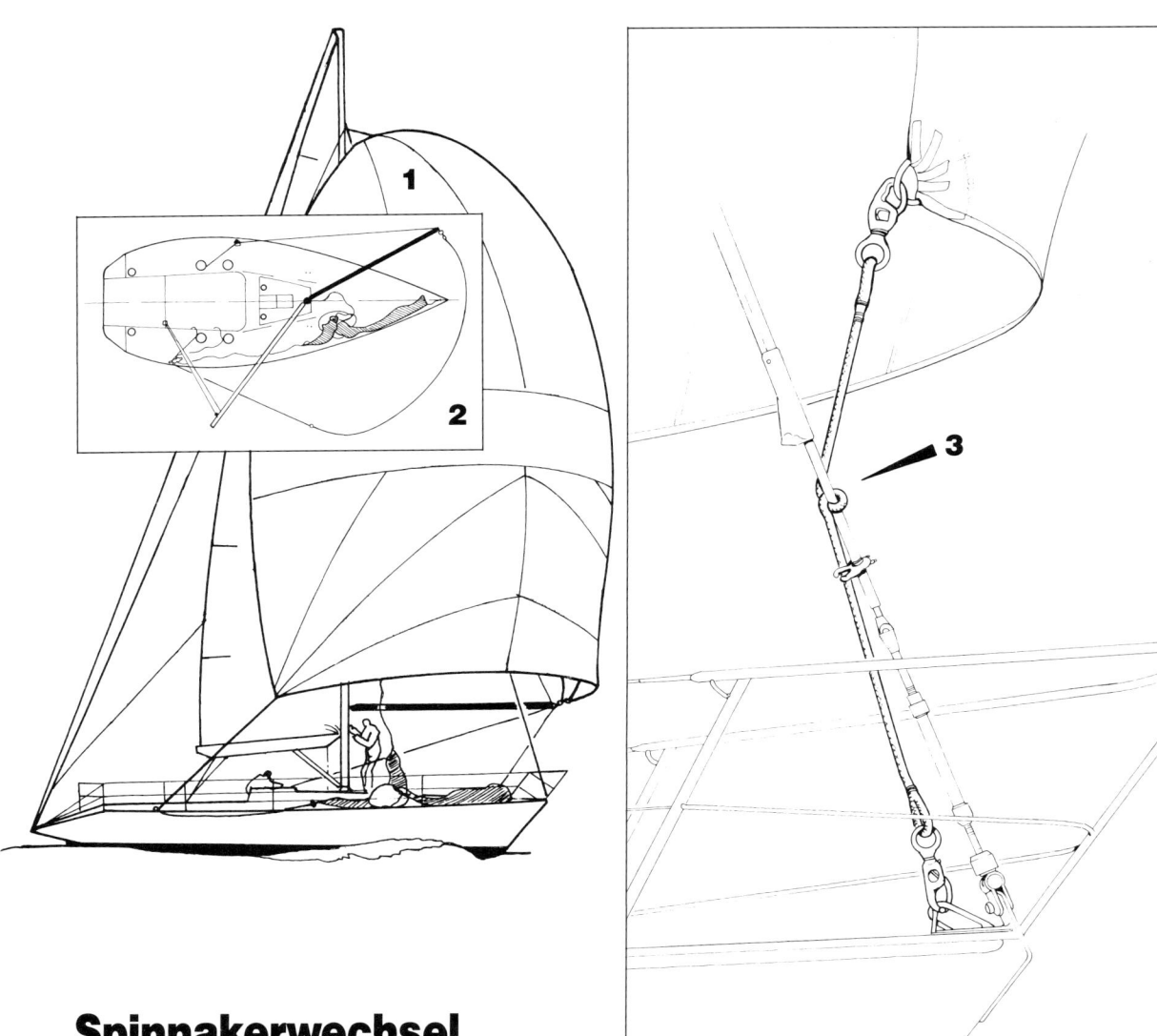

Spinnakerwechsel

Ein Spinnakerwechsel ist nicht sonderlich kompliziert, aber Vorschiffs- und Fallenmann müssen immer genau wissen, wie die Fallen laufen, damit das Manöver klappt. Normalerweise wird der neue Spinnaker innerhalb des alten gesetzt, beim nächsten Wechsel aber muß er außen hochgezogen werden, damit die Fallen nicht über Kreuz laufen.

Es gibt grundsätzlich zwei Methoden des Spinnakerwechsels, die sich sehr ähneln. Wir beschreiben ausführlich das normale Manöver.

1 Der neue Spinnaker wird auf der Leeseite des Vorschiffs ganz normal angeschlagen. Er bleibt bis zum Vorheißen in seinem Sack, lediglich

Schot und Achterholer oder der sogenannte Miller-Stropp (benannt nach seinem Erfinder) werden angeschäkelt.

2 Dieser Blick aus der Vogelperspektive verdeutlicht, wie der neue Spinnaker angeschlagen werden muß. Es darf nicht vergessen werden, den Sack in die Seereling einzupicken, andernfalls geht er mit einiger Sicherheit beim Setzen außenbords.

3 Der Miller-Stropp ist nichts anderes als ein kurzer, je nach Bootsgröße zwei bis drei Meter langer Stropp mit Schnappschäkeln an beiden Enden. Mit dem einen Ende wird er in den Beschlag für den Genuahals eingepickt und etwa

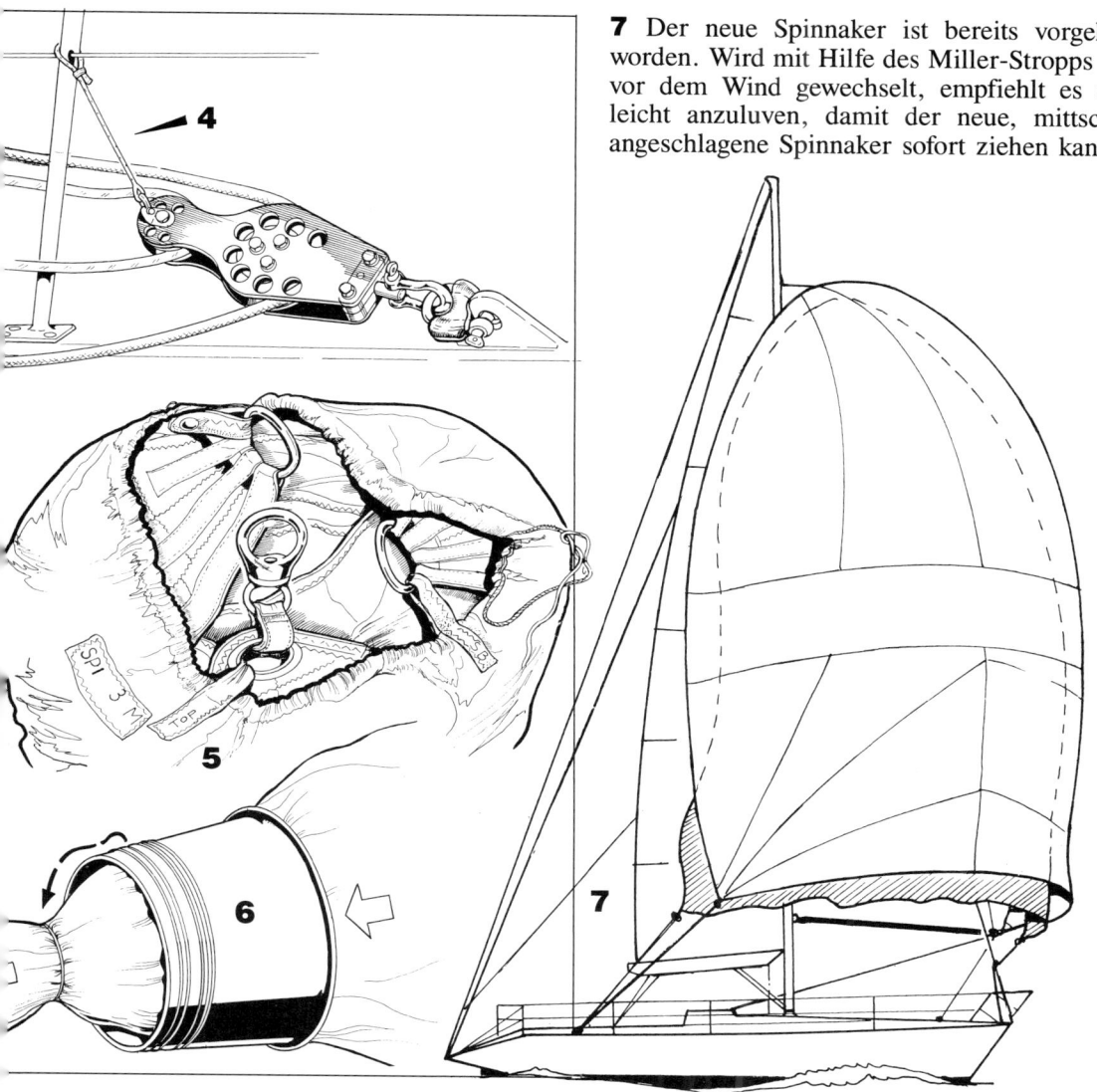

7 Der neue Spinnaker ist bereits vorgeheißt worden. Wird mit Hilfe des Miller-Stropps platt vor dem Wind gewechselt, empfiehlt es sich, leicht anzuluven, damit der neue, mittschiffs angeschlagene Spinnaker sofort ziehen kann.

in Augeshöhe einmal um das Vorstag geschlungen, mit dem anderen Ende an das luvwärtige Spinnakerschothorn angeschlagen.

4 Die Schotblöcke weit achtern auf Regattayachten haben immer eine große und eine kleine Scheibe. Üblicherweise wird die große Scheibe für die Spinnakerschot benutzt, für den Spinnakerwechsel schert man diese oder auch die leichten Spi-Schoten über die kleine Scheibe. Natürlich setzt das ausreichende Mengen an Reservetauwerk voraus.

5 Der neue Spinnaker muß selbstverständlich richtig aufgetucht im Sack stecken, so daß Kopf und beide Schothörner sofort zu erreichen sind.

Auch bei vielen Spinnakerwechseln hintereinander, wenn die Windverhältnisse dies notwendig machen, muß der gerade geborgene Spi immer sofort mit Hilfe...

6 ... einer bodenlosen Pütz aufgetucht werden. Um die Pütz (es eignen sich auch abgesägte Rohre aus Kunststoff) werden Gummibänder gelegt, die beim Durchziehen des Spinnakers (mit dem Kopf zuerst und klarierten Lieken) in regelmäßigen Abständen auf das Tuch geschoben werden. Der Spinnaker bleibt dann beim Setzen so lange geschlossen, bis das Fall oben ist und er mit der Schot aufgerissen wird.

8 Der neue Spinnaker ist vorgeheißt und hängt mit seinem Schothorn am Miller-Stropp. Er ist bereits voll Wind, vorausgesetzt, der Steuermann steuert nicht gerade einen Kurs platt vor dem Wind. Der Spinnakerbaum ist bereits bis an das Vorstag gefiert worden, damit der Vorschiffsmann den Schnappschäkel öffnen kann. Die Kunststoff-Scheibe auf dem Drahtachterholer sorgt dafür, daß sich die Pressung vor der Kausch nicht in den Baumbeschlag drücken und dort klemmen kann.

9 Sobald der Vorschiffsmann dann den Schnappschäkel geöffnet hat, weht der alte Spinnaker nach Lee aus und muß so schnell wie möglich an der Schot unter dem Großbaum durch in das Niedergangs-Luk gezogen werden. Der Fallenmann hat dafür zu sorgen, daß das Fall zügig weggefiert wird, andernfalls könnte bereits ein einziger, winziger Fleischhaken den neuen Spinnaker zerreißen. Da aber neuerdings zunehmend Fallen aus Spectra, einem reckfreien Tauwerk, verwendet werden, gibt es diese Probleme nicht mehr.

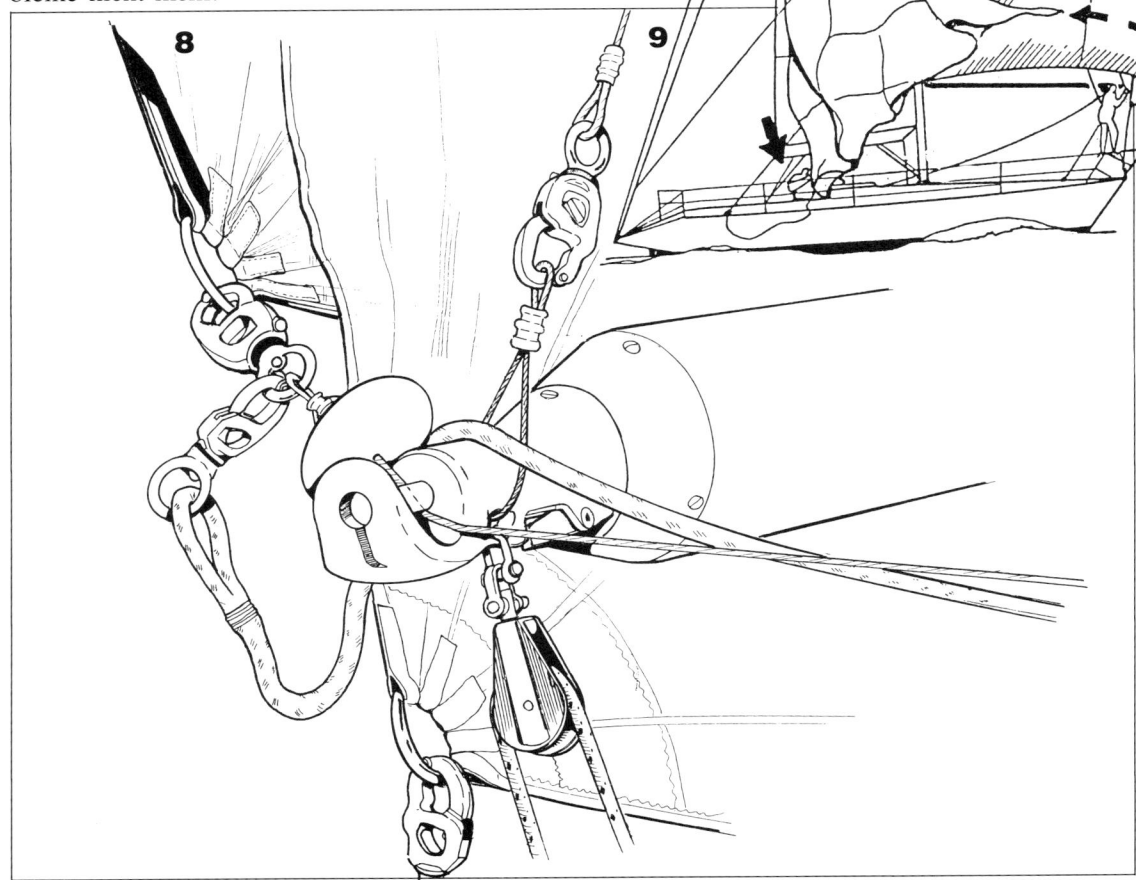

10 Um den alten Spinnaker ausklinken zu können, muß sich der Vorschiffsmann auf den Bugkorb stellen. Er hält sich mit einer Hand am Niederholer fest und öffnet den Schnappschäkel mit einem kurzen, dicken Dorn (mit abgerundeter Spitze, meist aus dem verjüngten Ende einer Relingsstütze gefertigt). Eine kurze Bewegung des Dorns genügt, und der Schäkel springt, auch unter hohem Druck, sofort auf, wobei er das Schothorn freigibt.

11 Während ein Teil der Crew noch mit dem Einsammeln des alten Spinnakers beschäftigt ist, hat der Vorschiffsmann bereits den Miller-Stropp gegen den normalen Achterholer ausgetauscht. Da der Spinnaker erst jetzt wieder in seine optimale Stellung zum Wind gebracht werden kann, muß das Manöver möglichst rasch durchgeführt werden, damit das Boot schnell wieder auf volle Geschwindigkeit kommt.

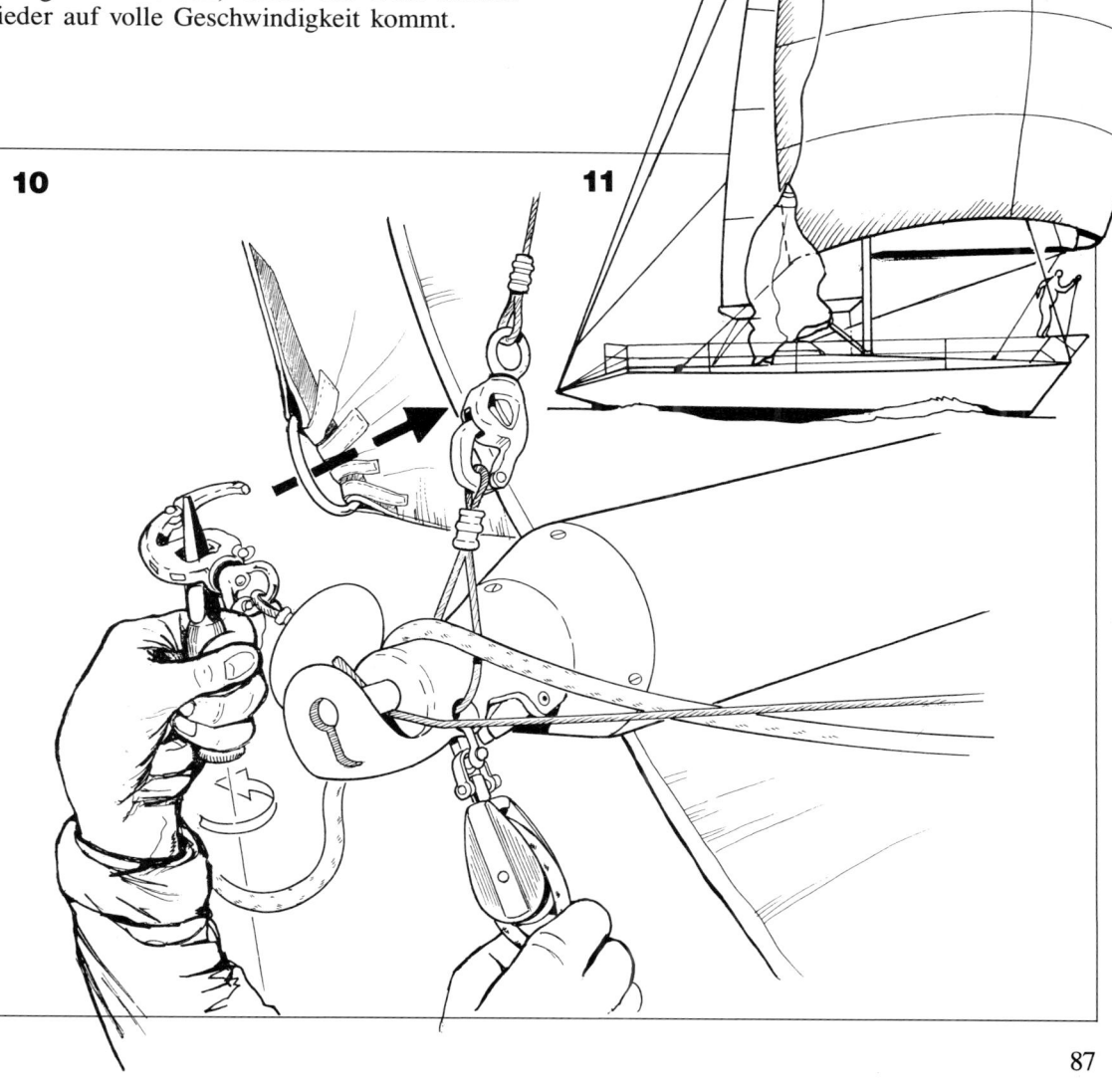

10

11

12 Unmittelbar nach dem Ausreißen muß der Achterholer weit gefiert werden. Der Vorschiffsmann zieht ihn am Schnappschäkel nach unten zum neuen Spinnaker, der immer noch am Miller-Stropp hängt. Der Schäkel wird eingepickt, und während der Achterholer wieder geholt wird, löst der Vorschiffsmann den Miller-Stropp wie gehabt mit seinem Dorn.

13 Eine auf IOR-Yachten (noch) seltene Methode vor dem eigentlichen Spinnakerwechsel ist das Anschlagen des luvwärtigen Spinnakerschothorns direkt am Achterholer, der dazu auch mit einem freien Schnappschäkel versehen sein muß. Diese Methode ist vor allem immer dann sehr wirksam, wenn das Boot platt vor dem Wind segelt und man durch das Vorklappen des Spinnakerbaums keine Fahrt verlieren will. Der

Vorschiffsmann trägt dann während der gesamten Wettfahrt eine spezielle, trapezgurtähnliche Hose, mit der er sich in ein Fall zur Sicherung einpicken kann, bevor er sich zur Baumnock vorarbeitet.

14 Er wartet dann in dieser Position ab, bis der neue Spinnaker voll steht, um dann sofort den Schnappschäkel des alten aufstemmen zu können. Etwas anders wird das auf den Zwölfern gehandhabt: Unter dem Spinnakerbaum wird ein dünner Draht straff gespannt, in den sich der Vorschiffsmann mit seiner Spezialhose einpickt und dann am Niederholer zur Baumnock hinaufklettert. Wichtig ist, daß der Spinnakerwechsel nach dieser Methode schnell abläuft, denn das Verlassen der Yacht über die Seereling hinaus ist der Crew nur kurzfristig erlaubt.

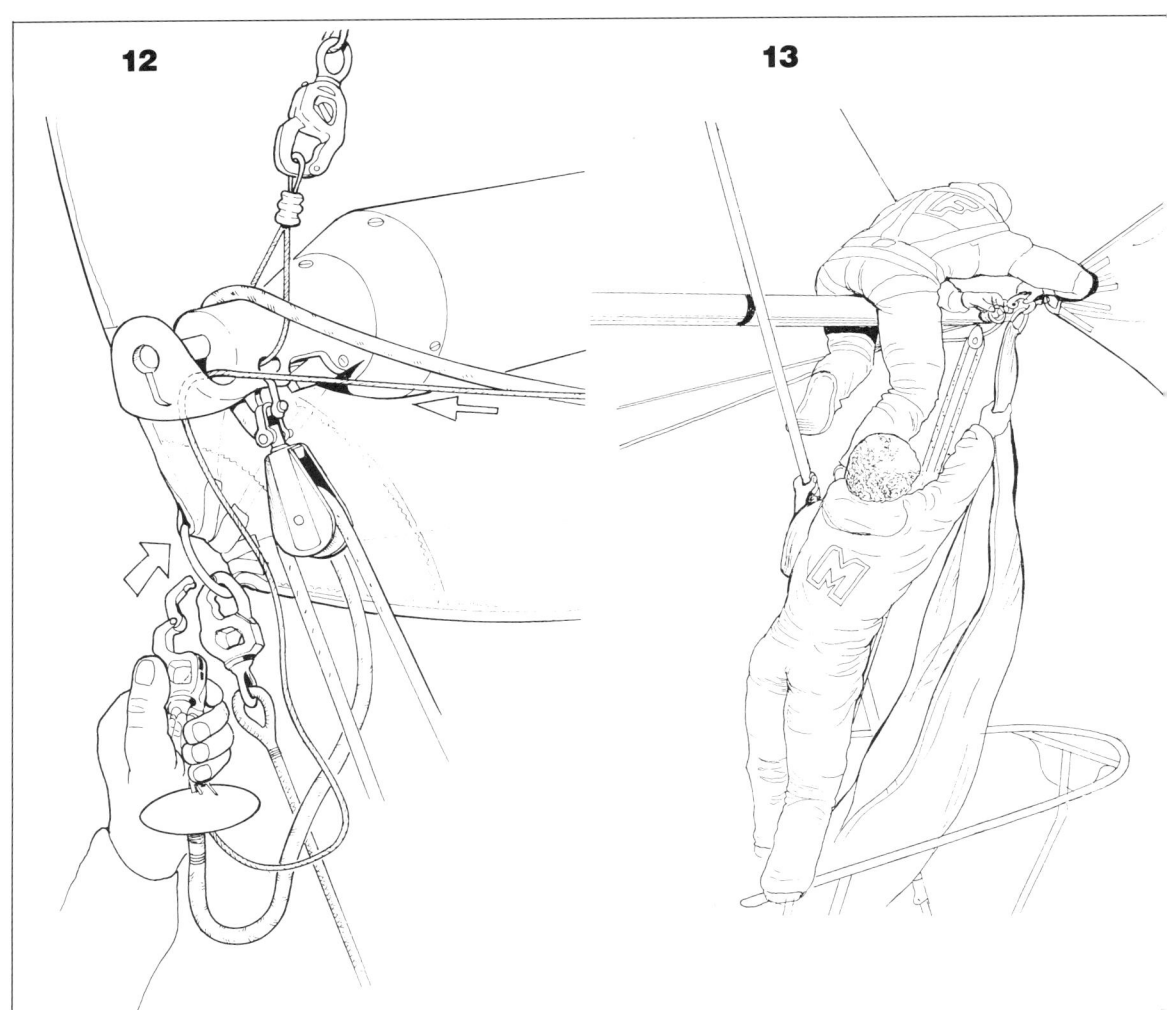

12

13

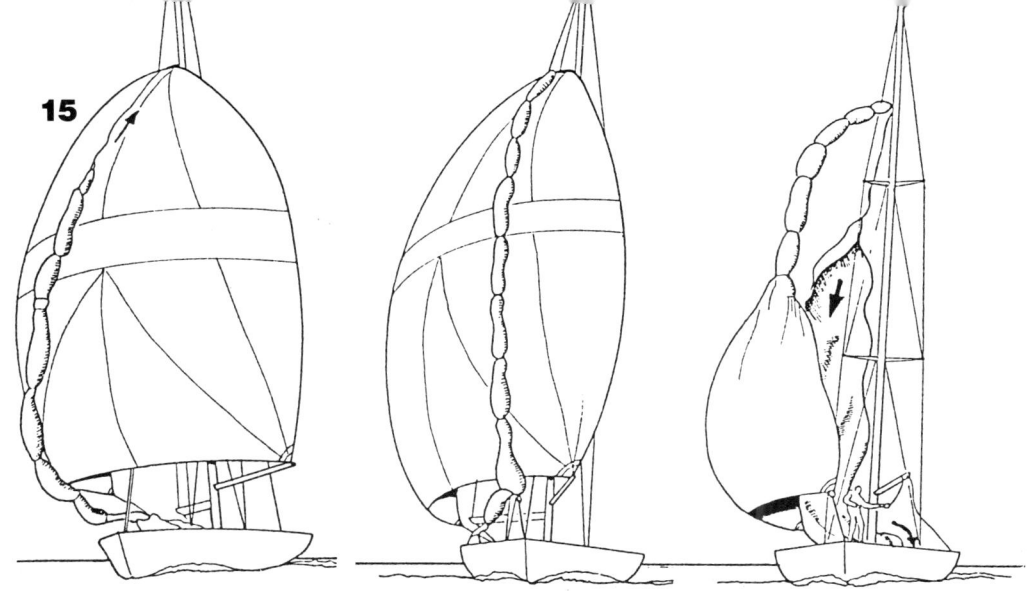

15 Der Manöverablauf ist prinzipiell gleich, der neue Spinnaker wird außerhalb des alten gesetzt, wenn die Anordnung der Spinnakerfallen dies notwendig macht. Das Vorheißen muß vorsichtig geschehen, um den stehenden Spinnaker nicht zu beschädigen.

Der alte Spinnaker muß dann so schnell wie möglich weggenommen werden, da der neue sich erst öffnen kann, wenn der alte schon halb weggefiert worden ist.

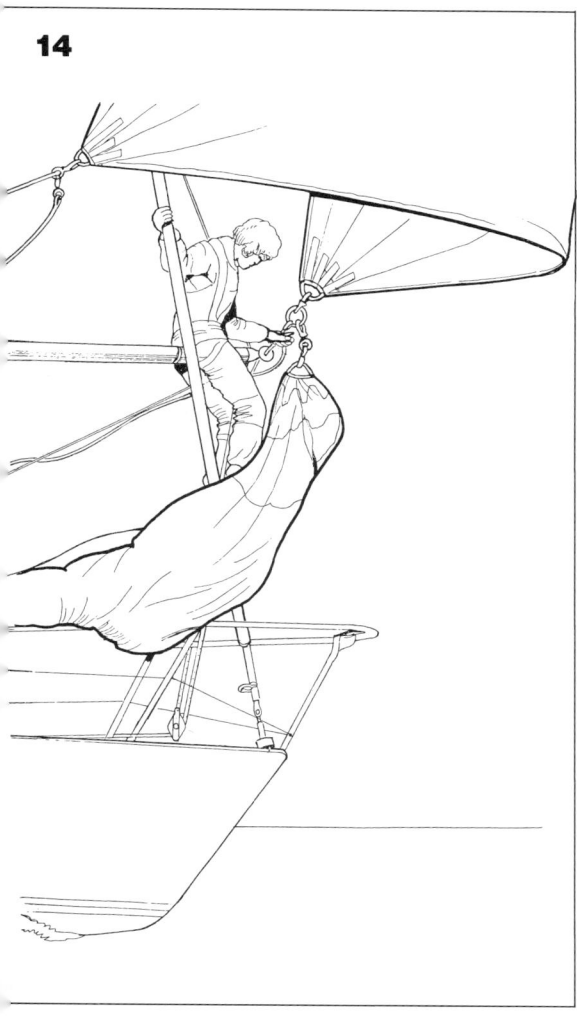

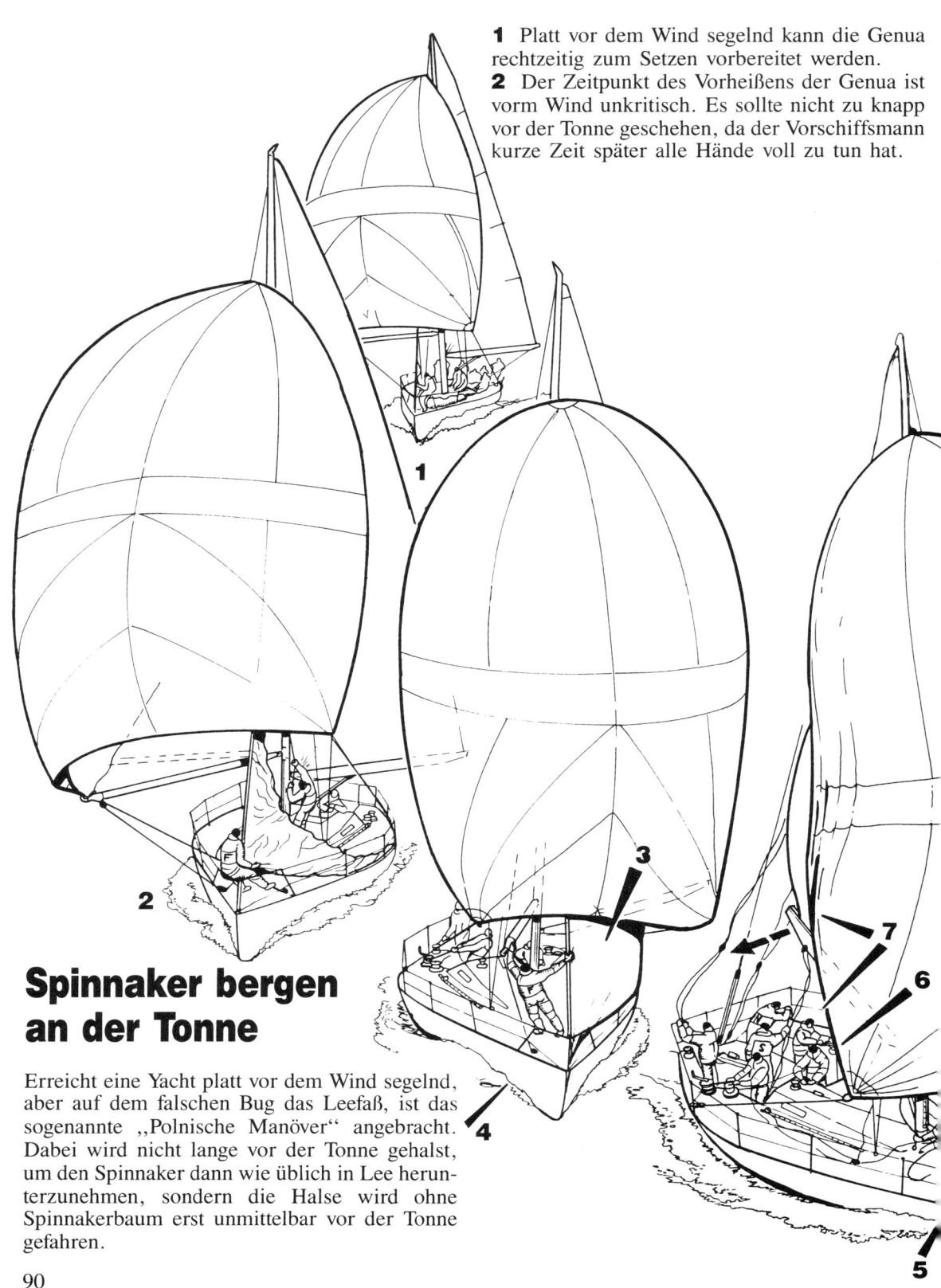

1 Platt vor dem Wind segelnd kann die Genua rechtzeitig zum Setzen vorbereitet werden.

2 Der Zeitpunkt des Vorheißens der Genua ist vorm Wind unkritisch. Es sollte nicht zu knapp vor der Tonne geschehen, da der Vorschiffsmann kurze Zeit später alle Hände voll zu tun hat.

Spinnaker bergen an der Tonne

Erreicht eine Yacht platt vor dem Wind segelnd, aber auf dem falschen Bug das Leefaß, ist das sogenannte „Polnische Manöver" angebracht. Dabei wird nicht lange vor der Tonne gehalst, um den Spinnaker dann wie üblich in Lee herunterzunehmen, sondern die Halse wird ohne Spinnakerbaum erst unmittelbar vor der Tonne gefahren.

3 Während die Genua bereits steht und leicht dichtgeholt ist, wird

4 der Spinnakerbaum ausgepickt und vom Vorschiffsmann an Deck gelegt. Der Steuermann muß jetzt einen Kurs steuern, der dem Boot so viel Raum an der Tonne läßt, daß es nach der Halse neben der Tonne bereits auf einem Kurs hoch am Wind liegt. Der Spinnaker muß aufmerksam gefahren werden, da der stützende Spinnakerbaum nicht mehr steht.

5 Unmittelbar vor der Tonne wird gehalst. Die Vorschiffsmannschaft sorgt dafür, daß die Genua ohne Probleme auf die neue Seite übergeht.

6 Die Genuatrimmer fieren die Schot und holen sie auf der neuen Leeseite schnell dicht.

7 Die Cockpitmannschaft fährt gleichzeitig eine normale Halse.

8 Der Spinnaker wird unmittelbar nach der Halse geborgen.

9 Der Fallenmann sorgt dafür, daß das Spinnakerfall frei ausrauschen kann und hilft, den Spinnaker durch das Luk unter Deck zu stopfen.

10 Der Genuatrimmer holt die Schot entsprechend der Drehbewegung des Bootes auf den Amwind-Kurs dicht.

11 Während der Taktiker noch das Luvbackstag auf die gewünschte Spannung kurbelt, nimmt der Navigator die Zeit der Tonnenrundung.

12 Wie die Genua wird auch das Großsegel möglichst schnell, aber immer relativ zur Drehbewegung der Yacht, dichtgeholt.

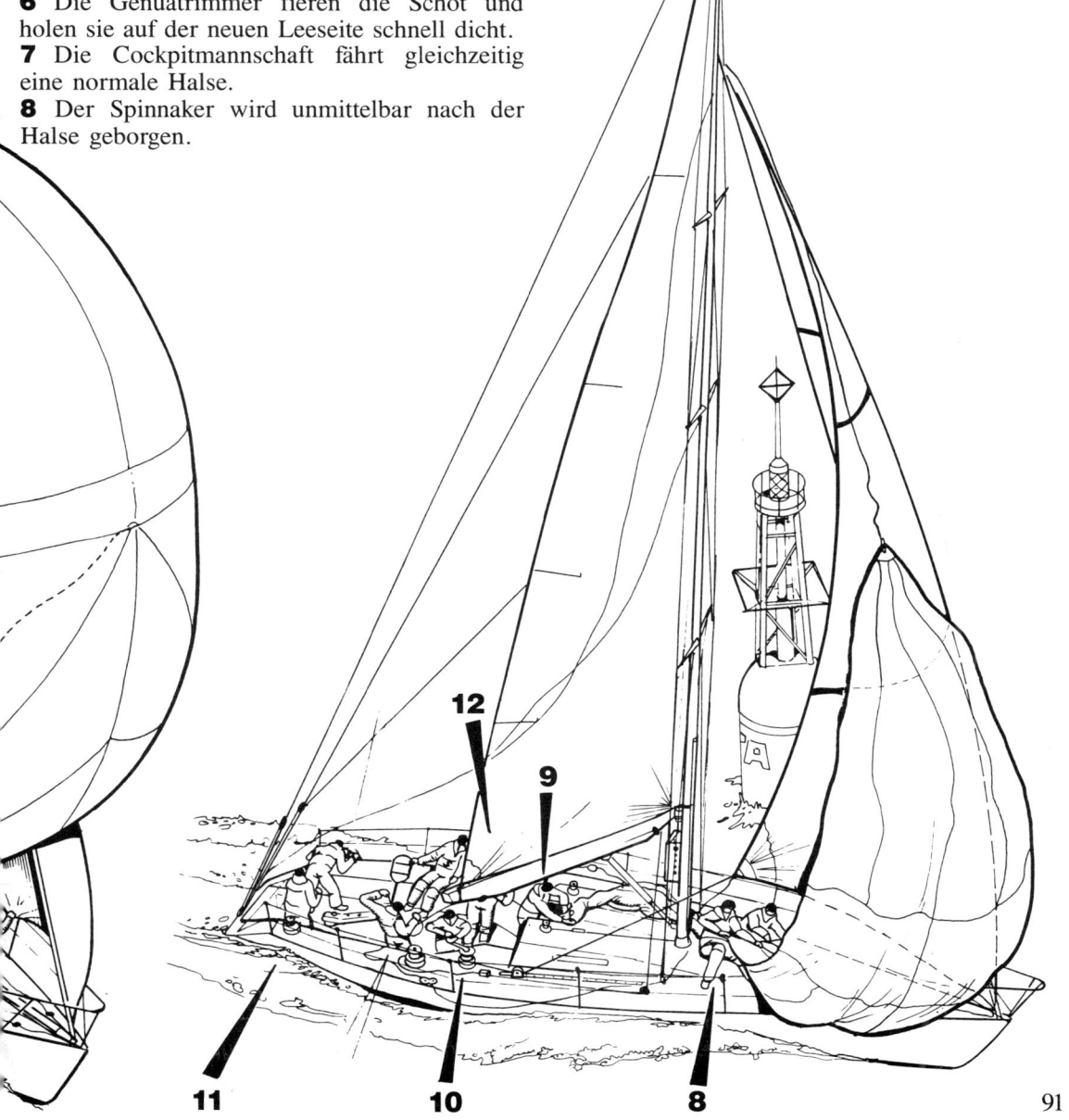

Das normale Spinnaker-Bergemanöver ist immer dann angebracht, wenn sich viele Schiffe vor der Leetonne in einem Pulk versammeln. Man hat dann die Möglichkeit, den Spinnaker notfalls auch etwas früher zu bergen, um etwaigen chaotischen Zuständen zu entgehen, indem die Yacht entweder abgebremst wird oder man einfach außen um den Pulk herumsegelt. Die Entscheidung, auf welchem Bug man an die Tonne heranfährt, hängt von der allgemeinen Situation ab, wobei natürlich die Vorfahrtregeln zu beachten sind.

1 Die Genua sollte nicht zu spät gesetzt werden, weil man einen kleinen Haker des Vorlieks im Profilvorstag manchmal nicht vermeiden kann. Die Genuaschot muß nach dem Setzen gefiert bleiben, damit die Strömung am Spinnaker nicht abreißt und das Segel dadurch einfällt.

2 Der Vorschiffsmann steht mit einem Aufreißdorn in der Hand auf dem Bugkorb und wartet auf das Kommando zum Öffnen des Achterholerschäkels, während achtern die Cockpitmannschaft klarsteht zum Bergen des Spinnakers und zum Dichtholen von Genua und Großsegel. Das kleine Bild verdeutlicht den Drahtseilakt des Vorschiffsmannes: Auf dem wackeligen Bugkorb stehend, hält er sich am Niederholer des Spinnakerbaumes fest. Die Cockpitmannschaft muß den Baum rechtzeitig in diese Stellung bringen, damit der Vorschiffsmann mit seinem Dorn den Schäkel erreichen und öffnen kann.

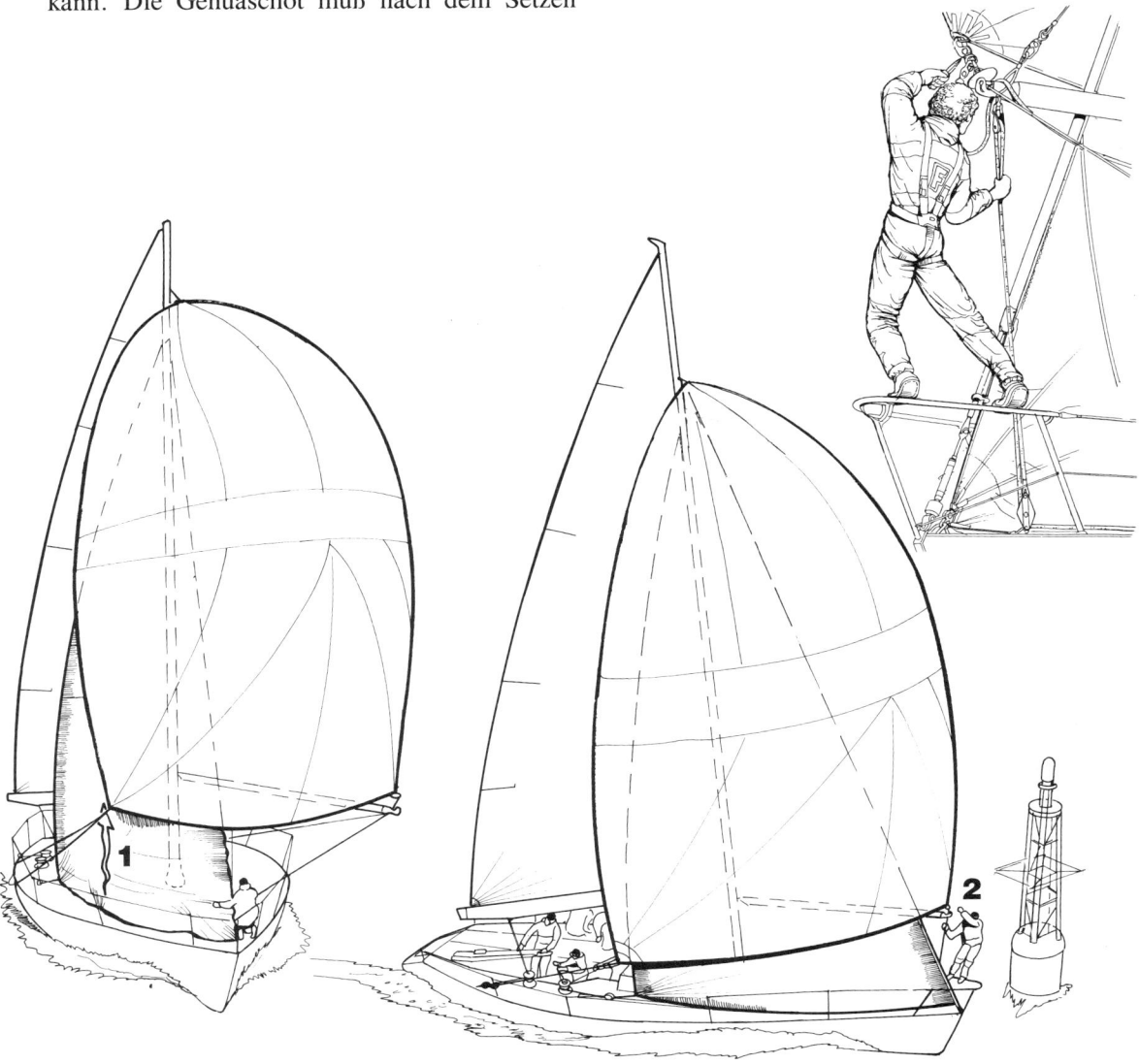

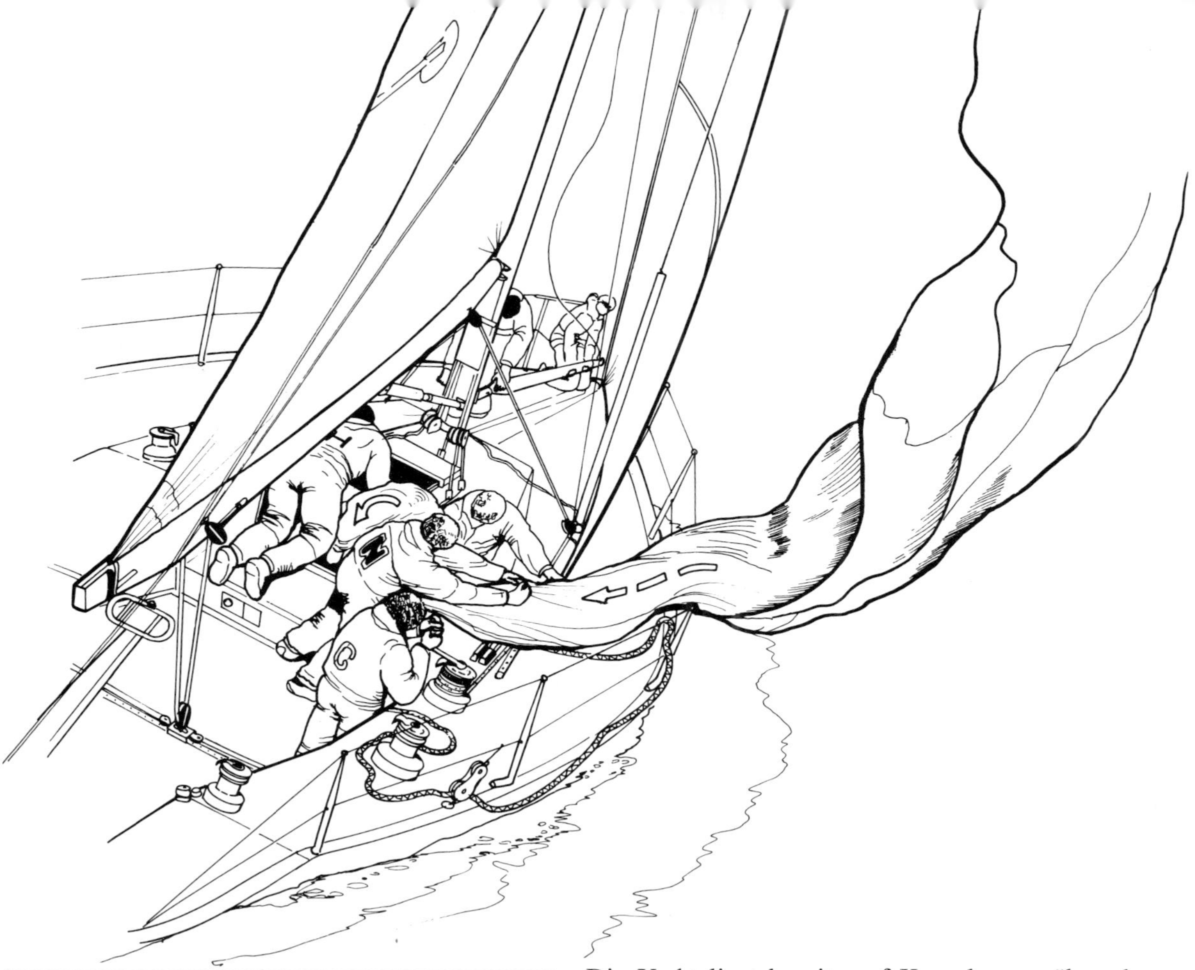

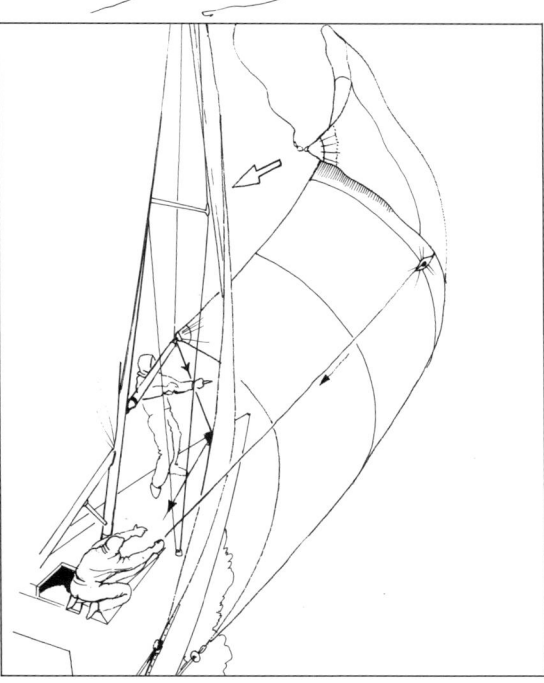

Die Yacht liegt bereits auf Kreuzkurs, während die Vorschiffscrew noch das Spinnakergeschirr klariert. Im Cockpit in Lee sind je nach Windstärke zwei bis drei Mann beschäftigt, den Spinnaker runterzureißen und ihn unter Deck zu bringen. Das muß so schnell wie nur irgend möglich geschehen, denn alle Mann werden zum Trimm auf der Luvkante dringend gebraucht. Wichtig ist dabei, daß das Spinnakerfall schnell genug gefiert wird. Eine seltener gewordene Variante des Spinnaker-Bergens ist die mit Hilfe einer dünnen Bergeleine, die etwa in der Mitte des Spinnakers befestigt ist. Sobald das Kommando zum Bergen kommt, wird das Fall ruckartig weit gefiert, so daß der Mann mit der Bergeleine schnell viel Tuch an Deck ziehen kann. Der Rest wird später an der Kreuz von einem Cockpitmann eingesammelt. Diese Metohde wird nicht mehr oft angewandt, da sich ab und zu die Bergeleine mit anderem Tauwerk verheddert oder gar beim Auftuchen den Spinnaker unklar macht, so daß das Setzen nicht einwandfrei funktioniert.

Wenn eine Bergeleine benutzt wird, bleibt der Achterholer am Schothorn des Spinnakers (1). Er wird erst dann ausgepickt oder einfach nur gefiert, wenn der größte Teil des Spinnakers bereits geborgen und unter Deck ist. Bei normalen Windbedingungen reichen zum Bergen ein Mann an und ein Mann unter Deck. Der Spinnaker wird einfach hereingezogen, aufgetucht wird er später, wenn das Schiff volle Geschwindigkeit an der Kreuz läuft. Es hilft, wenn der Mann unter Deck das Spinnakerfall auspickt und den Kopf des Spinnakers an einen Haken neben dem Niedergang hängt. Der Auftucher muß dann nicht lange nach dem Kopf suchen, um die Lieken zu klarieren.

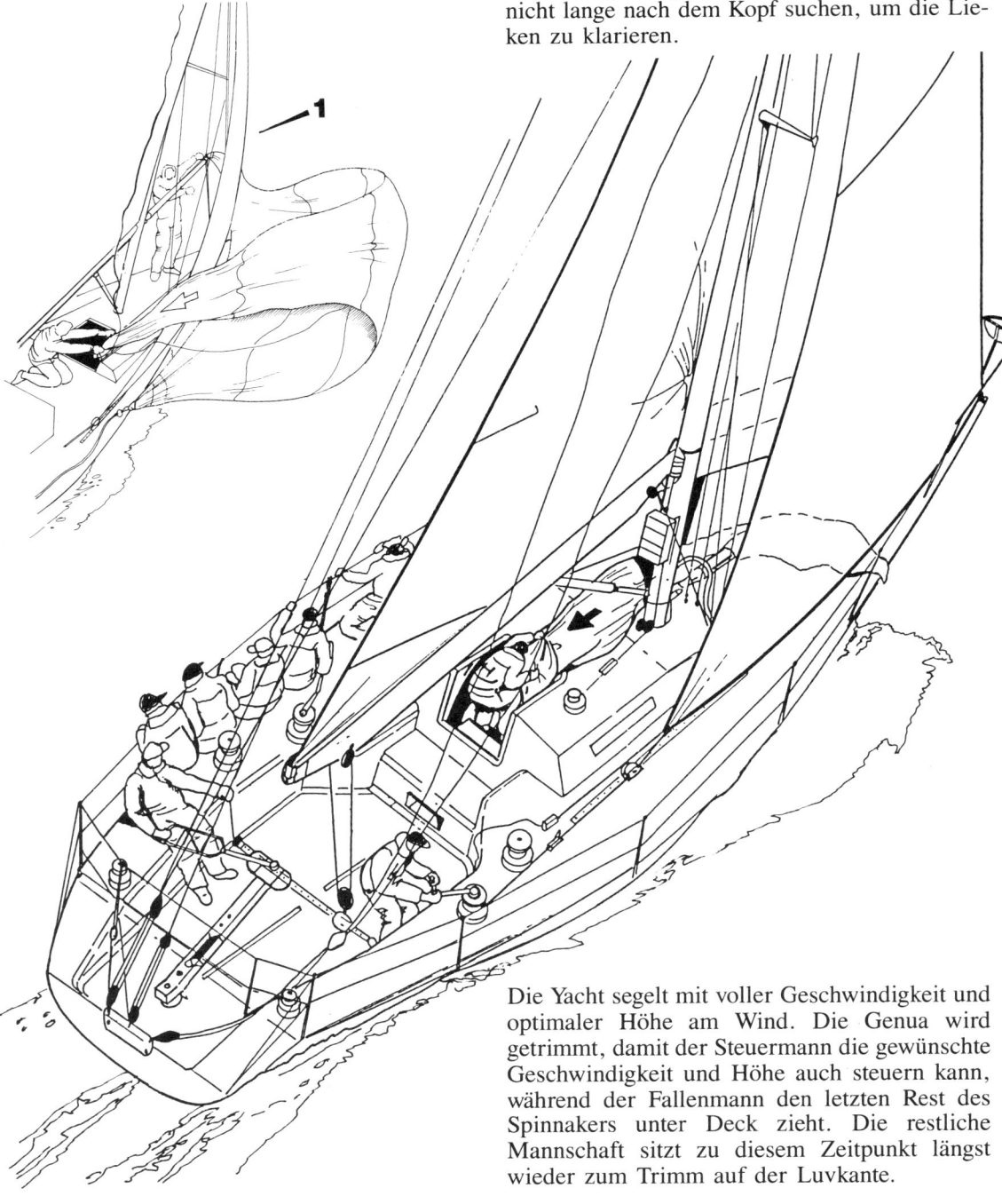

Die Yacht segelt mit voller Geschwindigkeit und optimaler Höhe am Wind. Die Genua wird getrimmt, damit der Steuermann die gewünschte Geschwindigkeit und Höhe auch steuern kann, während der Fallenmann den letzten Rest des Spinnakers unter Deck zieht. Die restliche Mannschaft sitzt zu diesem Zeitpunkt längst wieder zum Trimm auf der Luvkante.

Reffen
auf kleinen Kreuzern

Irgendwann kommt jeder Segler in die Lage, reffen zu müssen. Auf einem 7/8-getakelten Boot wird man zunächst die Vorsegelfläche verkleinern und erst dann das Großsegel reffen, bei einem Topprigg muß das Großsegel deutlich früher verkleinert werden. Wenn der Wind immer mehr zulegt, wird jede Yacht irgendwann nicht mehr steuerbar, das Boot wird immer luvgieriger, die Krängung immer stärker. Fiert man dann lediglich die Großschot und läßt das Segel killen, wird es schnell zerstört. Um das zu verhindern, muß beizeiten gerefft werden.

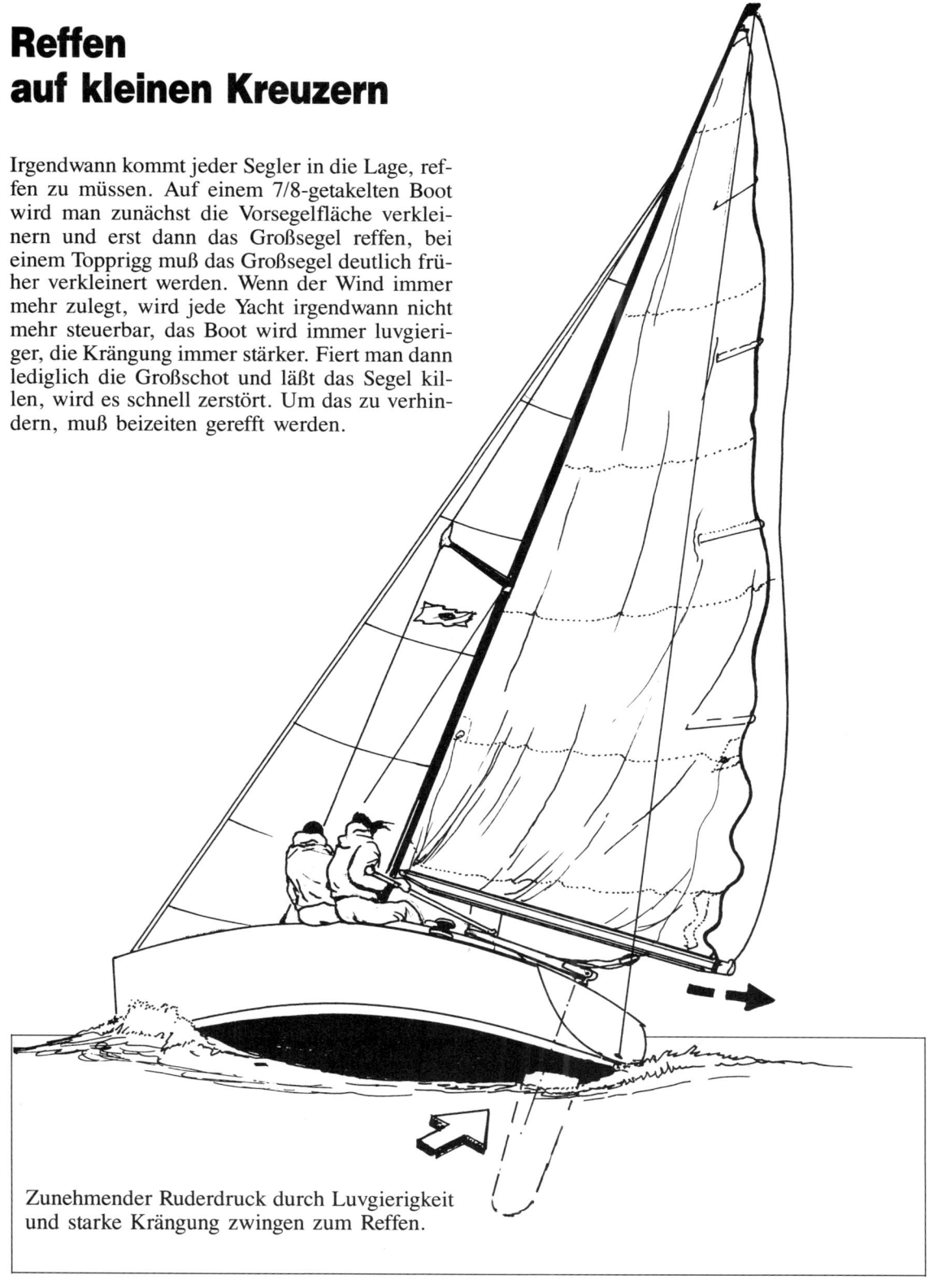

Zunehmender Ruderdruck durch Luvgierigkeit und starke Krängung zwingen zum Reffen.

Die Standard-Reffmethode: 1 Schmeerreep auf Stopper, 2 Dirk, 3 Großfall auf Stopper, 4 Reffaugen. Zum Einhängen des Reffauges muß jemand nach vorn zum Mast.

Die Schnellreff-Methode: 1 Reffleine auf Stopper, 2 Dirk, 3 Großfall auf Stopper, 4 Reffaugen. Das Reffen kann vom Cockpit aus durchgeführt werden.

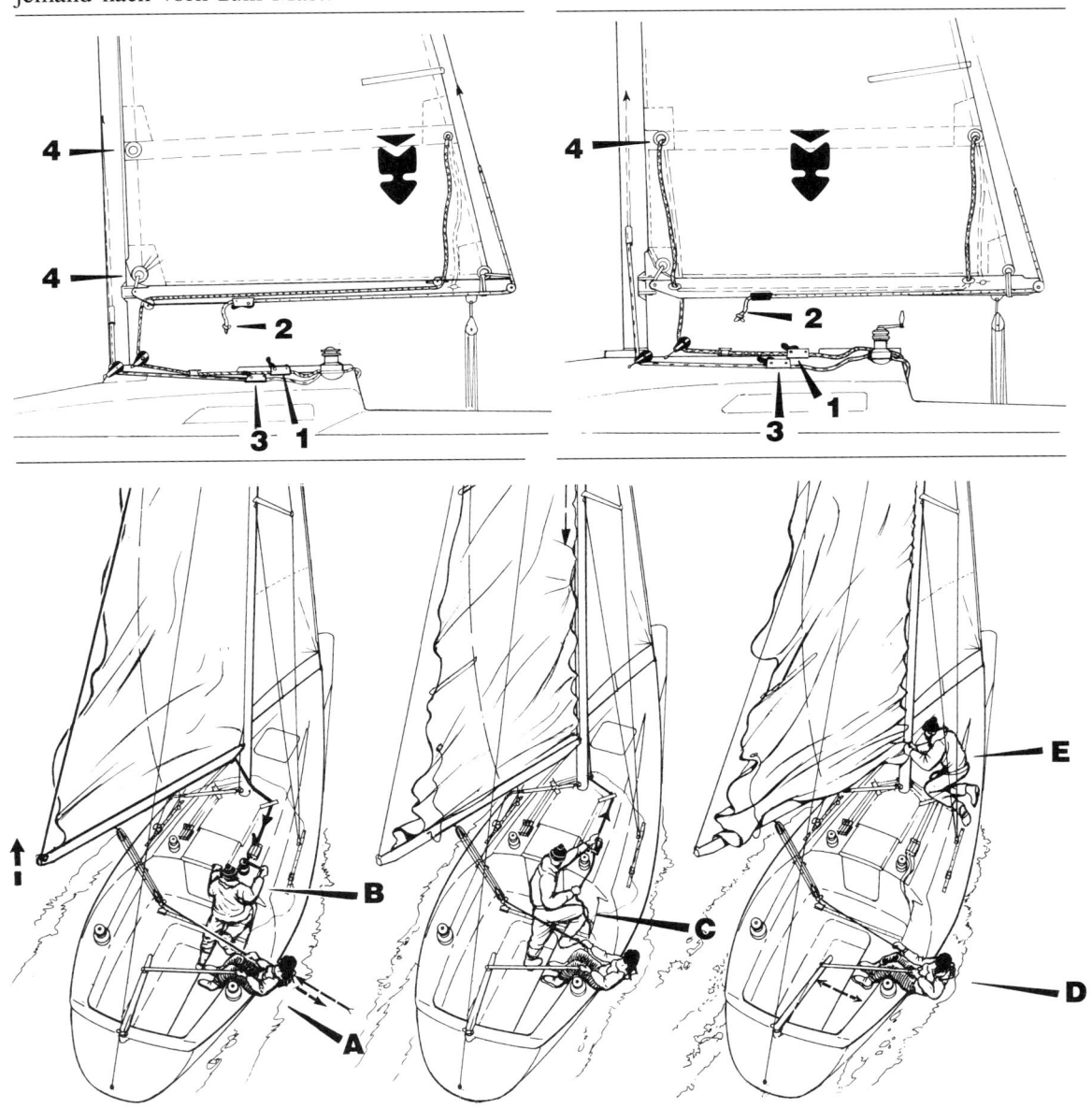

A Der Steuermann hält einen Kurs hoch am Wind und fiert die Großschot so weit auf, bis das Großsegel killt.

B Die Dirk muß durchgesetzt werden. Das ist besonders dann wichtig, wenn das Boot nicht mit einem Baumniederholer ausgerüstet ist, der den Großbaum auch stützen kann.

C Das Großfall muß so weit gefiert werden, daß das vordere Auge in den Beschlag am Mast eingehängt werden kann. Eine Marke auf dem Fall ist hilfreich.

D Während der Steuermann einen möglichst sicheren Kurs steuert, muß

E das vordere Reffauge eingehängt werden. Dazu muß jemand an den Mast und sollte bei

Das Eindrehen in den Mast: 2 Dirk, 5 Unterliekstrecker auf Stopper, 6 Leinen zur Bedienung der Rolleinrichtung auf Stoppern.

Das Eindrehen in den Baum: 2 Dirk, 3 Großfall auf Stopper. Zur Bedienung des Baumreffsystems muß jemand nach vorn zum Mast.

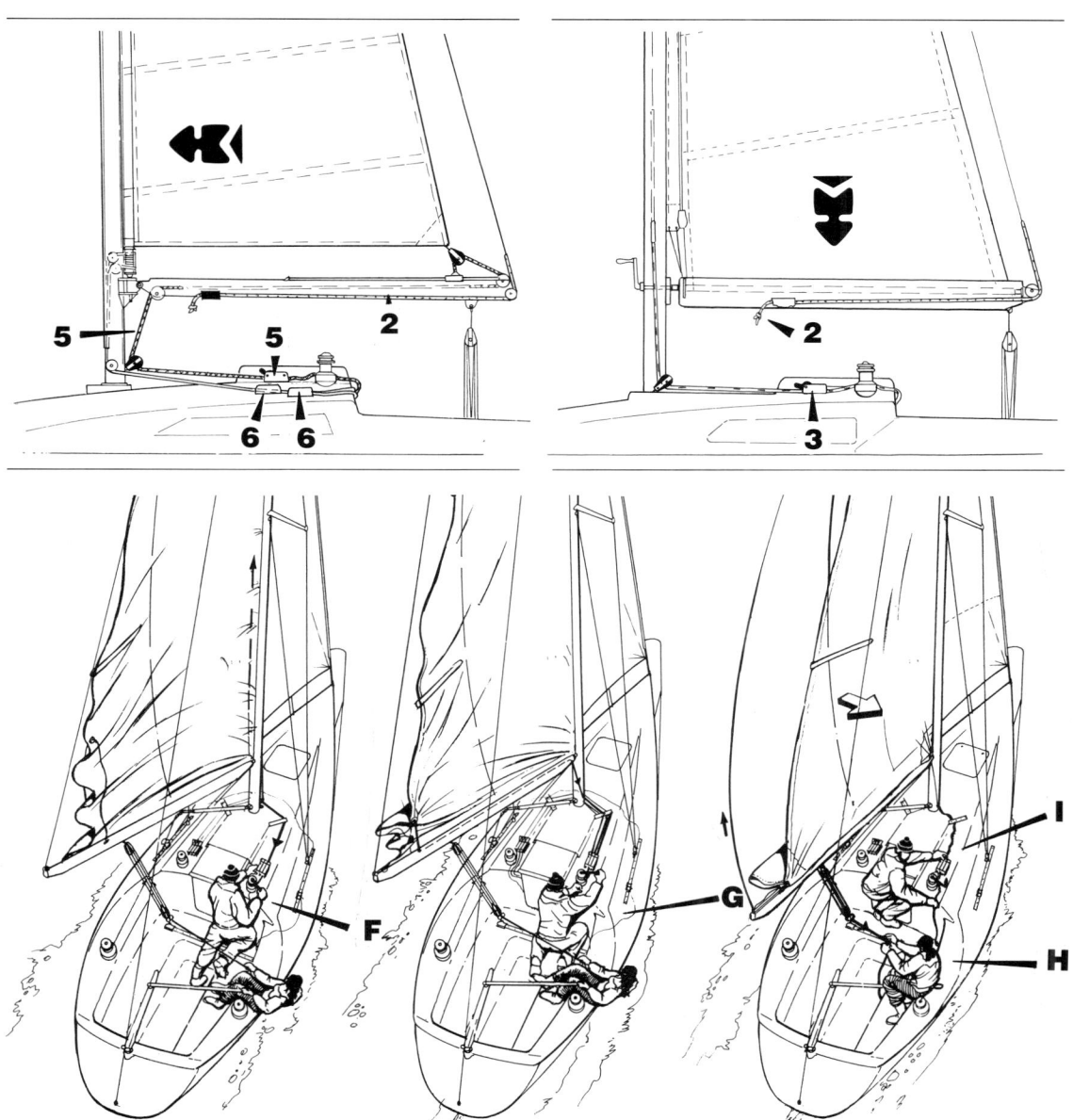

viel Wind und starkem Seegang angeleint sein.
F Anschließend ist vom Cockpit aus das Großfall wieder stramm durchzusetzen.
G Als nächstes muß das Schmeerreep durchgesetzt werden. Da dazu viel Kraft aufzuwenden ist, sollte eine Winsch benutzt werden.
H Der Steuermann kann die Großschot wieder dichtholen,…

I … wenn die Dirk so weit gefiert worden ist, daß sie lose kommt. Der gereffte Teil des Großsegels sollte mit kurzen Bändseln zusammengebunden werden, die durch die kleinen Augen geführt werden. Das Ausreffen geschieht in genau umgekehrter Reihenfolge.

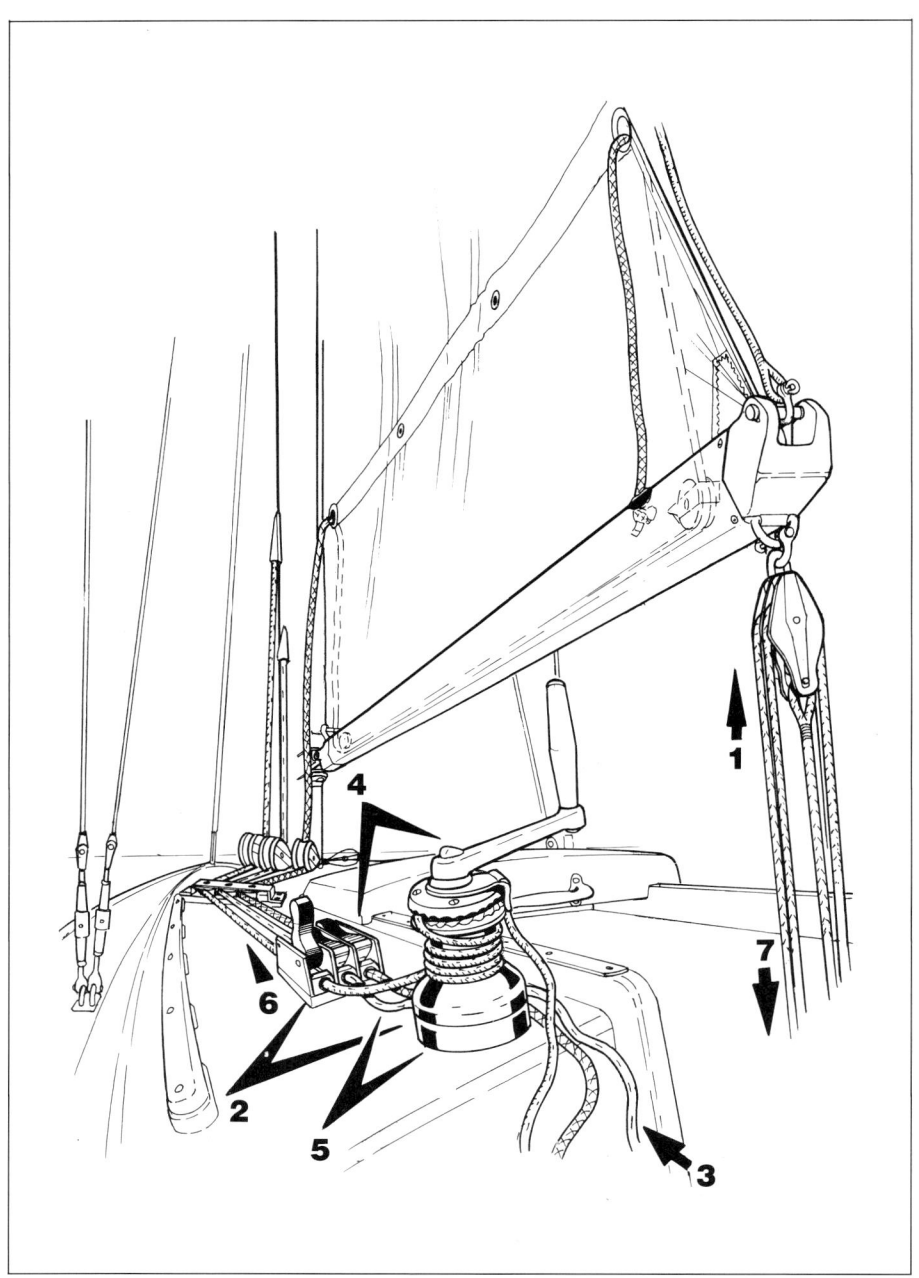

Diese Reffmethode wird Schnellreff genannt, weil das Auge am Mast nicht am Lümmelbeschlag eingehängt werden muß. Deshalb braucht auch niemand das Cockpit zu verlassen. Das Prinzip des Schnellreff-Systems:

1 Die Großschot wird gefiert, sobald…

2 … die Dirk durchgesetzt worden ist.

3 Das Großfall wird bis zu einer Marke gefiert.

4 Das Schmeerreep wird dichtgeholt. Alle Umlenkrollen sollten möglichst leichtgängig sein, damit der Kraftaufwand nicht zu hoch wird.

5 Das Großfall kann wieder durchgesetzt werden.

6 Die Dirk wird wieder gefiert und…

7 … die Großschot wieder dichtgenommen.

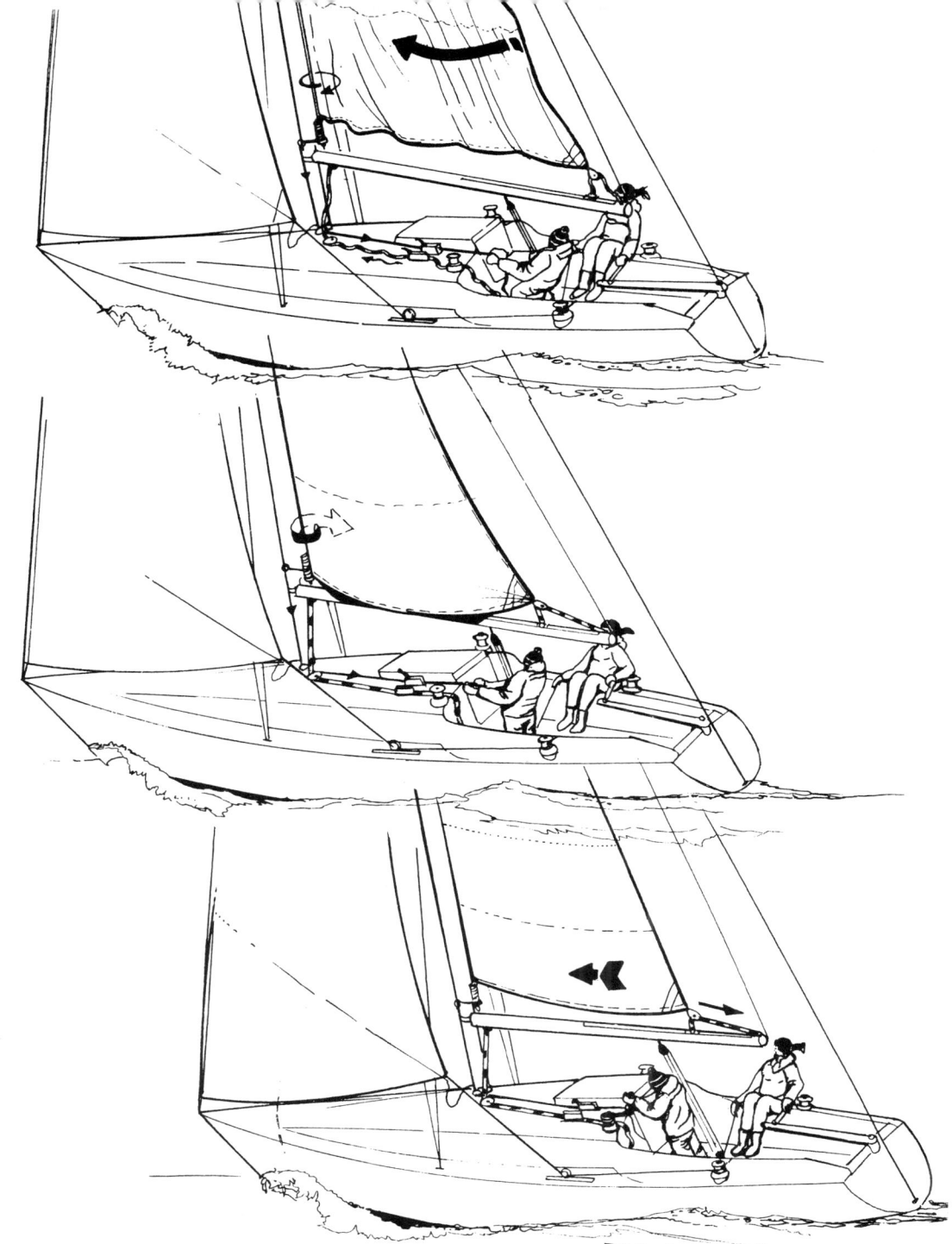

Auch wenn das Großsegel teilweise in den Mast eingerollt werden soll, muß zunächst die Dirk durchgesetzt werden. Dann müssen Großschot und Unterliekstrecker so weit gefiert werden, daß das Segel eingerollt werden kann. Zum Schluß wird der Strecker wieder stramm durchgesetzt, damit das verkleinerte Segel ein flaches Profil erhält. Genauso wird das Großsegel vollständig geborgen, das Verfahren muß also nicht besonders geübt werden.

Reffen
auf einer Rennyacht

Die Vorbereitungen zum Reffen des Großsegels werden allein vom leichten Vorschiffsmann (F) durchgeführt: Ist die Reffleine noch nicht durch das Auge im Segel geschoren, ist dies seine erste Aufgabe. Das Schmeerreep wird losgemacht, der Vorschiffsmann klettert auf den Großbraum, führt das achtere Ende der Reffleine durch die Kausch und macht es mit einem Zimmermanns-stek am Großbaum fest. Das andere Ende wird durch einen Schotschlitten auf der vorderen Genuaschiene geschoren und nach achtern auf die luvwärtige Genuawinsch gelegt.

1 Die Reffleine ist bereits durch den Schotwagen geschoren. Die Schiene ist so gut unter Deck befestigt, daß sie den gewaltigen Zug aushält.

2 Eine dünne Sorgleine wird immer durch die hoch angesetzte, zweite Reffkausch gezogen, um die Leine für das zweite Reff leicht durchziehen zu können.

3 Dies ist ein Zimmermannsstek.

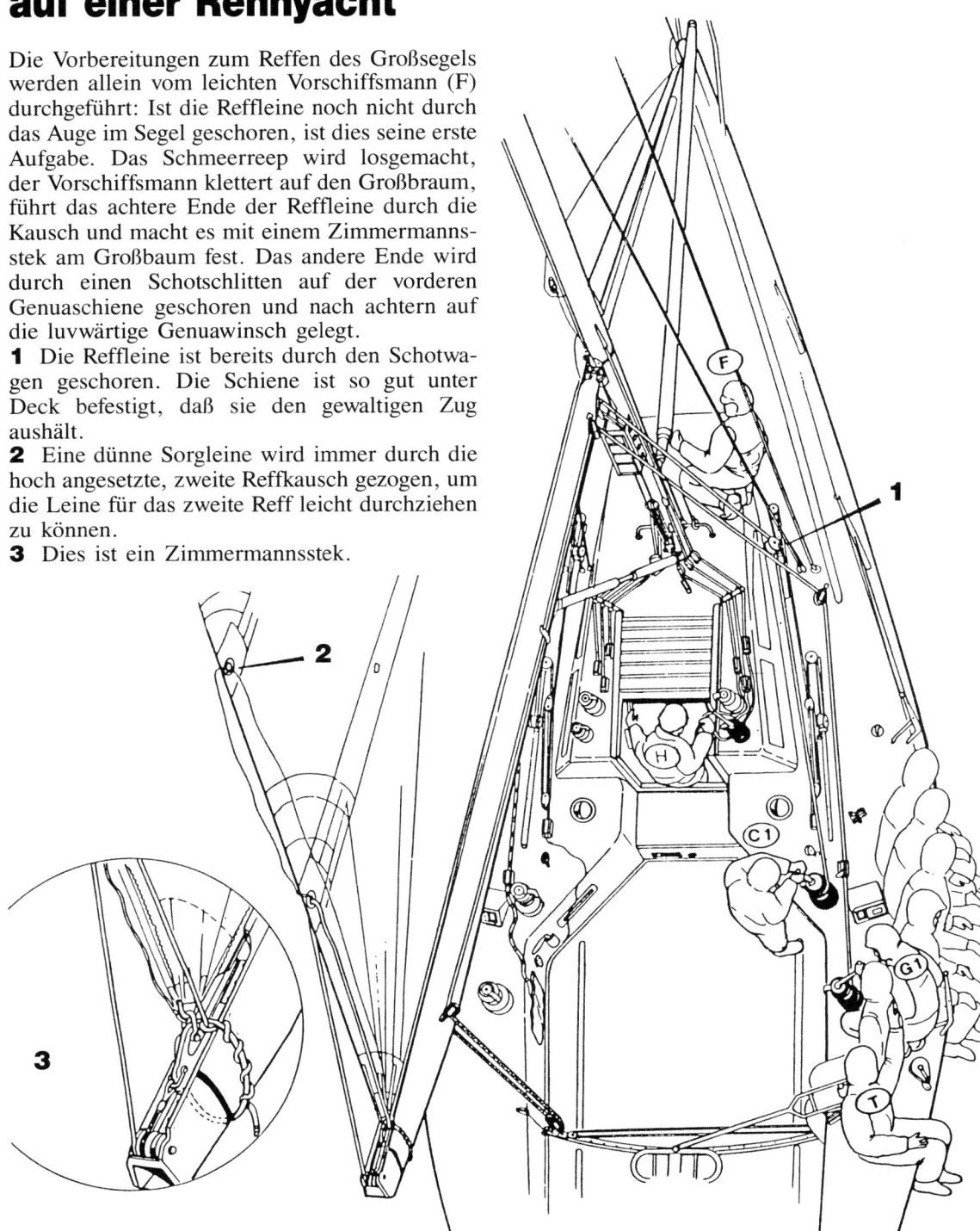

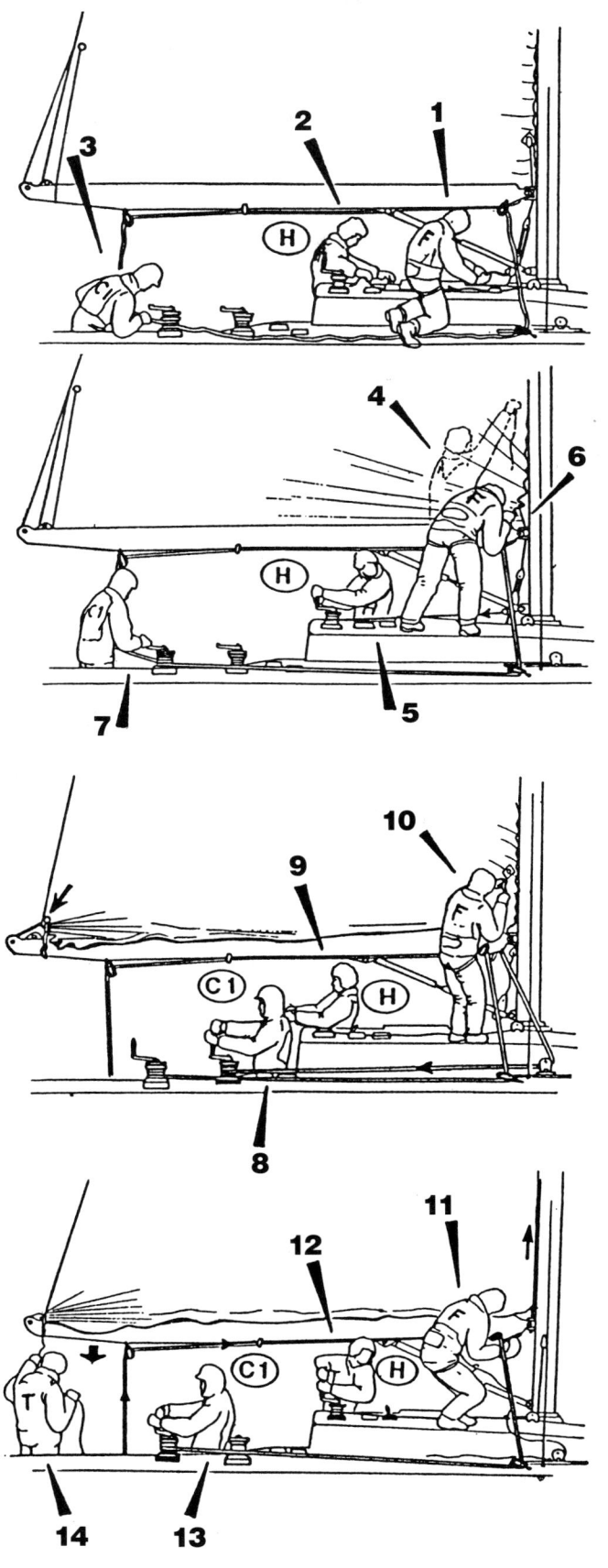

Die einzelnen Handgriffe beim Reffen des Großsegels:

1 Der Vorschiffsmann (F) löst das Cunningham.

2 Der Fallenmann (H) fiert das Großfall langsam bis zu einer Marke, die natürlich vorher angezeichnet worden sein muß.

3 Der Cockpitmann (C 1) fiert die Großschot etwas, um den Druck aus dem Großsegel zu nehmen.

4 Der Vorschiffsmann (F) pickt den Haken des Cunningham in das Auge des ersten Reffs am Vorliek des Großsegels.

5 Der Fallenmann (H) holt das Großfall bis zwei Umdrehungen ein und belegt es, während

6 der Vorschiffsmann (F) das Cunningham über seine Talje dichtsetzt.

7 Der Cockpitmann (C 1) dreht die Reffleine so schnell wie möglich dicht.

8 Die Reffleine wird so dicht geholt, daß das Unterliek gut gestreckt ist.

9 Der Fallenmann (H) macht das Großfall wieder klar,

10 der Vorschiffsmann (F) pickt das zweite Cunningham ein.

11 Die Reffleine wird am vorderen Ende des Großbaumes abgeklemmt.

12 Der Fallenmann holt gegebenenfalls das Fall noch etwas dichter.

13 Der Cockpitmann (C 1) kurbelt die Großschot wieder dicht.

14 Der Taktiker (T) sichert achtern das Reff.

Bei langen Strecken bindet der Cockpitmann
(C 1) die Lose des gerefften Großsegels ein.

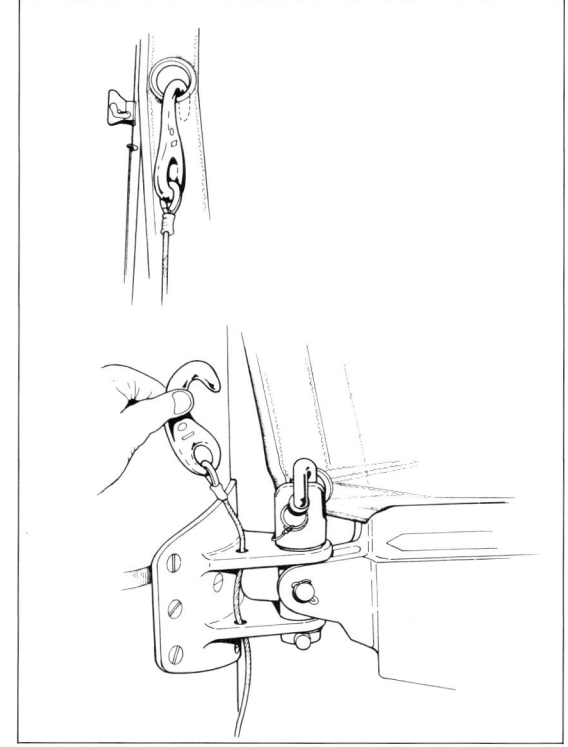

Die modernen Rennyachten haben zwei unab-
hängige Cunninghams. Der obere Teil besteht
aus Draht, am Ende ist ein stabiler Haken einge-
preßt. Der Draht läuft durch Löcher im Lümmelbeschlag nach unten auf eine mehrfache
Talje. Das Ende kann ins Cockpit umgelenkt
werden. Die Drahtenden sind so lang, daß die
Haken in die Reffaugen eingepickt werden können, ohne daß das Großfall gefiert werden muß.

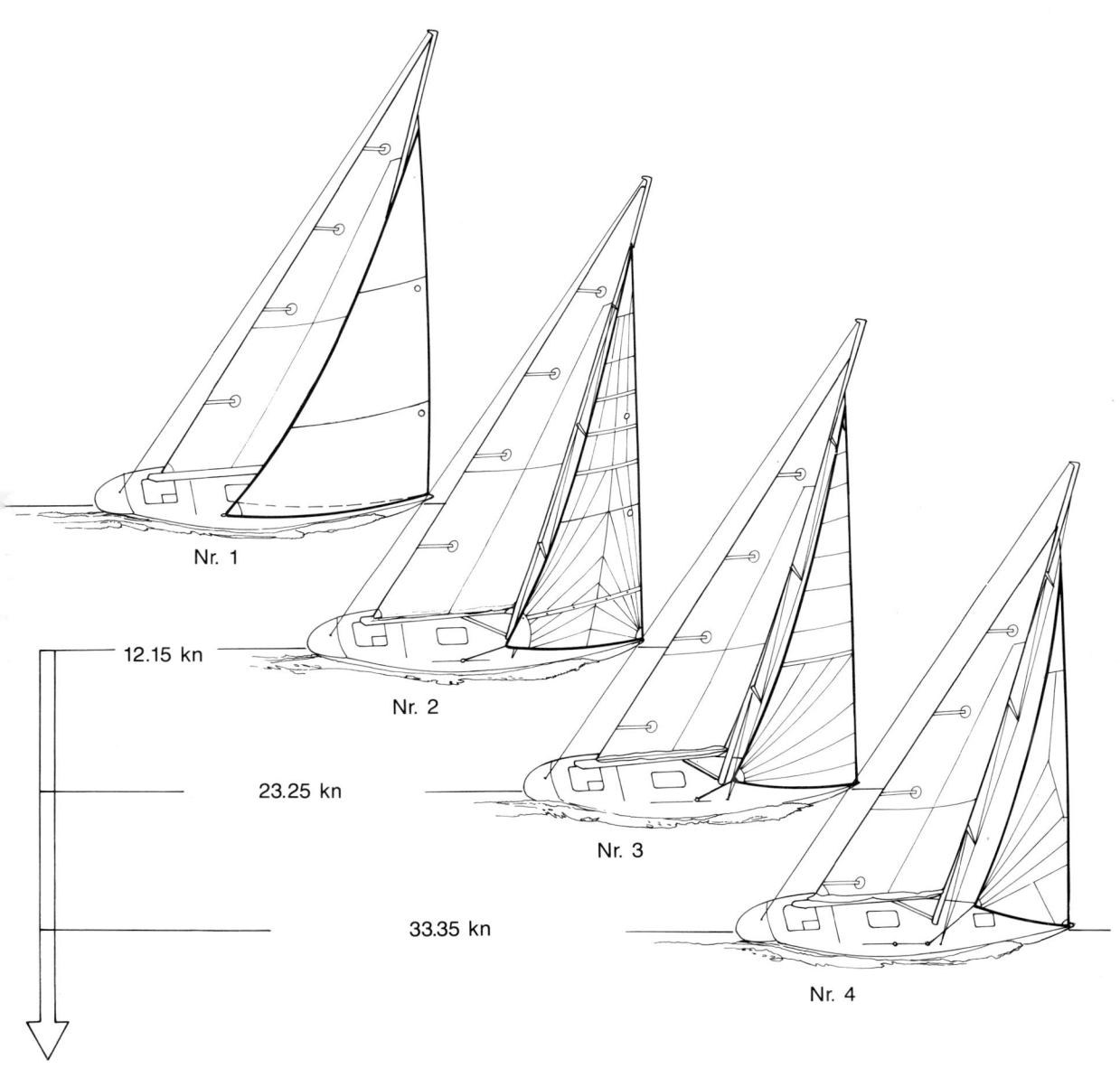

Nr. 1

12.15 kn

Nr. 2

23.25 kn

Nr. 3

33.35 kn

Nr. 4

Moderne, 7/8getakelte Rennyachten beginnen im Verhältnis zu früher sehr viel später mit einer Verkleinerung der Segelfläche. Die dargestellten Windgschwindigkeiten können allenfalls Anhaltswerte sein, der genaue Zeitpunkt des Vorsegelwechsels oder des Reffens hängt unter anderem auch stark von den Seegangsverhältnissen und den Kursen zum Wind ab. So muß beispielsweise bei geschrickten Segeln früher die Segelfläche verkleinert werden als bei Kursen hoch am Wind.

An der Kreuz wird normalerweise die Segelfläche in folgender Reihenfolge verringert: Die Genua I wird zuerst gegen die Genua II ausgewechselt, das Großsegel wird flach getrimmt. Als nächstes folgt der Wechsel auf die Genua III, erst dann wird das Großsegel gerefft. Es folgt die Genua IV, bevor dann, bei einer weiteren Zunahme der Windgeschwindigkeit, das zweite Reff eingebunden werden muß. Was danach kommt, ob Genua V, Sturmfock oder das dritte Reff ist nur der nackte Kampf ums Überleben, auch wenn weiter gekämpft wird.

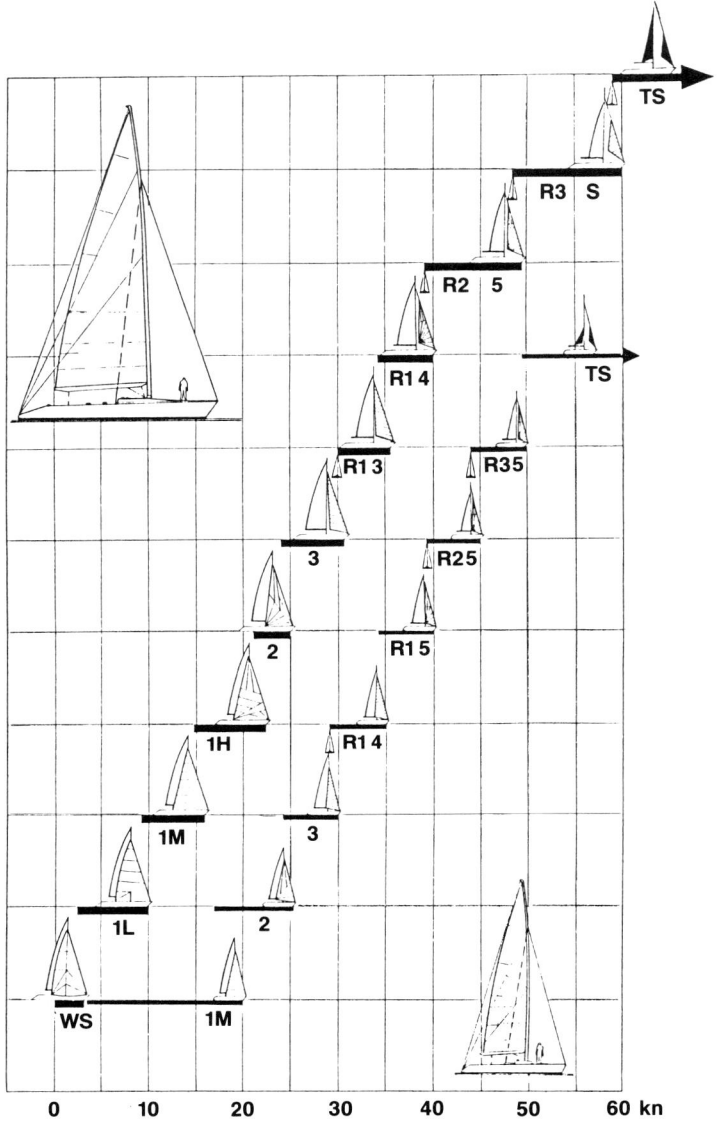

TS

R3 S

R2 5

R1 4

TS

R1 3

R35

3

R25

2

R1 5

1H

R1 4

1M

3

1L

2

WS

1M

| 0 | 10 | 20 | 30 | 40 | 50 | 60 kn |

Diese grafische Darstellung verdeutlicht, wann ungefähr die Segelfläche verkleinert werden muß. Die Zeichnung stellt dabei große Yachten (links) und kleine (rechts) gegenüber. Die schwarzen Balken unter den Schiffen zeigen in etwa an, über welchen Bereich die Segelfläche gefahren werden kann. Die Angaben unter den Balken bedeuten (von unten nach oben): WS = Windseeker, ein superleichtes, großes Vorsegel, 1L = Genua I leicht, 1M = Genua I mittelschwer, 1H = Genua I heavy (schwer). Der Trend geht zur Zeit zu weniger Vorsegeln, so daß eine Genua den Bereich von zwei Segeln abdecken kann. 2 bis 5 = Genua II bis V, S =

Sturmfock, R1 bis R3 = Reff 1 bis Reff 3, T = Trysegel.

Diese Grafik bezieht sich nur auf Kurse hoch am Wind. Auf großen Rennyachten zum Beispiel, die an der Kreuz mit zwei Reffs und Genua IV gesegelt sind, wird vor dem Wind wenigstens ein Reff ausgeschüttet und ein schwerer Spinnaker gesetzt. Bei starkem Seegang und genau achterlichem Wind wird häufig auch ein kleinerer Spinnaker gesetzt, dessen Fläche um zwanzig Prozent kleiner ist als die eines maximalen Spinnakers. Die nur unter diesen Bedingungen wilden Ritte auf den Wellen sind zwar spektakulär, aber natürlich nicht ungefährlich.

Segeln bei Seegang

Wenn der Wind immer mehr zulegt, die Wellen immer steiler und höher werden und sogar beginnen zu brechen, dann wird manchem Segler mulmig. Besonders aber demjenigen, der wirklich schweres Wetter noch nicht erlebt hat. Wenn möglich, sollte man schweres Wetter meiden, aber das geht eben nicht immer. In so einem Fall muß man versuchen, den nächsten sicheren Hafen zu erreichen. Selbst mit einer kleinen Yacht und kleiner Crew ist dies unter Beachtung bestimmter Regeln gefahrlos möglich, auch wenn es unangenehm und naß wird.

Das Kreuzen in hohem Seegang erfordert einen sehr konzentrierten Rudergänger. In den Wellentälern sollte er leicht abfallen und die Großschot oder den Traveller fieren, um die Geschwindigkeit zu erhöhen. Während er den Wellenberg hinaufsegelt, muß er anluven und dabei die Schot dichtnehmen. Nachdem der Kamm überquert ist, beginnt das Spiel von neuem.

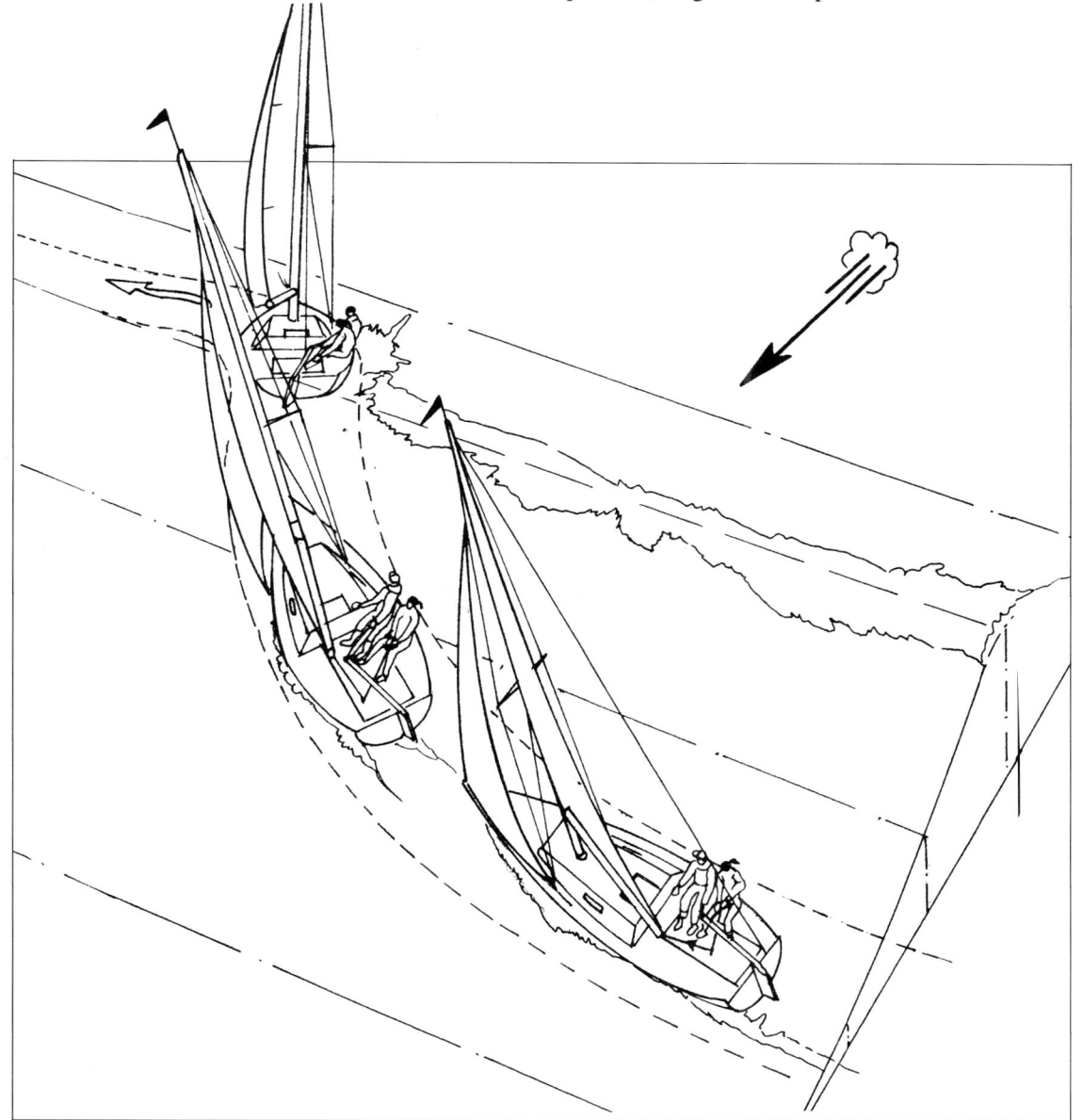

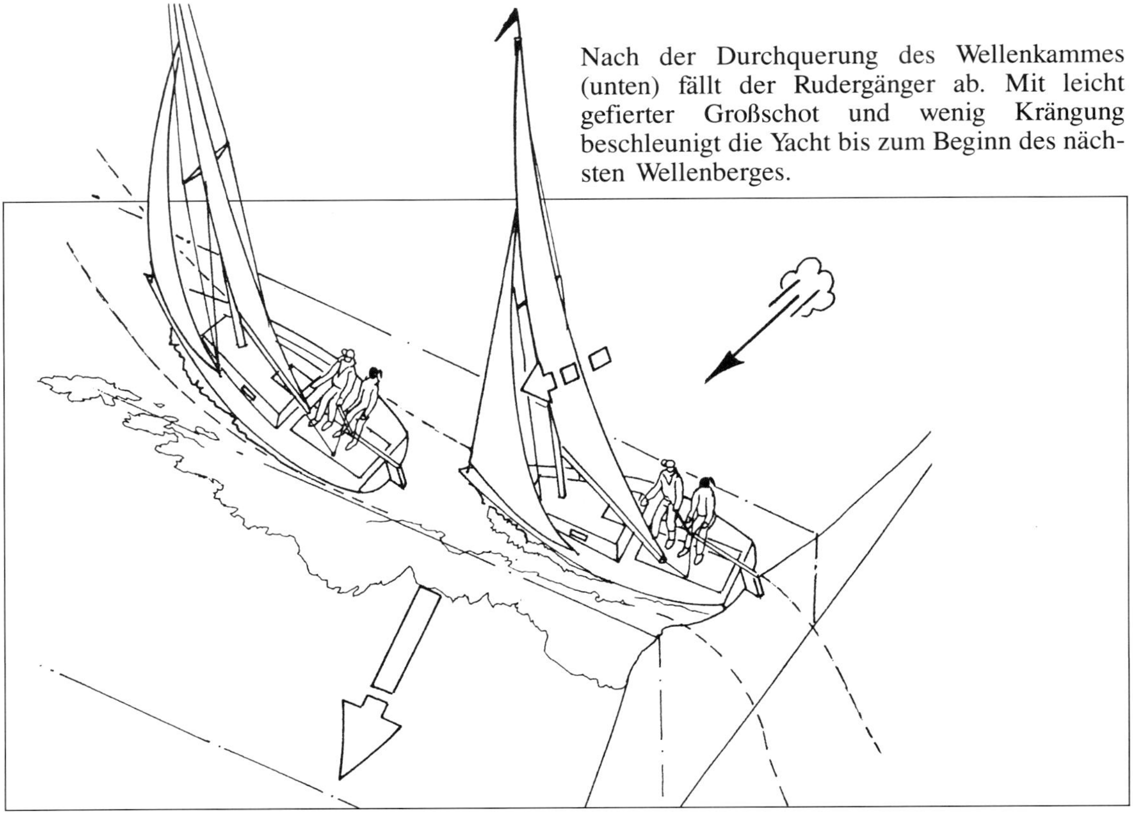

Nach der Durchquerung des Wellenkammes (unten) fällt der Rudergänger ab. Mit leicht gefierter Großschot und wenig Krängung beschleunigt die Yacht bis zum Beginn des nächsten Wellenberges.

Wenn der Wind allmählich immer stärker wird und der Seegang zunimmt, sollte zunächst die Yacht unter Deck vorbereitet werden:

1 Alle losen Küchenutensilien sicher verstauen oder in der Spüle lagern.

2 Das Navigationsbesteck ebenfalls wegräumen, am besten in den Kartentisch.

3 Auch im WC-Raum müssen alle losen Teile verstaut werden, die Seeventile sind auf jeden Fall zu verschließen.

4 Das WC sollte leergepumpt werden, die Ventile für Zu- und Ablauf sind fest zu verschließen.

5 Alle Kissen und losen Teile im Salon hinter den Rückenlehnen verstauen.

6 Sitzpolster und Matratzen sichern.

7 Decken, Taschen und sonstige Gegenstände so lagern, daß sie nicht herumfliegen und naß werden können.

8 Die Sturmfock sollte so deponiert sein, daß sie jederzeit und schnell erreichbar ist.

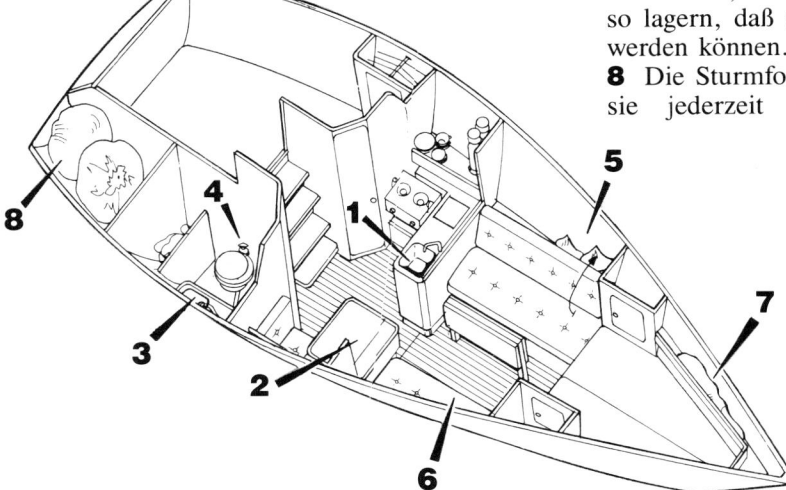

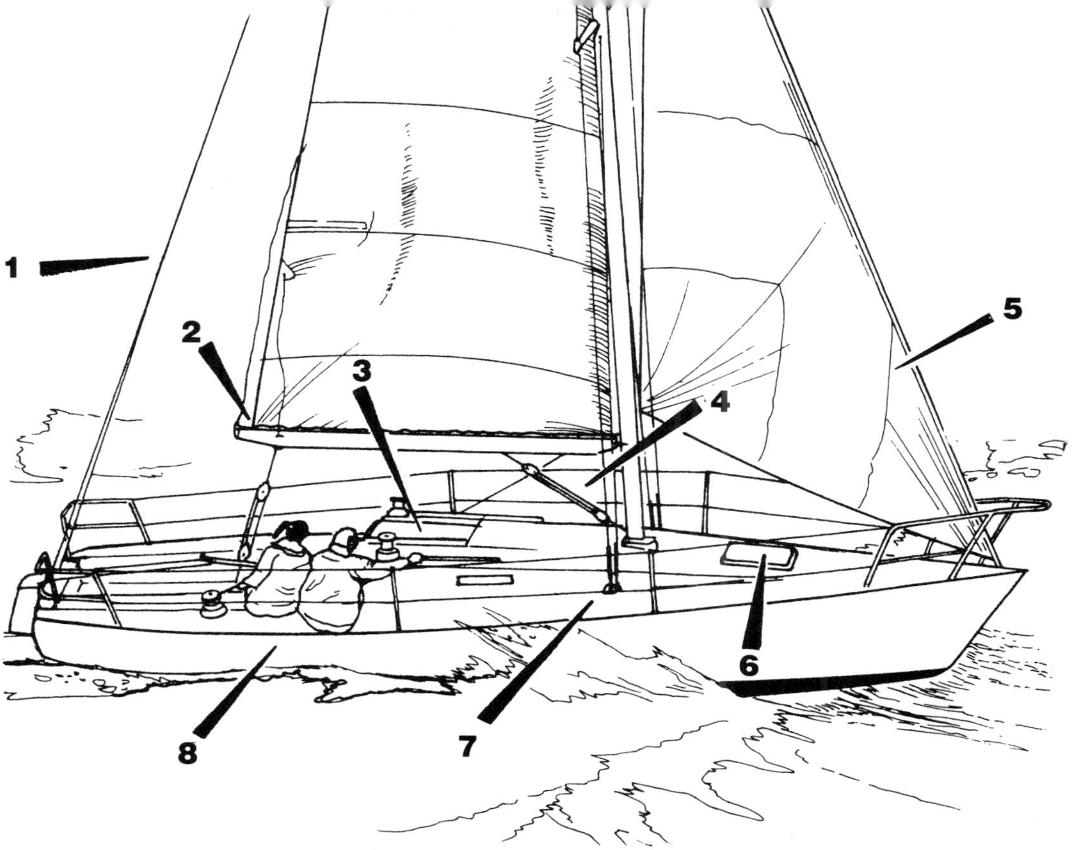

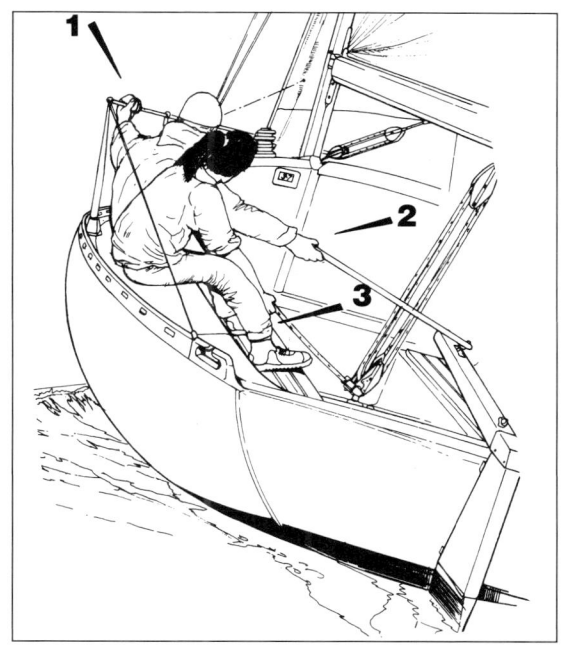

Die Vorbereitungen für Starkwind an Deck:
1 Backstag (oder Achterstag) muß dichtgeholt sein, damit sich der Mast nicht schüttelt und das Vorstag nicht durchhängt.
2 Der Traveller sollte klarlaufen, das Unterliek ausgeholt und die Großschot nicht völlig dicht sein, damit das Segel flach und oben offensteht.
3 Das Schiebeluk muß geschlossen werden.
4 Den Baumniederholer ansetzen, um das Steigen des Baumes zu verhindern.
5 Ein hochgeschnittenes Vorsegel setzen, das kein Wasser fängt.
6 Alle Decksöffnungen sicher verschließen.
7 Alle Sicherungen der Spanner prüfen (auch wenn nicht im Sturm gesegelt wird).
8 Die Crew sollte dicht hinter der Kajüte im Cockpit sitzen und sich anleinen.

Die beste Crewposition an der Kreuz in hohem Seegang:
1 Der Rudergänger muß sich mit den Füßen gut abstützen können.
2 Der Ausleger wird benutzt, um immer einen freien Blick auf die Telltales der Fock zu haben.
3 Das zweite Crewmitglied muß sich ebenfalls gut abstützen und die Großschot immer griffbereit haben.

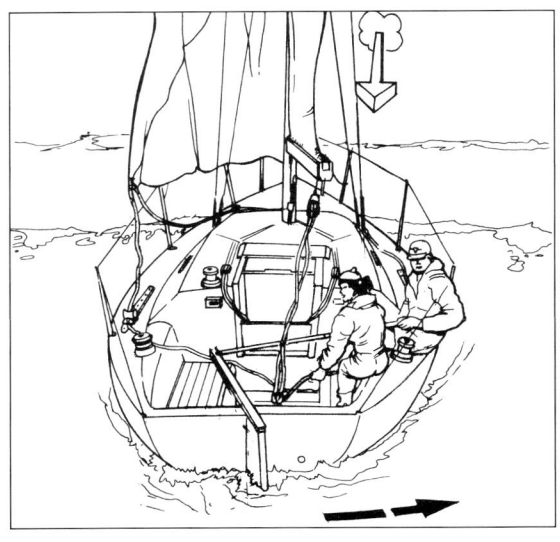

Wenn das Boot den Wellenkamm mit zu geringer Geschwindigkeit erreicht und ihn nicht durchqueren kann, muß die Fockschot sofort gefiert werden, um eine unfreiwillige Wende zu vermeiden. Das Ruder soll so gelegt sein, daß das Boot beim Rückwärtssegeln auf den alten Bug zurückfällt.

Jede Segelyacht bewegt sich im Seegang um drei Achsen — Gier-, Roll- und Stampfachse. Alle drei Achsen schneiden sich in einem Punkt, der normalerweise in der Nähe des Niederganges etwa auf der Fußbodenebene liegt. Mit das beste Mittel gegen Seekrankheit ist, die betreffende Person möglichst nahe an diesen Achsenschnittpunkt zu setzen. Da dieser Punkt immer unter Deck liegen dürfte, ist eine Sitzposition auf dem Brückendeck optimal und selbst bei geschlossener Schiebeluk möglich. Ein Seekranker sollte möglichst nicht auf die vorausliegenden Wellenberge sehen, sondern lieber einen festen Punkt an Deck fixieren.

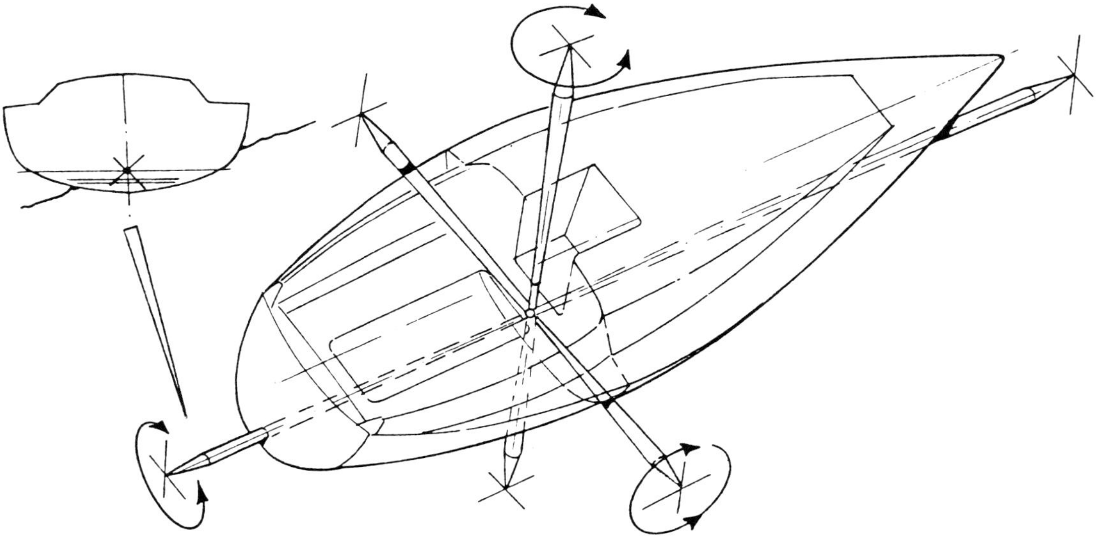

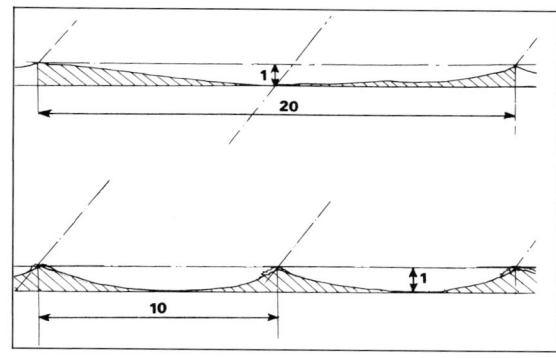

Segelt man aus einem Wellental den nächsten Kamm hinauf, erscheint der Wellenberg gewaltiger, als er tatsächlich ist. Deshalb sind Schätzungen von Seegangshöhen auch mit Vorsicht zu genießen. Oft sind die Wellenhöhen nur halb so groß wie die Schätzungen! Da jede Yacht, ob groß oder klein, nach der Überquerung eines Wellenkammes zunächst bergab segelt, erscheint der nächste Wellenberg aufgrund der fehlenden Bezugsebene gefährlich hoch.

Bei Seegang ist zwischen Schwell und Windsee zu unterscheiden. Schwell ist der Restseegang einer zurückliegenden Starkwind-Periode, das Verhältnis von Wellenlänge zu -höhe ist klein. Gerade erzeugter Seegang ist an erheblich kürzeren Wellenlängen erkennbar. Bei viel Wind beginnen die Kämme bald zu brechen, das Wasser fliegt bei Sturm sogar.

Der Generalkurs auf der Kreuz gegen gleichmäßig anrollende Wellenberge ähnelt eher einer Schlangenlinie denn einem gradlinigen Kurs. Während der scheinbare Wind in den Wellentälern raumend einfallen sollte, damit das Boot ausreichend Geschwindigkeit aufnehmen kann, sollte der Windeinfall auf dem Wellenkamm dem bei glattem Wasser optimalen, spitzen Winkel entsprechen. So nämlich besteht kaum die Gefahr von einer brechenden Welle breitseits erfaßt und quergeschlagen zu werden.

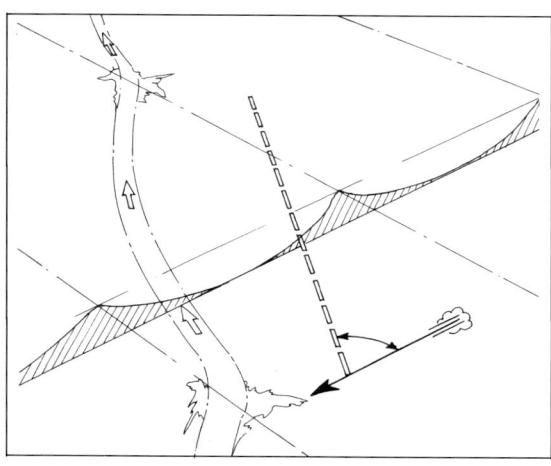

Manöver im Sturm

1 Bei sehr viel Wind wird das Kreuzen gegen den Wind unmöglich gemacht, dann hilft nur noch mit kleinster Segelfläche ablaufen vor dem Wind. Besonders kritisch wird es immer dann, wenn eine brechende Welle von achtern unter dem Schiff hindurchzieht. Der Rudergänger muß dann besonders aufmerksam steuern, um ein Querschlagen des Bootes, das schwere Schäden und Wassereinbruch zur Folge haben kann zu verhindern.

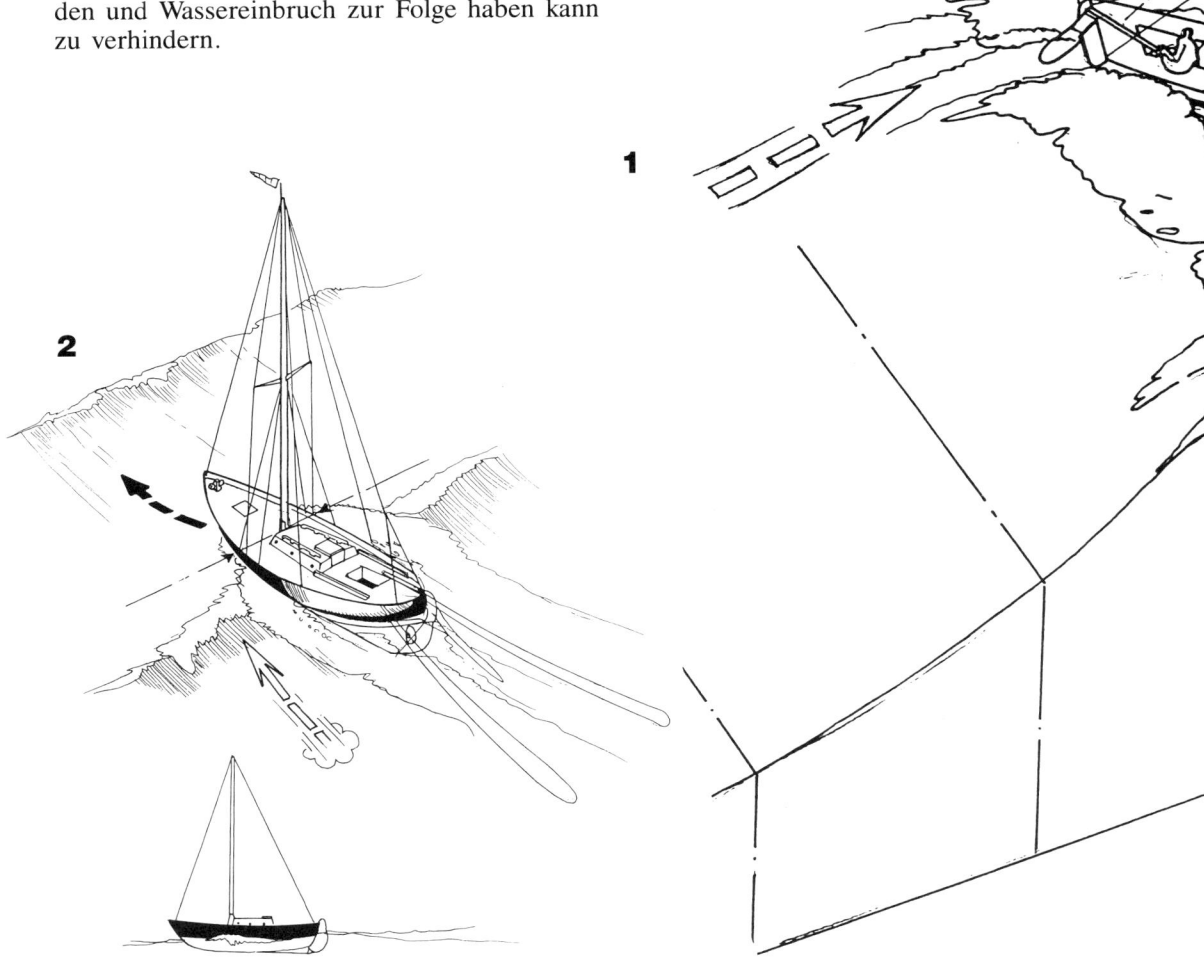

2 In einem ausgewachsenen Sturm gilt es, die Geschwindigkeit durchs Wasser nicht so groß werden zu lassen, daß das Boot nicht mehr kontrollierbar wird. Führt allein der Winddruck auf die nackte Takelage zu kritischem Verhalten, sollten zwei lange, möglichst dicke und schwere Leinen in Buchten über das Heck ausgebracht werden um die Geschwindigkeit herabzusetzen.

3 Manchmal kann es im Sturm und hohem Seegang unmöglich sein eine normale Wende selbst nur unter Sturmfock fahren zu können. Eine Halse ist dann relativ einfach und sicher zu fahren. Damit die kleine Sturmfock das Rigg nicht über Gebühr belastet, muß die neue Schot vor der Halse bereits stramm durchgesetzt werden damit das Segel nicht schlagen kann.

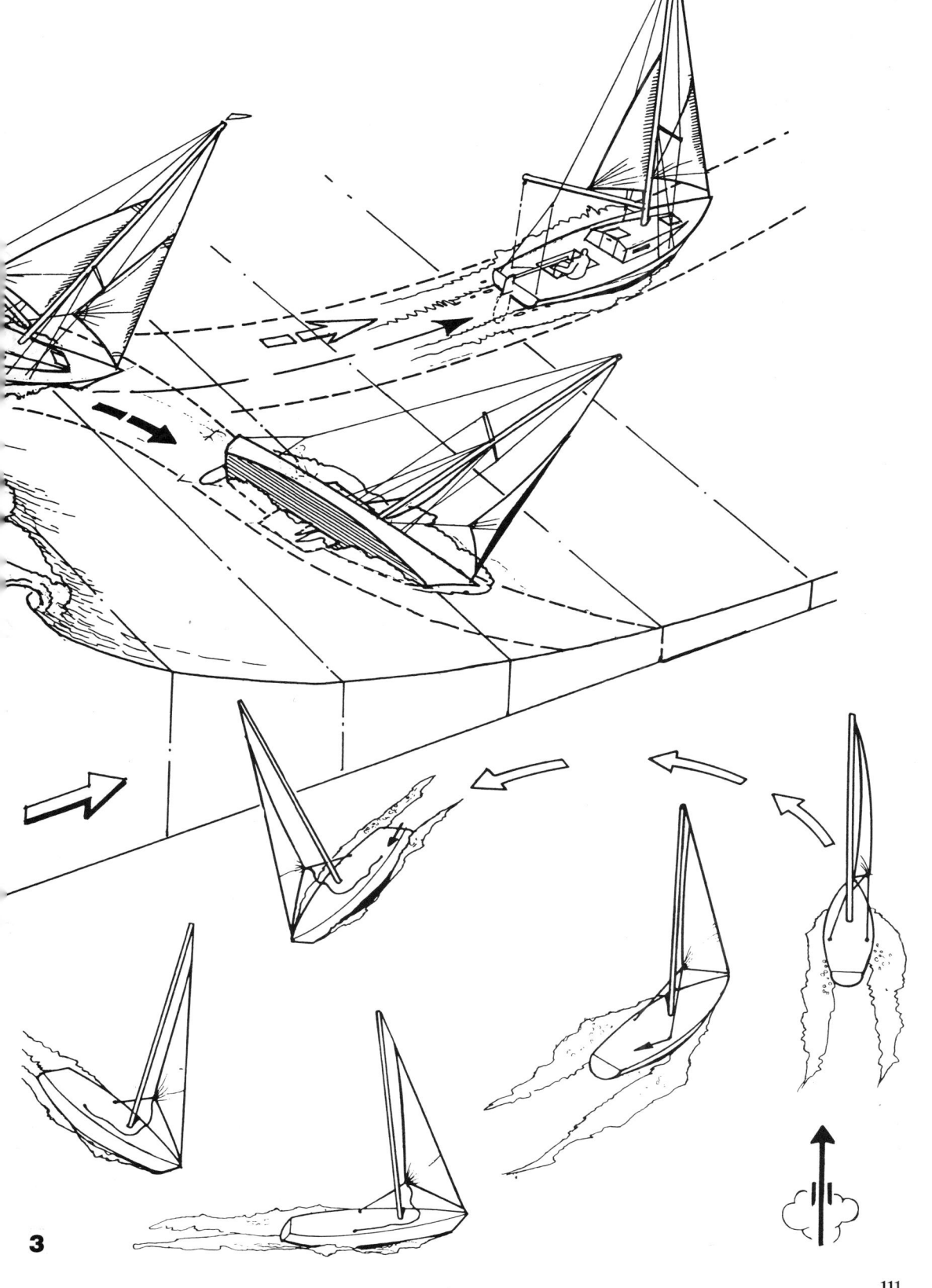

3

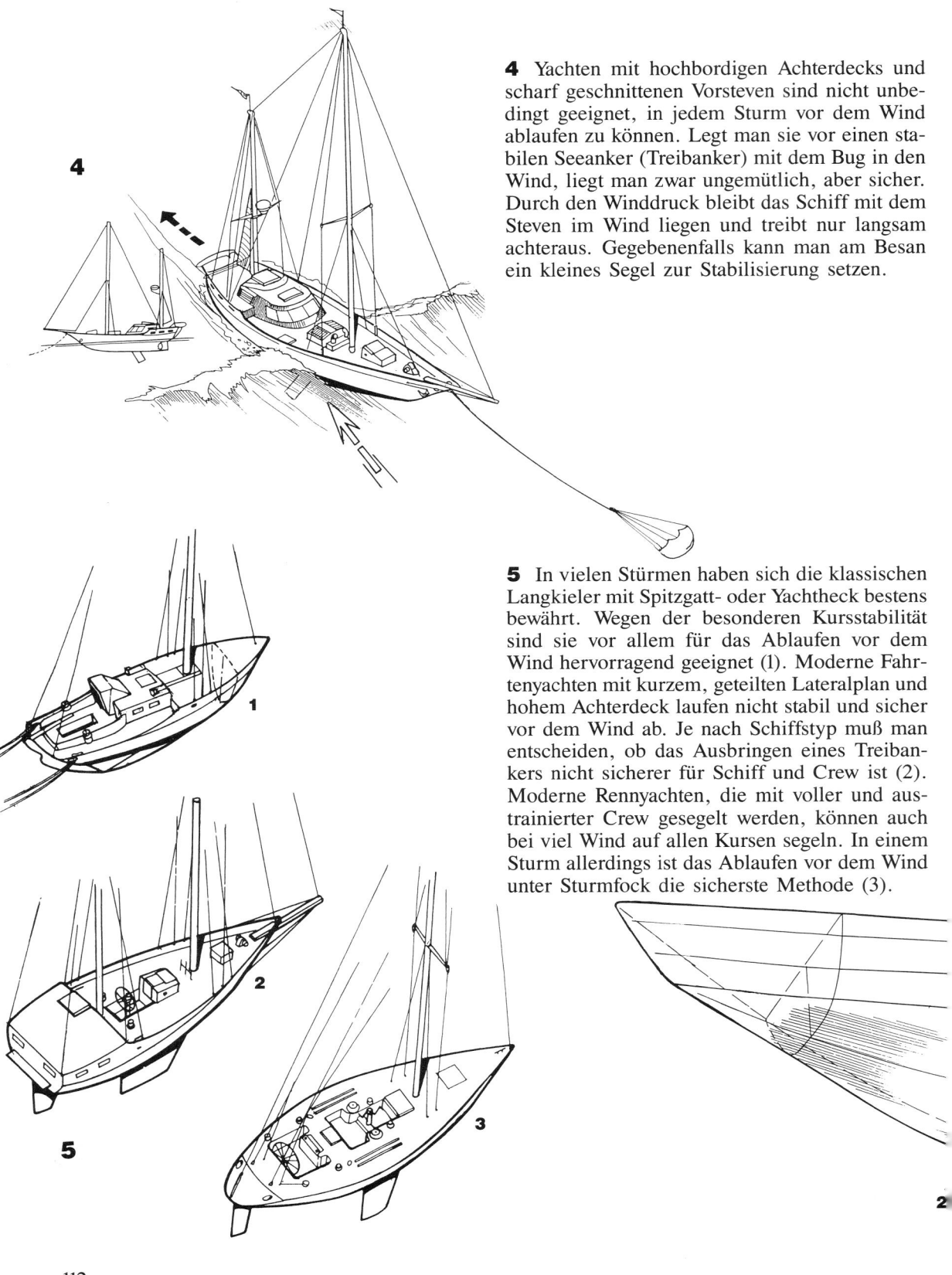

4 Yachten mit hochbordigen Achterdecks und scharf geschnittenen Vorsteven sind nicht unbedingt geeignet, in jedem Sturm vor dem Wind ablaufen zu können. Legt man sie vor einen stabilen Seeanker (Treibanker) mit dem Bug in den Wind, liegt man zwar ungemütlich, aber sicher. Durch den Winddruck bleibt das Schiff mit dem Steven im Wind liegen und treibt nur langsam achteraus. Gegebenenfalls kann man am Besan ein kleines Segel zur Stabilisierung setzen.

5 In vielen Stürmen haben sich die klassischen Langkieler mit Spitzgatt- oder Yachtheck bestens bewährt. Wegen der besonderen Kursstabilität sind sie vor allem für das Ablaufen vor dem Wind hervorragend geeignet (1). Moderne Fahrtenyachten mit kurzem, geteilten Lateralplan und hohem Achterdeck laufen nicht stabil und sicher vor dem Wind ab. Je nach Schiffstyp muß man entscheiden, ob das Ausbringen eines Treibankers nicht sicherer für Schiff und Crew ist (2). Moderne Rennyachten, die mit voller und austrainierter Crew gesegelt werden, können auch bei viel Wind auf allen Kursen segeln. In einem Sturm allerdings ist das Ablaufen vor dem Wind unter Sturmfock die sicherste Methode (3).

6 Muß man in einem Sturm unter Sturmfock kreuzen, weil zum Beispiel nach Lee nicht genug Seeraum vorhanden ist, muß der Rudergänger das Schiff kurz vor dem Durchqueren eines Wellenkammes bis fast in den Wind anluven um der See einen möglichst geringen Widerstand zu bieten. Auf dem Kamm muß sofort und deutlich abgefallen werden, damit das Boot nicht querschlagen kann. Im Wellental wird so die Geschwindigkeit erhöht, damit man den nächsten Wellenberg schnell hinauf- und den Kamm durchsegeln kann.

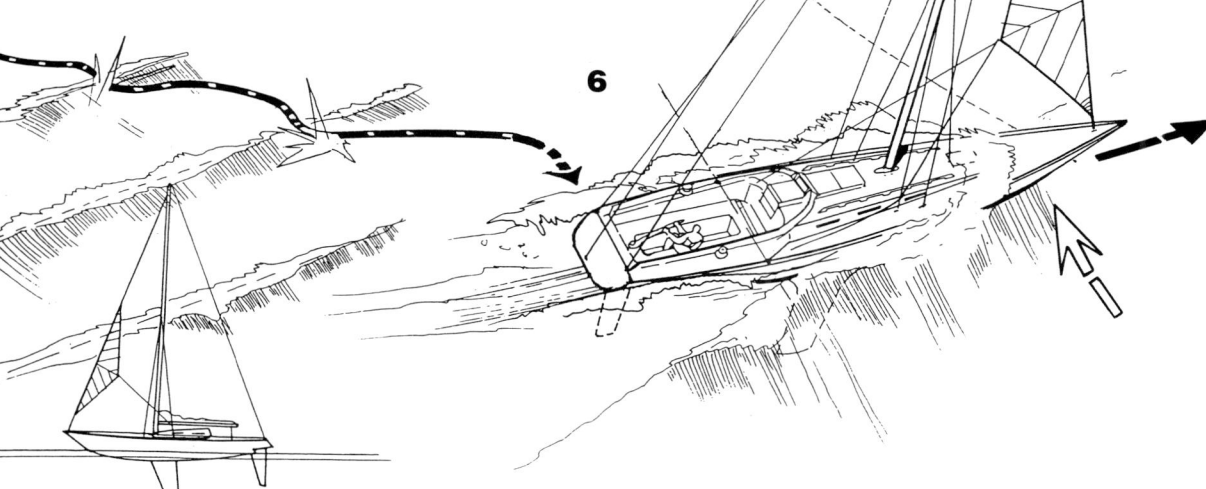

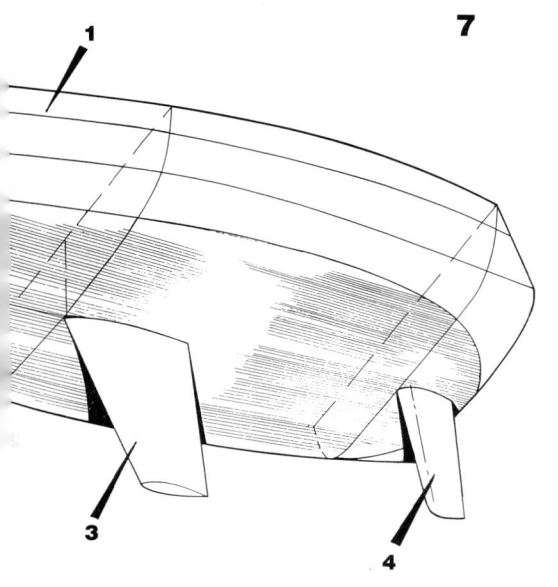

7 Moderne Rennyachten und deren zahmere Versionen für sportlich ambitionierte Fahrtensegler sind im Grunde für das Segeln in schwerem Wetter aus folgenden Gründen nicht sonderlich geeignet: 1 der Freibord ist niedrig, das Schiff nimmt extrem viel Wasser über; 2 das Unterwasserschiff ist sehr flach ausgebildet, an der Kreuz wird der Rumpf beim Einsetzen in eine See extrem belastet; 3 der schmale, tiefgehende Kiel ist zwar sehr effizient, die Kursstabilität allerdings ist nur gering; 4 das ebenfalls schmale, vorbalancierte Ruder muß mit allerhöchster Aufmerksamkeit bedient werden. Nur ein Steuermann mit großer Erfahrung kann das unkontrollierte aus dem Ruderlaufen verhindern — und selbst den besten passiert es ab und zu.

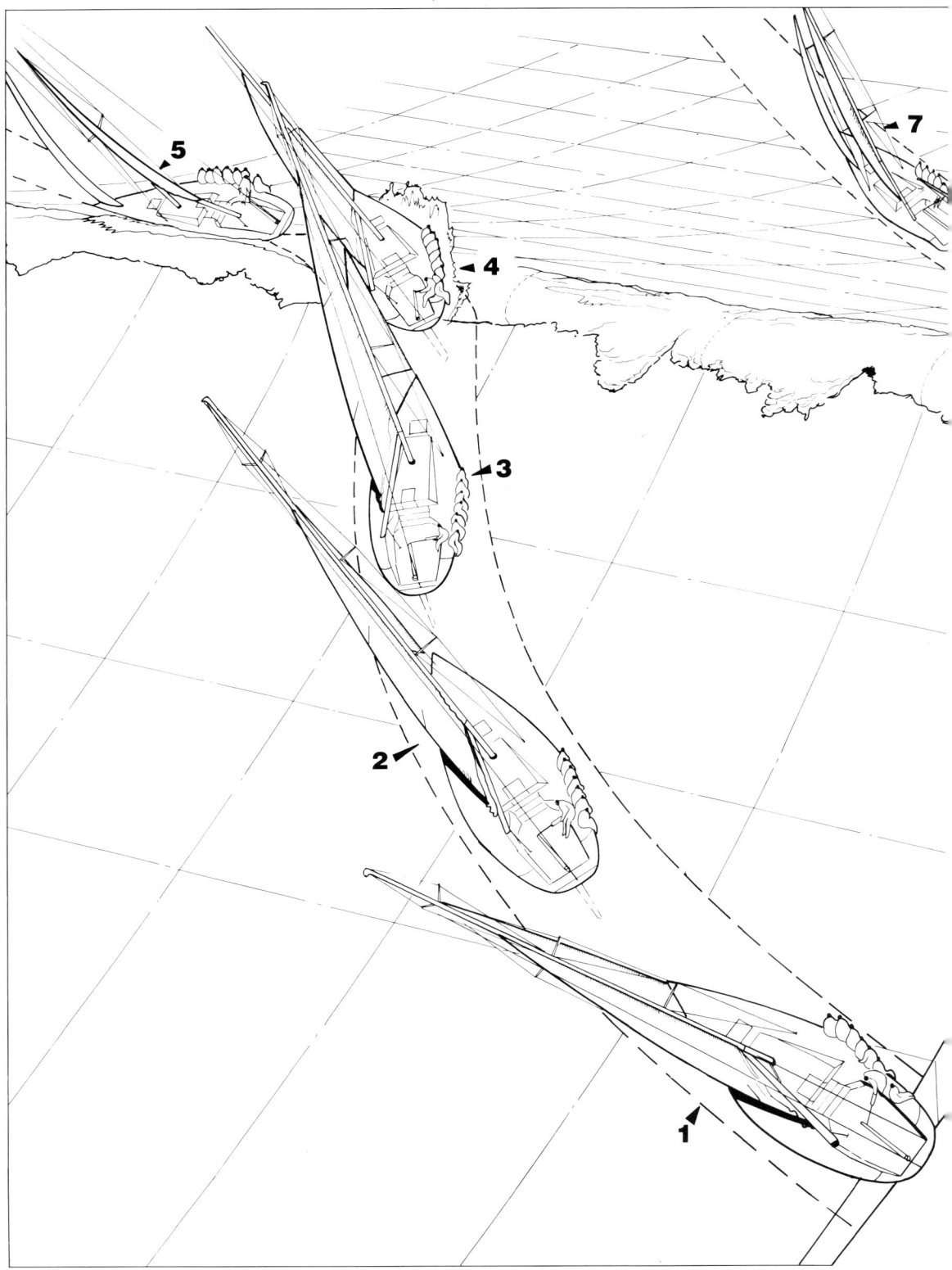

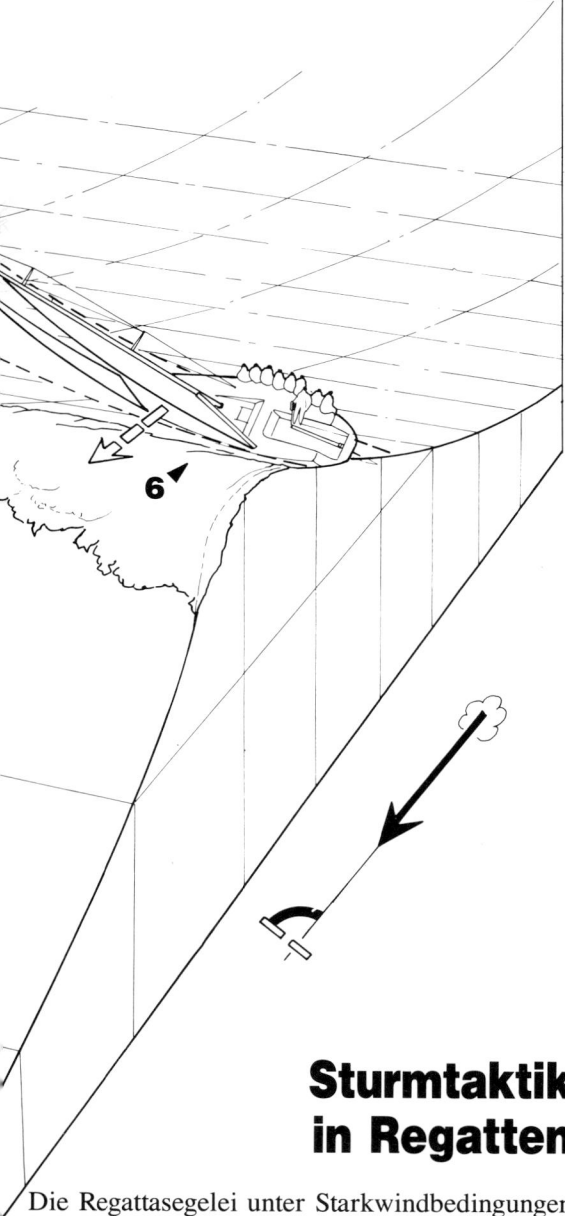

6 ◀

Sturmtaktik in Regatten

Die Regattasegelei unter Starkwindbedingungen in hohem Seegang verlangt vor allem vom Steuermann viel Konzentration und ein besonderes Einfühlungsvermögen. Er muß rechtzeitig die richtige Entscheidung treffen, wie eine Welle ausgesegelt werden soll, die Crew an den Schoten muß intuitiv auf den Steuermann reagieren. Während eines Sturmes kann vor allem auf Kreuzkursen viel gewonnen und auch verloren werden. Trotz widrigster Umstände ist harte Arbeit notwendig, um das Boot immer optimal schnell segeln zu können.

1 In den Wellentälern muß das Boot beschleunigt werden. Die Windgeschwindigkeit ist, vor allem in hohem Seegang, deutlich geringer als auf den Kämmen. Möglicherweise ist die Yacht dann sogar nicht optimal besegelt. Der Steuermann fällt leicht ab, der Traveller wird entsprechend mitgefiert.

2 Mit Beginn des Wellenberges wird der Steuermann auf den normalen Anwind-Kurs gehen. Schoten und Traveller sind in den üblichen Kreuztrimm zu bringen.

3 Kurz bevor die Yacht den Wellenkamm erreicht, muß der Steuermann anluven. Wie weit er das machen muß, hängt allein von der Art des Wellenkammes ab. Lange Seen haben meist keine brechenden Kämme, so daß nur wenig angeluvt werden muß. Brechende oder gar sich überschlagende Kämme sollten fast rechtwinklig durchsegelt werden.

4 Sobald das Vorschiff den Wellenkamm durchsegelt hat, muß der Steuermann stark abfallen, damit das Boot möglichst schnell wieder auf die gewünschte Geschwindigkeit kommt. In steilem Seegang wird damit auch verhindert, daß das Boot durch den Wellenkamm hindurchschießt und in das folgende Wellental hineinfällt. So etwas kann auf die Dauer schwere Schäden zur Folge haben, ganz abgesehen davon, daß die Yacht nahezu zum Stillstand kommt.

5 Um eine optimale Beschleunigung erreichen zu können, müssen die Genuaschot und der Traveller im Abfallen mitgefiert werden. Deshalb ist es auch sinnvoll, die Genuaschot von Luv aus zu fahren, damit das Crewmitglied nicht in Lee des Cockpits arbeiten muß, denn dort ist es im Sturm nicht nur sehr naß, sondern sein Gewicht ist auch ungünstig plaziert. Die Schot muß dazu mindestens einmal um die leewärtige Winsch gelegt werden, bevor sie quer durch das Cockpit nach Luv genommen wird. Die Wenden in dieser Konstellation sollten trainiert werden, da ja erst die alte Schot abgenommen werden muß, bevor die neue aufgelegt und dichtgeholt werden kann.

6 Damit das Boot nicht zu stark krängt und dadurch Fahrt verliert, muß in extremen Fällen eventuell sogar die Großschot gefiert werden. Die Höhe am wahren Wind wird je nach tatsächlicher Windgeschwindigkeit zwischen 50 und 60 Grad betragen.

7 Im Wellental hat die Yacht ihre Höchstgeschwindigkeit erreicht. Dann beginnt das Spiel von neuem.

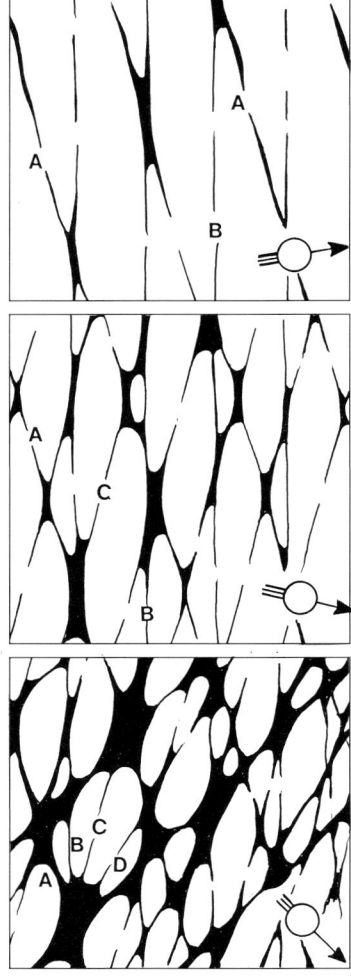

Die Entstehung gefährlicher Kreuzseen ist in den drei Zeichnungen oben dargestellt. Das ursprüngliche Wellensystem

A wird nach einer Winddrehung nach kurzer Zeit von einem System

B überlagert. Die zu meidenden Steilwellen sind noch relativ selten. Dann aber dreht der Wind wieder zurück und noch weiter. Es bildet sich ein Wellensystem

C Die gefährlichen Stellen häufen sich jetzt. Dreht der Wind noch weiter, überlagert ein System

D alles andere, schafft eine unangenehme Kreuzsee. Die Vermeidung gefährlicher Steilwellen ist fast schon unmöglich geworden. Die Reihenfolge solcher Winddreher in einem Sturm ist gar nicht so selten, wie man vielleicht vermuten könnte. Wenn eine starke Front durchgeht, können durchaus Links- und anschließende Rechtsdreher in der beschriebenen Art vorkommen.

Sich überschneidende Wellensysteme in einem Sturm repräsentieren die schwierigsten Bedingungen, wenn schnell und sicher gesegelt werden soll. Der Steuermann oder eventuell auch der Taktiker muß die See voraus ständig im Auge behalten, um die besonders gefährlichen Flecken zu meiden, die sich durch die Überlagerung

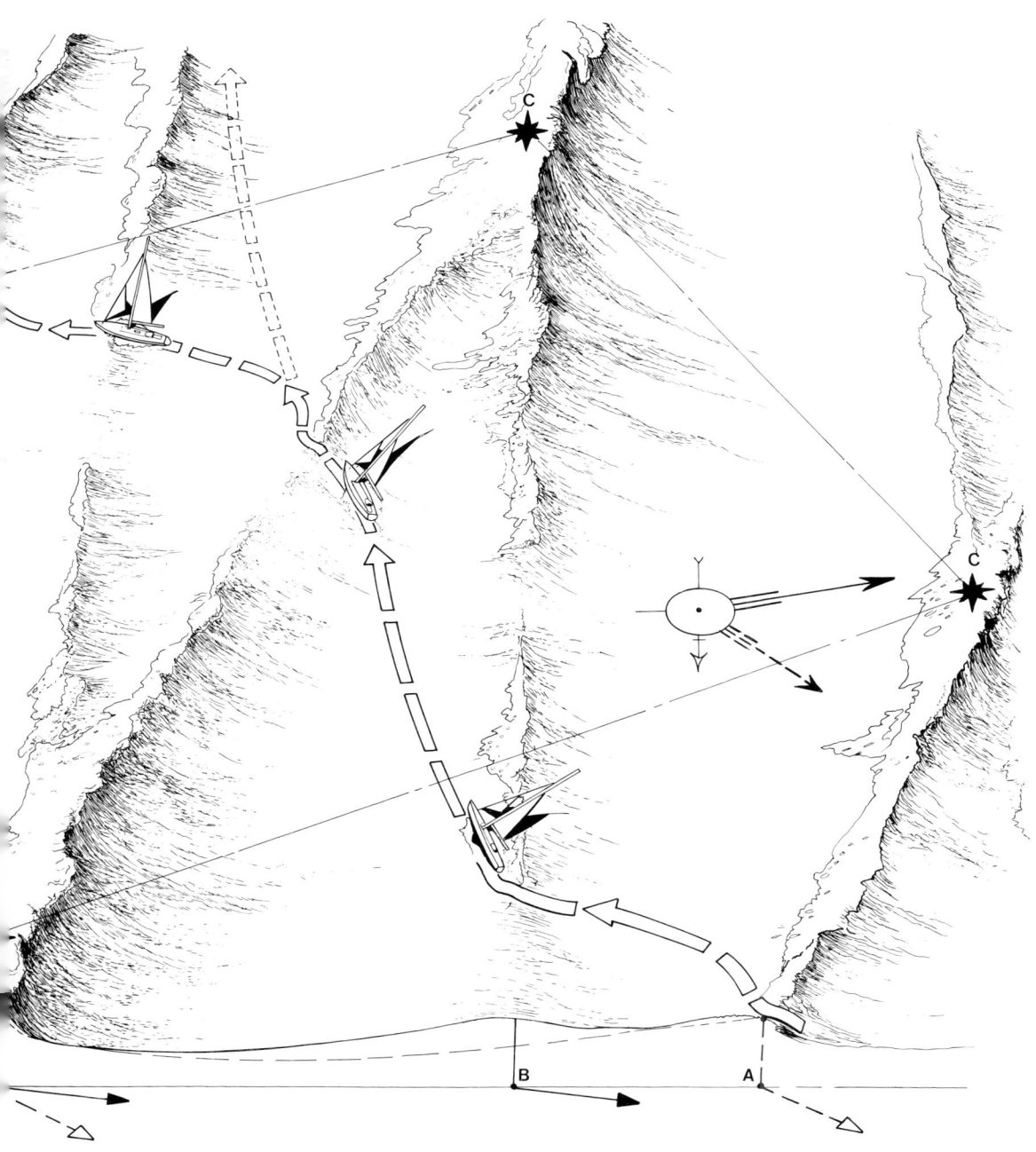

zweier Wellensysteme bilden. Schon eine Winddrehung um 15 Grad reicht aus, um schnell ein neues Wellensystem
B zu bilden, das sich an bestimmten Stellen mit System
A kreuzt. An diesen Punkten, die mit
C markiert sind, bilden sich besonders hohe und extrem steile Wellen, deren Kämme sich oft überschlagen. Diese Zonen sind unter allen Umständen zu meiden, andernfalls kann es leicht zu schweren Schäden an Rumpf, Rigg oder Segel führen. Nachts ist es allerdings sehr schwer, die überlagerten Wellen rechzeitig zu erkennen und ihnen auszuweichen.

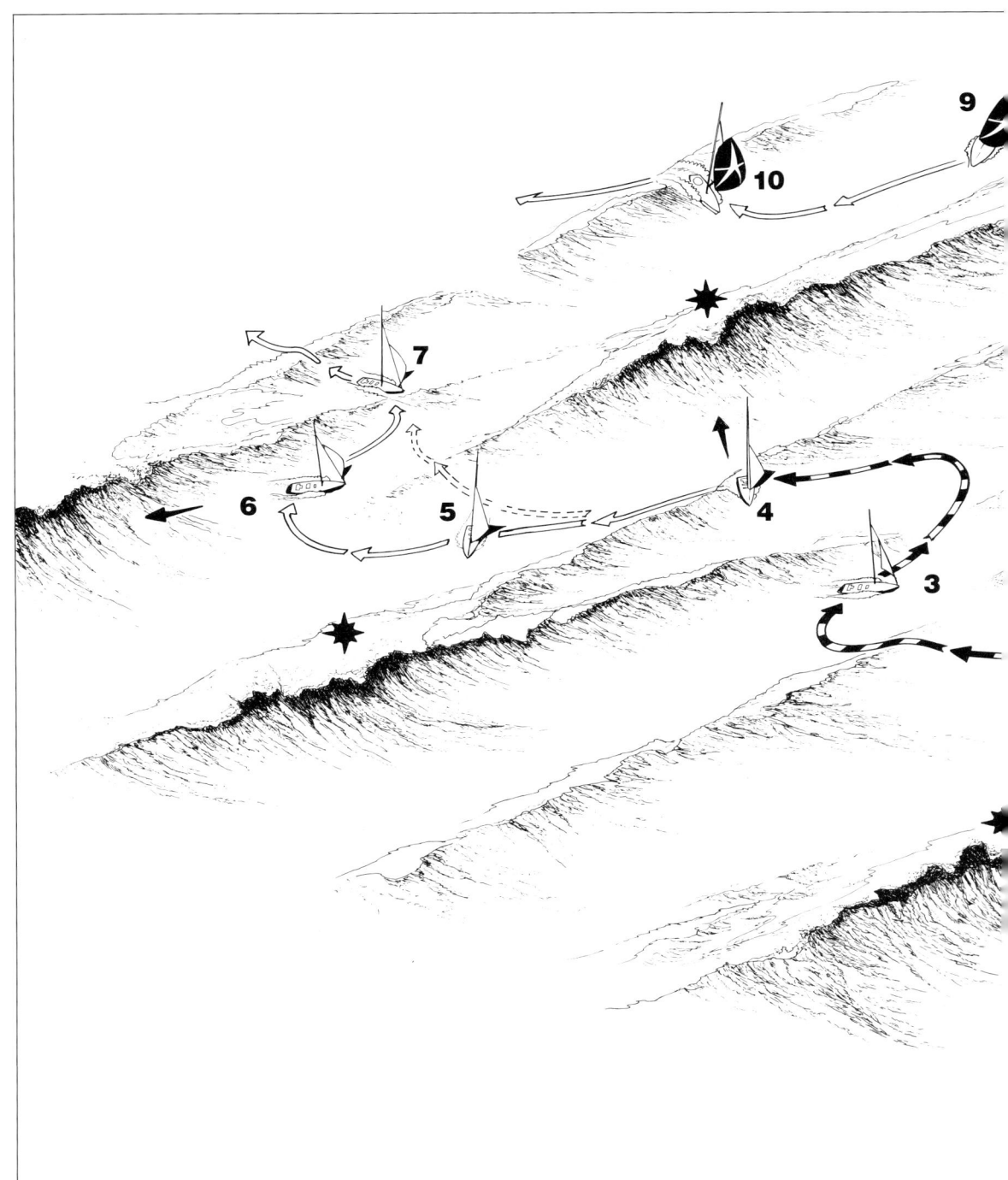

In einem Sturm sicher und schnell vor dem Wind zu segeln, erfordert einen besonders erfahrenen Steuermann. Die Zeichnung zeigt ein typisches Wellenbild von zwei sich überlagernden Wellensystemen nach Durchzug eines Tiefdrucksystems. Auch vor dem Wind sind die extrem steilen Kreuzseen nach Möglichkeit zu vermeiden. Bis auf die Surfphasen ist eine Segelyacht grundsätzlich langsamer als die Wellen, segelt also in Relation zum umgebenden Wasser rückwärts.

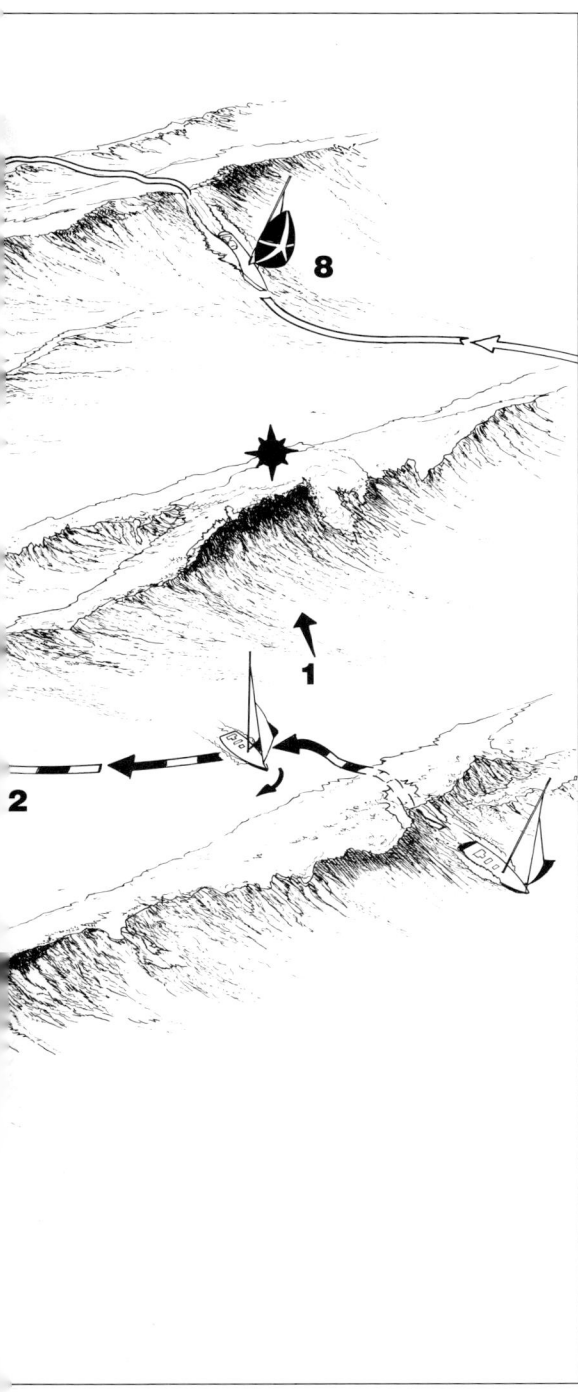

1 Eine extrem steile Welle mit brechendem Kamm läuft von Backbord achtern auf die Yacht auf.

2 Der Steuermann luvt etwas an, um das Schiff aus dem Weg der Welle herauszusegeln. Um die optimale Geschwindigkeit beibehalten zu können, müssen der Spinnaker und das Großsegel entsprechend mitgetrimmt werden.

3 Sobald die Gefahr vorüber ist, fällt der Steuermann wieder ab, damit er den Generalkurs halten kann. Die Segel sind entsprechend zu fahren.

4 Ein neues Wellenungetüm bildet sich genau achteraus. Wieder luvt der Steuermann so weit an, um der anrollenden Gefahr zu entgehen.

5 Allerdings hält er den Kurs etwas zu lange; ideal wäre der gestrichelte Weg gewesen, denn schließlich soll er ja auf dem kürzesten und damit schnellsten Kurs segeln.

6 Das Boot ist jetzt in einer Situation, in der eine Riesenwelle von Steuerbord achtern gefährlich werden kann. Der Steuermann muß bis platt vor dem Wind abfallen, um die Welle zu meiden.

7 In den ruhigen Zonen wird der vorgegebene Kurs abgesegelt.

8 Vor einem Wellenkamm erreicht eine Segelyacht häufig fast die Geschwindigkeit des Wellensystems und kommt ins Surfen. Das Crewgewicht muß dann im Achterschiff konzentriert sein, um das Vorschiff zu entlasten. Andernfalls besteht Gefahr, daß sich der Bug unter die Wasseroberfläche bohrt und die Yacht abbremst. Da auch in idealem Längstrimm immer wieder viel grünes Wasser überkommt, sollte auf dem Vordeck kein Vorsegel angeschlagen bleiben, es könnte weggewaschen oder zerrissen werden.

9 Ist der Wellenkamm unter dem Boot durchgegangen, muß der Steuermann den vorgegebenen Kurs einhalten.

10 Vor der nächsten See muß er rechtzeitig abfallen, sonst könnte die Yacht leicht querschlagen und mit dem Mast auf die Wasseroberfläche gedrückt werden. Dabei sind schwere Schäden möglich.

(Die Abfolge ist rücklaufend zu betrachten.)

Der Steuermann muß deshalb immer über die von achtern anrollenden Seen informiert werden, um richtig gefährlichen Monsterwellen ausweichen zu können.

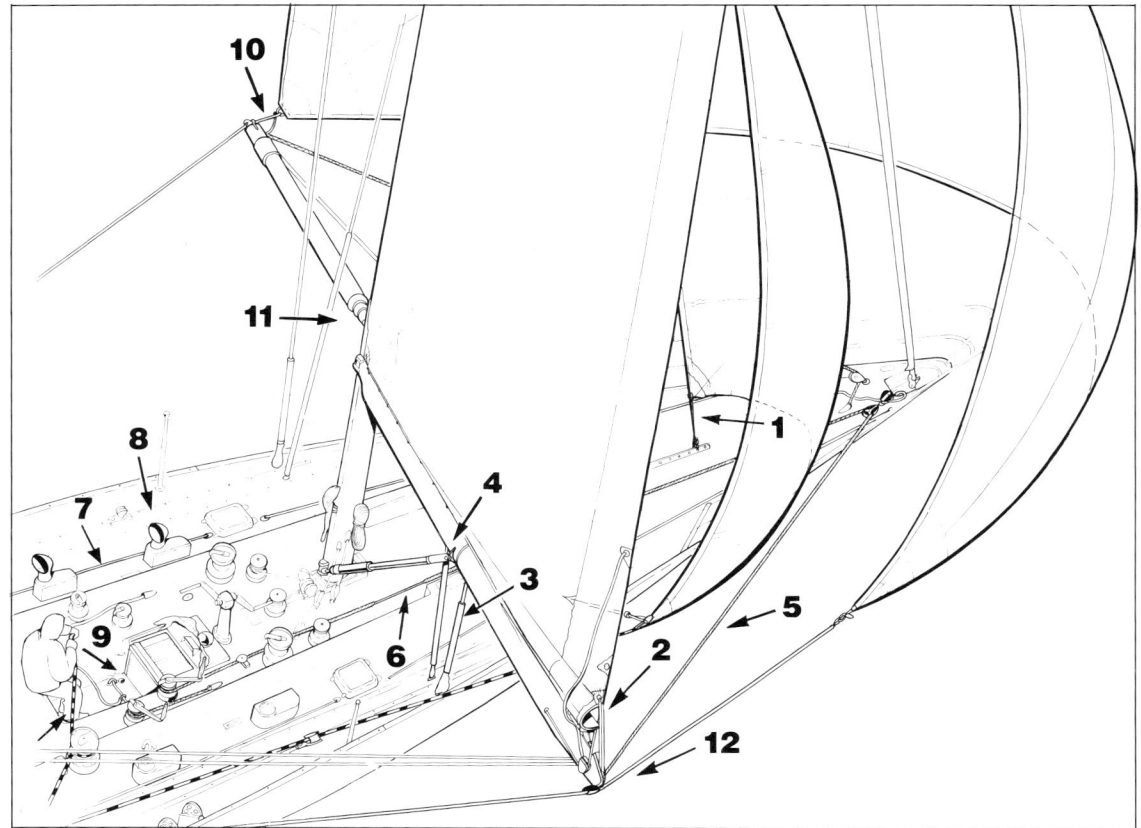

Der richtige Vormwind-Trimm einer sehr großen Yacht ist besonders wichtig, da schon kleinste Fehler schwere Schäden nach sich ziehen können. Wenn beispielsweise ein Maxi in einem Sturm „in die Sonne schießt", also quer zur See schlägt und mit dem Mast auf das Wasser gedrückt wird, wird fast immer der Spinnaker zerstört, und oft geht dann auch der Mast über Bord. Deshalb ist die volle Konzentration der Mannschaft und des Steuermannes sehr wichtig. Man sollte auch nicht den Fehler machen und einen Mann zu lange Rudergehen zu lassen.

1 Ein Spinnakerstagsegel sollte an einem nicht zu kurzen Stropp angeschlagen sein, damit überkommende Seen es nicht zerreißen können.

2 Wird das Flachreff angesetzt, hebt sich das Ende des Großbaumes. Damit wird verhindert, daß der Baum schon bei geringer Schräglage ins Wasser gedrückt wird, den Kicker belastet und, wenn er mit einem Bullenstander festgesetzt ist, eventuell sogar bricht.

3 Die Großschot sollte nicht so weit gefiert werden, daß der Baum an den Wanten scheuert. Aufgeklebte Verstärkungen im Vorliek des Groß-

segels verhindern ein Durchscheuern des Segeltuches an den Salingen.

4 Der Baumniederholer muß stark angesetzt werden, damit das Großsegel möglichst flach getrimmt wird. Zuviel Twist im oberen Bereich fördert das unangenehme Rollen einer Yacht vor dem Wind.

5 Der Großbaum sollte mit einem Bullenstander gesichert werden, der aber ständig vom Cockpit aus gefahren werden muß. Damit wird verhindert, daß der Baum in einer Patenthalse mit Gewalt auf die andere Seite überschlägt, die Backstagen zu stark belastet und möglicherweise das gesamte Rigg herunterholt.

6 + 7 Möglichst vor dem Losbrechen eines Sturmes sollten vom Cockpit bis zum Vorschiff durchlaufende Drähte gerigt werden, an die sich jeder, der außerhalb des Cockpits arbeiten muß, einzupicken hat.

8 Lüfterhutzen sollten nur auf der Luvseite benutzt werden.

9 Der Niedergang sollte immer geschlossen bleiben und nur zum Wachwechsel kurzfristig geöffnet werden.

10 Auf großen Yachten hat sich ein besonderer Notausreiß-Mechanismus am Achterholer des Spinnakers bewährt. So kann im Notfall der Schnappschäkel vom Cockpit aus schnell geöffnet werden.

11 Der Spinnakerbaum sollte am Mast nicht sehr hoch eingepickt werden, um den Spinnaker flach zu trimmen.

12 In besonderen Fällen, vor allem auf langen Spinnakerkursen ist es günstig, die Spinnakerschot über die Nock des Großbaumes zu führen. Damit wird der Spinnaker zusätzlich flach getrimmt.

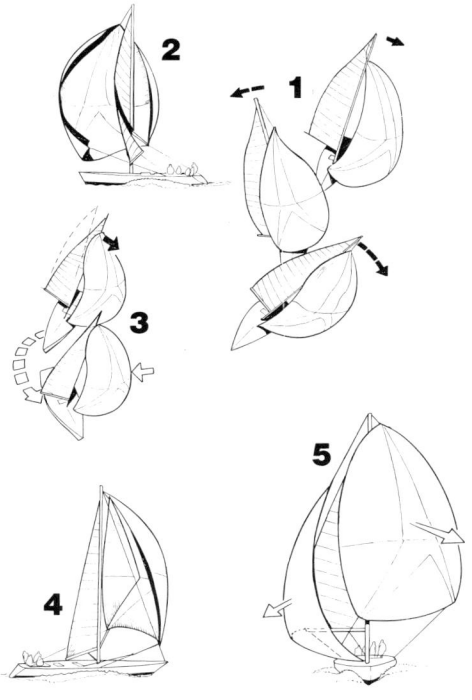

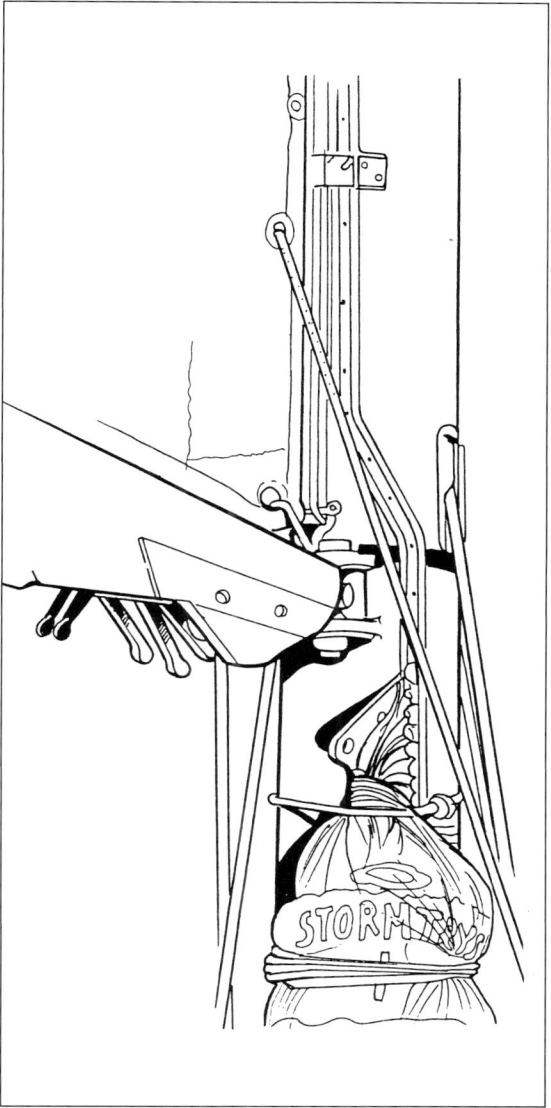

Vormwind-Kurse in einem Sturm sind wegen der Tendenz zu starken Rollbewegungen des Schiffes gefährlich.

1 Der Hauptgrund ist oft ein zu bauchiges Großsegel.

2 Mit dem Kicker kann es flach getrimmt werden.

3 Um bereits begonnenen Rollbewegungen zu begegnen, muß die Yacht in die Richtung gesteuert werden, in die sie krängt.

4 Mit einem Barberhauler an der Spinnakerschot kann der Spinnaker flach gezogen werden.

5 Toppgetakelte Yachten können zusätzlich einen Blooper setzen, der das Boot stabilisiert.

Auf manchen großen Yachten ist am Mast neben der Schiene für das Großsegel eine zweite, kürzere Schiene für das Trysegel angebracht. Wenn ein Sturm naht, kann das Segel bereits fix und fertig angeschlagen werden.

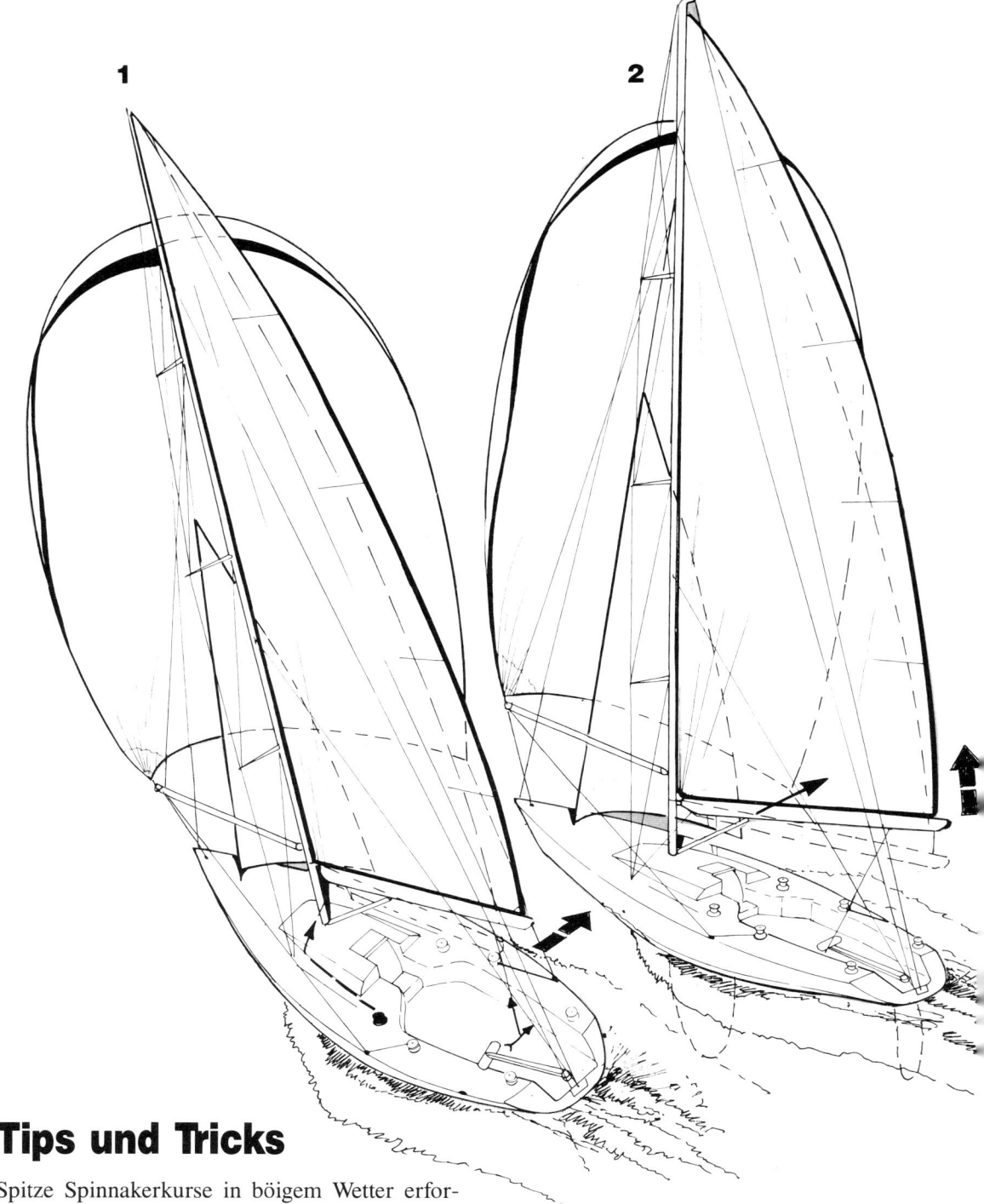

1

2

Tips und Tricks

Spitze Spinnakerkurse in böigem Wetter erfordern die volle Konzentration der gesamten Crew. Wenn der Wind von vorlicher als querab einfällt, ein Spinnaker und eventuell sogar noch ein Stagsegel gesetzt sind, wird der Steuermann nicht nur körperlich stark beansprucht, sondern er muß auch immer voll konzentriert bei der Sache sein. Vor allem in einer frischen, böigen Brise

ist es schwer, schnell geradeaus zu segeln. Dann nämlich müssen der Spinnakerfahrer und der Großschotmann den Mann am Rohr unterstützen.

1 Die Crew auf der Kante erkennt das Herannahen einer Bö an der dunkleren Färbung des Was-

3

4

sers in Luv und teilt dies dem Steuermann mit. Die Großschot wird mit Eintreffen der Bö leicht gefiert — das bringt Speed und läßt das Boot nicht zu stark krängen.

2 Die Bö wird stärker. Von der Kante aus fiert jemand den Baumniederholer, um den Druck aus dem Großsegel zu nehmen. Wenn das Segel leicht killt, macht das gar nichts.

3 Nimmt die Bö weiter zu, muß die Schot des Stagsegels gefiert werden. Auch dies geschieht von der Kante aus.

4 Der Steuermann merkt (fast) immer rechtzeitig, wenn das Boot aus dem Ruder zu laufen droht. Der Mann an der Spinnakerschot muß dann schnell fieren, notfalls sogar so weit, daß der Spinnaker nicht mehr zieht. Das kostet weniger als ein „Sonnenschuß", allerdings muß der Mann an der Schotwinsch nach der Bö schnell und kraftvoll kurbeln, um die Schot wieder dichtsetzen zu können.

Die sogenannten Panik-Backstagen sind in einem Sturm eine unschätzbare Hilfe in sehr starkem Seegang und vor allem in einer Halse. Sie werden unterhalb der unteren Salings am Mast befestigt und zunächst mit Klebeband am Mast gelascht. Erst unter Sturmbedingungen werden kurze, stark untersetzte Taljen in die Augen an den Enden der nicht zu dünnen Drähte eingeschäkelt. Die starken Schnappschäkel werden bei Bedarf in eigens dafür montierte Decksaugen eingepickt, die möglichst weit hinter dem Mast sitzen sollen. Da die Regatta-yachten nur ein Paar Unterwanten haben, wird der Mast im unteren Bereich durch die Panik-Backstagen gestützt. Das ist vor allem in einer Halse wichtig, da der Großbaum dann Druck nach vorne auf den Mast ausübt. Die meisten Mastbrüche unter Starkwindbedingungen werden dadurch verursacht.

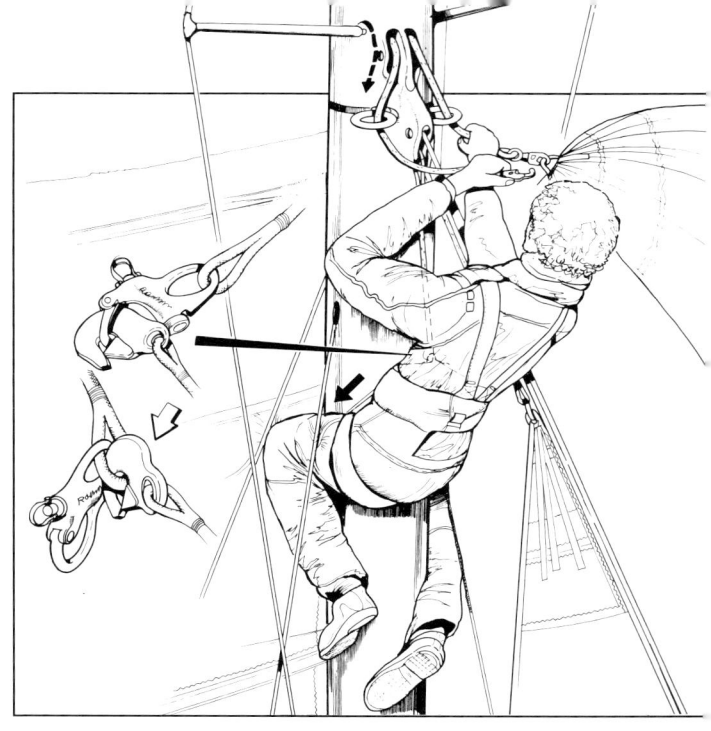

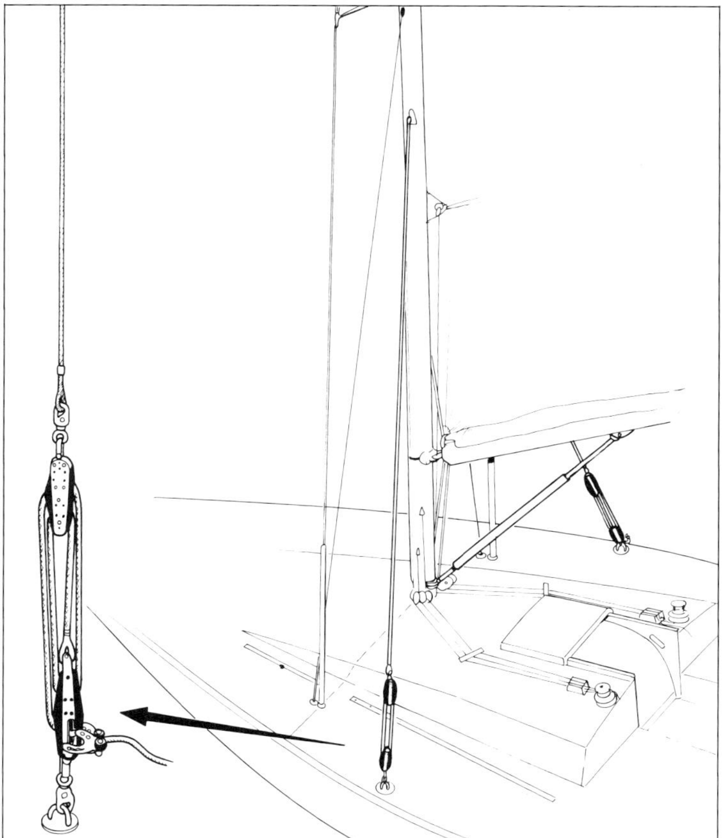

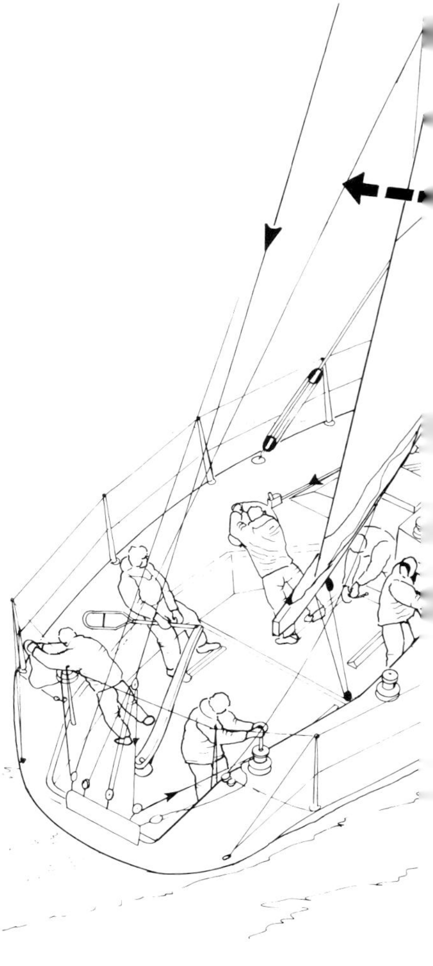

◀ Wenn bei gesetztem Spinnaker das Fall gewechselt werden muß, weil es verdreht oder beschädigt ist, klettert der Vorschiffsmann mit einem anderen Fall (gut gesichert) in den Mast. Er pickt das neue Fall in den Kopf des Spinnakers ein, der Fallenmann im Cockpit dreht es anschließend dicht. Dann wird das alte Fall gefiert. Der Mann im Mast pickt es aus und hängt es an das Heißauge des Bootsmannsstuhles. Der Fallenmann fiert beide Fallen (nicht das neue Spifall!) langsam weg, bis der Vorschiffsmann wieder an Deck ist.

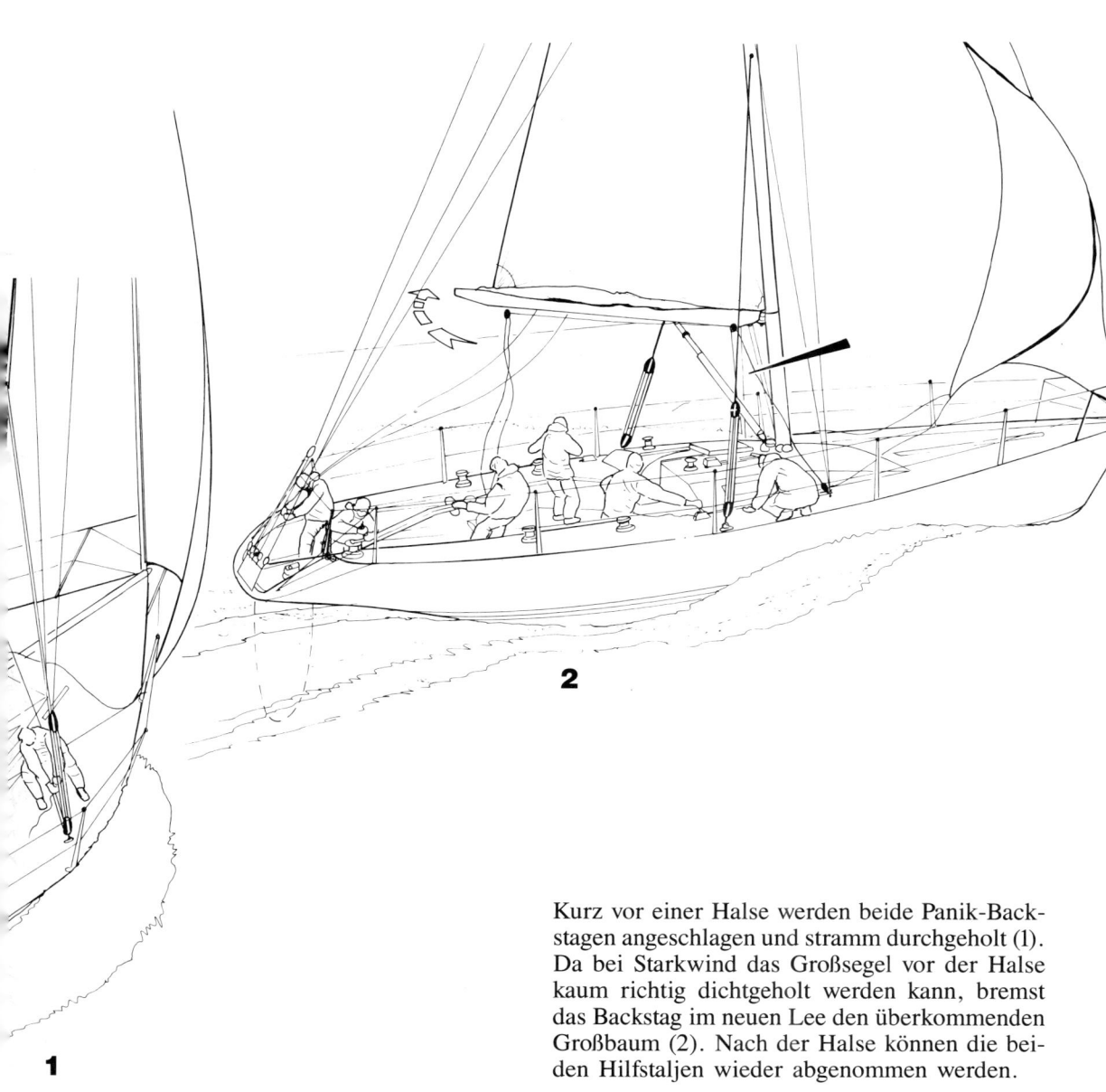

2

1

Kurz vor einer Halse werden beide Panik-Backstagen angeschlagen und stramm durchgeholt (1). Da bei Starkwind das Großsegel vor der Halse kaum richtig dichtgeholt werden kann, bremst das Backstag im neuen Lee den überkommenden Großbaum (2). Nach der Halse können die beiden Hilfstaljen wieder abgenommen werden.

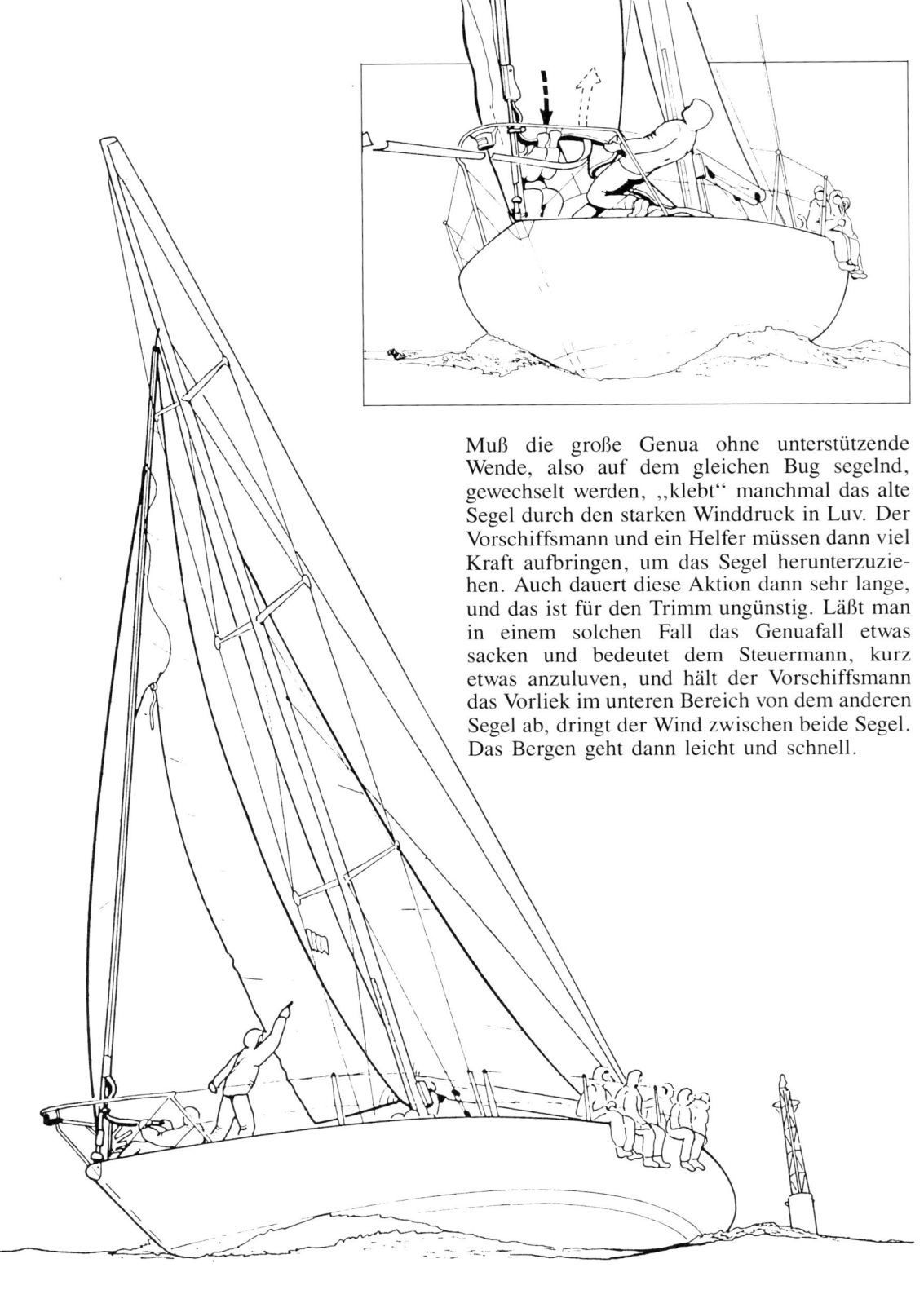

Muß die große Genua ohne unterstützende Wende, also auf dem gleichen Bug segelnd, gewechselt werden, „klebt" manchmal das alte Segel durch den starken Winddruck in Luv. Der Vorschiffsmann und ein Helfer müssen dann viel Kraft aufbringen, um das Segel herunterzuziehen. Auch dauert diese Aktion dann sehr lange, und das ist für den Trimm ungünstig. Läßt man in einem solchen Fall das Genuafall etwas sacken und bedeutet dem Steuermann, kurz etwas anzuluven, und hält der Vorschiffsmann das Vorliek im unteren Bereich von dem anderen Segel ab, dringt der Wind zwischen beide Segel. Das Bergen geht dann leicht und schnell.

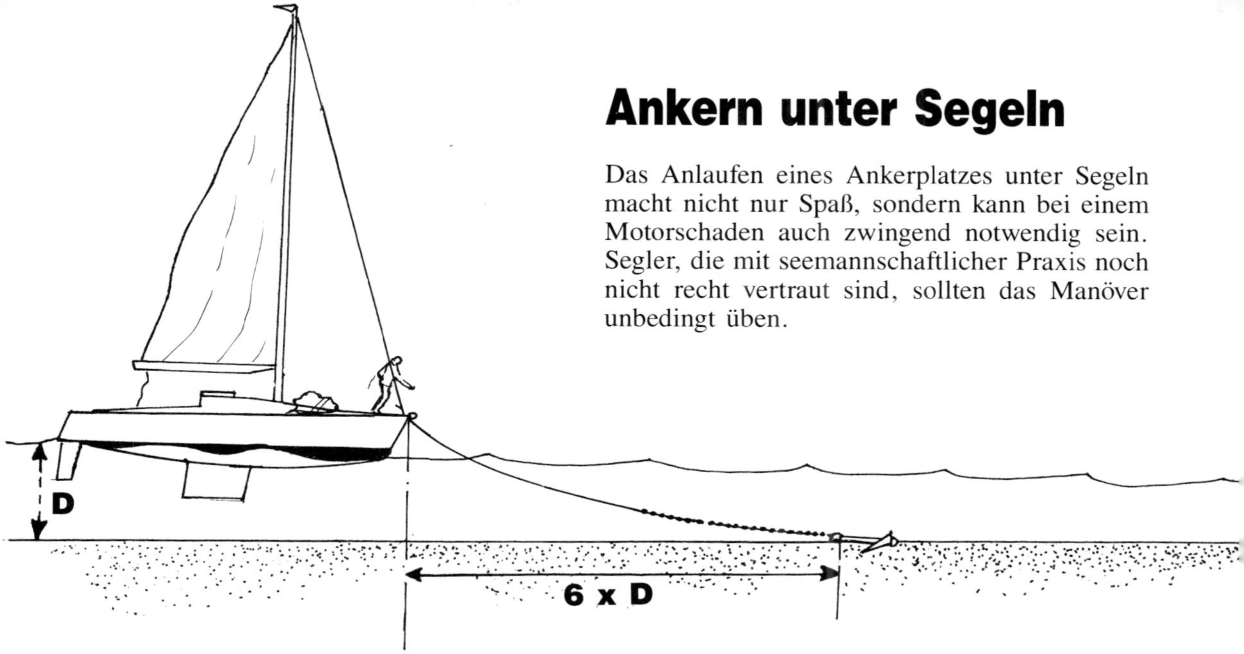

Ankern unter Segeln

Das Anlaufen eines Ankerplatzes unter Segeln macht nicht nur Spaß, sondern kann bei einem Motorschaden auch zwingend notwendig sein. Segler, die mit seemannschaftlicher Praxis noch nicht recht vertraut sind, sollten das Manöver unbedingt üben.

D

6 x D

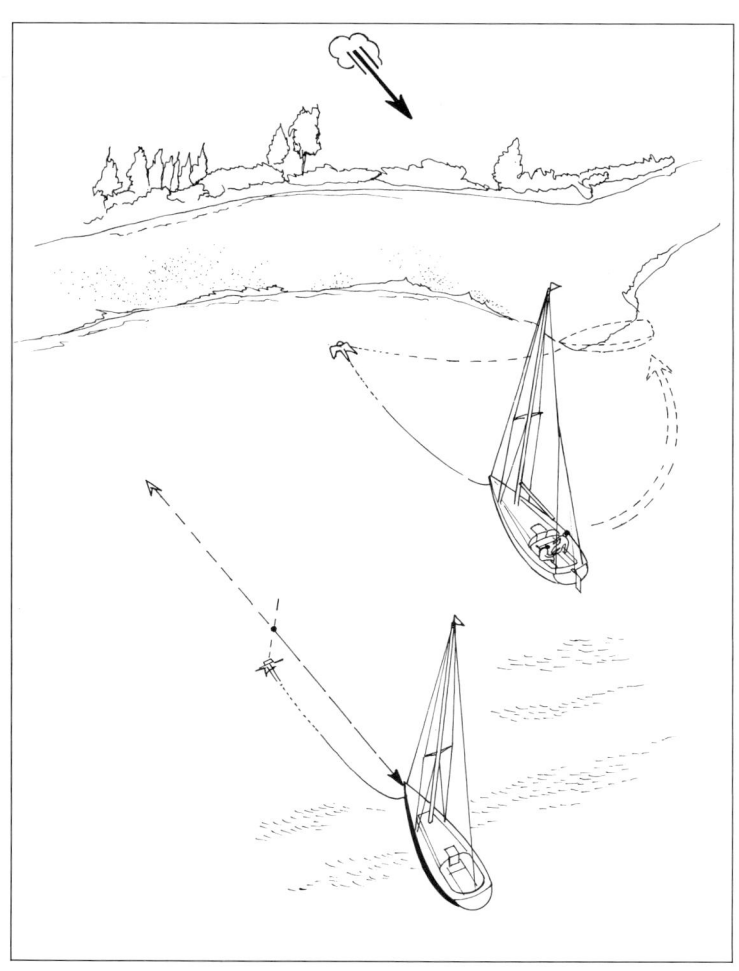

Eine Bucht voller ankernder Yachten anzulaufen, um selbst einen guten, geschützten Platz zu finden, ist schon unter Maschine nicht immer ganz einfach. Will man unter Segeln ankern, einfach aus Spaß oder weil die Maschine nicht gestartet werden kann, muß das Manöver sorgfältig vorbereitet werden, denn oft hat man nur einen Versuch. Wichtig ist ein gutes Auge für die richtige Stelle, damit die im Wind schwojende Yacht anderen ebenfalls schwojenden Booten nicht zu nahe kommen kann. Eine Faustregel besagt, daß die Kettenlänge etwa das Sechsfache der Wassertiefe betragen sollte, damit der Anker sicher hält. Anhand der Seekarte sind die Verhältnisse „auszuloten".

Der schönste Ankerplatz an einem windigen Tag liegt möglichst dicht unter Land in Strandnähe. Wichtig ist genügend Raum zum Schwojen.

In Gebieten mit unbeständigen Winden sollte einkalkuliert werden, daß die Yacht 360 Grad um den Anker schwojen kann.

127

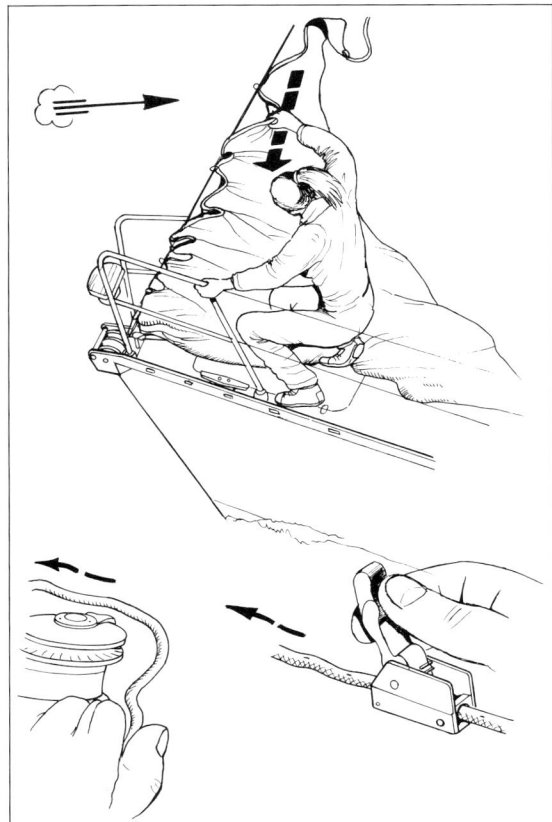

Kurz bevor der Ankerplatz erreicht wird, sollte das Vorsegel geborgen werden. Am einfachsten geht das Bergen platt vor dem Wind oder hoch am Wind segelnd. Das Fall darf nicht schneller gefiert werden, als der Vorschiffsmann das Segel an Deck nehmen kann (links). Das Vorsegel muß anschließend abgeschlagen werden, damit das Deck für das Ankermanöver frei ist. Dazu wird das Segel mit den Knien gehalten. Anschließend muß es mit Zeisingen oder Gummis gesichert werden und sollte unter Deck oder in der Nähe des Mastes so gestaut werden, daß es das Manöver nicht behindert, aber auch nicht vom Wind über Bord geweht werden kann (unten).

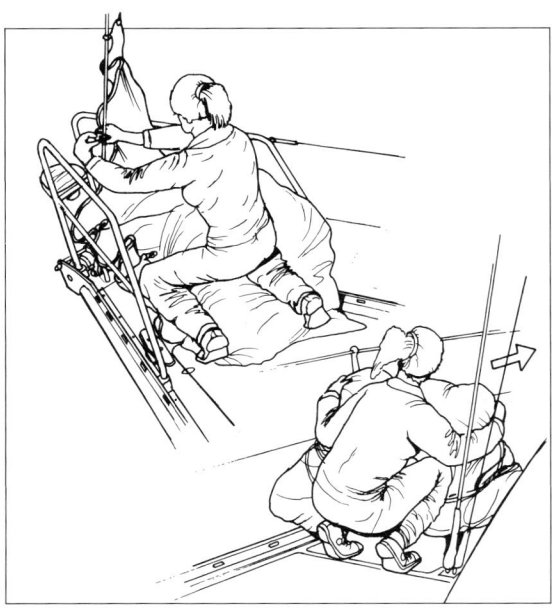

Das Ankermanöver an Bord einer kleinen Yacht ist vorbereitet:

1 Die Ankerleine im Ankerkasten ist sauber aufgeschossen.

2 Das Vorsegel ist außerhalb des Arbeitsbereiches gestaut.

3 Der Kettenvorlauf ist über die Ankerrolle, aber unterhalb des Sicherungsstiftes geführt.

4 Die Kette liegt innerhalb des Bugkorbes.

5 Dieser Ankertyp hängt über dem Bugkorb. Andere Typen müssen an Deck gelegt werden.

6 Das Ende der Ankerleine muß sicher an Bord befestigt sein.

7 Das Vorsegelfall ist an der Seereling befestigt.

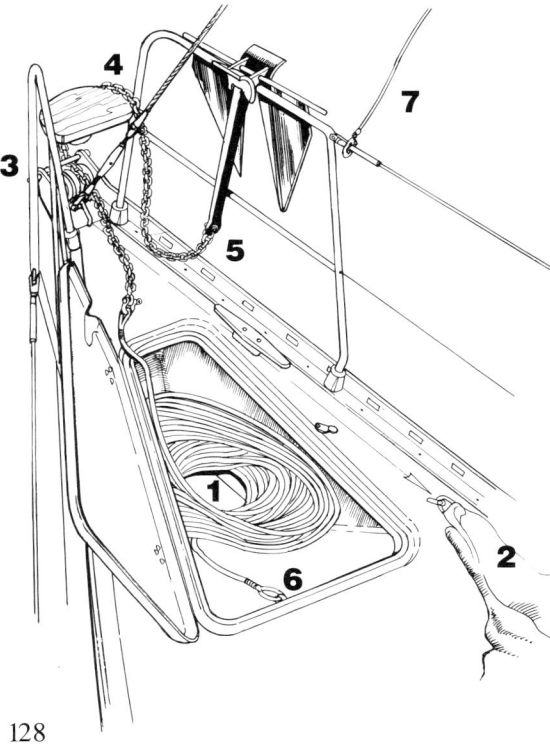

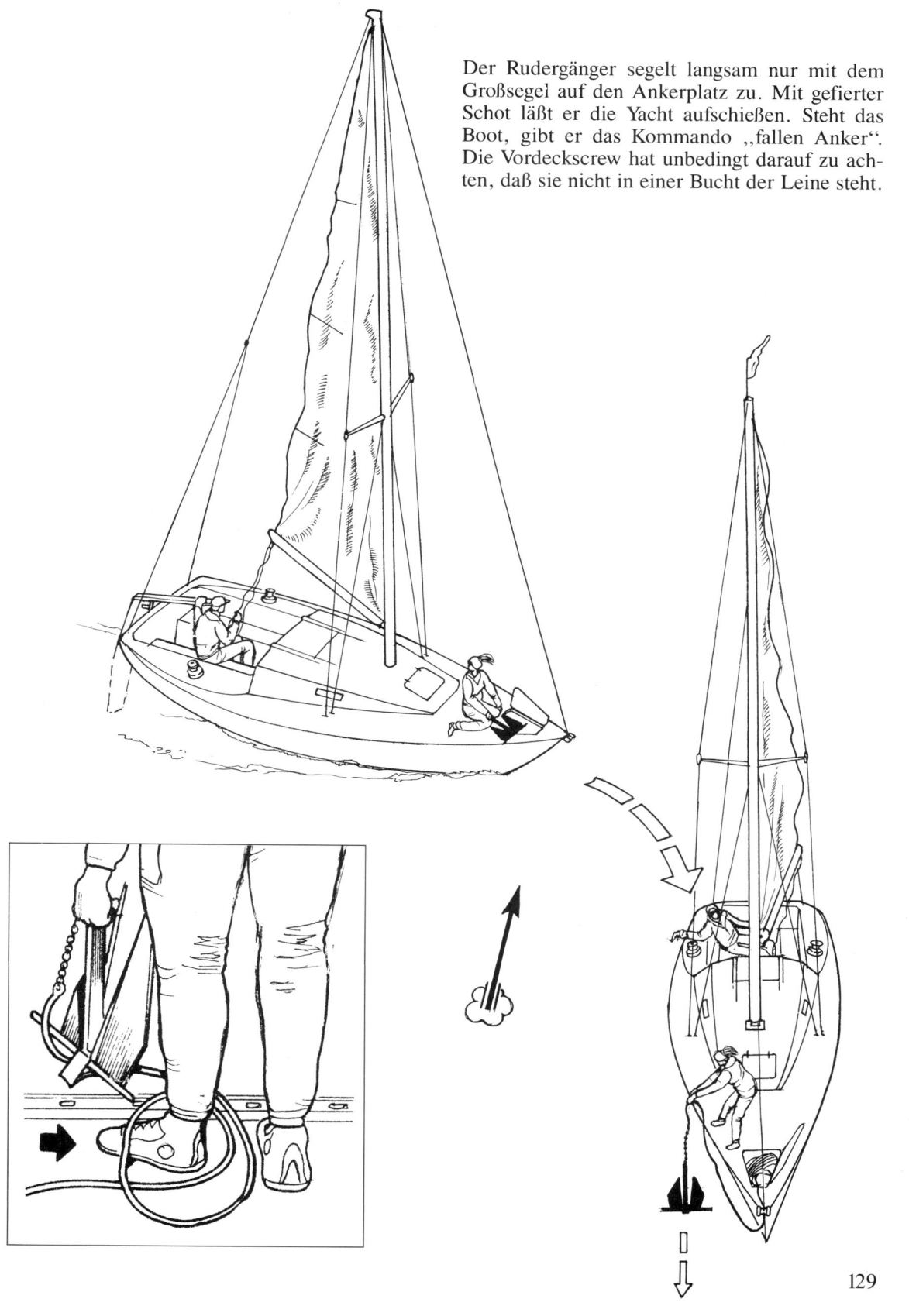

Der Rudergänger segelt langsam nur mit dem
Großsegel auf den Ankerplatz zu. Mit gefierter
Schot läßt er die Yacht aufschießen. Steht das
Boot, gibt er das Kommando „fallen Anker".
Die Vordeckscrew hat unbedingt darauf zu ach-
ten, daß sie nicht in einer Bucht der Leine steht.

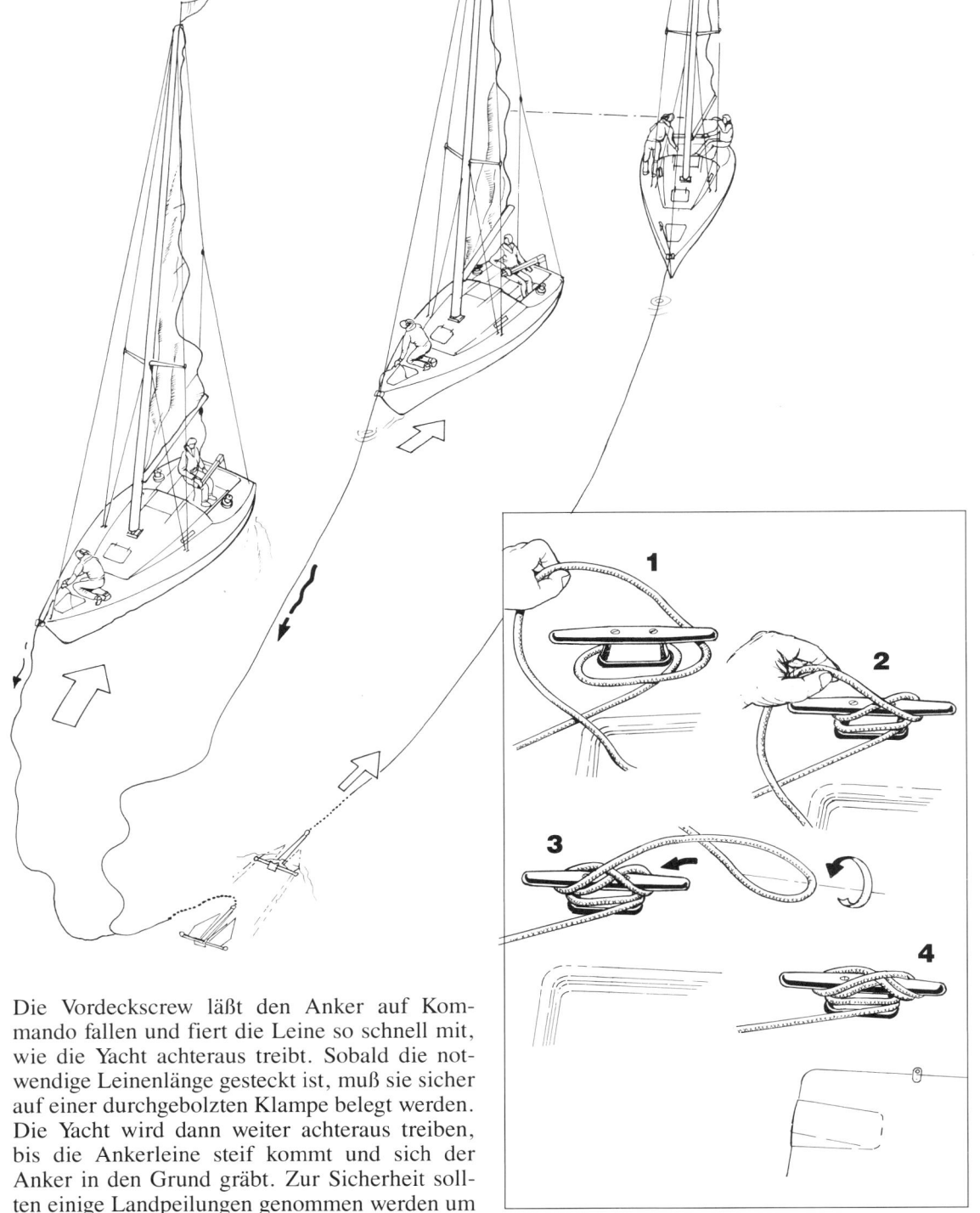

Die Vordeckscrew läßt den Anker auf Kommando fallen und fiert die Leine so schnell mit, wie die Yacht achteraus treibt. Sobald die notwendige Leinenlänge gesteckt ist, muß sie sicher auf einer durchgebolzten Klampe belegt werden. Die Yacht wird dann weiter achteraus treiben, bis die Ankerleine steif kommt und sich der Anker in den Grund gräbt. Zur Sicherheit sollten einige Landpeilungen genommen werden um zu prüfen, ob der Anker tatsächlich hält.

So wird die Ankerleine richtig belegt:
1 Zunächst wird ein Rundtörn um die Klampe gelegt.
2 Die Leine wird über Kreuz geführt und
3 mit einem Kopfschlag so belegt, daß
4 die unteren Parten parallel zueinander liegen.

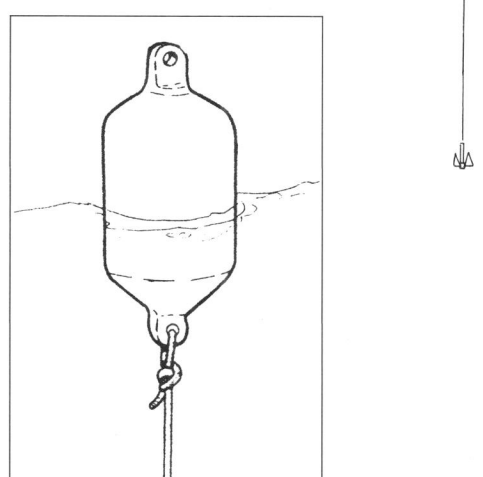

Steht ein starker Strom gegen einen schwachen
Wind, sollte man einen Heckanker ausbringen.
Der Anker muß nach achtern getragen werden,
die Leine läuft dabei innerhalb der Seereling.
Der Steuermann stellt die Yacht gegen den
Wind. Sobald die Geschwindigkeit durchs Wasser gegen Null geht, muß das Ruder so gelegt
werden, als ob das Boot rückwärts segelt. Sobald
es nur vom Strom vorwärts bewegt wird, muß
der Anker fallen und die notwendige Leinenlänge gesteckt werden. Anschließend ist das
Großsegel zu bergen. Eine Yacht vor Heckanker
schwojt meist nur wenig.

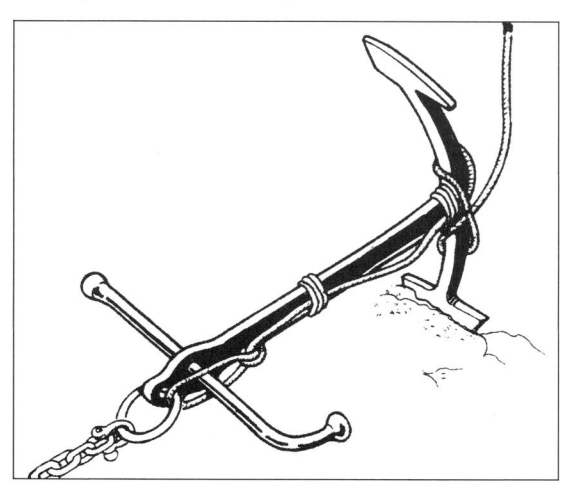

Ankert man auf felsigem Boden, sollte eine Mar-
kierungsboje, etwa ein Fender, an den Anker
gebunden werden, damit er sicher wieder an
Bord genommen werden kann (oben). So wie
links gezeigt, wird die Bojenleine an einem
Stockanker befestigt.

Ankeraufgehen unter Segeln

Einen Ankerplatz unter Segeln zu verlassen kann zu einem lebenswichtigen Manöver werden, wenn der Wind gedreht hat und die Yacht vor einer Leeküste liegt. Deshalb sollte das Ankeraufgehen in jedem Fall zu den geübten Routinemanövern gehören; jeder Handgriff muß auch bei Nacht sitzen.

Das Ankern in einer ruhigen, gut geschützten Bucht gehört zu den schönsten Erlebnissen, die mit einer Segelyacht möglich sind. Ein verantwortungsvoller Skipper aber wird nie eine ungestörte Nachtruhe pflegen können, denn zu schnell kann der vermeintlich sichere Liegeplatz zu einer Gefahr werden. Der Skipper muß damit rechnen, daß der Wind dreht und auffrischt, so daß die Yacht auf Legerwall liegt. Durch zunehmenden Wind und Schwell besteht die Gefahr, daß der Anker aus dem Grund gebrochen wird und das Schiff auf die nahe Küste treibt. Jede Yacht, vor allem kleinere, die oftmals keine Maschine besitzen, sollte deshalb immer für ein schnelles Ankerauf-Manöver vorbereitet sein.

Mit dem Kommando ,,Anker auf" beginnt das Manöver.

1 Während der Kräftigste an Bord mit dem Einholen der Ankerleine beginnt, wird

2 das Großsegel vorgeheißt, nachdem die Schot gelöst wurde.

3 Das Großsegel wird so getrimmt, daß das Boot langsam in Fahrt kommt und den Vorschiffsmann

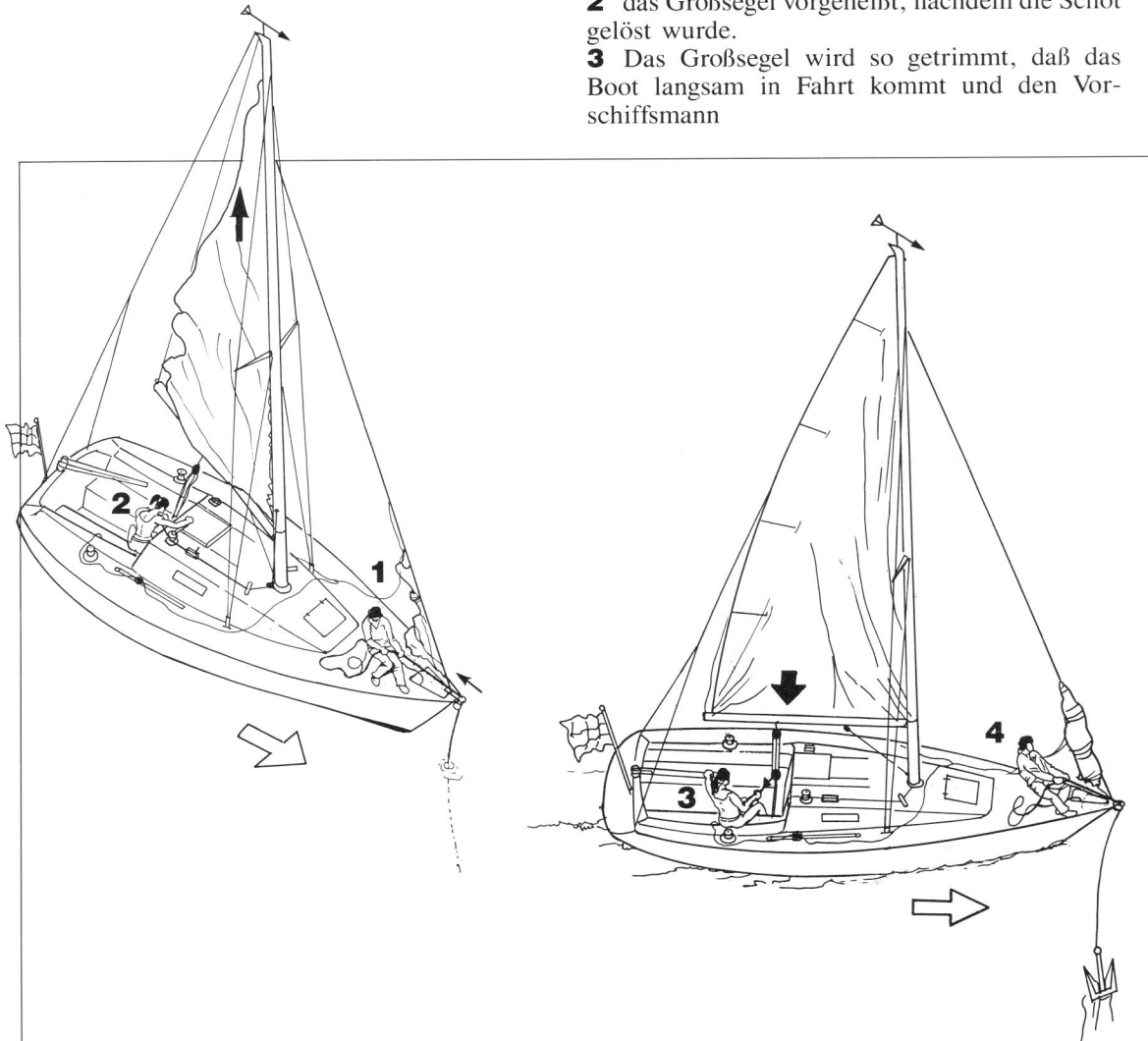

4 beim Einholen der Ankerleine unterstützt. Der Steuermann muß versuchen, in Richtung des Ankers zu segeln, bis der aus dem Grund bricht.

5 Sobald der Anker über Grund hängt, fällt der Steuermann ab und fiert

6 die Großschot auf, um etwas mehr Geschwindigkeit zu erreichen.

7 Der Anker wird mit allem Geschirr an Deck geholt, gereinigt und klar zum Ankern verstaut. Erst dann beginnt der Vordecksmann

8 mit der Vorbereitung des Vorsegels und setzt es, sobald der Steuermann

9 einen Kurs hoch am Wind steuert. In der Wende

10 wird das Vorsegelfall durchgesetzt, das Boot segelt

11 frei von der Leeküste.

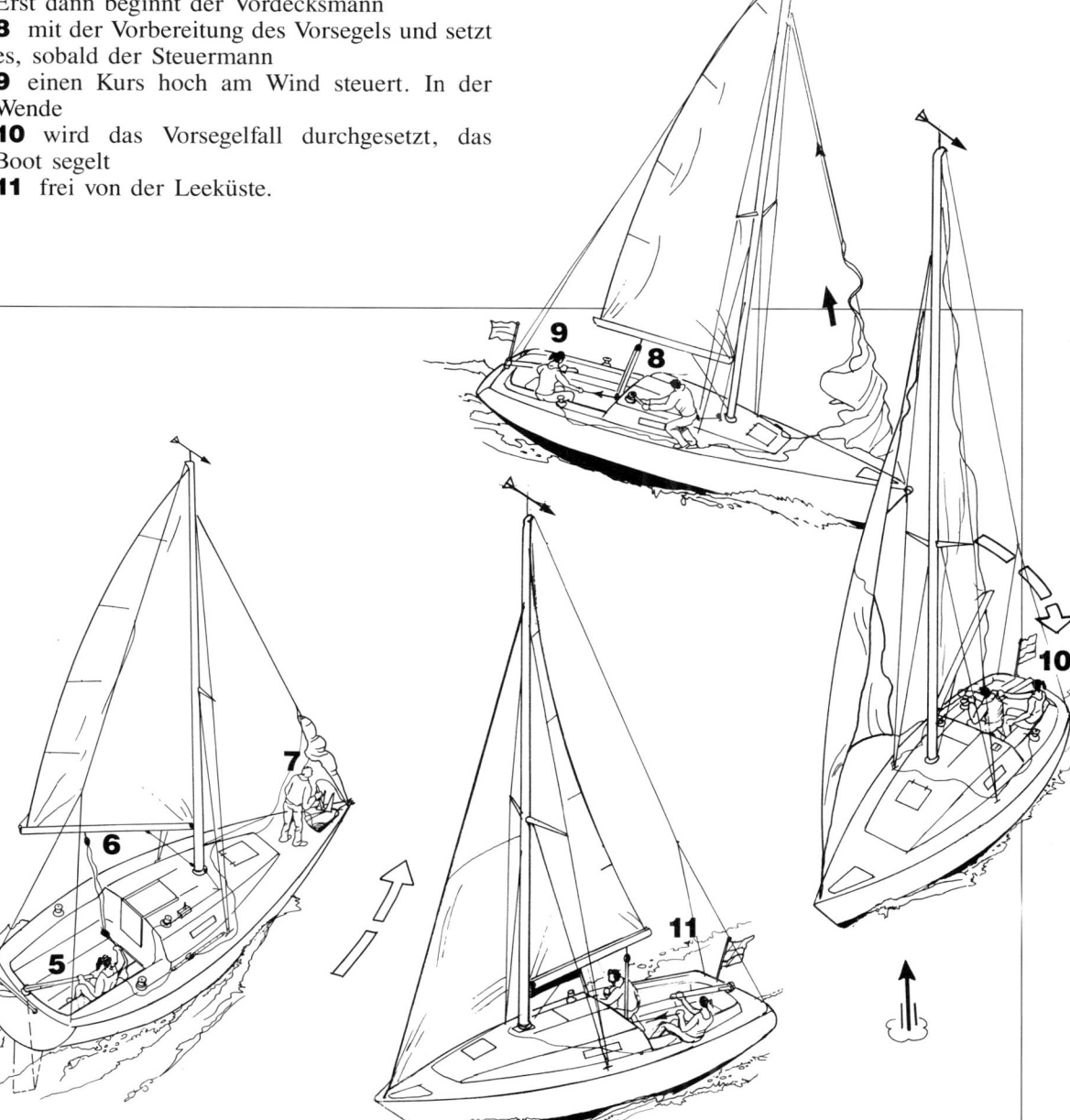

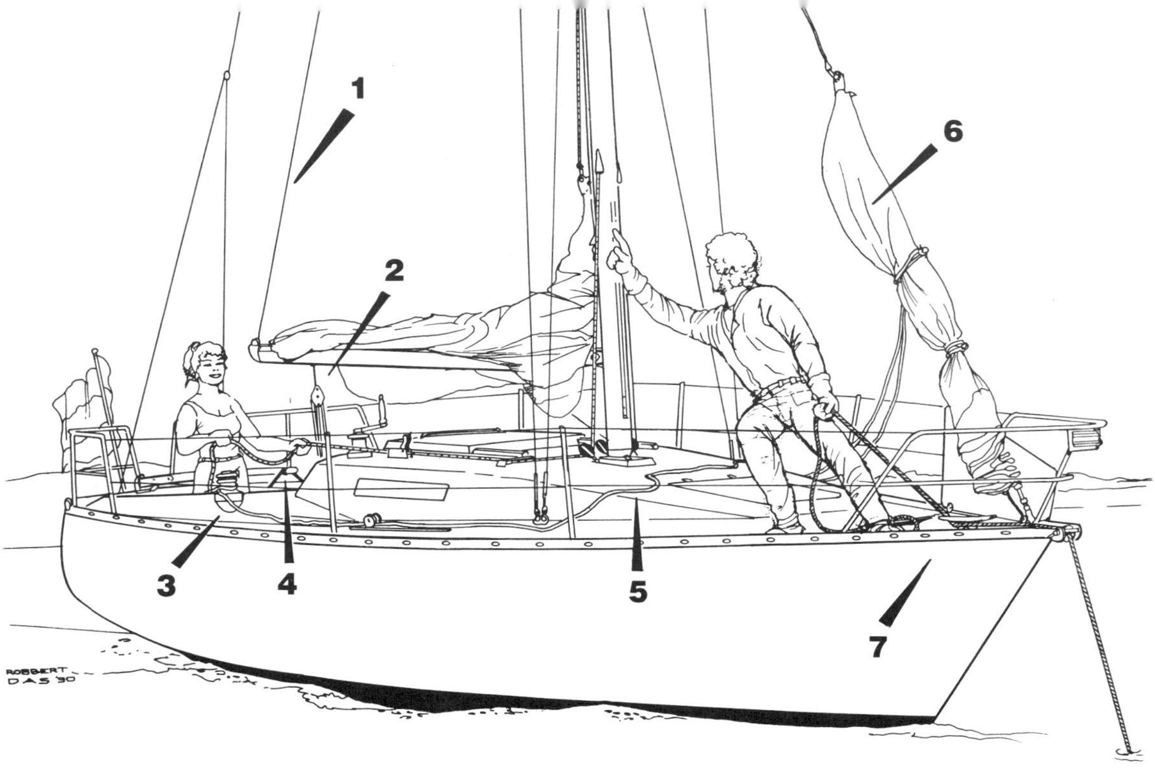

Das Boot ist klar, ankerauf zu gehen:

1 Die Dirk ist durchgesetzt,

2 die Großschot ist aufgeschossen und belegt,

3 das Großfall ist klar zum Vorheißen,

4 das Ruder wird mittschiffs festgesetzt,

5 die Genuaschoten liegen bereit.

6 Yachten ohne Rollgenua können das Vorsegel so vorbereiten, daß das Einholen des Ankers nicht behindert wird.

7 Die Ankerleine ist klar zum Holen.

Mit etwas Übung kann die Ankerleine mit einem Fuß in den Ankerkasten geschoben werden (links unten), ohne daß sie sich vertörnt. Der Anker selbst wird darauf gestaut. Will man mit einer größeren Yacht bei starkem Wind ohne Motorhilfe ankeraufgehen, sollte

1 zunächst das Großsegel gerefft werden. Das Ausschütten des Reffs ist immer einfacher als das Einstecken unterwegs.

2 Auch wenn der notwendige Kraftaufwand sehr hoch ist, sollte die Ankerleine schnell geholt werden, während das Großsegel gesetzt wird. Damit der Ankerplatz möglichst schnell verlassen werden kann, sollte zusätzlich

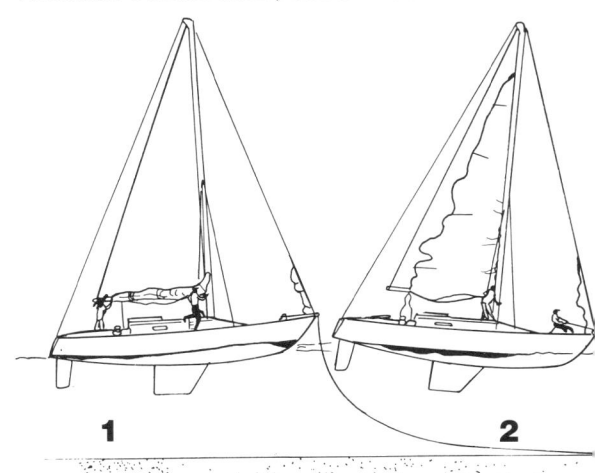

3 eine kleine, hoch geschnittene Genua gesetzt werden. Das Boot wird dabei in Richtung des Ankers gesegelt.

4 Die Lose in der Ankerleine muß so schnell wie möglich eingeholt werden, dabei sollte immer ein Törn um eine stabile Klampe liegen.

5 Der Anker wird mit Fahrt voraus aus dem Grund gebrochen. Während dieser Phase dreht das Boot in den Wind und setzt zur Wende an.

6 Das Ankergeschirr wird an Deck geholt, während die Yacht bereits auf dem anderen Bug liegt und Fahrt aufnimmt.

Unter Umständen muß das Großsegel möglichst schnell gesetzt werden. Dazu wird das Fall Hand über Hand

1 vorgeheißt. Je nach Fabrikat kann der Stopper auch geschlossen werden, so daß das Fall nicht sackt.

2 Wenn das Großsegel nicht mehr von Hand vorzuheißen ist, wird das Fall mehrfach um die Winsch gelegt und anschließend

3 auf die notwendige Spannung gekurbelt. Bevor das Fall von der Winsch genommen wird, müssen Stopper älterer Fabrikation

4 geschlossen werden. Wer oft mit kleiner Crew unterwegs ist, sollte über selbstholende Winschen nachdenken, die gerade in einem solchen Fall sehr hilfreich sind.

Segeln im Strom

Gezeitenströme treten überall auf der Welt auf, in Europa sind starke Strömungen vor allem an der Westküste und in der Nordsee zu finden. Strömungen können helfen, große Distanzen schnell zu überwinden, aber auch gefährliche Situationen bewirken. Segler mit geringer Erfahrung haben häufig Probleme mit Gezeitenströmen. Wir wollen zeigen, wie man Strömungen erkennt und vor allem, wie man sie nutzt.

Wer in Gewässern segeln will, die von gezeitenabhängigen Strömungen beeinflußt werden, sollte sich zunächst mit entsprechenden Unterlagen versorgen. Tidenkalender und Gezeitenatlanten enthalten alle Daten über Hoch- und Niedrigwasserzeiten, über Stärke und Richtung von Strömungen sowie über die Höhe der Tiden. Spezielle Karten, die es für jede Stunde vor und nach Hochwasser an einem bestimmten Ort gibt, stellen die wichtigsten Informationen graphisch dar.

An jeder Tonne lassen sich Richtung und Stärke einer Strömung ablesen. Normalerweise krängt eine Tonne in die Richtung, in die der Strom setzt. Das Kielwasser der Tonne zeigt die Stärke der Strömung an. Mit einiger Erfahrung lassen sich die Stromwerte recht genau abschätzen. Mit Hilfe eines modernen Navigationsgerätes wie Decca, Loran oder GPS, die Kurs und Geschwindigkeit über Grund angeben, können Stärke und Richtung einer Strömung aus der Differenz zu Kurs und Geschwindigkeit durchs Wasser berechnet werden.

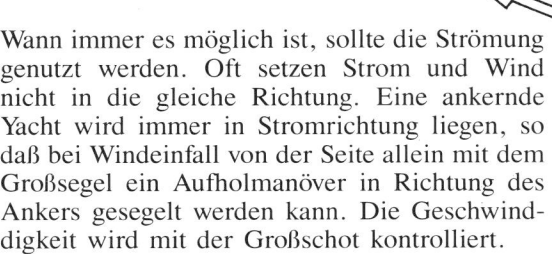

Wann immer es möglich ist, sollte die Strömung genutzt werden. Oft setzen Strom und Wind nicht in die gleiche Richtung. Eine ankernde Yacht wird immer in Stromrichtung liegen, so daß bei Windeinfall von der Seite allein mit dem Großsegel ein Aufholmanöver in Richtung des Ankers gesegelt werden kann. Die Geschwindigkeit wird mit der Großschot kontrolliert.

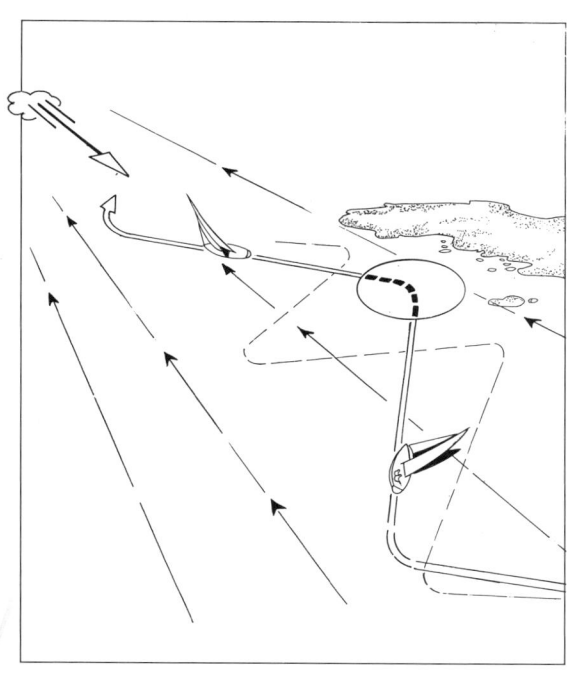

Setzt der Strom gegen die Windrichtung, ist das Kreuzen in oft kurzer, steiler See nicht immer ein Vergnügen. Der schiebende Strom erhöht die Geschwindigkeit nach Luv und damit die scheinbare Windgeschwindigkeit. Der Wendewinkel wird kleiner als sonst (vergleiche die gestrichelte mit der doppelten Linie). Wer zu dicht unter Land kommt, kann in einen Neerstrom geraten. Wenn dann eine Wende nicht klappt, wird's unter Umständen gefährlich.

Das Kreuzen in Landnähe in einem schiebenden Strom vermittelt den Eindruck, sehr schnell zu segeln. Das stimmt auch, allerdings nicht relativ zum umgebenden Wasser, wie das Log zeigen wird. Der schiebende Strom muß aber bei jeder Wende mit einkalkuliert werden.

1 Die Yacht segelt hoch am Wind.

2 Eine Wende wird eingeleitet.

3 Das Ruder wird nur wenig gelegt, um während einer langsamen Wende möglichst viel Distanz nach Luv direkt gegen den Wind zu gewinnen. Aber Vorsicht ist geboten.

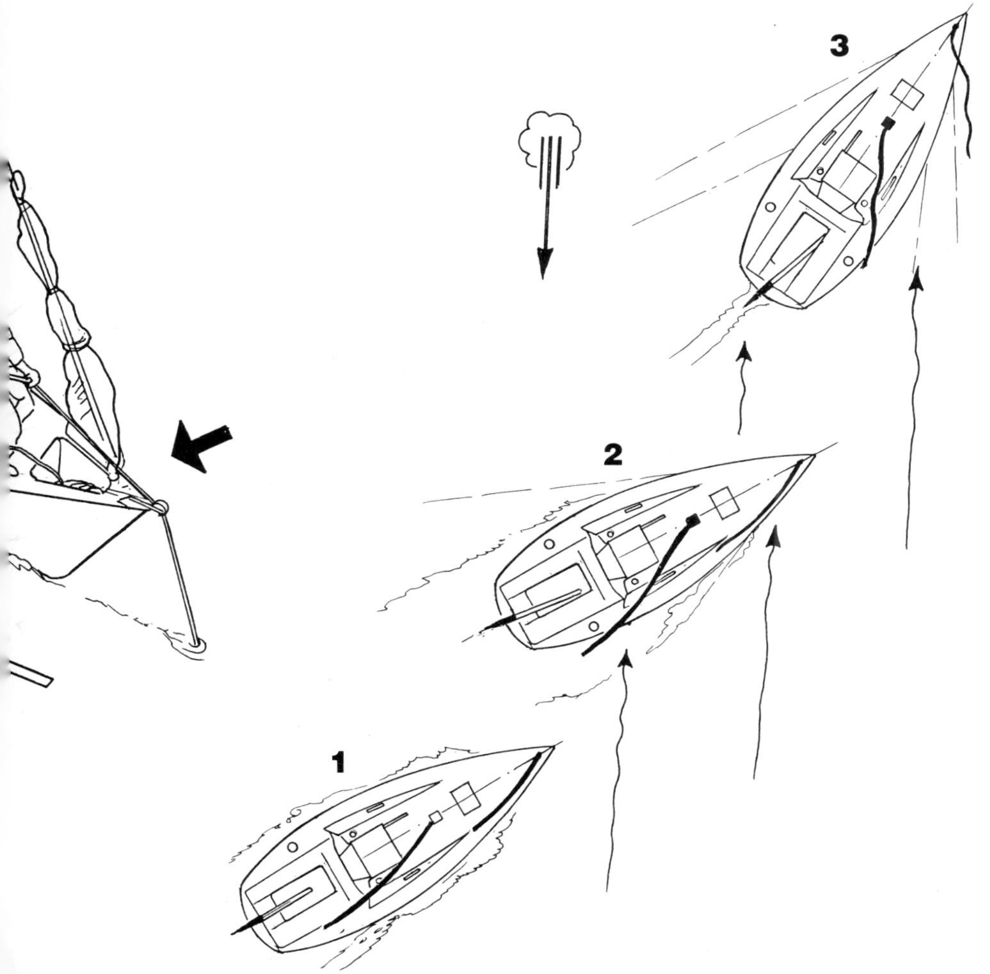

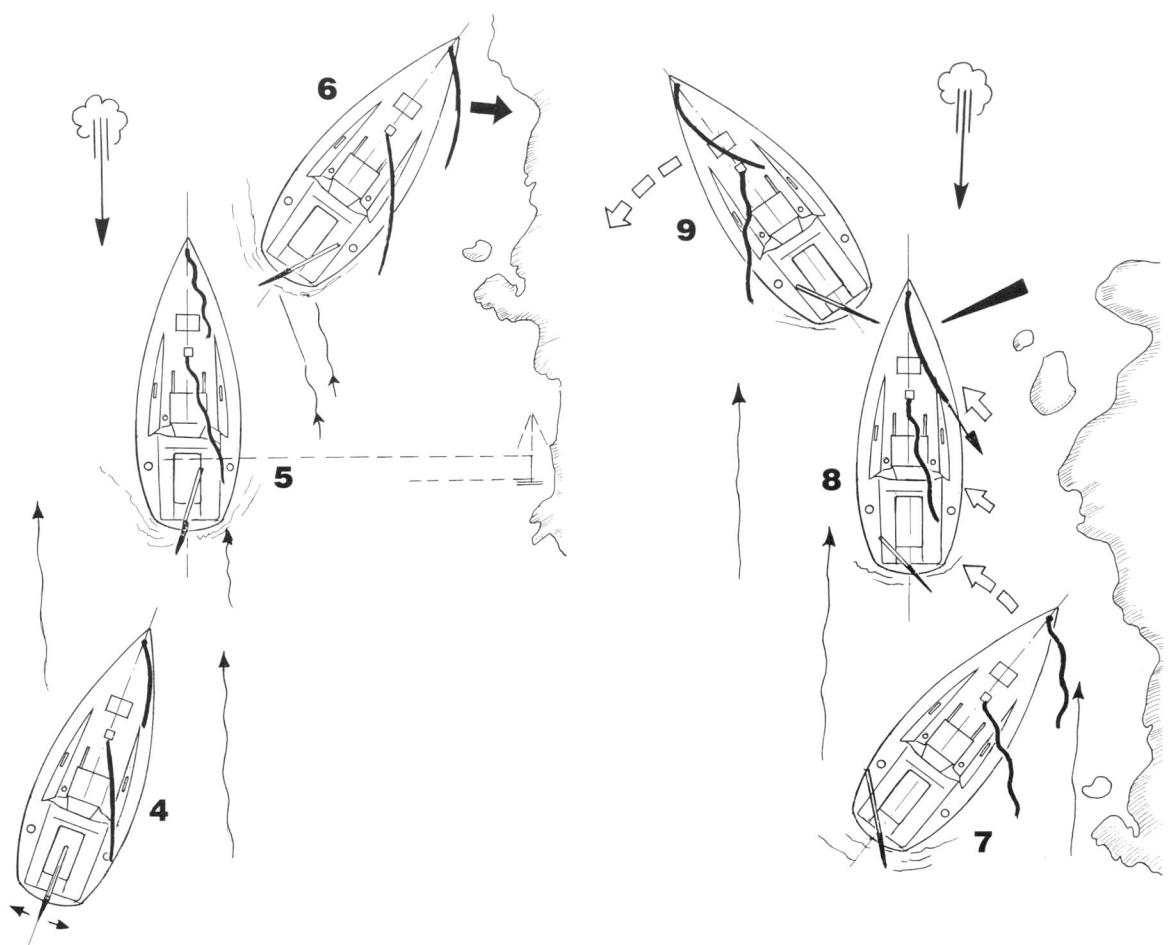

4 Der Rudergänger hat kein Gefühl mehr, da die Geschwindigkeit durchs Wasser fast Null ist.
5 Obwohl Peilungen nach Land anzeigen, daß sich die Yacht vorwärts bewegt, drückt der Wind sie bereits rückwärts durchs Wasser.
6 Das Boot macht jetzt wieder Fahrt voraus durchs Wasser und segelt auf das nahe Land zu.

7 Die einzige Möglichkeit, heil aus dieser Situation herauszukommen, ist das Fieren der Segel und das Legen des Ruders nach der anderen Seite.
8 Sobald wie möglich muß das Vorsegel backgesetzt werden, um mit dem Bug durch den Wind gehen zu können.
9 Mit backgesetztem Vorsegel und noch gelegtem Ruder kommt das Boot mit Hilfe der Strömung vom Ufer frei.

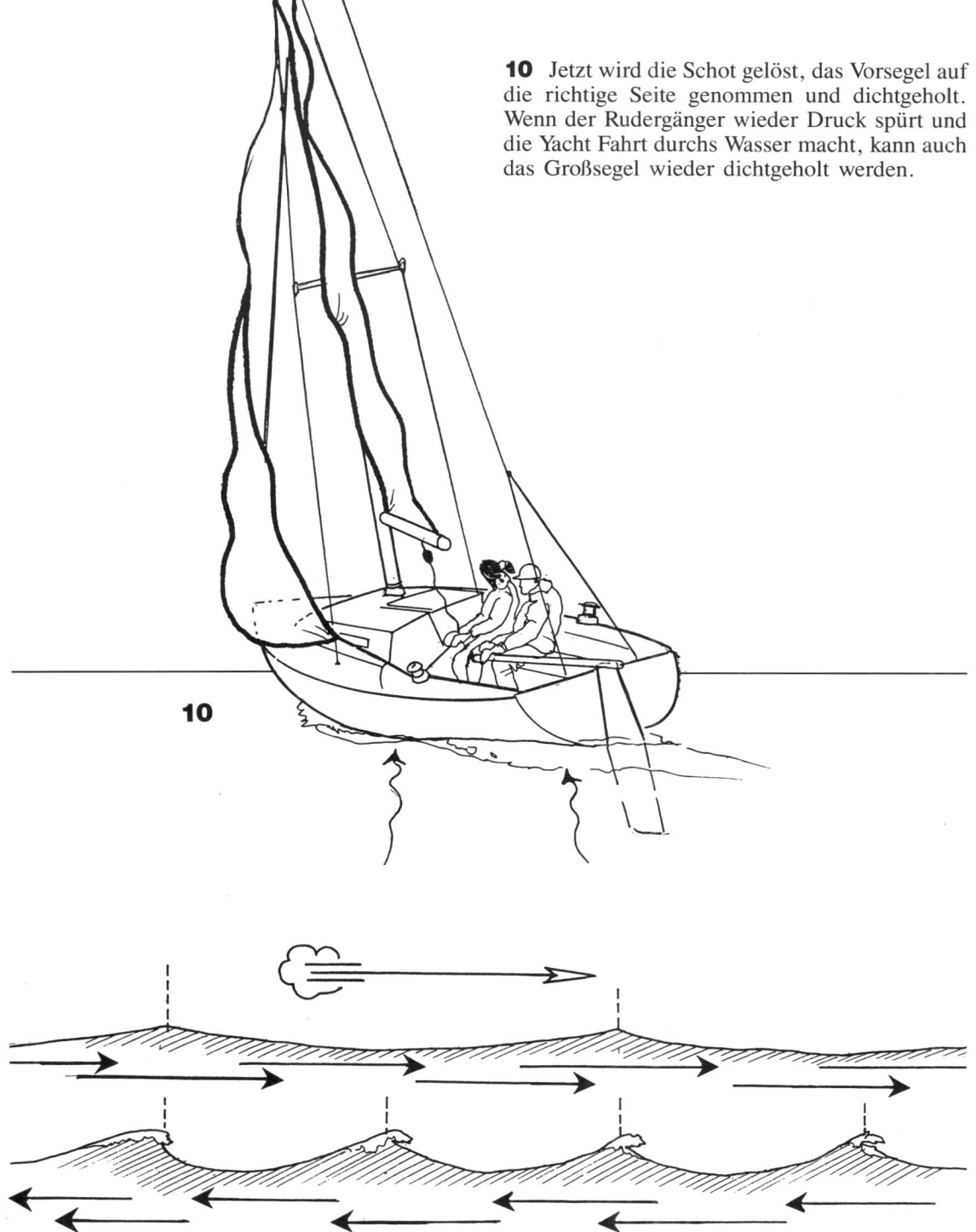

10 Jetzt wird die Schot gelöst, das Vorsegel auf die richtige Seite genommen und dichtgeholt. Wenn der Rudergänger wieder Druck spürt und die Yacht Fahrt durchs Wasser macht, kann auch das Großsegel wieder dichtgeholt werden.

Setzt die Strömung in die gleiche Richtung, in die der Wind weht, entstehen relativ lange und flache Seen. Setzt der Strom gegen die Windrichtung, wird eine unangenehm kurze und steile See erzeugt. Kreuzen gegen den Wind bei Schie- bestrom geht zwar schnell, ist aber deutlich ungemütlicher, als mit Wind und Strom in die gleiche Richtung. Neerströme sind an einem veränderten Wellenbild meist gut zu erkennen.

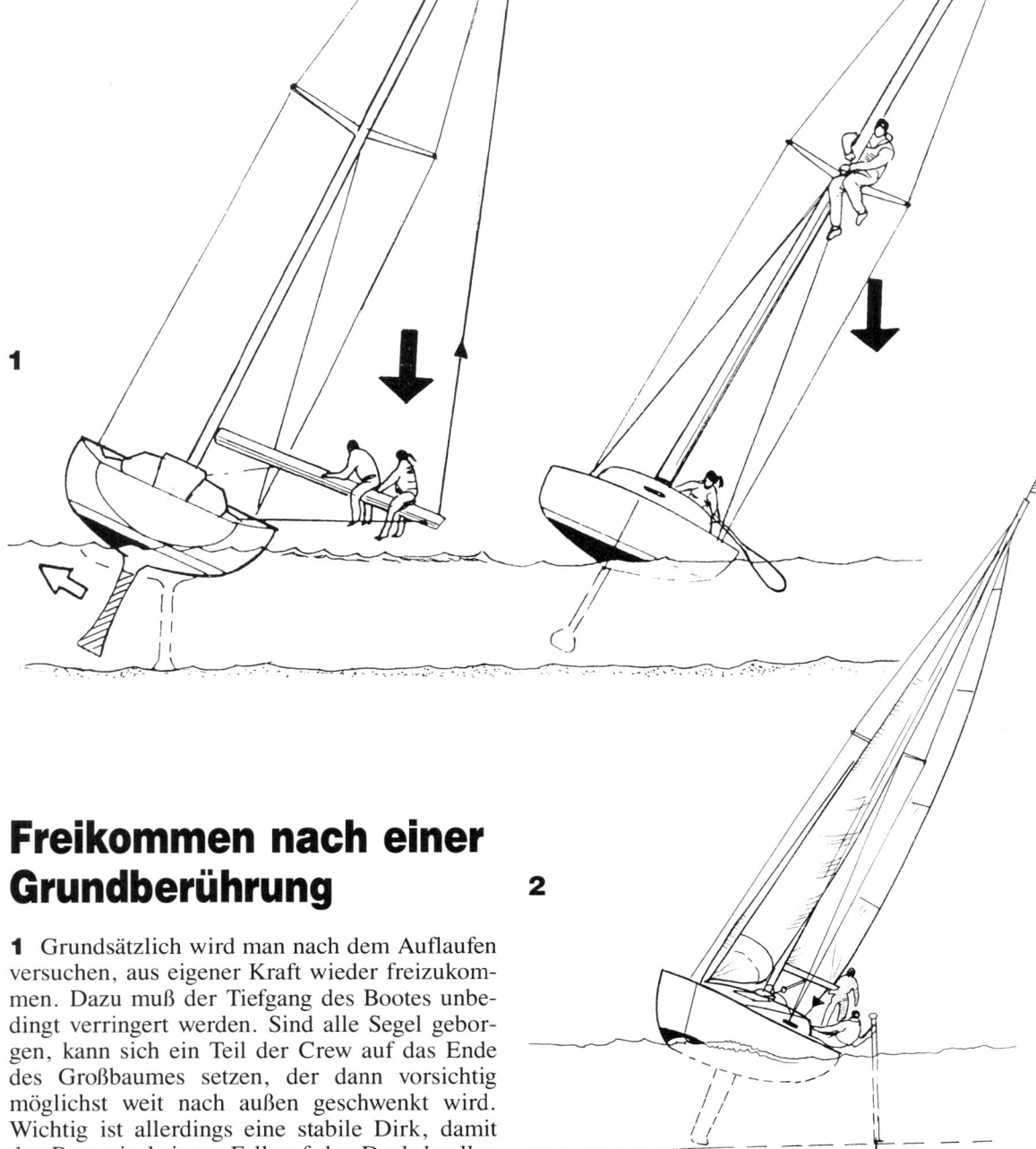

Freikommen nach einer Grundberührung

1 Grundsätzlich wird man nach dem Auflaufen versuchen, aus eigener Kraft wieder freizukommen. Dazu muß der Tiefgang des Bootes unbedingt verringert werden. Sind alle Segel geborgen, kann sich ein Teil der Crew auf das Ende des Großbaumes setzen, der dann vorsichtig möglichst weit nach außen geschwenkt wird. Wichtig ist allerdings eine stabile Dirk, damit der Baum in keinem Fall auf das Deck knallen kann. Spätestens dann schwimmt auch die Crew im Wasser. Kommt der Kiel frei vom Grund, muß man versuchen mit der Maschine wieder tieferes Wasser zu erreichen.

Auf kleineren Booten bringt ein Mann im Mast viel zusätzliche Krängung. Wichtig aber ist, daß der Mann mit mindestens einem stabilen Fall vernünftig gesichert ist.

2 Liegt der Bereich tieferen Wassers zu Lee, kann man mit dichtgeholten Segeln und der Mannschaft ebenfalls in Lee versuchen, das Schiff ohne großen Aufwand wieder frei zu bekommen. Häufig hilft kräftiges Abstoßen mit einem Bootshaken.

3 Eine andere Möglichkeit des Freikommens ist mit Hilfe der Maschine gegeben. Die Pinne wird in einem nicht zu großen Winkel fixiert, die Maschine auf voll voraus geschaltet. Die Crew hängt sich auf der Seite des flachen Wassers in die Wanten und muß durch schaukeln versuchen, das Boot wieder flott zu bekommen.

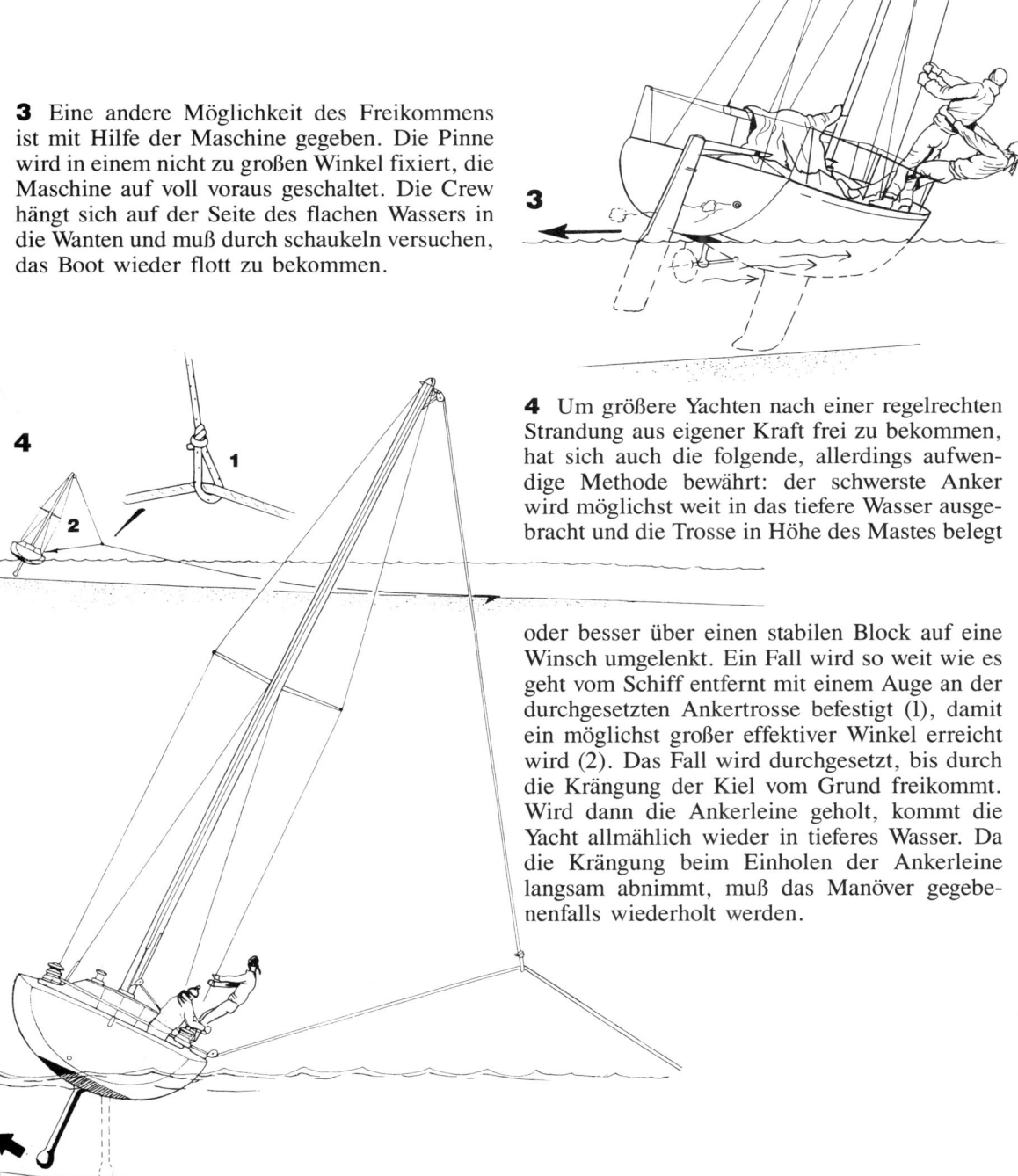

4 Um größere Yachten nach einer regelrechten Strandung aus eigener Kraft frei zu bekommen, hat sich auch die folgende, allerdings aufwendige Methode bewährt: der schwerste Anker wird möglichst weit in das tiefere Wasser ausgebracht und die Trosse in Höhe des Mastes belegt

oder besser über einen stabilen Block auf eine Winsch umgelenkt. Ein Fall wird so weit wie es geht vom Schiff entfernt mit einem Auge an der durchgesetzten Ankertrosse befestigt (1), damit ein möglichst großer effektiver Winkel erreicht wird (2). Das Fall wird durchgesetzt, bis durch die Krängung der Kiel vom Grund freikommt. Wird dann die Ankerleine geholt, kommt die Yacht allmählich wieder in tieferes Wasser. Da die Krängung beim Einholen der Ankerleine langsam abnimmt, muß das Manöver gegebenenfalls wiederholt werden.

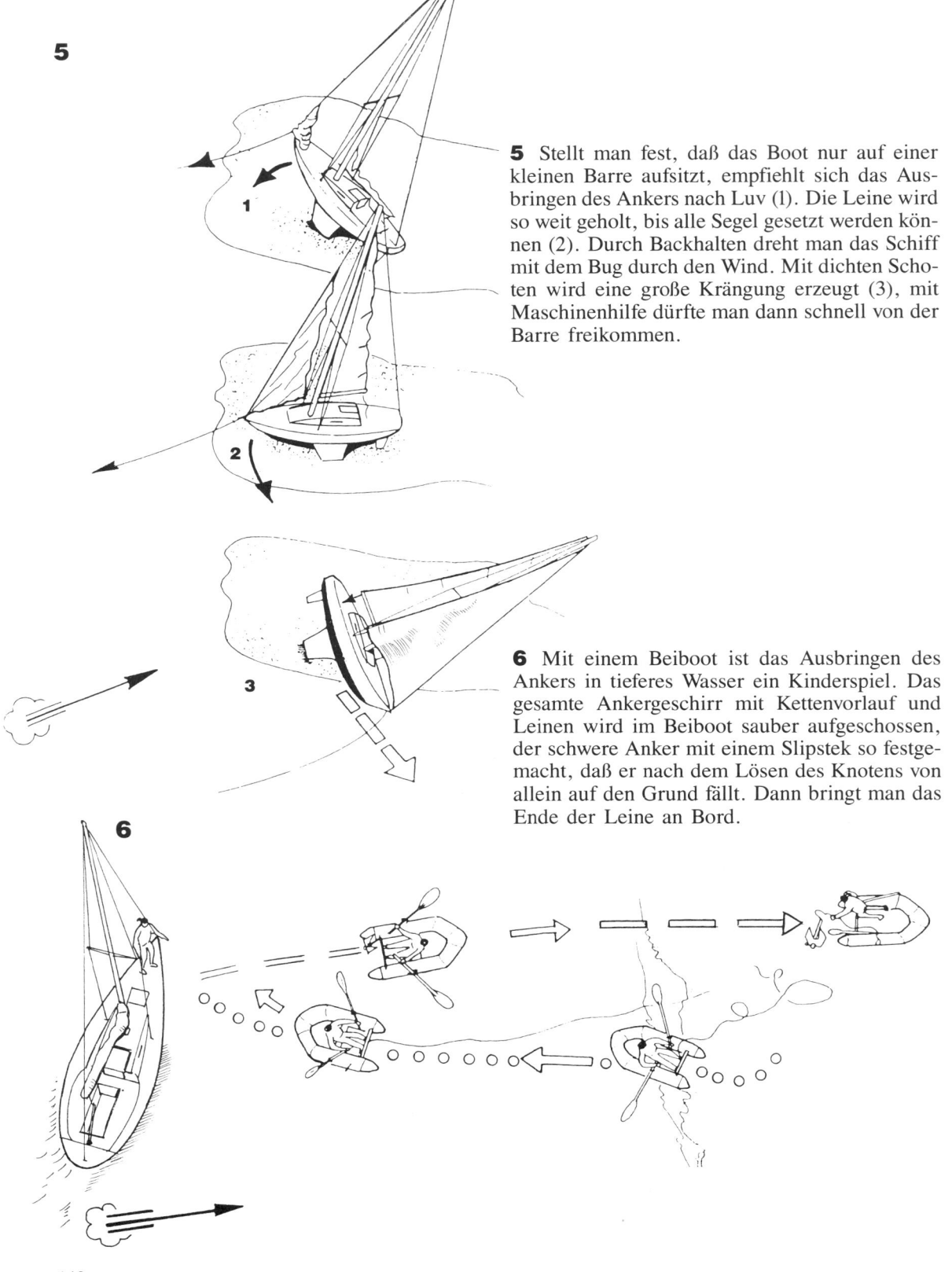

5 Stellt man fest, daß das Boot nur auf einer kleinen Barre aufsitzt, empfiehlt sich das Ausbringen des Ankers nach Luv (1). Die Leine wird so weit geholt, bis alle Segel gesetzt werden können (2). Durch Backhalten dreht man das Schiff mit dem Bug durch den Wind. Mit dichten Schoten wird eine große Krängung erzeugt (3), mit Maschinenhilfe dürfte man dann schnell von der Barre freikommen.

6 Mit einem Beiboot ist das Ausbringen des Ankers in tieferes Wasser ein Kinderspiel. Das gesamte Ankergeschirr mit Kettenvorlauf und Leinen wird im Beiboot sauber aufgeschossen, der schwere Anker mit einem Slipstek so festgemacht, daß er nach dem Lösen des Knotens von allein auf den Grund fällt. Dann bringt man das Ende der Leine an Bord.

Freikreuzen von Legerwall

Eine Leeküste bedeutet grundsätzlich eine Gefahr für Mannschaft und Boot. Man sollte alles unternehmen, um sich erst gar nicht in eine solch kritische Situation zu begeben. Natürlich läßt sich das nicht immer verhindern. Das Freikreuzen von einer Leeküste muß mutig, aber beherrscht in Angriff genommen werden, vor allem wenn es weht. Wichtig ist, daß das Boot ausreichend besegelt ist, um möglichst viel Raum nach Luv gewinnen und die Abdrift aussegeln zu können.

2 Die Schoten werden aus Angst vor der drohenden Küste und wegen zu starker Krängung immer wieder gefiert, so daß das Schiff kaum Fahrt durchs Wasser macht. Die notwendige Wende geht dann leicht daneben, das driftet schnell auf die Klippen.

1 Wer zum Beispiel nicht rechtzeitig refft und das Großsegel deshalb nicht richtig trimmen kann, muß mit einer enormen Abdrift rechnen.

1

2

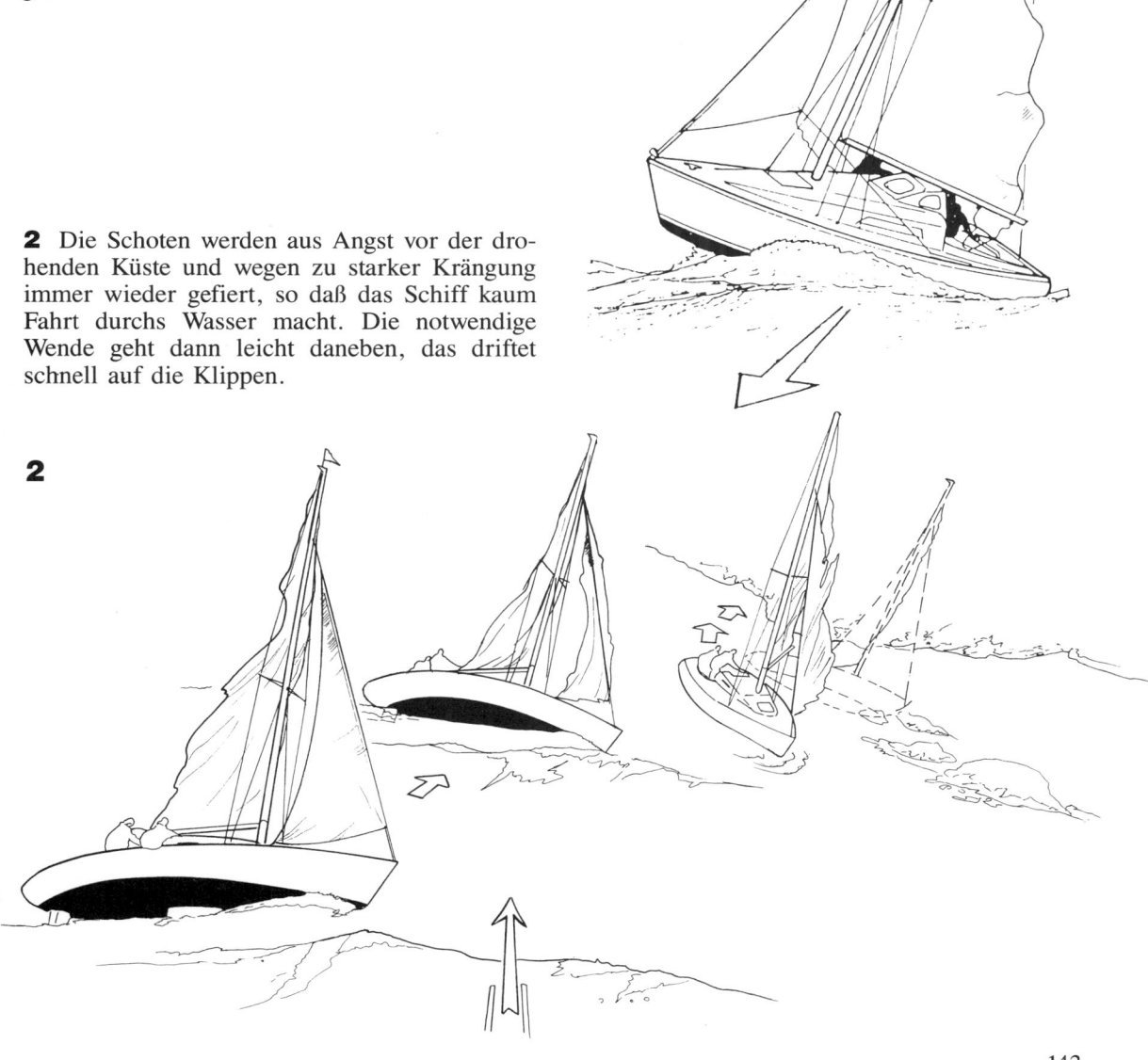

3 Auf dieser Grafik wird deutlich, mit welchen Chancen sich vier völlig unterschiedliche Yachten bei viel Wind von einer Leeküste freikreuzen können: Der Kielschwerter (oben) kann nur 20 % seiner normalen Segelfläche tragen und kreuzt, einschließlich der Abdrift, in einem Winkel von nur 80 Grad zum Wind. Die Geschwindigkeit nach Luv, also in Sicherheit beträgt nur 0,4 Knoten! Der etwas größere Küstenkreuzer darunter trägt 30 % der Segelfläche, läuft eine wahre Höhe von 65 Grad und macht 1,5 Seemeilen nach Luv gut. Der deutlich größere Seekreuzer kann rund 40 % seiner Normalsegelfläche tragen, 50 Grad an den Wind gehen und immerhin mit drei Knoten nach Luv

entkommen. Die Maxi-Rennyacht (unten) geht mit immerhin 60 % der möglichen Segelfläche ausgezeichnete 37 Grad an den Wind und macht 5,8 Seemeilen nach Luv gut. Diese Rennyachten haben eine komplette, trainierte Crew an Bord und gehen oft dicht unter Land (auch vor einer Leeküste), um günstigere Wind- und Strömungsbedingungen zu finden. Fahrtensegler sollten sich daran kein Beispiel nehmen!

3

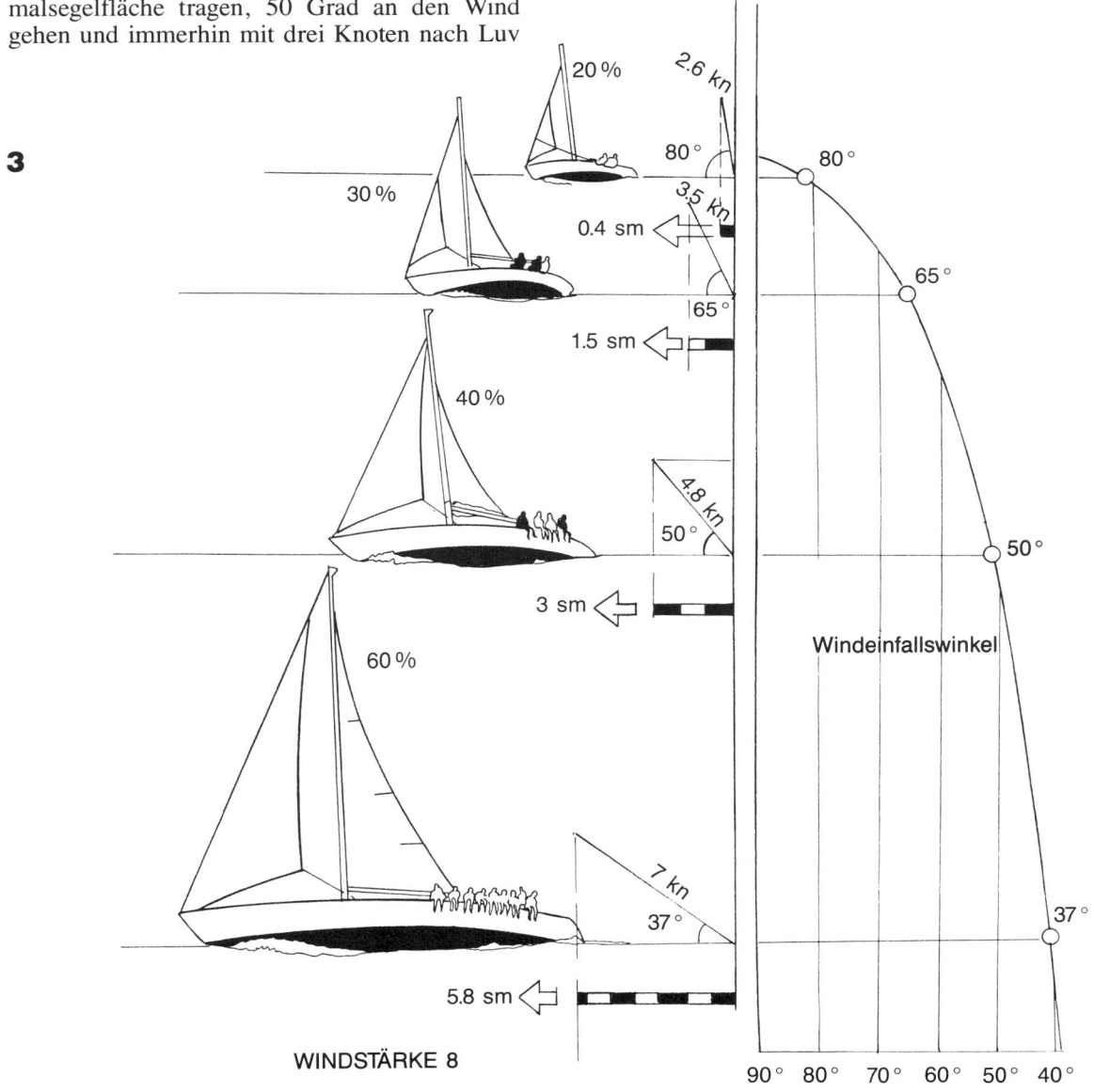

WINDSTÄRKE 8

4 Beim Freikreuzen von einer Leeküste bei viel Wind ist richtiger Segeltrimm unter Umständen lebenswichtig: Das Achterstag (1) wird geholt, damit der Masttopp nach achtern biegt und das Achterliek des Großsegels öffnet. Der Traveller (2) wird aus dem gleichen Grund so weit wie möglich nach Lee gefahren. Das Großsegel ist gerefft (3). Die kleine Fock (4) muß unbedingt im richtigen Winkel geschotet werden, damit sie einwandfrei zieht. Mit sparsamen Ruderbewegungen wird die Yacht auf Kurs gehalten (5). In einer Wende darf nicht zu stark Ruder gelegt werden, um das Boot nicht zu bremsen. Der Windeinfallswinkel (6) soll nicht zu klein sein, das Schiff muß gute Fahrt voraus machen. Stellt man das Boot ab und zu in den Wind um Höhe zu kneifen, verringert sich sofort die Geschwindigkeit.

4

5

5 An diesem Vergleich wird deutlich, wie unterschiedlich das Segeltragevermögen verschieden großer Yachten bei Starkwind ist: während das kleine Kielboot nur noch die Sturmfock tragen kann, läuft der größere Seekreuzer noch gut unter gerefftem Großsegel und kleiner Fock. Der rund 24 Meter lange, toppgetakelte Maxi segelt noch leicht mit einem Reff im Großsegel und der Genua II.

Segeln ohne Ruder

1 Das Ruder ist abgebrochen, verschwunden auf Nimmerwiedersehen. Allein auf hoher See muß sich die Crew irgendwie helfen. Viele gut getrimmt Yachten laufen, vor allem auf Amwindkursen, von allein geradeaus. Auf jedem Boot gibt es eine ganze Reihe von Trimmöglichkeiten, mit deren Hilfe das Kurshalten ohne Ruderbewegungen erreicht werden kann:

1 Das Kurshaltevermögen moderner, leichter Yachten wird durch Gewichtsverteilung enorm beeinflußt.
2 Mit Großschot und Traveller wird der Druck des Großsegels und damit die Luv-, beziehungsweise Leegierigkeit der Yacht reguliert.

3 Mit dem Baumniederholer kann ebenfalls die Form des Großsegels und damit das Verhalten des Bootes beeinflußt werden.
4 Das verstellbare Achterstag öffnet dichtgeholt das Großsegel und verringert die Luvgierigkeit. Fiert man es, schließt sich das Achterliek und mehr Druck wird erzeugt.
5 Die Einstellung des Vorsegels ist ebenfalls wichtig, will man das ruderlose Boot auf einem halbwegs geraden Kurs halten.

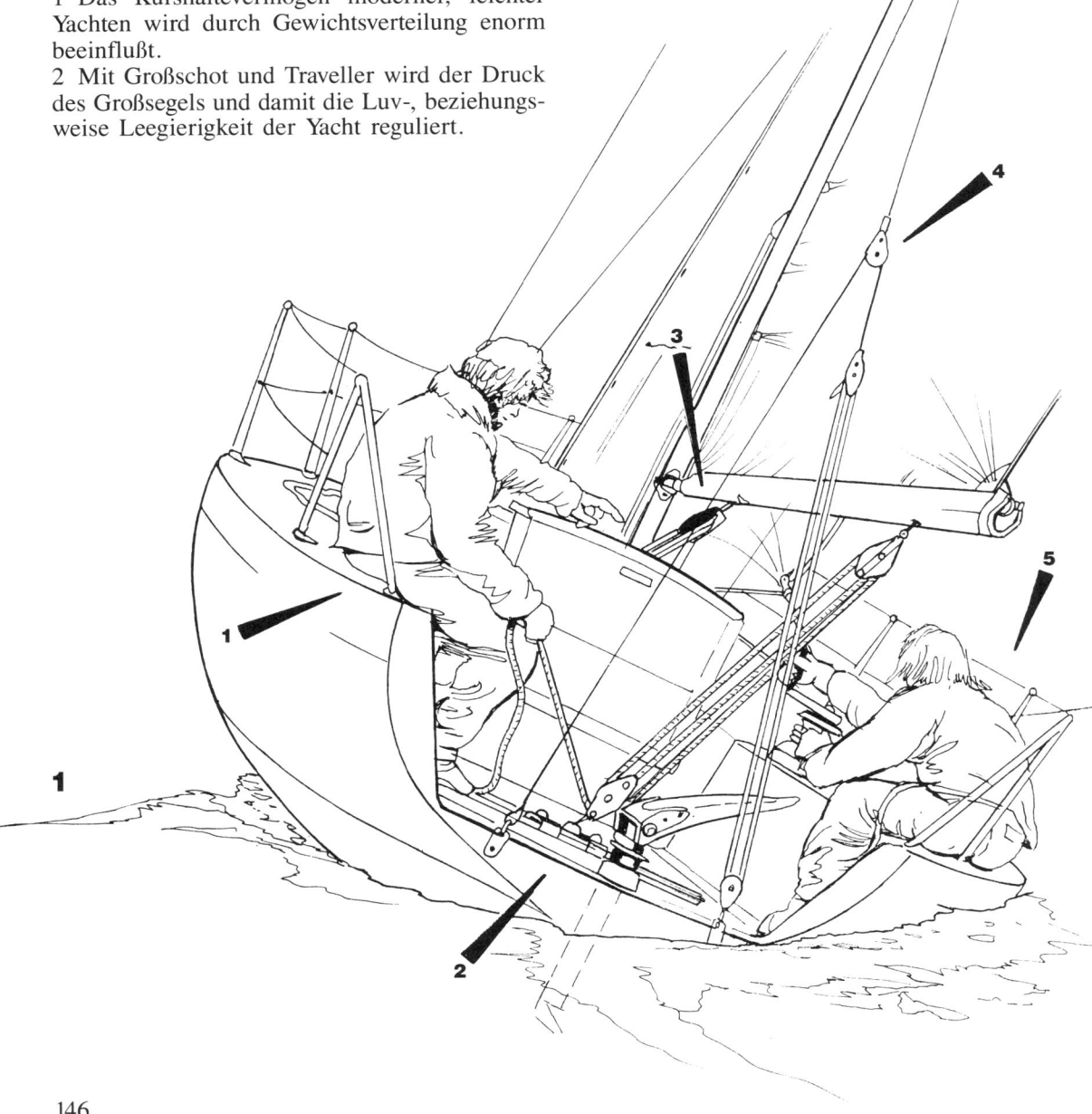

2

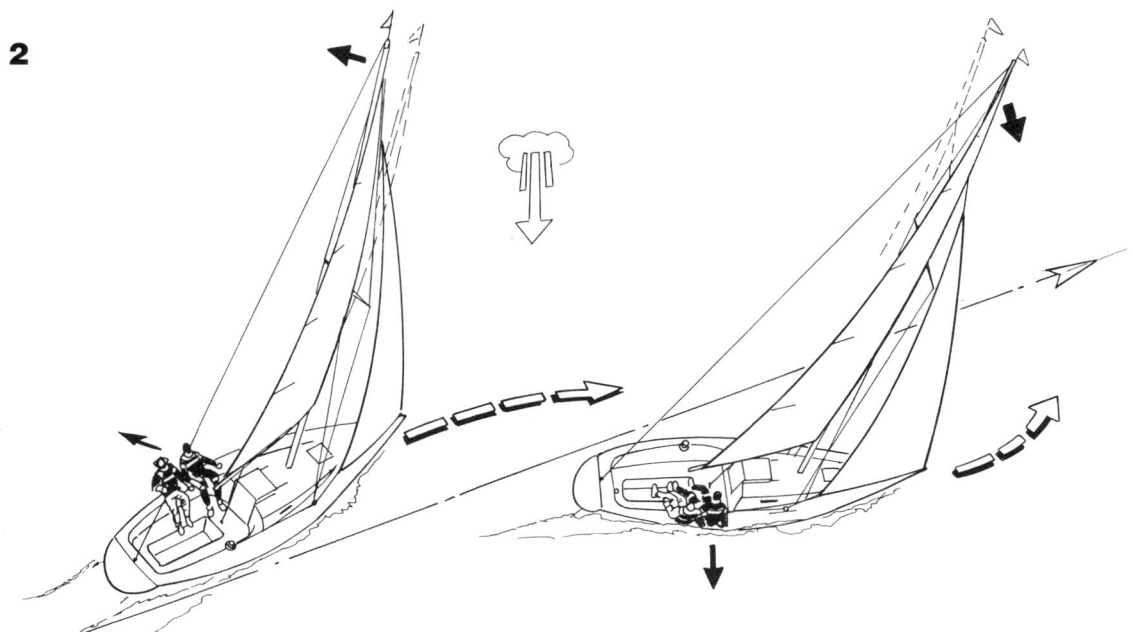

2 Auf einer kleinen, gut ausgetrimmten Yacht bewirkt die Verlagerung des Crewgewichtes einiges — verringert sich die Krängung durch das Gewicht in Luv, fällt das Boot ab. Die Erhöhung der Krängung durch das Crewgewicht in Lee bewirkt ein Anluven der Yacht.

3 + 4 Das gleiche Prinzip funktioniert auch vor dem Wind unter Spinnaker. Eine Krängung nach Luv bedeutet eine Kursänderung nach Luv, das Crewgewicht in Lee ein Abfallen mit der Gefahr einer Halse.

3

4

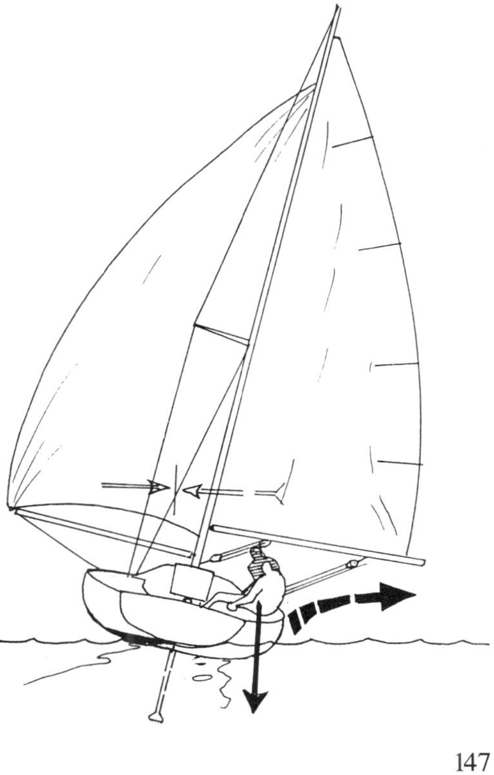

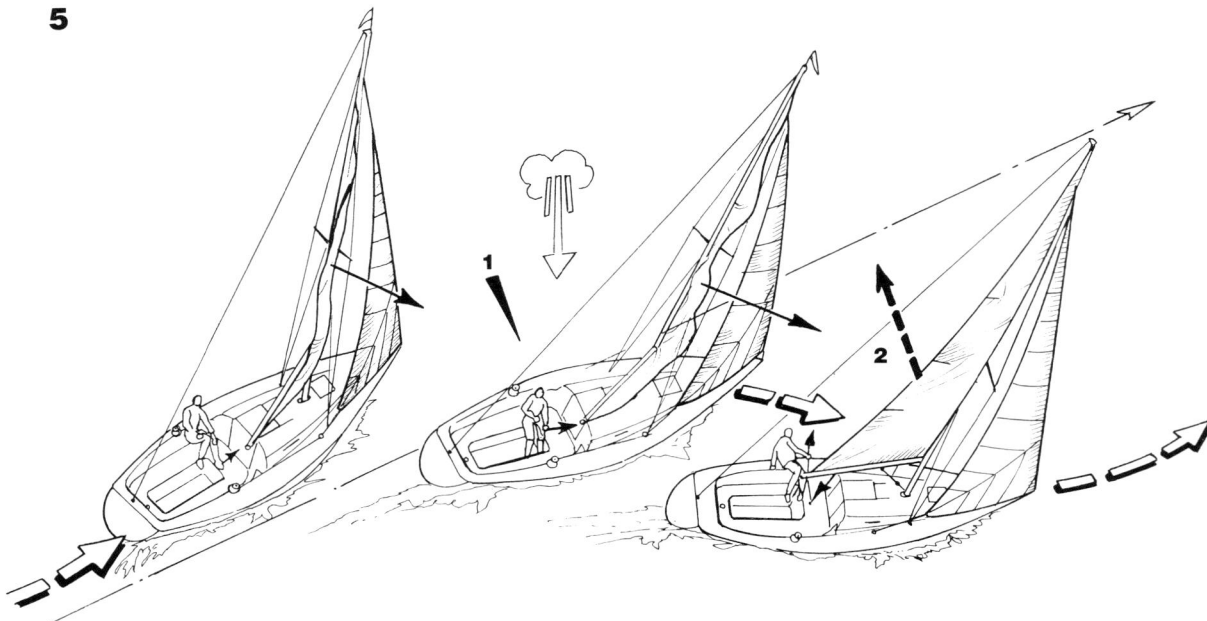

5 Bei mehr Wind wird ein halbwegs vernünftiger Kurs wohl nur mit Hilfe des Segeltrimmes zu erreichen sein. Das Boot fällt ab, wenn das Großsegel weit genug gefiert wird (1) und luvt wieder an, wenn es dicht geholt wird (2).

Schleppen lassen

Um eine Schleppleine an ein anderes Schiff übergeben zu können, muß sie auf See meistens über eine recht große Distanz geworfen werden. Ist nur eine schwere Trosse an Bord, wird eine dünne Sorgleine angesteckt und zunächst diese übergeben. Die Leine wird an einem Ende an Bord belegt. Einen Teil der sauber aufgeschossenen Buchten nimmt man in die Wurfhand, den anderen Teil mit dem belegten Ende in die andere. Mit starkem Armschwung wird die Leine in einem nicht zu hohen aber auch nicht zu flachen Bogen geworfen.

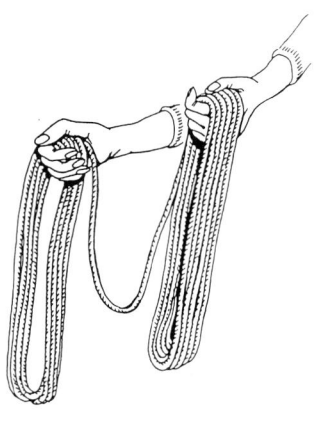

Schleppen von Segelyachten durch die Berufsschiffahrt kommt in der Praxis eigentlich nur auf Flüssen und manchmal im Nord-Ostsee-Kanal vor. Vor dem Herstellen einer Schleppverbindung sollte mit dem Kapitän des Berufsschiffes geklärt werden, mit welcher Geschwindigkeit er mit der Yacht am Haken zu laufen gedenkt — Geschwindigkeiten deutlich über der Rumpfgeschwindigkeit der Yacht sind nicht akzeptabel, da schwere Schäden an den Verbänden entstehen können. Das Berufsschiff wird zunächst mit langsamer Fahrt laufen, so daß sich die Yacht von der Seite etwa mittschiffs dem größeren Schiff nähern kann (1). Die Schleppleine wird übergeben (2). Während das Ende auf dem Berufsschiff nach achtern gebracht wird, muß die Geschwindigkeit der Yacht leicht gedrosselt werden. Die noch lose Leine darf nicht zu weit durchhängen und möglicherweise der Schraube des Schleppers zu nahe kommen (3). Langsam wird die gewünschte Länge der Schleppleine von der Yacht gesteckt. Erst wenn sie richtig belegt ist, gibt man dem Berufskapitän ein Zeichen, damit er auf seine Reisegeschwindigkeit gehen kann (4).

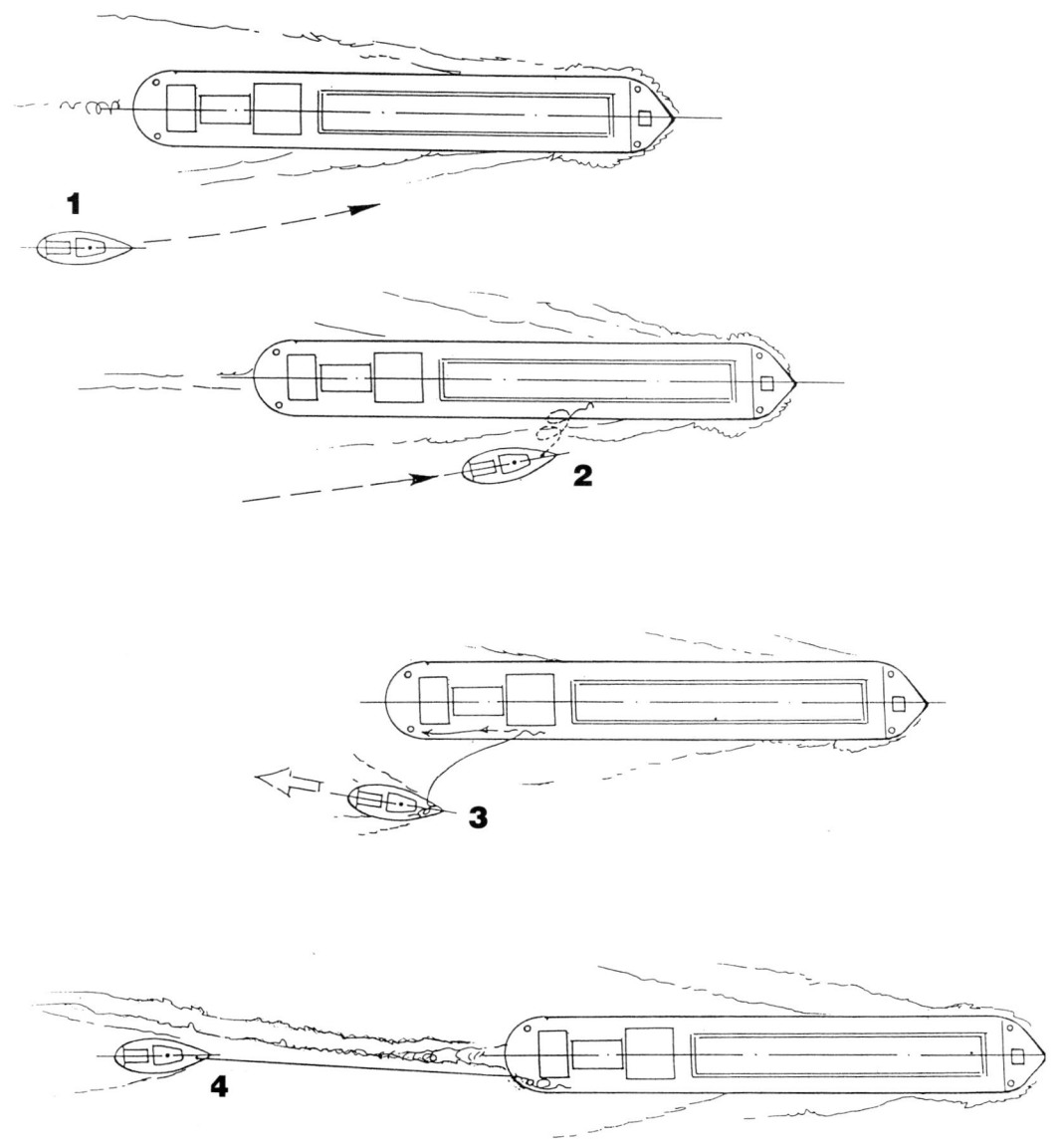

Da eine Verständigung zwischen Schlepper und Yacht per UKW nicht immer möglich ist und selbst lautes Brüllen wegen des Motorenlärmes nicht zu hören ist, sollte man eine einfache Zeichensprache verwenden:

1 Wer aus welchem Grund auch immer geschleppt werden will, stellt sich mit einer wurfbereiten Leine auf dem Vorschiff auf und winkt damit.

2 Sobald die Leine an Bord belegt ist und angeschleppt werden kann, kreuzt man die Arme vor dem Bauch.

3 Kann der Schlepper die Geschwindigkeit erhöhen, macht man mit erhobenem Arm kreisende Bewegungen.

4 Soll der Schlepper seine Geschwindigkeit verringern, bewegt man beide ausgestreckten Arme auf und ab.

5 Das Signal zum Lösen der Schleppleine wird mit angewinkelten Armen gegeben, die auseinandergezogen werden.

6 Ein internationales Signal, das jeder versteht: der senkrechte Daumen bedeutet „Alles klar".

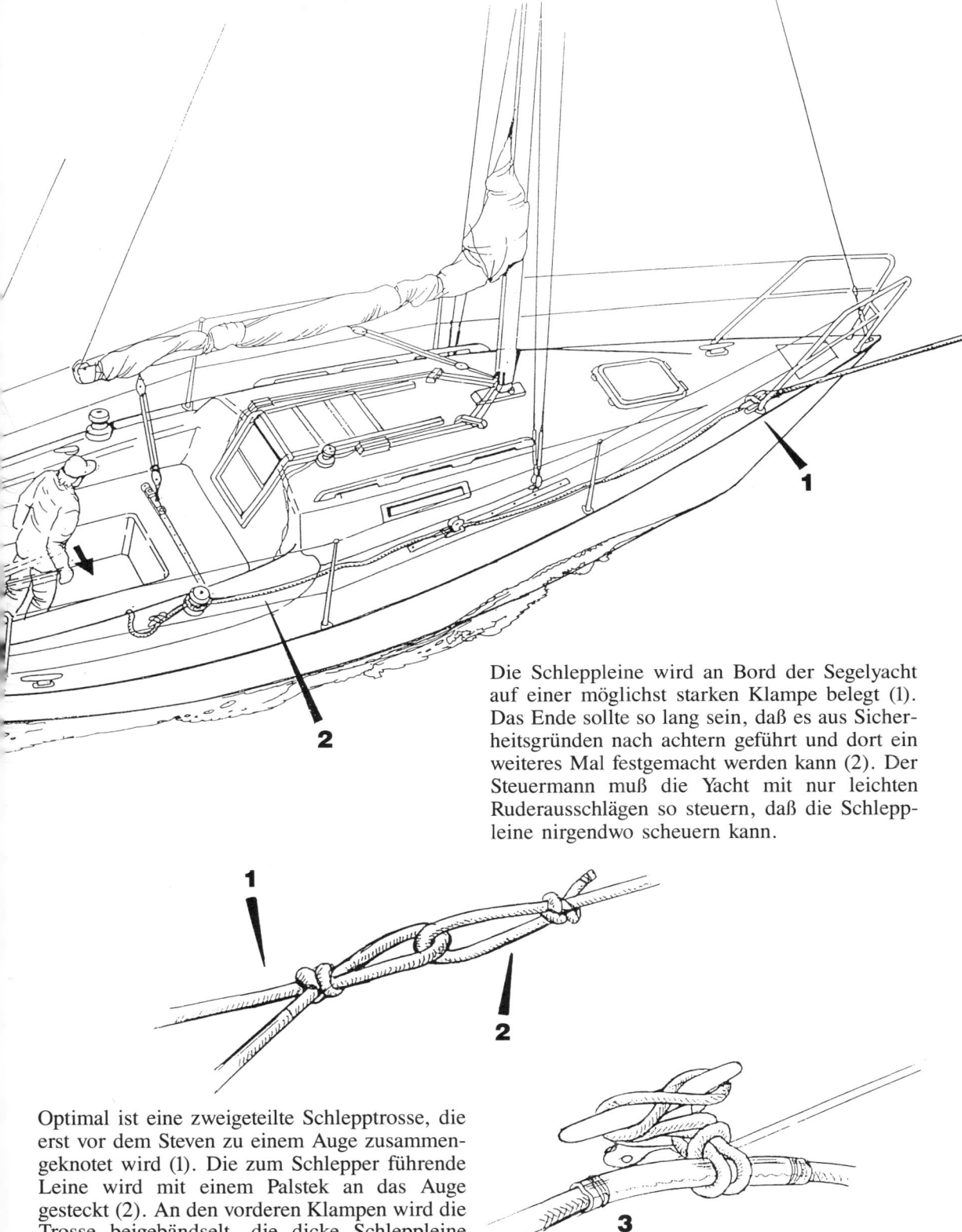

Die Schleppleine wird an Bord der Segelyacht auf einer möglichst starken Klampe belegt (1). Das Ende sollte so lang sein, daß es aus Sicherheitsgründen nach achtern geführt und dort ein weiteres Mal festgemacht werden kann (2). Der Steuermann muß die Yacht mit nur leichten Ruderausschlägen so steuern, daß die Schleppleine nirgendwo scheuern kann.

Optimal ist eine zweigeteilte Schlepptrosse, die erst vor dem Steven zu einem Auge zusammengeknotet wird (1). Die zum Schlepper führende Leine wird mit einem Palstek an das Auge gesteckt (2). An den vorderen Klampen wird die Trosse beigebändselt, die dicke Schleppleine muß gegen Schamfielen geschützt werden (3).

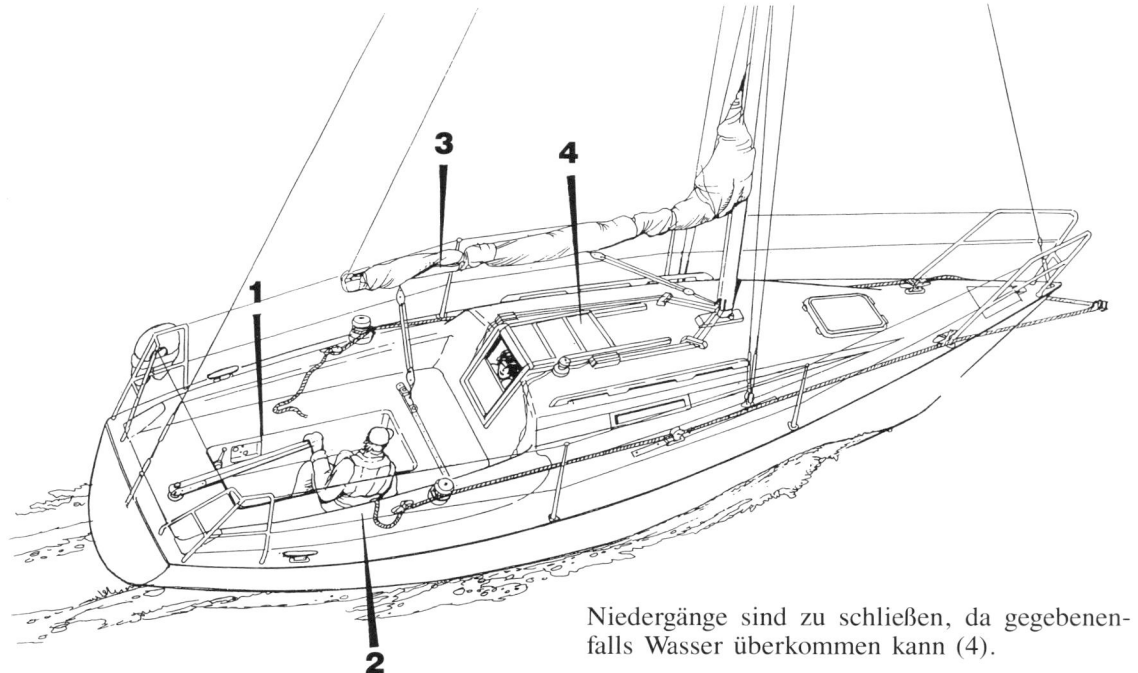

Niedergänge sind zu schließen, da gegebenenfalls Wasser überkommen kann (4).

Die Pinne stellt sich durch die Geschwindigkeit von allein in Mittschiffsstellung (1). Es sind nur geringe Korrekturen notwendig. Der Steuermann muß sich eine Position suchen, aus der er das schleppende Fahrzeug immer im Blick hat (2). Das Großsegel ist sauber aufgetucht, der Baum wird seitlich gezurrt (3). Alle Luken und

Die Schleppgeschwindigkeit und die Länge der Schleppleine müssen richtig aufeinander abgestimmt sein. Grundsätzlich ist eine lange Leine besser als eine kurze. Optimal ist die Länge, wenn sich beide Fahrzeuge immer gleich zu den Wellenkämmen befinden, also beide zum Beispiel in einem Wellental fahren. Dann bleibt der Druck auf der Leine gering und gleichmäßig.

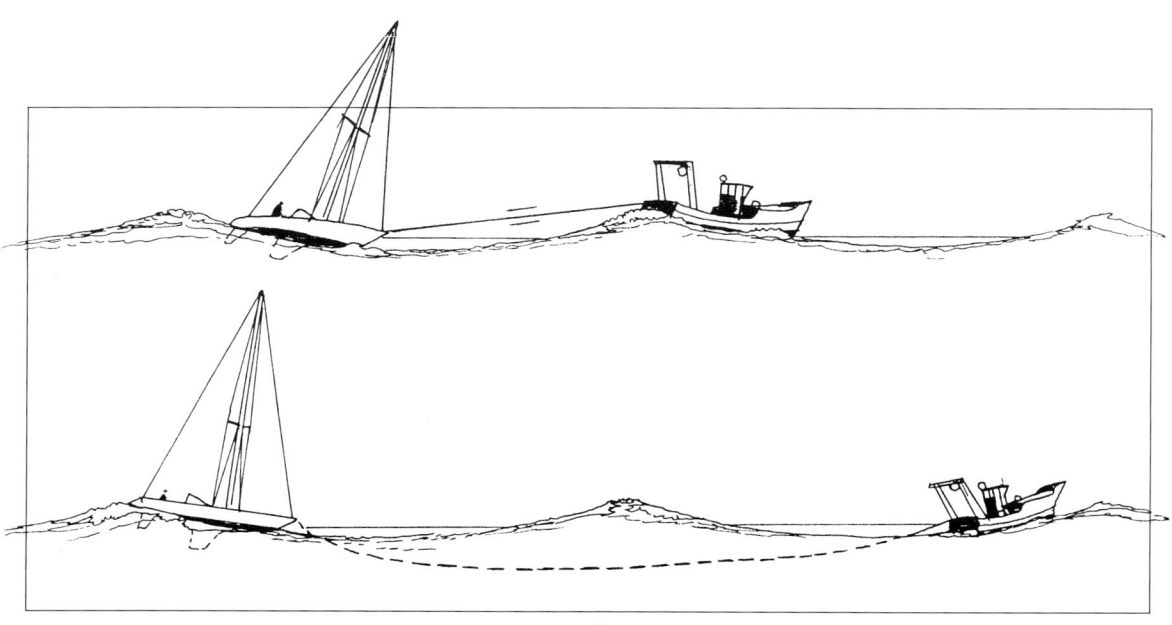

Schleusen

1 Wenn man in eine Schleusenkammer einläuft weiß man nie genau was einen erwartet. Da das Einlaufen grundsätzlich erst nach Aufforderung durch das Schleusenpersonal gestattet ist, sollte man davon ausgehen können, daß die Berufsschiffahrt festgemacht und ihre Propeller gestoppt hat. Einige Kapitäne aber lassen die Schraube trotzdem langsam mitlaufen, so daß bei gelegtem Ruder eine starke Strömung im Bereich des Achterschiffes auftreten kann. Nicht ungefährlich ist auch der Wind, der durch die geöffneten Tore in die Schleuse gelangt und verstärkt wird. Zusätzlich erzeugt das ein- beziehungsweise ausströmende Wasser zum Teil starke Wirbel, die kleinere Yachten mitreißen können.

2 Yachten, die an der Schleusenmauer festmachen, sollten Vor- und Achterleine grundsätzlich auf Slip legen, so daß sie von Deck aus dem steigenden oder fallenden Wasser angepaßt werden können.

1

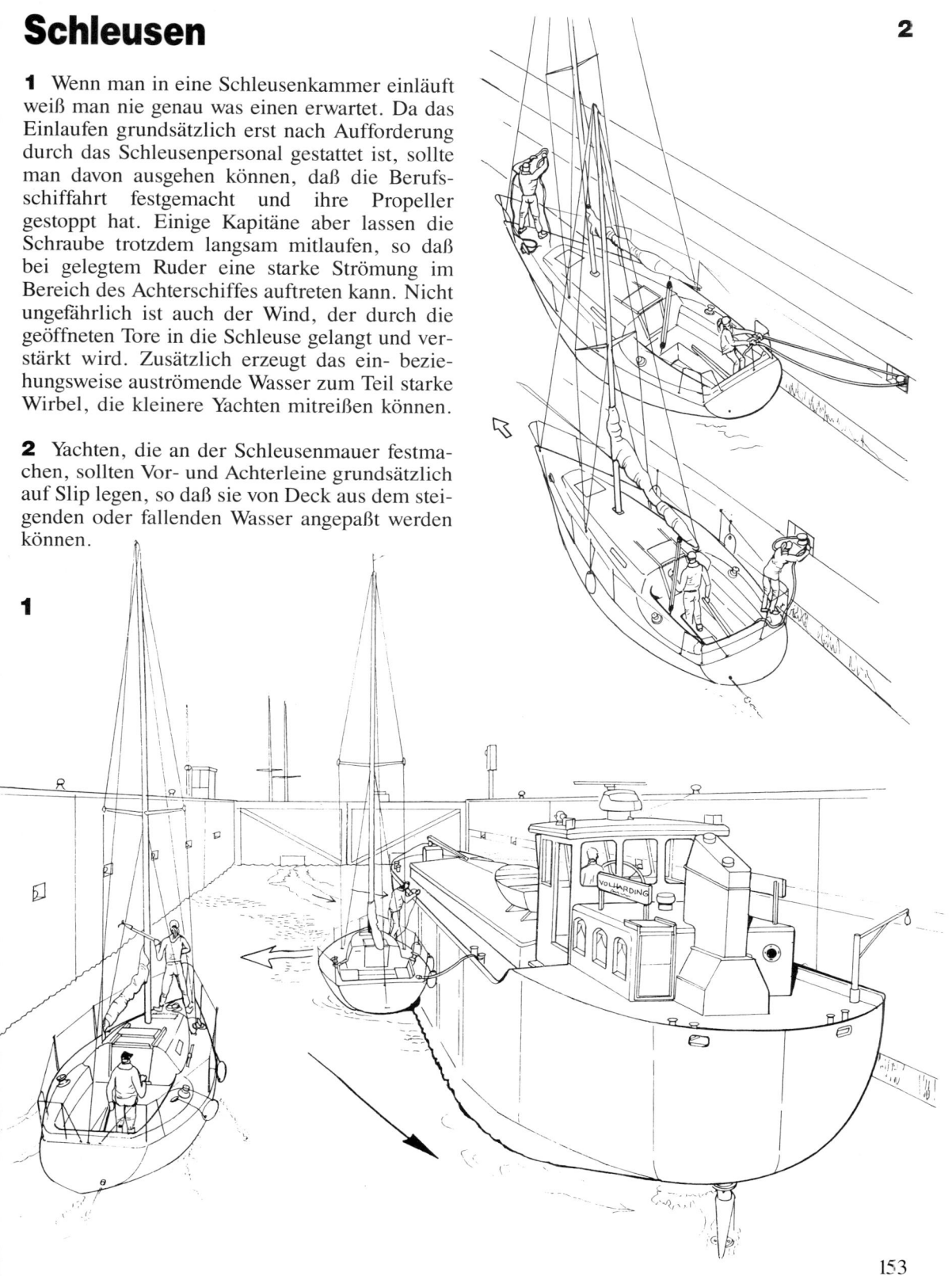

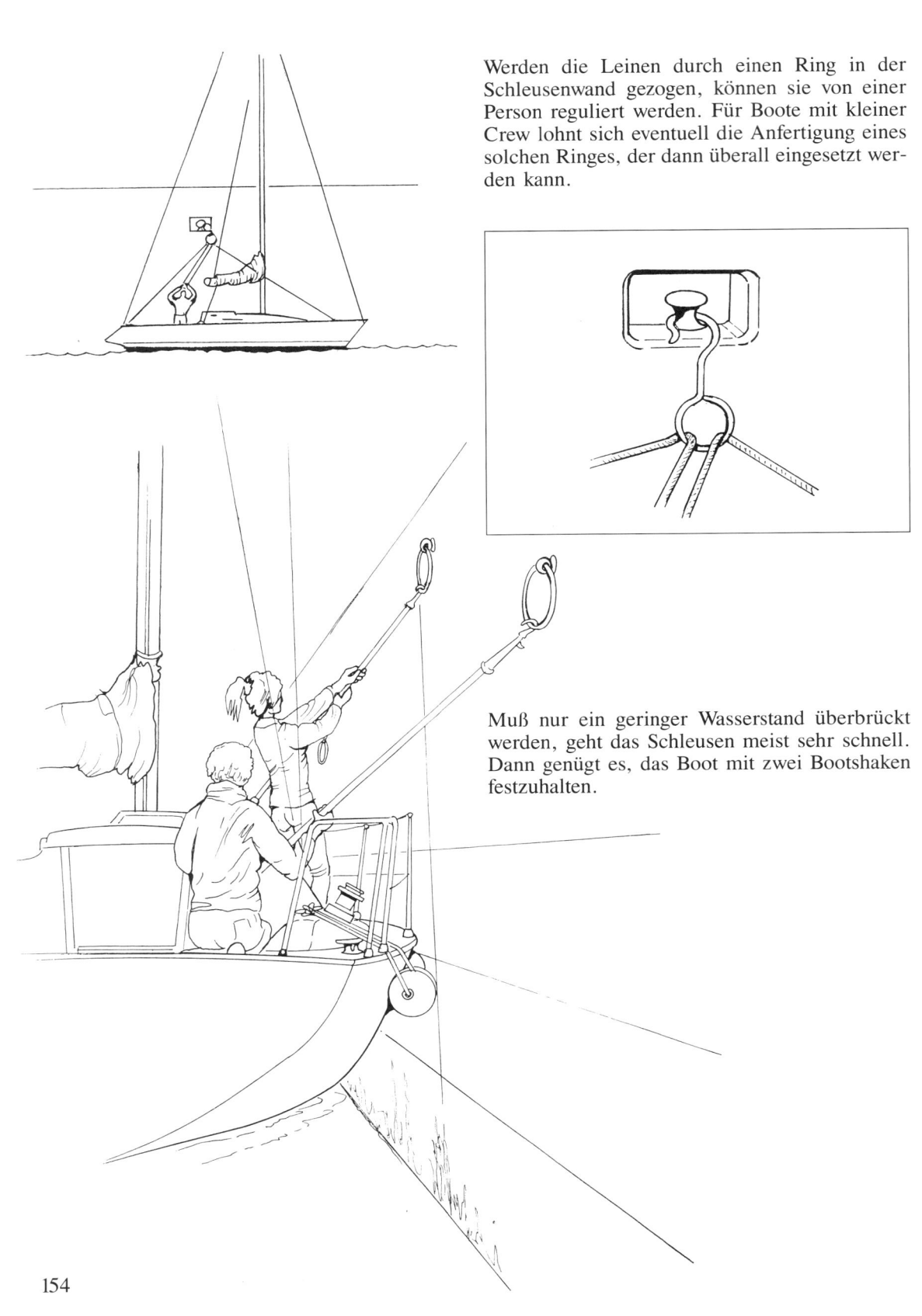

Werden die Leinen durch einen Ring in der Schleusenwand gezogen, können sie von einer Person reguliert werden. Für Boote mit kleiner Crew lohnt sich eventuell die Anfertigung eines solchen Ringes, der dann überall eingesetzt werden kann.

Muß nur ein geringer Wasserstand überbrückt werden, geht das Schleusen meist sehr schnell. Dann genügt es, das Boot mit zwei Bootshaken festzuhalten.

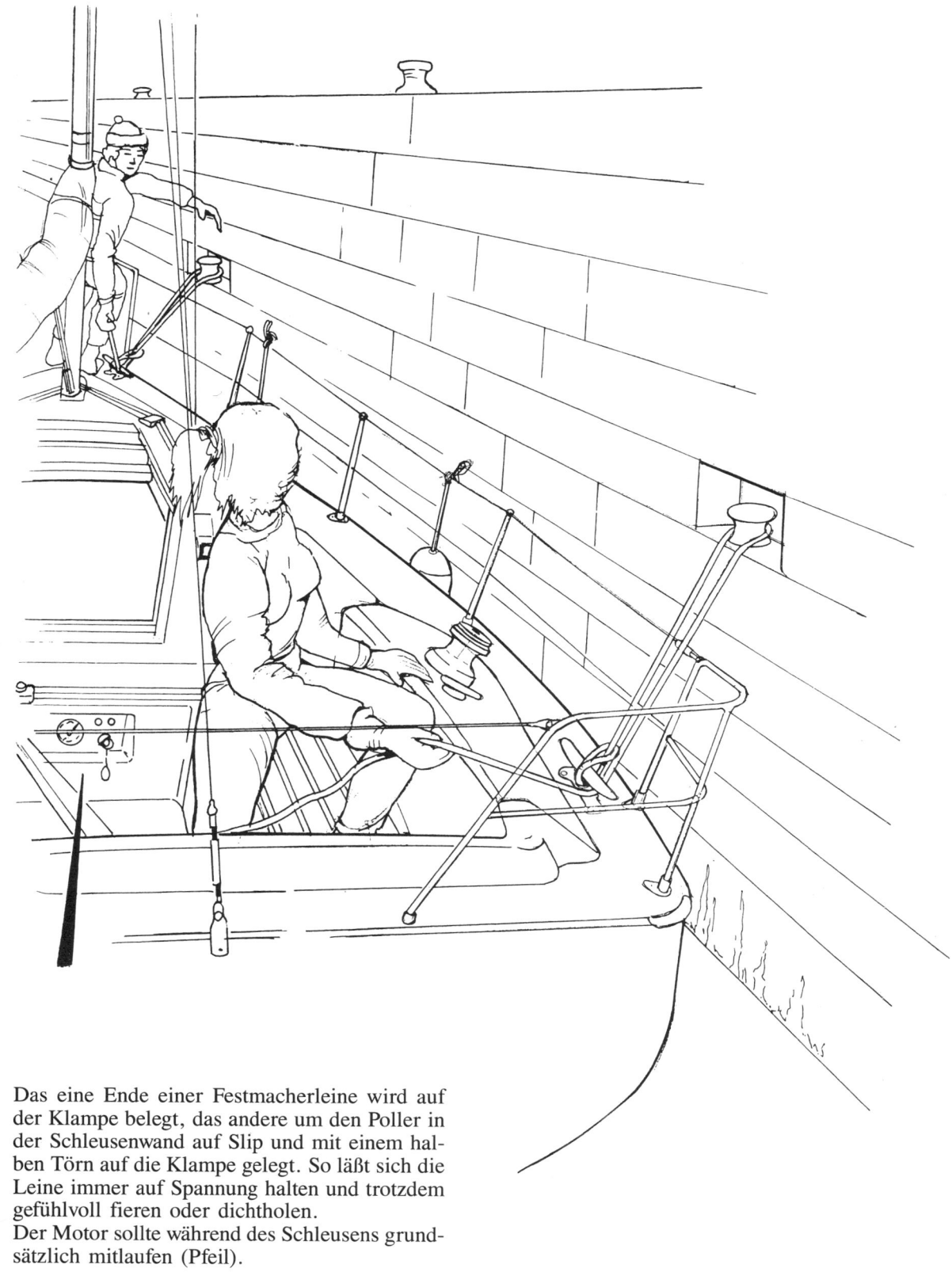

Das eine Ende einer Festmacherleine wird auf
der Klampe belegt, das andere um den Poller in
der Schleusenwand auf Slip und mit einem hal-
ben Törn auf die Klampe gelegt. So läßt sich die
Leine immer auf Spannung halten und trotzdem
gefühlvoll fieren oder dichtholen.
Der Motor sollte während des Schleusens grundsätzlich mitlaufen (Pfeil).

Mann über Bord

Die Seereling hat bekanntermaßen die Funktion, die Crew eines Schiffes davor zu schützen über Bord zu fallen. In einigen Fällen aber geht es vielen eher darum das Deck nicht zu beschmutzen — etwa durch Seekrankheit oder durch allzu menschliche Bedürfnisse — als auf die eigene Sicherheit zu achten. Dreck kann man abspülen, eine über Bord gegangene Person wieder aufzusammeln, ist deutlich umständlicher. Und manchmal gelingt es gar nicht.

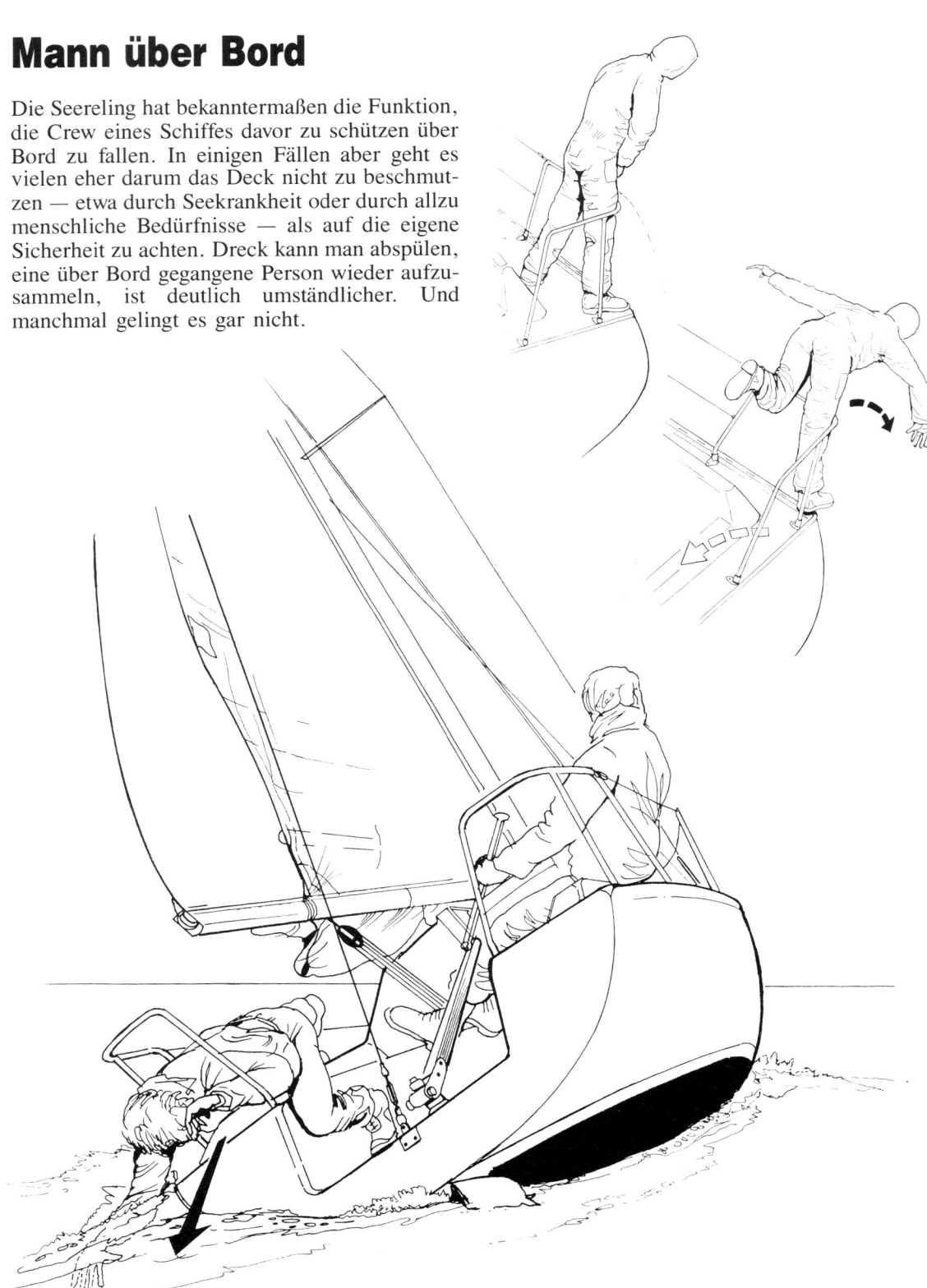

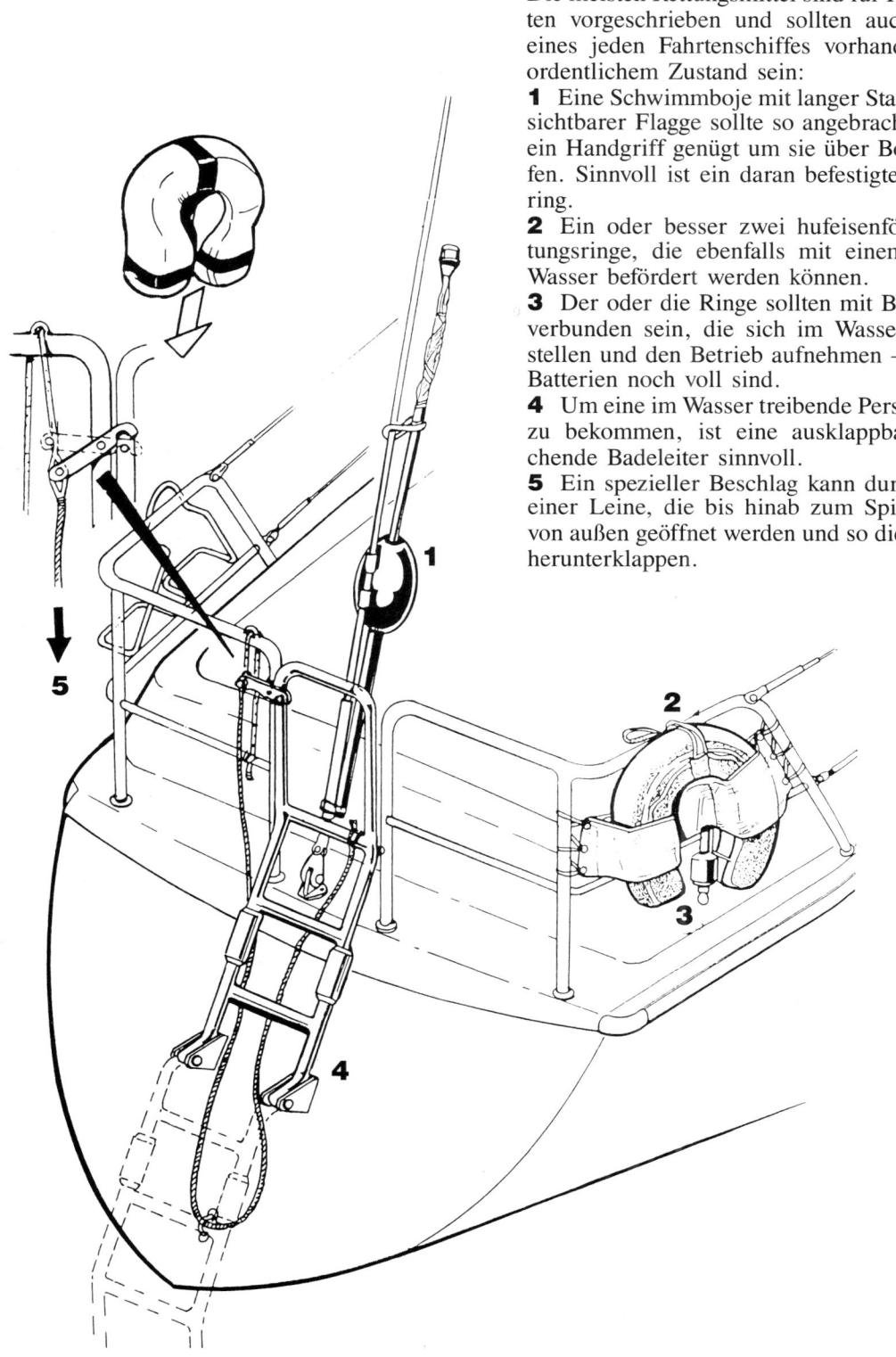

Die meisten Rettungsmittel sind für Regattayachten vorgeschrieben und sollten auch an Bord eines jeden Fahrtenschiffes vorhanden und in ordentlichem Zustand sein:

1 Eine Schwimmboje mit langer Stange und gut sichtbarer Flagge sollte so angebracht sein, daß ein Handgriff genügt um sie über Bord zu werfen. Sinnvoll ist ein daran befestigter Rettungsring.

2 Ein oder besser zwei hufeisenförmige Rettungsringe, die ebenfalls mit einem Griff ins Wasser befördert werden können.

3 Der oder die Ringe sollten mit Blitzleuchten verbunden sein, die sich im Wasser senkrecht stellen und den Betrieb aufnehmen — wenn die Batterien noch voll sind.

4 Um eine im Wasser treibende Person an Deck zu bekommen, ist eine ausklappbare, tiefreichende Badeleiter sinnvoll.

5 Ein spezieller Beschlag kann durch Zug mit einer Leine, die bis hinab zum Spiegel reicht, von außen geöffnet werden und so die Badeleiter herunterklappen.

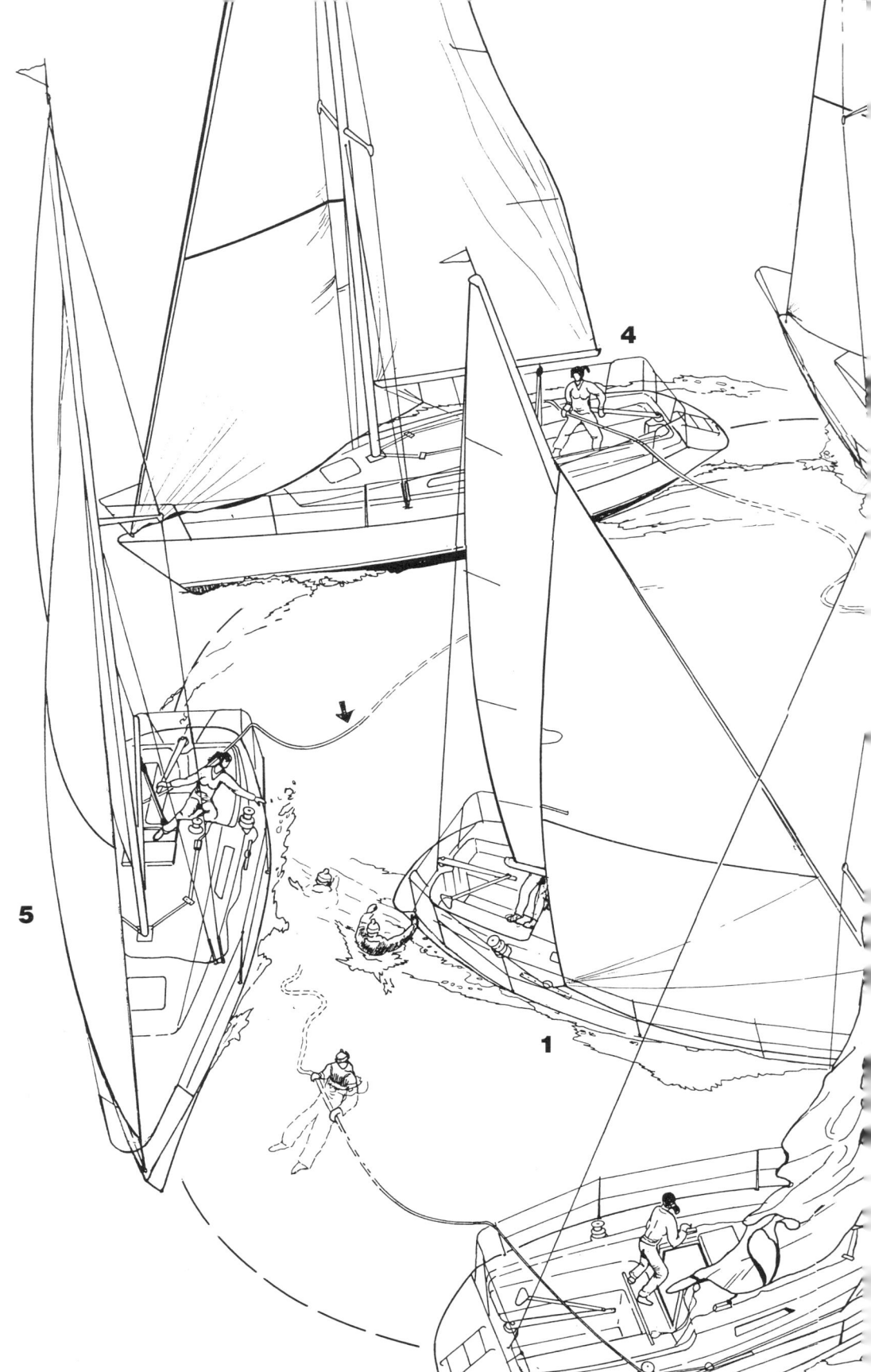

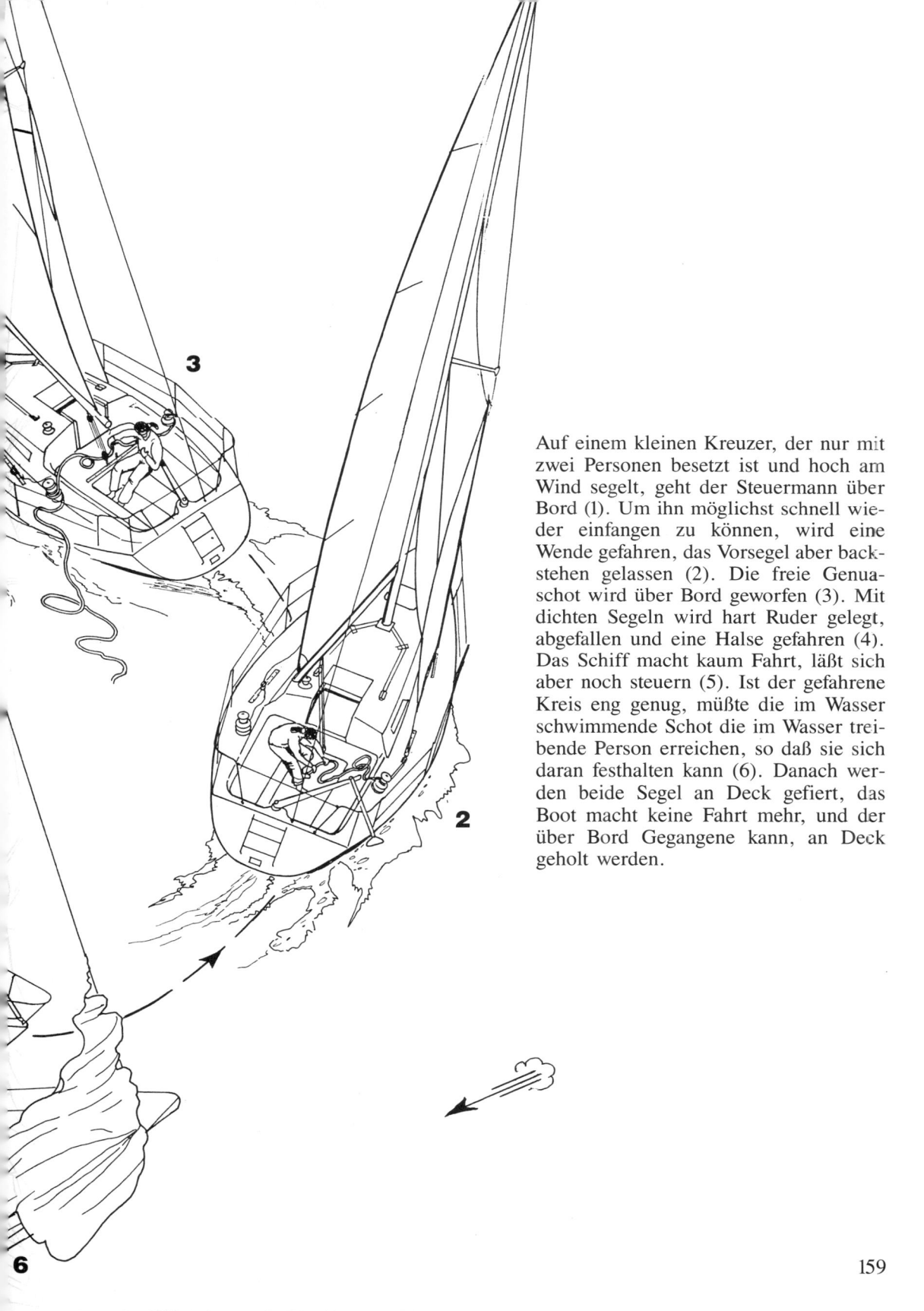

3

2

6

Auf einem kleinen Kreuzer, der nur mit zwei Personen besetzt ist und hoch am Wind segelt, geht der Steuermann über Bord (1). Um ihn möglichst schnell wieder einfangen zu können, wird eine Wende gefahren, das Vorsegel aber backstehen gelassen (2). Die freie Genuaschot wird über Bord geworfen (3). Mit dichten Segeln wird hart Ruder gelegt, abgefallen und eine Halse gefahren (4). Das Schiff macht kaum Fahrt, läßt sich aber noch steuern (5). Ist der gefahrene Kreis eng genug, müßte die im Wasser schwimmende Schot die im Wasser treibende Person erreichen, so daß sie sich daran festhalten kann (6). Danach werden beide Segel an Deck gefiert, das Boot macht keine Fahrt mehr, und der über Bord Gegangene kann, an Deck geholt werden.

Mann über Bord
auf einer Rennyacht

Auch auf einer Rennyacht gibt es viele Möglichkeiten über Bord zu fallen. Vor allem bei Wind
sind die Arbeiten auf dem Vorschiff gefährlich,
da oft beide Hände für eine schnelle Arbeit
gebraucht werden. Wird zum Beispiel der Spinnaker erst sehr kurz vor einer Bahnmarke weggenommen und nicht schnellstens richtig eingesammelt, kann ein Teil des Segels ins Wasser
kommen und leicht einen Mann mitreißen.

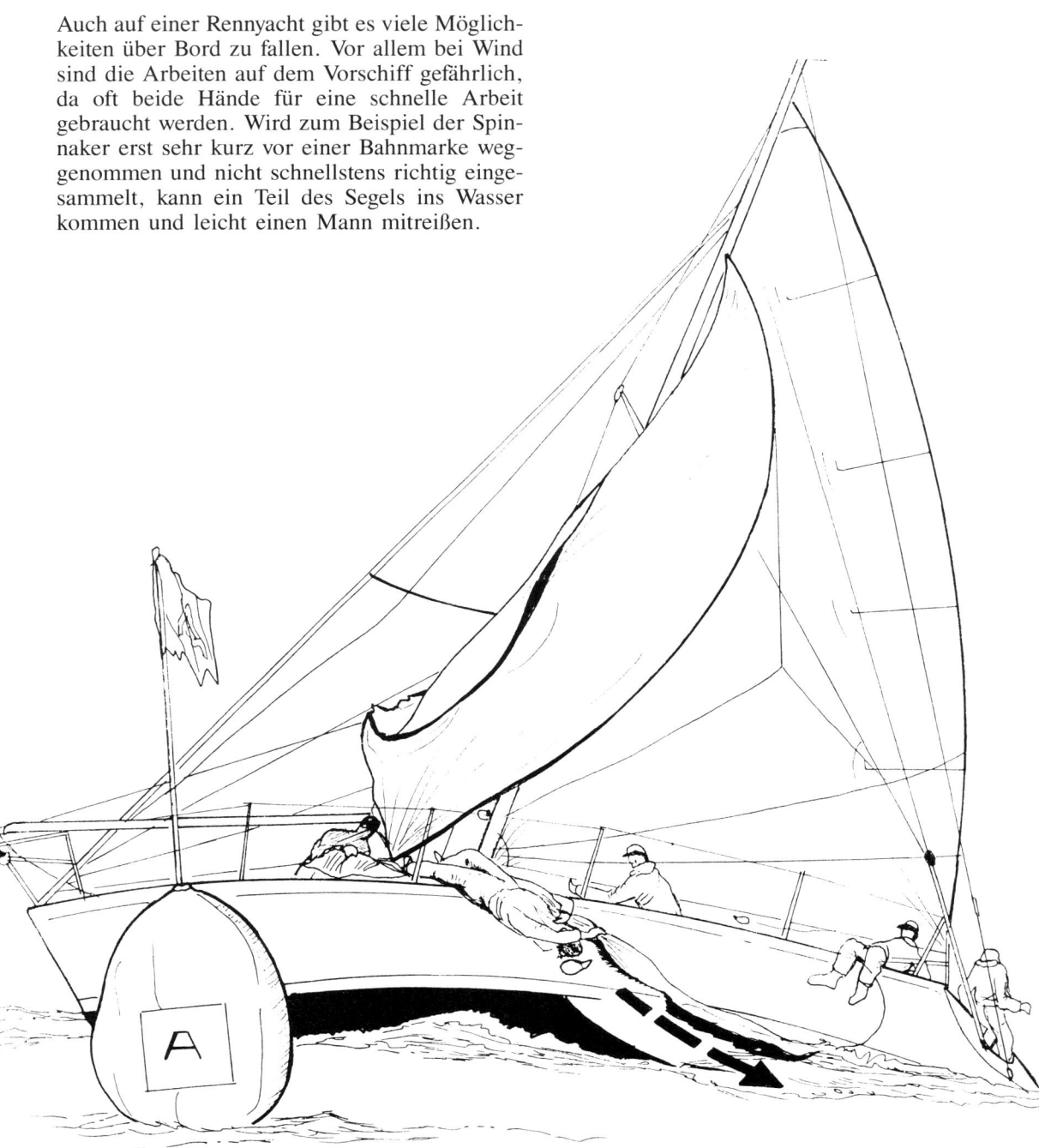

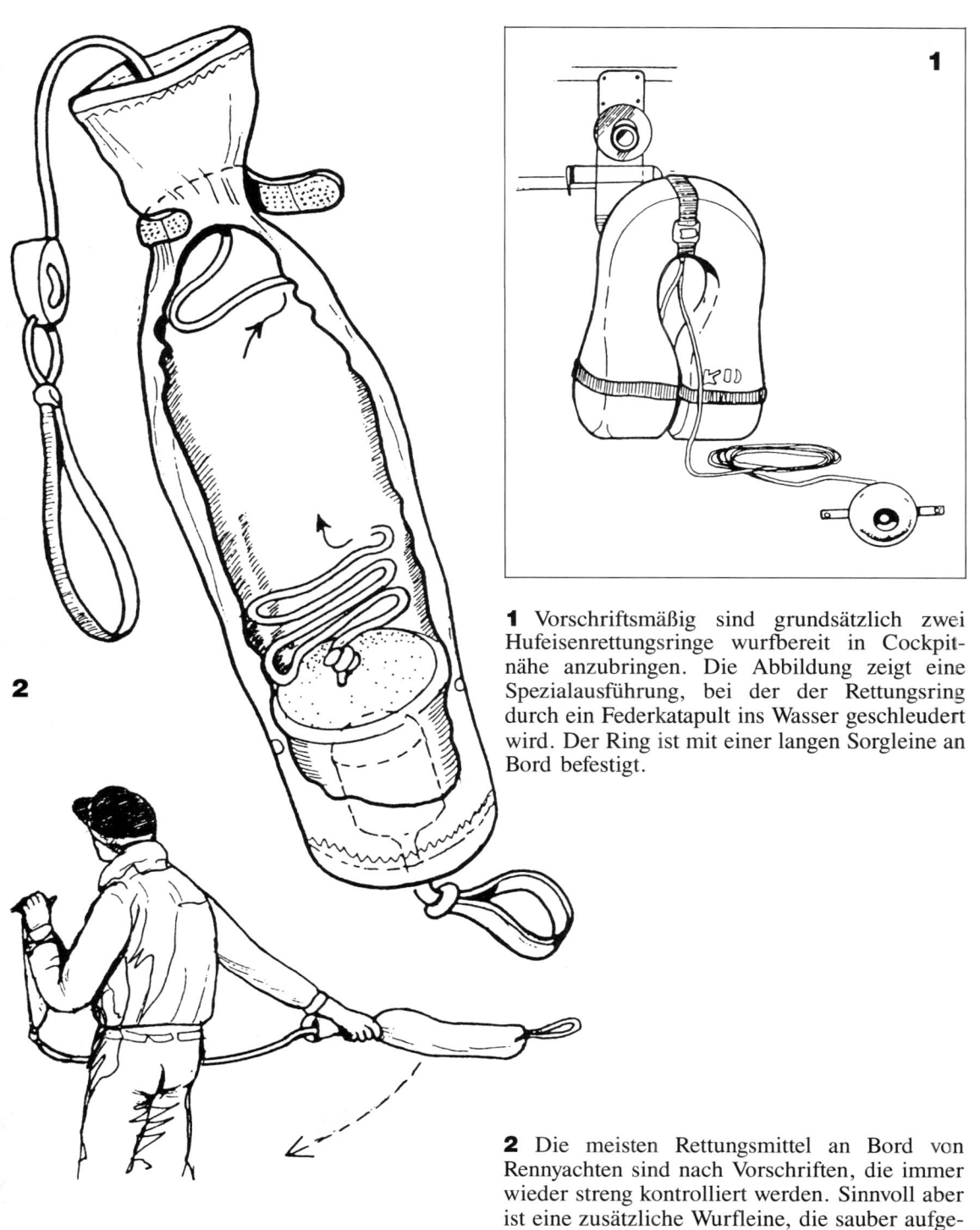

1 Vorschriftsmäßig sind grundsätzlich zwei Hufeisenrettungsringe wurfbereit in Cockpitnähe anzubringen. Die Abbildung zeigt eine Spezialausführung, bei der der Rettungsring durch ein Federkatapult ins Wasser geschleudert wird. Der Ring ist mit einer langen Sorgleine an Bord befestigt.

2 Die meisten Rettungsmittel an Bord von Rennyachten sind nach Vorschriften, die immer wieder streng kontrolliert werden. Sinnvoll aber ist eine zusätzliche Wurfleine, die sauber aufgeschossen in einem beschwerten Sack untergebracht ist. Dieser Sack läßt sich sehr weit werfen, so daß mit einer schnellen Reaktion der über Bord gefallene direkt erreicht werden kann.

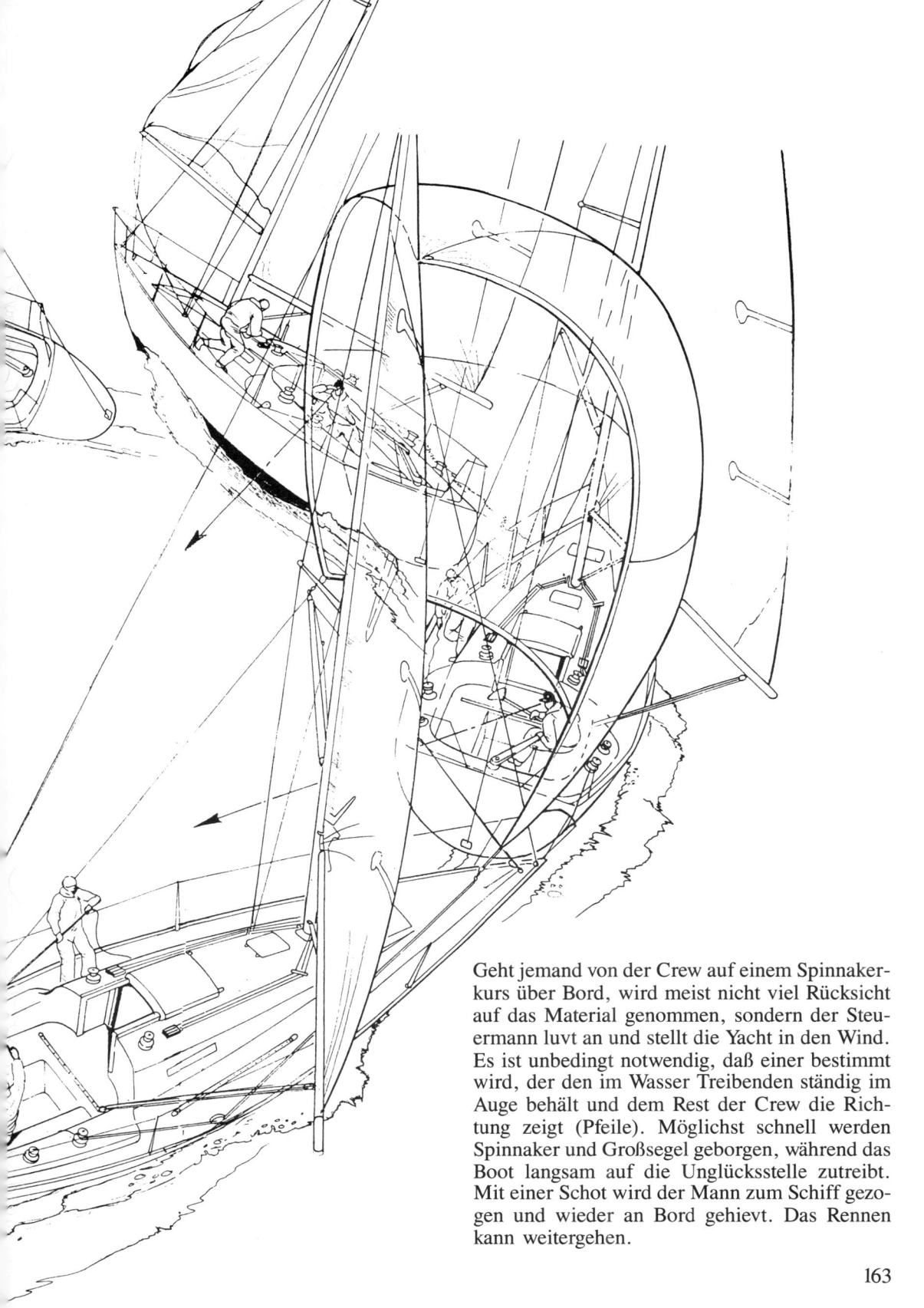

Geht jemand von der Crew auf einem Spinnaker-
kurs über Bord, wird meist nicht viel Rücksicht
auf das Material genommen, sondern der Steuermann luvt an und stellt die Yacht in den Wind.
Es ist unbedingt notwendig, daß einer bestimmt
wird, der den im Wasser Treibenden ständig im
Auge behält und dem Rest der Crew die Richtung zeigt (Pfeile). Möglichst schnell werden
Spinnaker und Großsegel geborgen, während das
Boot langsam auf die Unglücksstelle zutreibt.
Mit einer Schot wird der Mann zum Schiff gezogen und wieder an Bord gehievt. Das Rennen
kann weitergehen.

Die Überlebenschancen eines über Bord Gegangenen hängen logischerweise unmittelbar davon ab, wie schnell er gerettet werden kann, da der Körper je nach Art der Kleidung mehr oder weniger schnell auskühlt. Werden Arme und Beine an den Körper gepreßt und keine Bewegungen ausgeführt, bleibt man am längsten warm. Mit normaler Bekleidung hält man es im 10 beziehungsweise 15 Grad kalten Wasser gerade eine bis eineinhalb Stunden aus, bekleidet mit einer dicken Feststoffweste zweieinhalb bis vier Stunden. Länger überleben nur Personen, die mit einem modernen Überlebens- oder einem Neoprenanzug bekleidet sind.

5 h

4 h

3 h

2 h

1 h

Wassertemperatur 0°   5°   10°   15° 20° 25°

Abbergen durch einen Hubschrauber

Sollte — bedingt durch eine plötzlich auftretende, lebensgefährliche Krankheit oder eine schwere Verletzung — das Abbergen einer Person von Bord durch einen Hubschrauber erfolgen, sind bestimmte Maßnahmen zu treffen. Auch muß man wissen, daß das Sichtfeld des Hubschrauberpiloten begrenzt ist und durch die Rotorblätter ein starker, senkrecht nach unten gerichteter Luftstrom erzeugt wird, der sich auf der Wasseroberfläche in alle Richtungen verteilt (1). Um eine Person von Bord abbergen zu können, muß das Achterschiff möglichst frei gemacht werden. Mindestens die Backstagen sind abzunehmen (2), wenn möglich aber auch das Achterstag (3). Der Hubschrauber wird sich mit abgefierter Bergeleine langsam mit dem Wind der Yacht nähern (4).

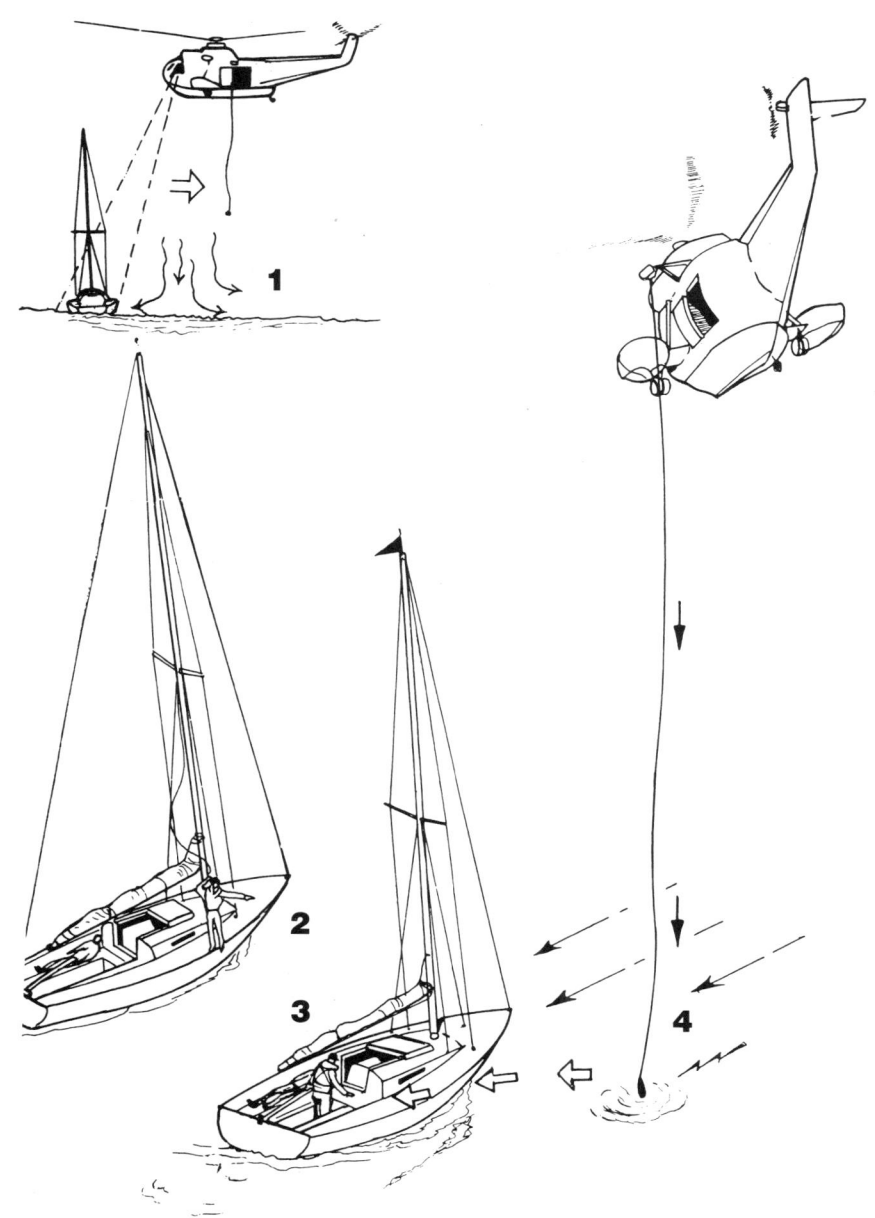

1 Das Bergegeschirr wird mit einer dünnen Hilfsleine festgehalten, während sich die abzubergende Person den gepolsterten Gurt unter die Arme legt. Da der Gurt möglichst eng sitzen soll, ist für den Haken eine passende Öse zu wählen.

2 Häufig wird mit dem Bergegeschirr ein erfahrenes Mitglied der Hubschrauberbesatzung abgeseilt, das der zu bergenden Person die Rettungsschlaufe anlegt, sie an dem eigenen Geschirr befestigt und sich auf Handzeichen gemeinsam aufwinschen läßt.

3 Beim Umgang mit dem Bergegeschirr ist unbedingt darauf zu achten, daß es sich an keinem Teil der Yacht verhaken kann. Im Extremfall könnte dies den Absturz des Hubschraubers zur Folge haben.

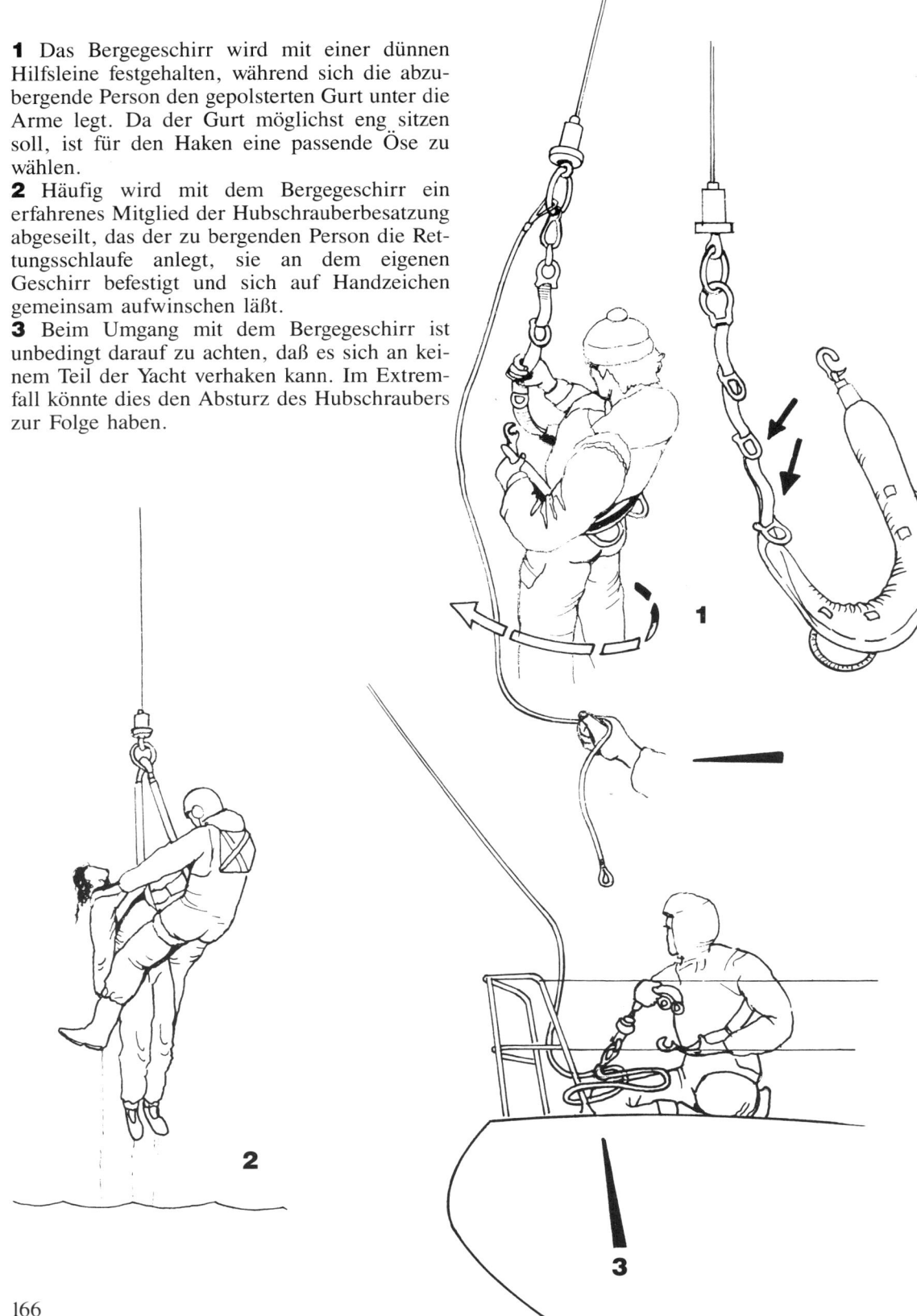

Rettung per Seeschiff

Muß die Besatzung einer beschädigten Yacht, die möglicherweise bald zu sinken droht, von einem Berufsschiff abgeborgen werden, geht man in der Regel wie folgt vor:

Das Berufsfahrzeug läuft mit langsamer Fahrt so auf die Yacht zu, daß diese in Windlee des großen Rumpfes treibt. Eine dünne Wurfleine wird übergegeben, an der die schwerere Schlepptrosse befestigt ist. Durch die langsame Fahrt (1) wird die Yacht langsam parallel zum großen Schiffskörper gebracht. Mit Glück hat die Besatzung des Berufsschiffes eine Fenderleine ausgebracht, die die Yacht vor Schäden schützen soll. Die Besatzung des Berufsschiffes wird die Schleppleine so weit fieren, bis die Yacht an einer günstigen Position liegt (2).

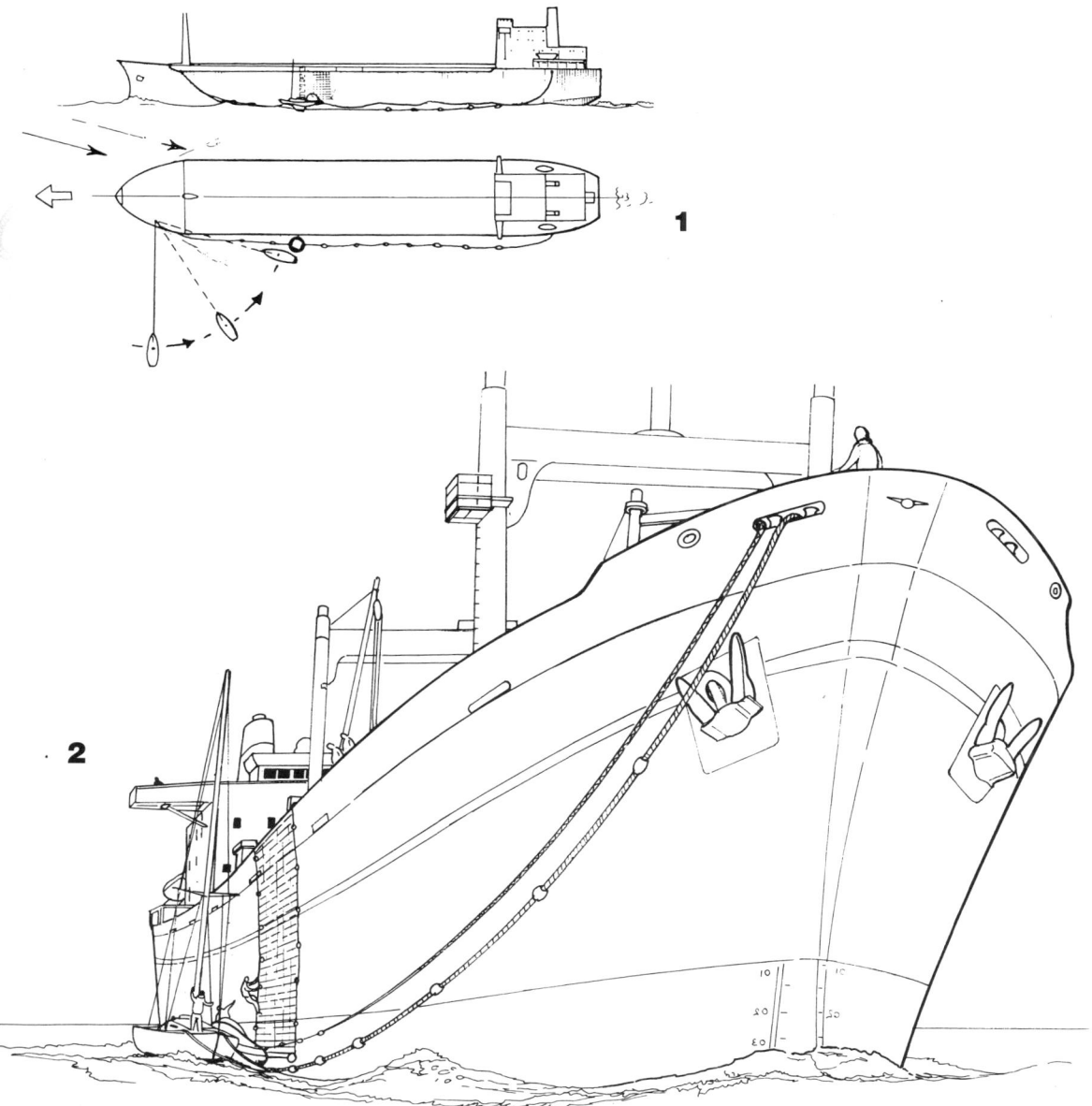

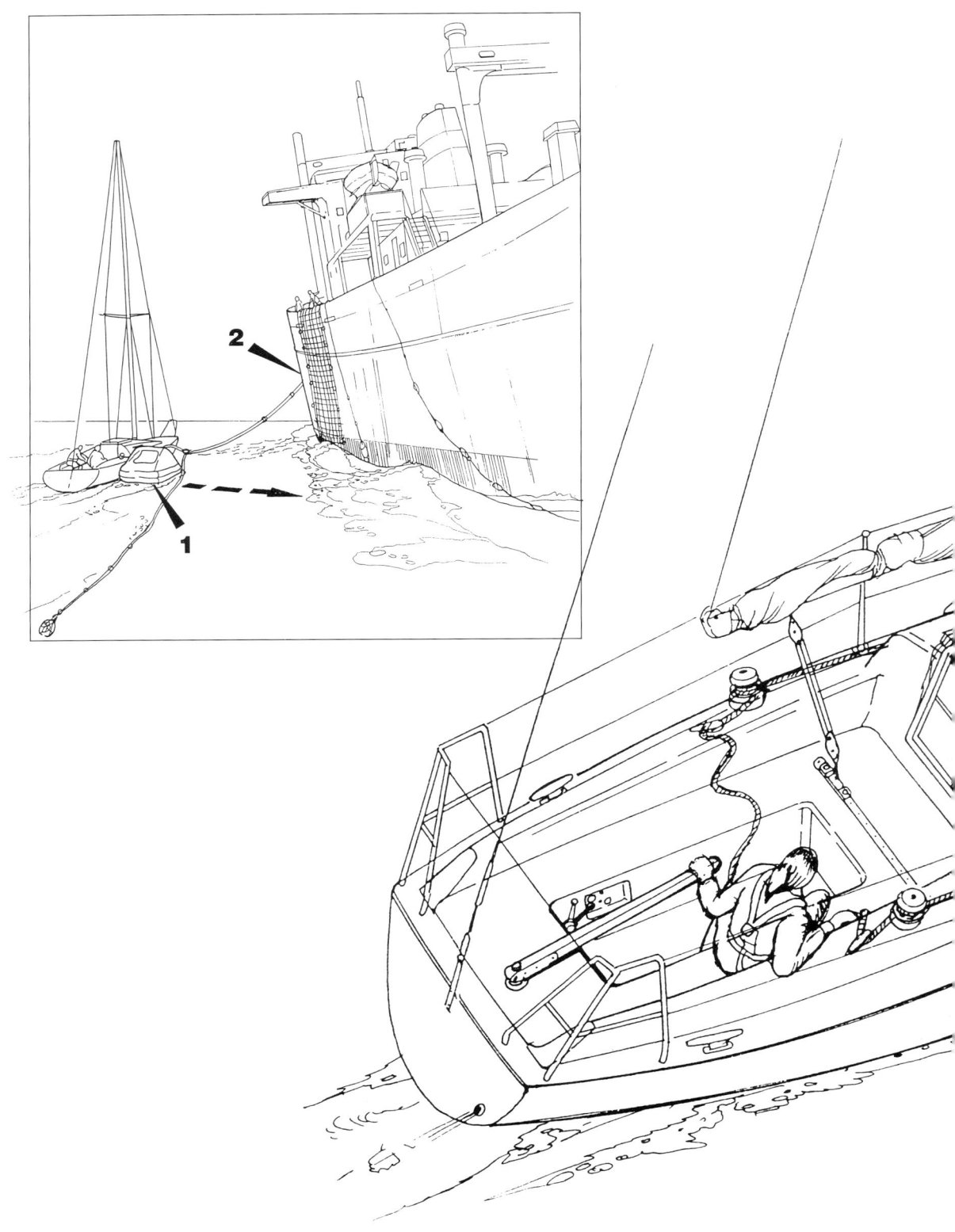

In schwerem Wetter kann es hilfreich sein, die aufgeblasene Rettungsinsel als Fender zwischen Yacht und Handelsschiff zu legen (1). Die Besatzung wird ein Enternetz ausbringen, an dem die Crew der Yacht an Bord des großen Schiffes klettern kann (2). Gegebenenfalls ist es zweckmäßig, einzelne Crewmitglieder mit einer Sorgleine zu sichern.

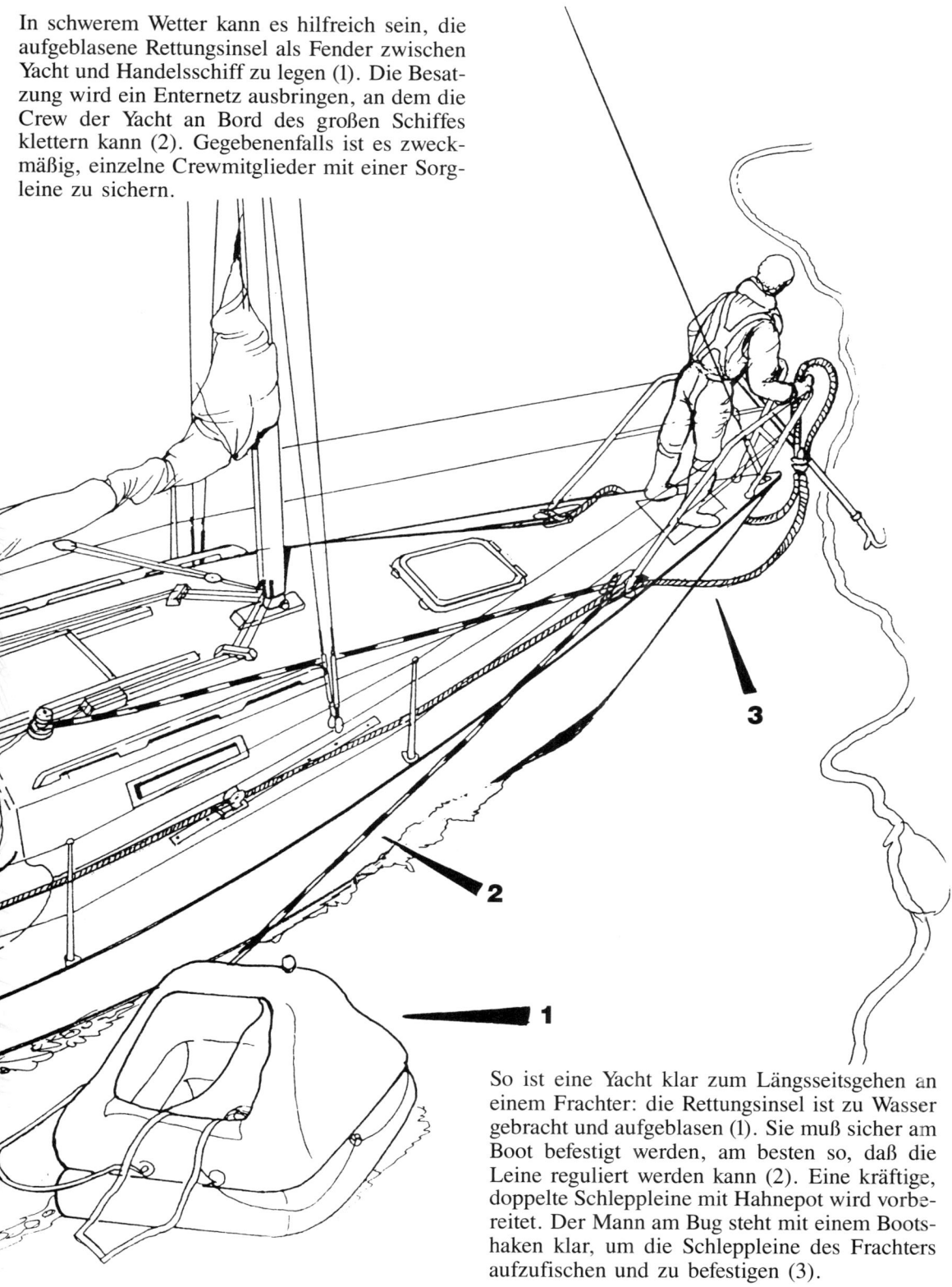

So ist eine Yacht klar zum Längsseitsgehen an einem Frachter: die Rettungsinsel ist zu Wasser gebracht und aufgeblasen (1). Sie muß sicher am Boot befestigt werden, am besten so, daß die Leine reguliert werden kann (2). Eine kräftige, doppelte Schleppleine mit Hahnepot wird vorbereitet. Der Mann am Bug steht mit einem Bootshaken klar, um die Schleppleine des Frachters aufzufischen und zu befestigen (3).

Hilfe für gekenterte Jollen und Kats

Sieht man von einer Yacht aus, daß die Crew eines gekenterten Katamaranes oder einer Jolle nicht allein klarkommt, sollte man zunächst langsam in Lee vorbeisegeln und fragen, ob Hilfestellung gewünscht ist.

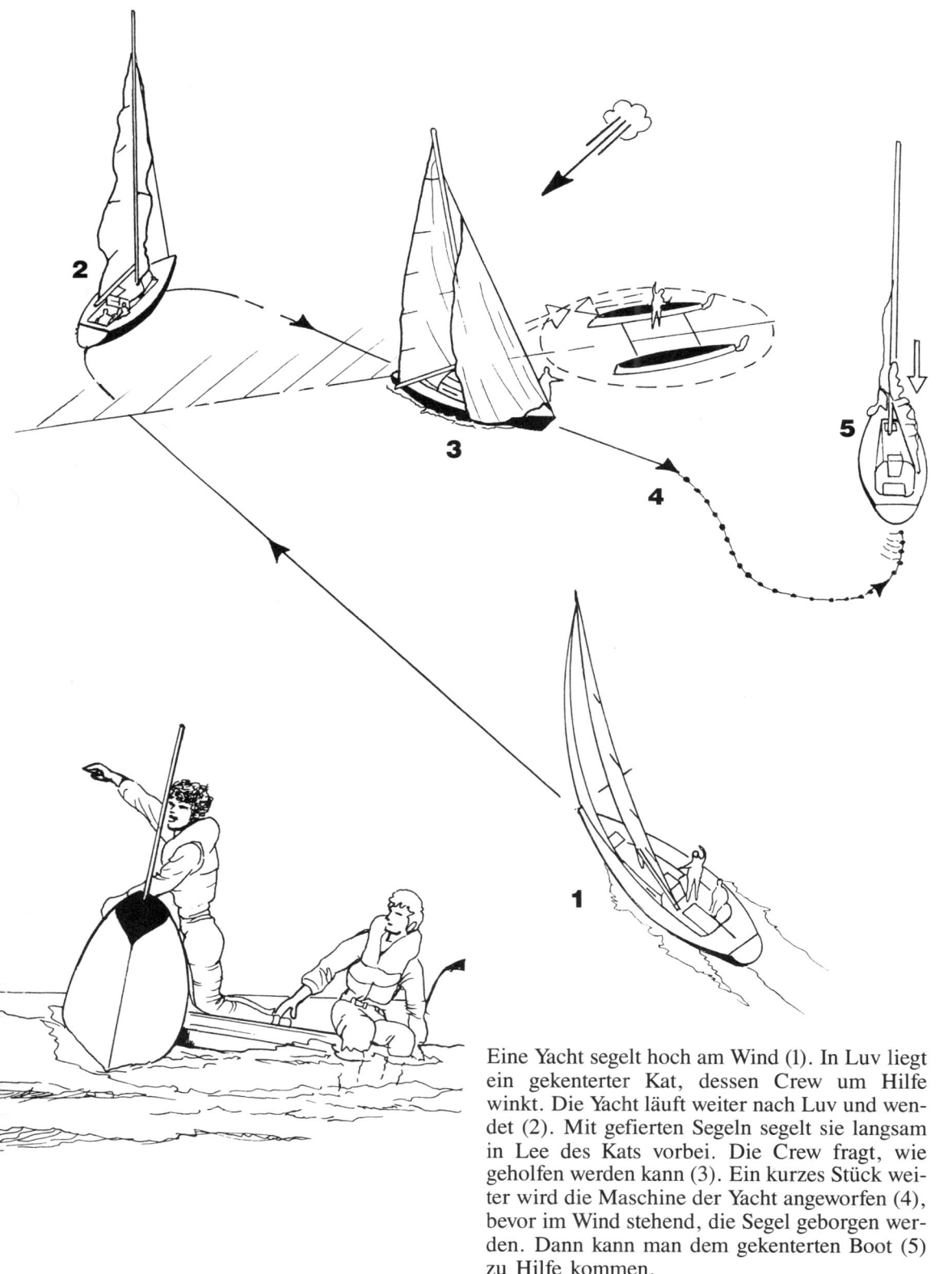

Eine Yacht segelt hoch am Wind (1). In Luv liegt ein gekenterter Kat, dessen Crew um Hilfe winkt. Die Yacht läuft weiter nach Luv und wendet (2). Mit gefierten Segeln segelt sie langsam in Lee des Kats vorbei. Die Crew fragt, wie geholfen werden kann (3). Ein kurzes Stück weiter wird die Maschine der Yacht angeworfen (4), bevor im Wind stehend, die Segel geborgen werden. Dann kann man dem gekenterten Boot (5) zu Hilfe kommen.

Um eine gekenterte Jolle wieder aufrichten zu können, müssen zwei Leinenverbindungen hergestellt werden. Die Crew der Jolle bringt zunächst eine Leine am luvwärtigen Püttingeisen an und wirft das andere Ende der Yacht in Lee zu. Eine weitere Leine wird am Ruderbeschlag befestigt und ebenfalls an die Yacht übergeben. Die Yacht läuft langsam vor dem Wind ab, bis die gekenterte Jolle quer zum Wind liegt (1).

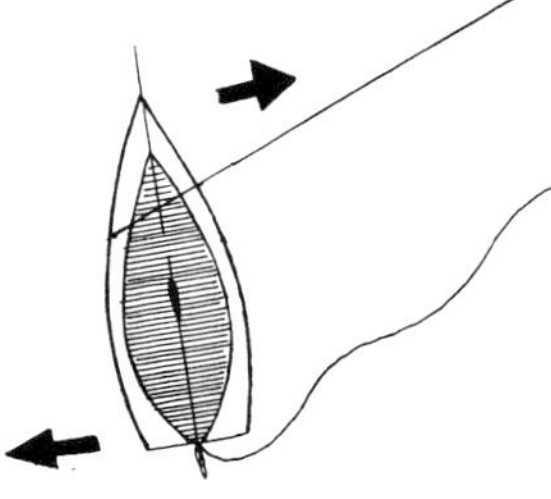

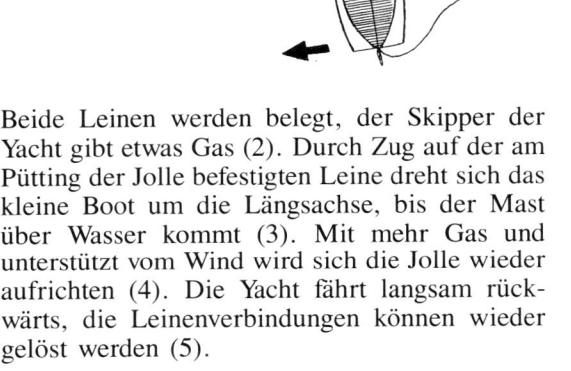

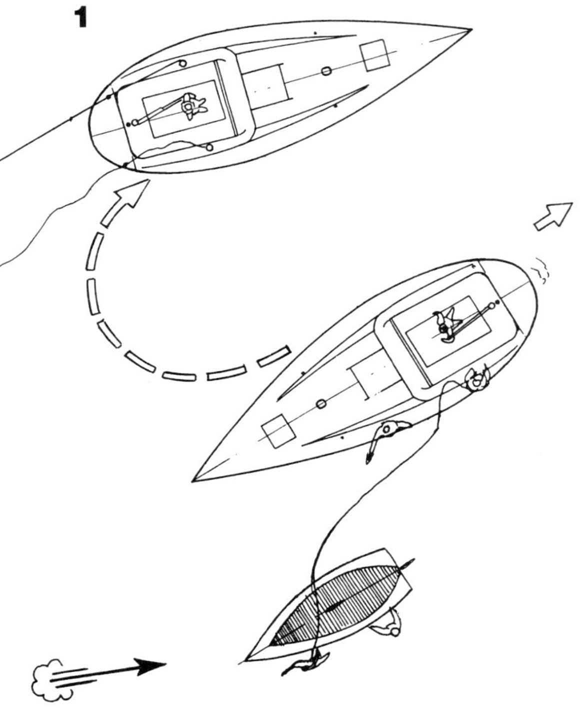

Beide Leinen werden belegt, der Skipper der Yacht gibt etwas Gas (2). Durch Zug auf der am Püttingeisen der Jolle befestigten Leine dreht sich das kleine Boot um die Längsachse, bis der Mast über Wasser kommt (3). Mit mehr Gas und unterstützt vom Wind wird sich die Jolle wieder aufrichten (4). Die Yacht fährt langsam rückwärts, die Leinenverbindungen können wieder gelöst werden (5).

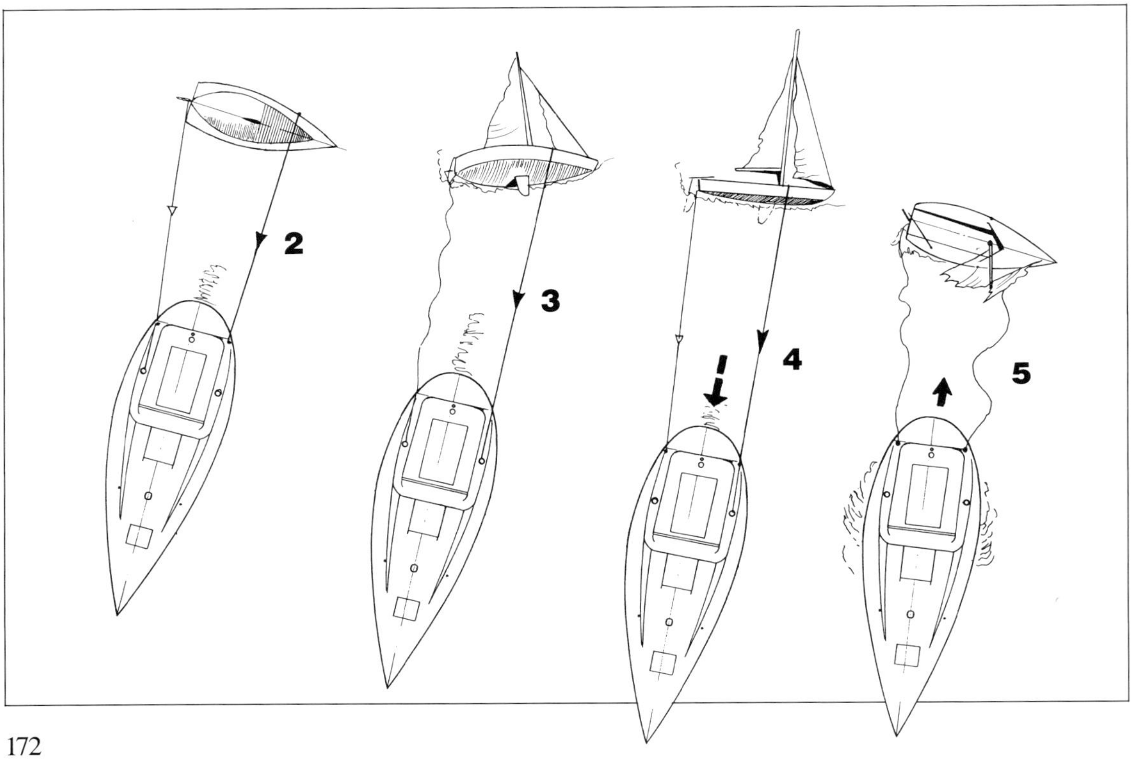

Die beiden Leinen werden an Bord der Jolle am luvwärtigen Pütting (1) und am Ruderbeschlag befestigt (2).

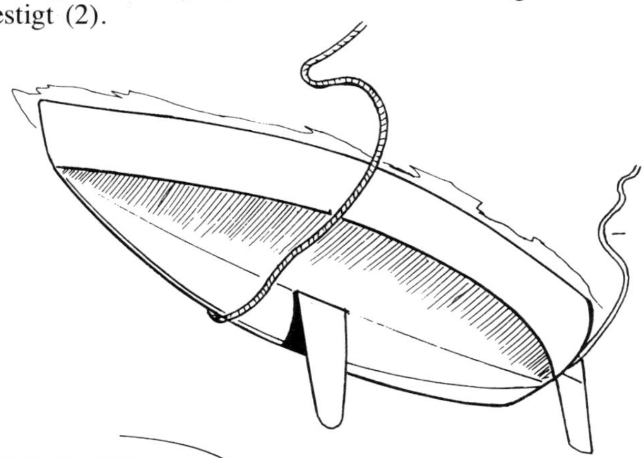

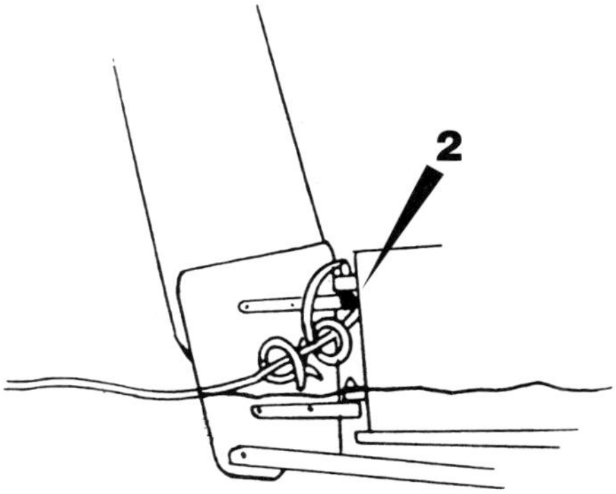

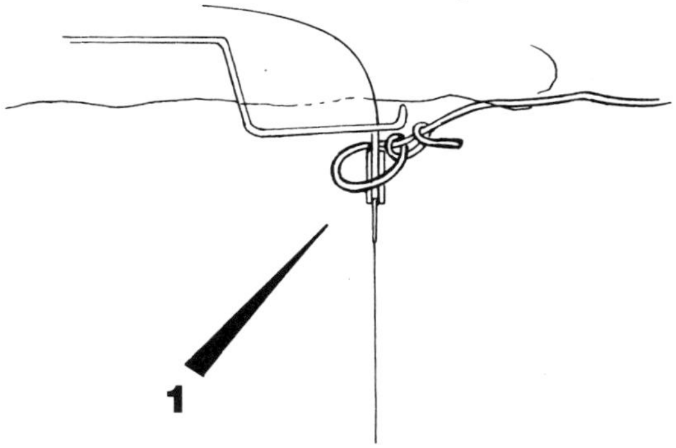

Liegt ein gekenterter Katamaran mit dem Mast auf dem Wasser, genügt es meistens, wenn man von der Badeleiter aus den Masttopp über die Wasseroberfläche zieht. Der Wind greift unter das Segel, während die Crew des Katamaranes auf dem unteren Schwimmer stehend, an der Bergeleine zieht. Dann wird sich der Kat wieder aufrichten.

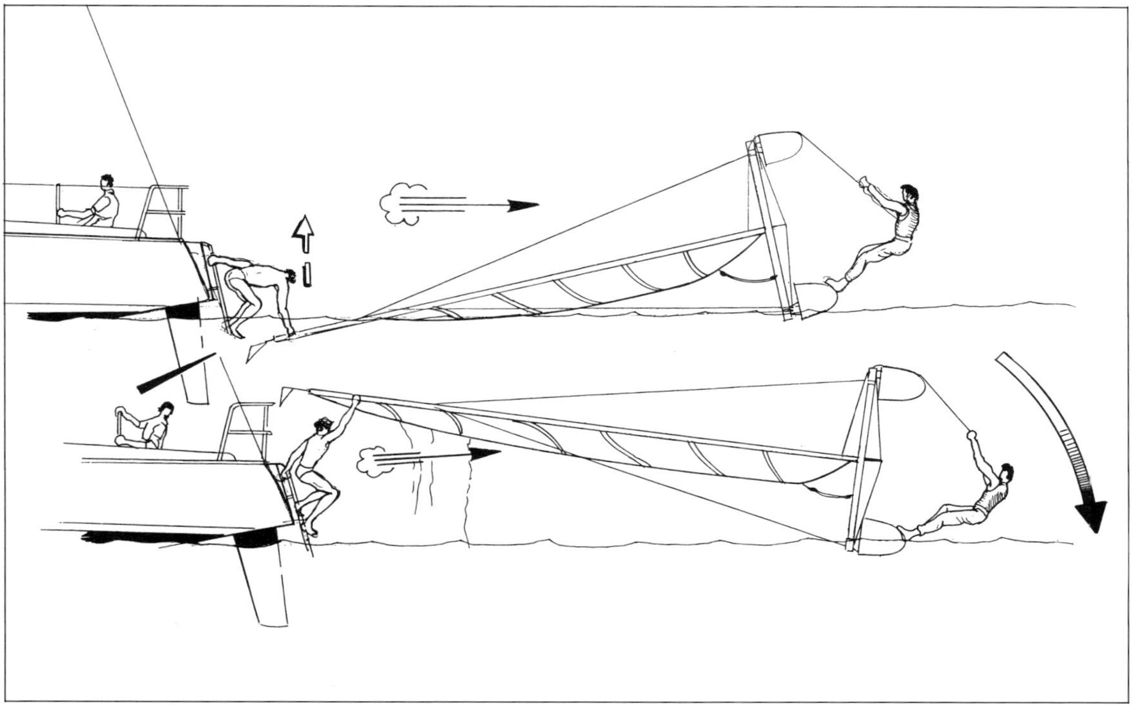

Der Einsatz der Rettungsinsel

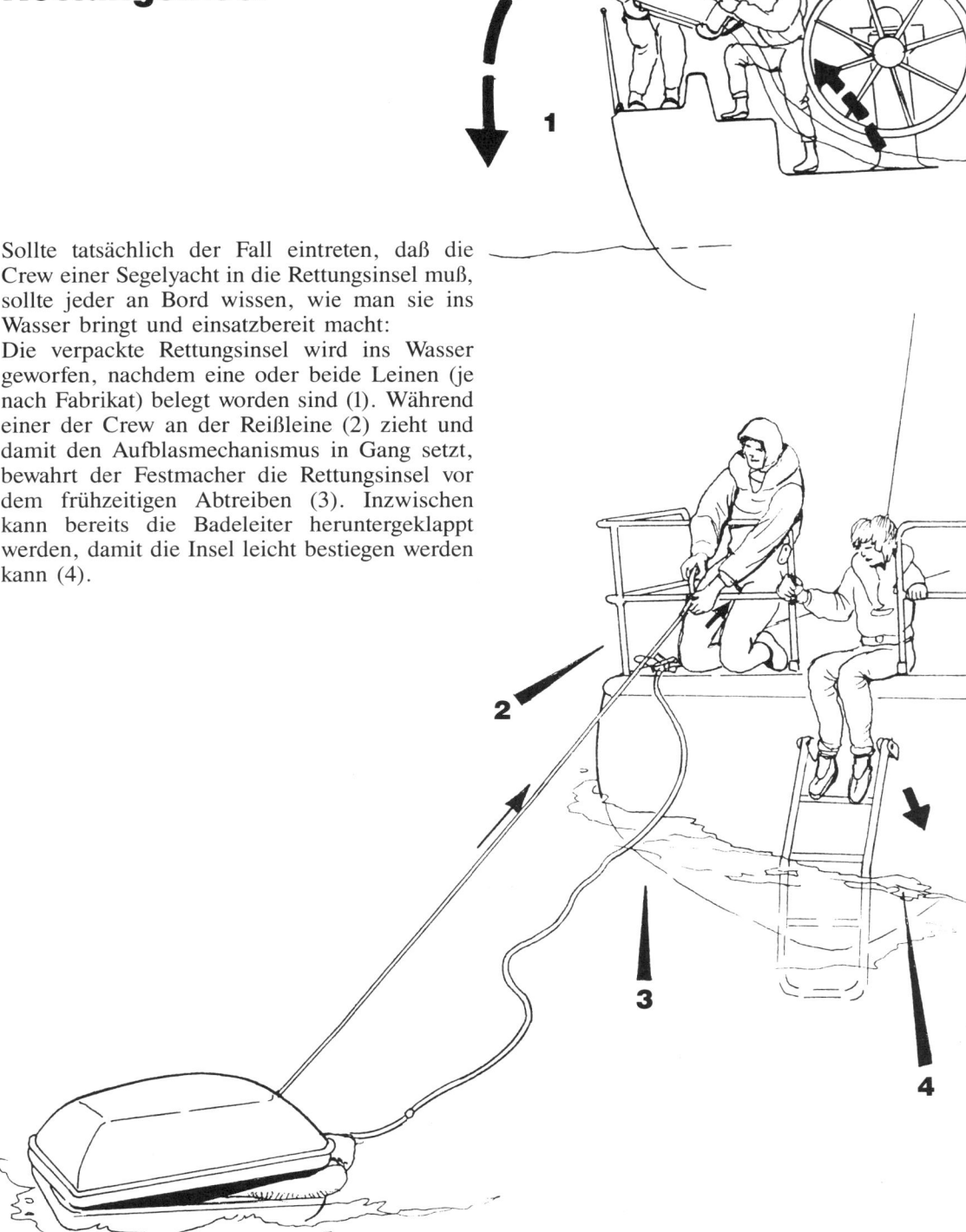

Sollte tatsächlich der Fall eintreten, daß die Crew einer Segelyacht in die Rettungsinsel muß, sollte jeder an Bord wissen, wie man sie ins Wasser bringt und einsatzbereit macht:
Die verpackte Rettungsinsel wird ins Wasser geworfen, nachdem eine oder beide Leinen (je nach Fabrikat) belegt worden sind (1). Während einer der Crew an der Reißleine (2) zieht und damit den Aufblasmechanismus in Gang setzt, bewahrt der Festmacher die Rettungsinsel vor dem frühzeitigen Abtreiben (3). Inzwischen kann bereits die Badeleiter heruntergeklappt werden, damit die Insel leicht bestiegen werden kann (4).

Das Dach der Rettungsinsel ist dafür ausgelegt, daß man von der Yacht aus notfalls raufspringen kann, um dann ins Innere zu klettern.

Es kann vorkommen, daß die aufgeblasene Rettungsinsel auf dem Dach schwimmt. Dann muß einer der Crew ins Wasser, die Insel mit dem Dach in Windrichtung drehen und an einer der zu diesem Zweck am Boden angebrachten Leinen ziehen, damit die Rettungsinsel in die normale Lage kommt.

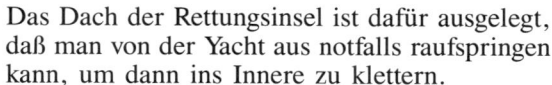

1 Damit die Insel beim Besteigen über die Strickleiter vom Wasser aus nicht kentert, müssen sich die Personen im Inneren auf die dem Einstieg gegenüberliegende Seite setzen. So können sie dem Einsteiger auch helfen und ihn über den dicken Wulst ins Innere ziehen.

2 In schwerem Seegang muß das Dach der Insel gegebenfalls nach außen gedrückt werden, damit es den Brechern möglichst wenig Widerstand entgegensetzen kann. Nach kurzer Zeit werden die Personen innerhalb der Insel feststellen, wie das Rettungsgerät am besten zu stabilisieren ist (3).

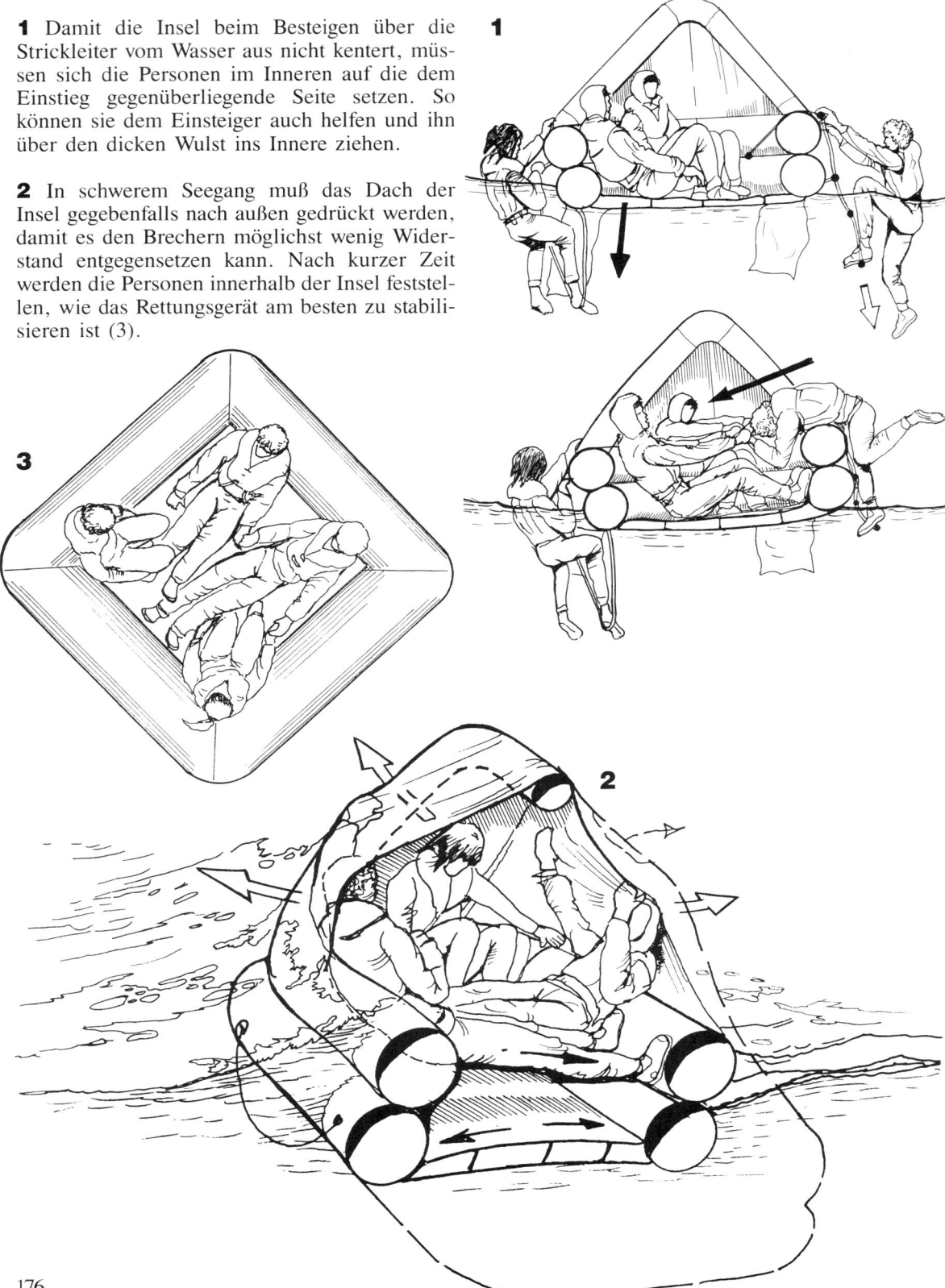

Bergen der Segel

Das Bergen der Segel sollte stets in ruhigem Wasser in Lee einer Mole gemacht werden. Mit einer kleinen, aber eingespielten Crew ist dieses Manöver normalerweise kein Problem. Die Maschine wird gestartet. Gegen den Wind lau-fend, wird zunächst das Vorsegel geborgen und festgelascht, dann folgt das Großsegel. Mit dichtgesetzter Dirk und Großschot wird der Baum fixiert, das Segel aufgetucht und mit Zei-singen festgebunden.

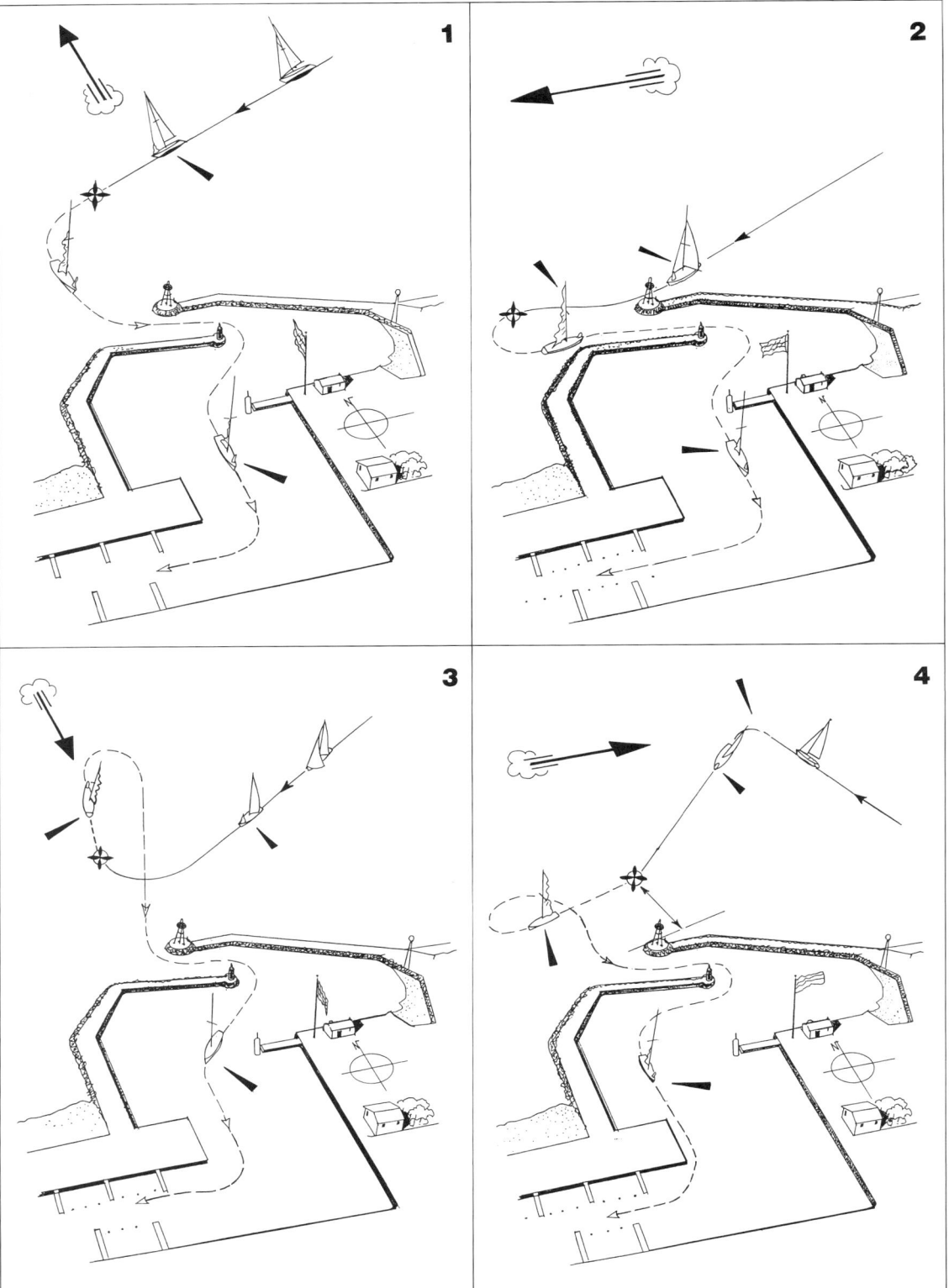

1 Liegt der Hafen in Luv, sind keinerlei Behinderungen durch Schwell zu erwarten. Vor der letzten Wende wird die Maschine angeworfen, dann das Vorsegel geborgen und in aller Ruhe festgezurrt. Während der Einfahrt in den Hafen gegen den Wind wird dann das Großsegel geborgen. Der Steuermann muß freie Sicht nach vorne haben.

2 Erreicht man die Hafeneinfahrt vor dem Wind segelnd, kann das Vorsegel frühzeitig heruntergenommen werden. Dicht vor der Einfahrt wird die Maschine gestartet und das Boot in den Wind gedreht, um das Großsegel bergen zu können.

3 Wenn der Hafen in Lee liegt, kann es unter Land zu unangenehmem Seegang kommen. Das Vorsegel kann bereits frühzeitig geborgen werden. Mit laufender Maschine wird kurz gegen den Wind gedreht und schnell das Großsegel weggefiert. Unmittelbar danach geht man wieder vor den Wind und läuft in den schützenden Hafen ein. Vor dem Wind kann das Großsegel bequem aufgetucht werden.

4 Erreicht man den Hafen kreuzend gegen den Wind, der parallel zur Küste weht, nimmt man das Vorsegel in der letzten Wende weg. Kurz vor dem Passieren der Hafeneinfahrt wird die Maschine gestartet. In den Wind gedreht, wird das Großsegel weggenommen. Innerhalb des Hafens sollte man immer auf der Luvseite bleiben, damit man noch etwas Leeraum hat, falls ein über Bord hängender Tampen in die Schraube kommt. Das Großsegel kann aufgetucht werden.

Unten: Das Boot ist klar zum Anlegen. Die Crew sitzt im Cockpit, damit der Steuermann freie Rundumsicht hat. Die Fender werden mit Webeleinsteks an der Seereling oder besser an den Füßen der Stützen festgemacht und erst kurz vor dem Anlegen außenbords gehängt.

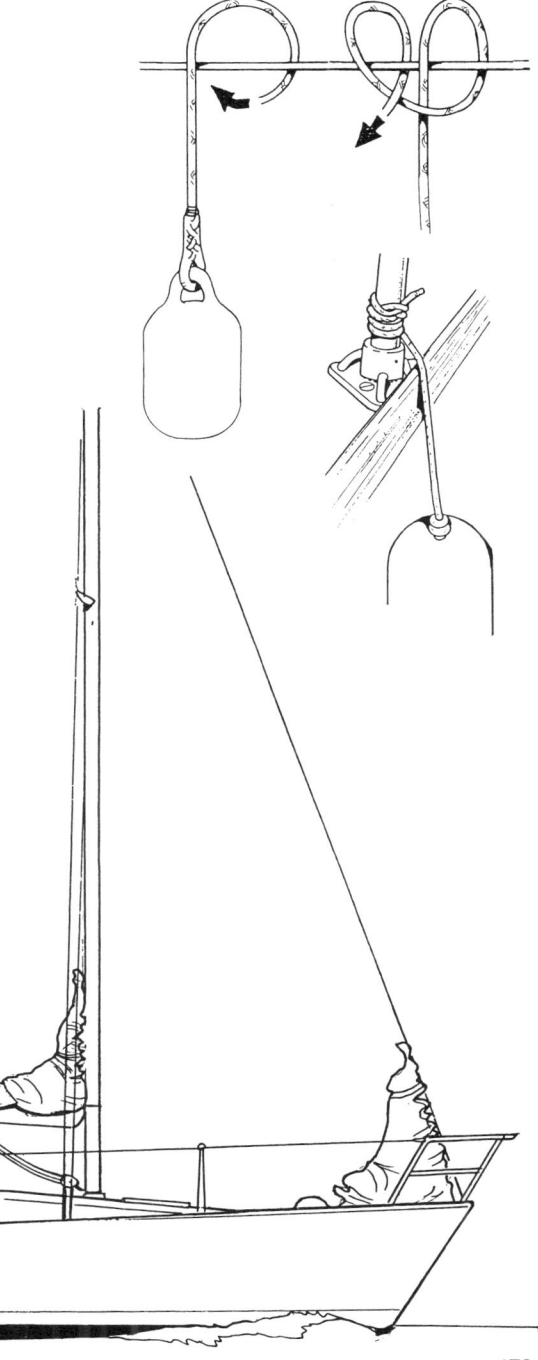

179

Festmachen im Hafen

Sobald ein Liegeplatz ausgemacht worden ist, muß der Skipper entscheiden, wie das Schiff festgemacht werden soll. Dann können die Leinen klargelegt werden.

Rechts: So liegt eine Yacht an ihrem Dauerliegeplatz in einer Box: Die verspleißten Heckleinen laufen über Kreuz und die Vorleinen sind gegen Schamfilen an der Fußreling geschützt. Die dauerhaft angebrachte und gut durchgesetzte Hilfsleine (1) hilft, das Boot bei starkem Seitenwind sicher rückwärts in die Box zu führen.

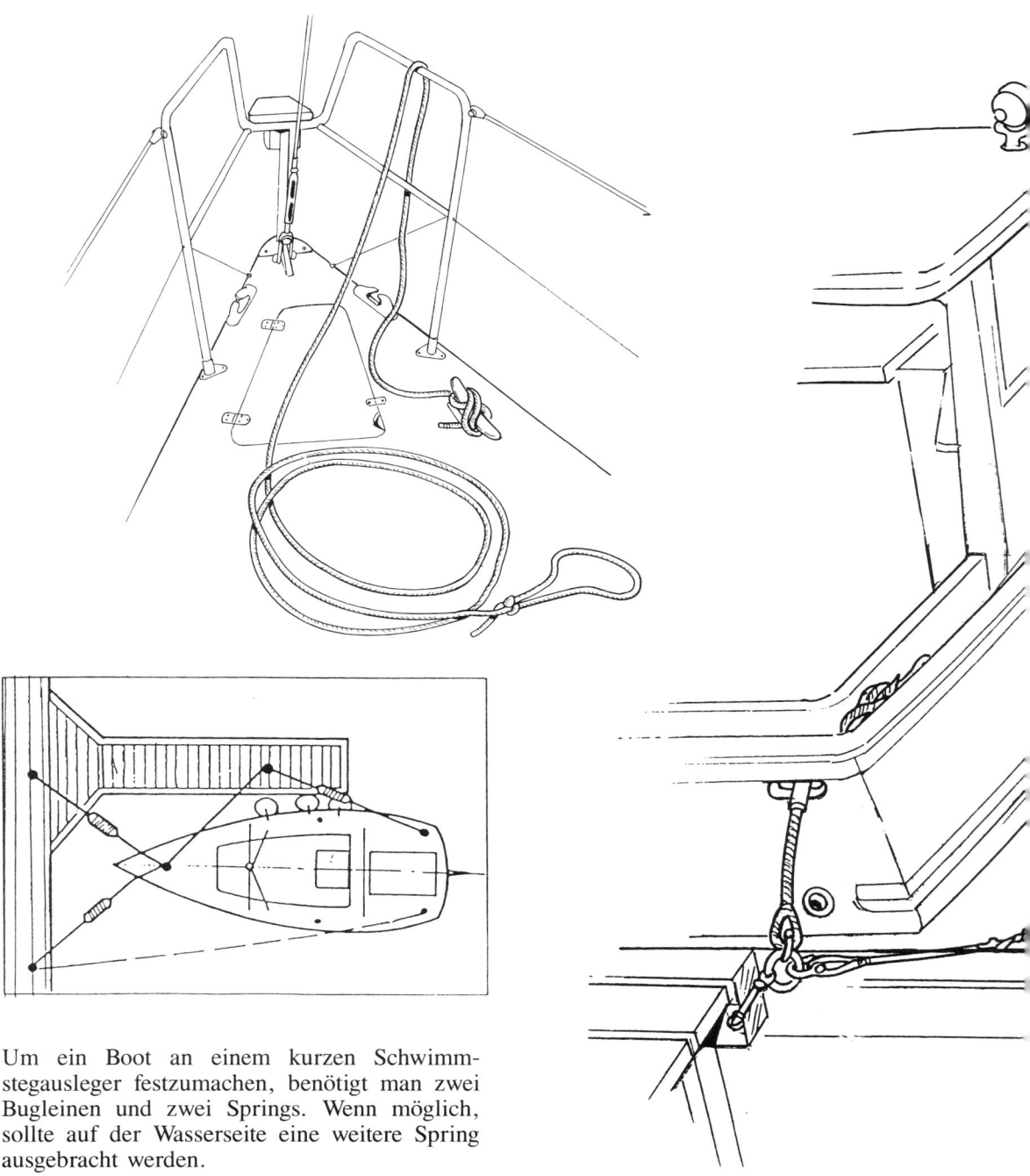

Um ein Boot an einem kurzen Schwimmstegausleger festzumachen, benötigt man zwei Bugleinen und zwei Springs. Wenn möglich, sollte auf der Wasserseite eine weitere Spring ausgebracht werden.

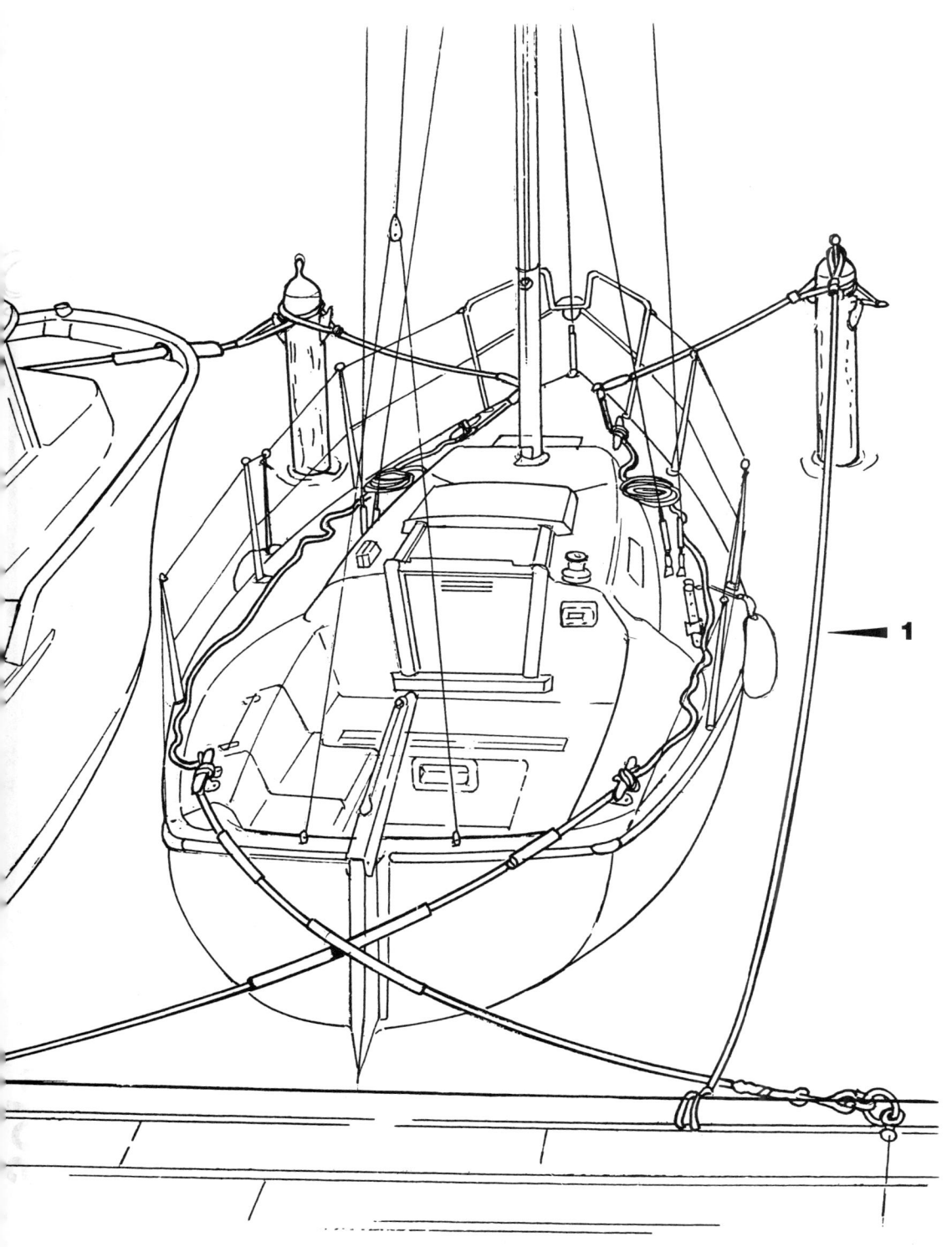

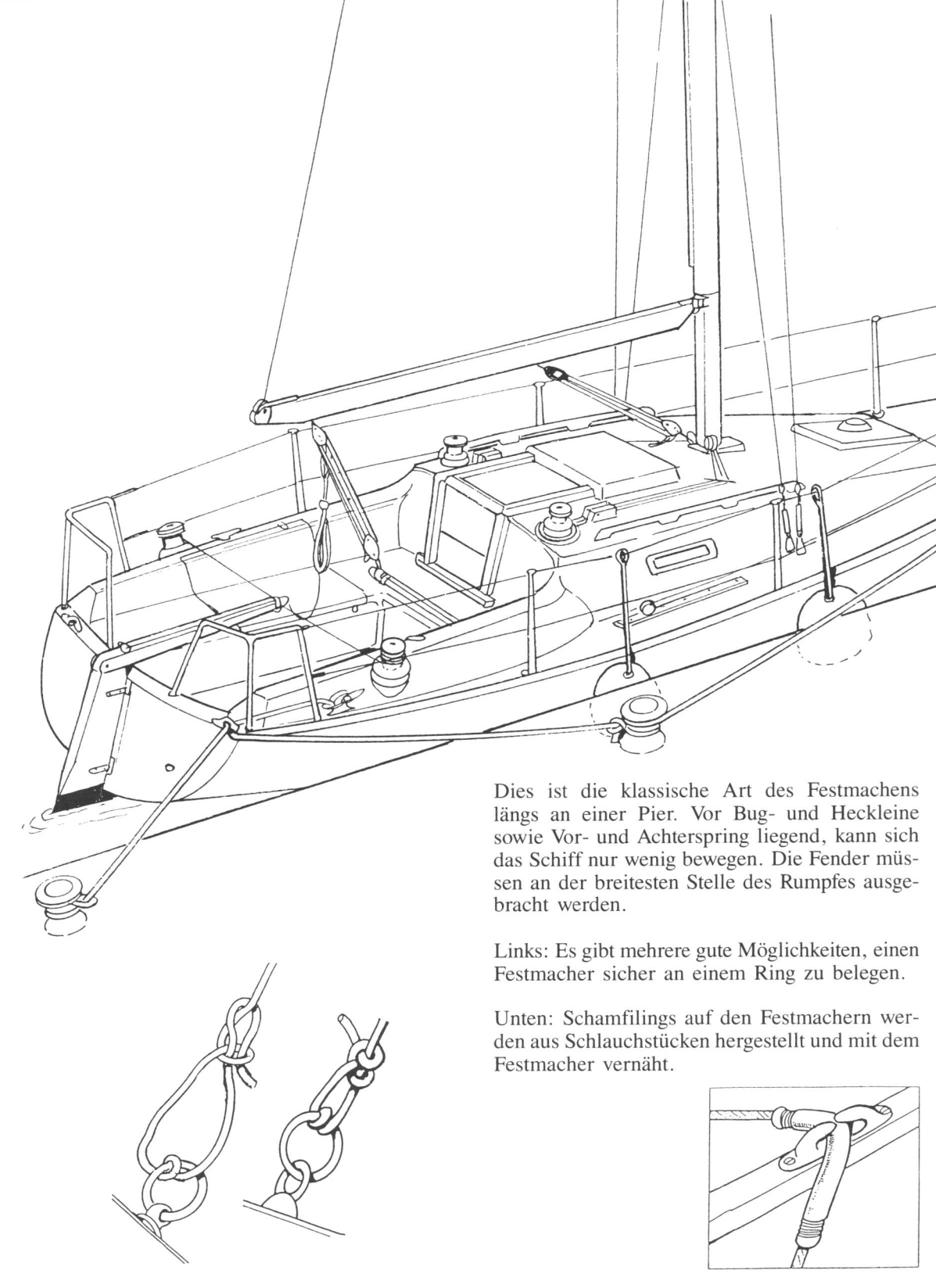

Dies ist die klassische Art des Festmachens längs an einer Pier. Vor Bug- und Heckleine sowie Vor- und Achterspring liegend, kann sich das Schiff nur wenig bewegen. Die Fender müssen an der breitesten Stelle des Rumpfes ausgebracht werden.

Links: Es gibt mehrere gute Möglichkeiten, einen Festmacher sicher an einem Ring zu belegen.

Unten: Schamfilings auf den Festmachern werden aus Schlauchstücken hergestellt und mit dem Festmacher vernäht.

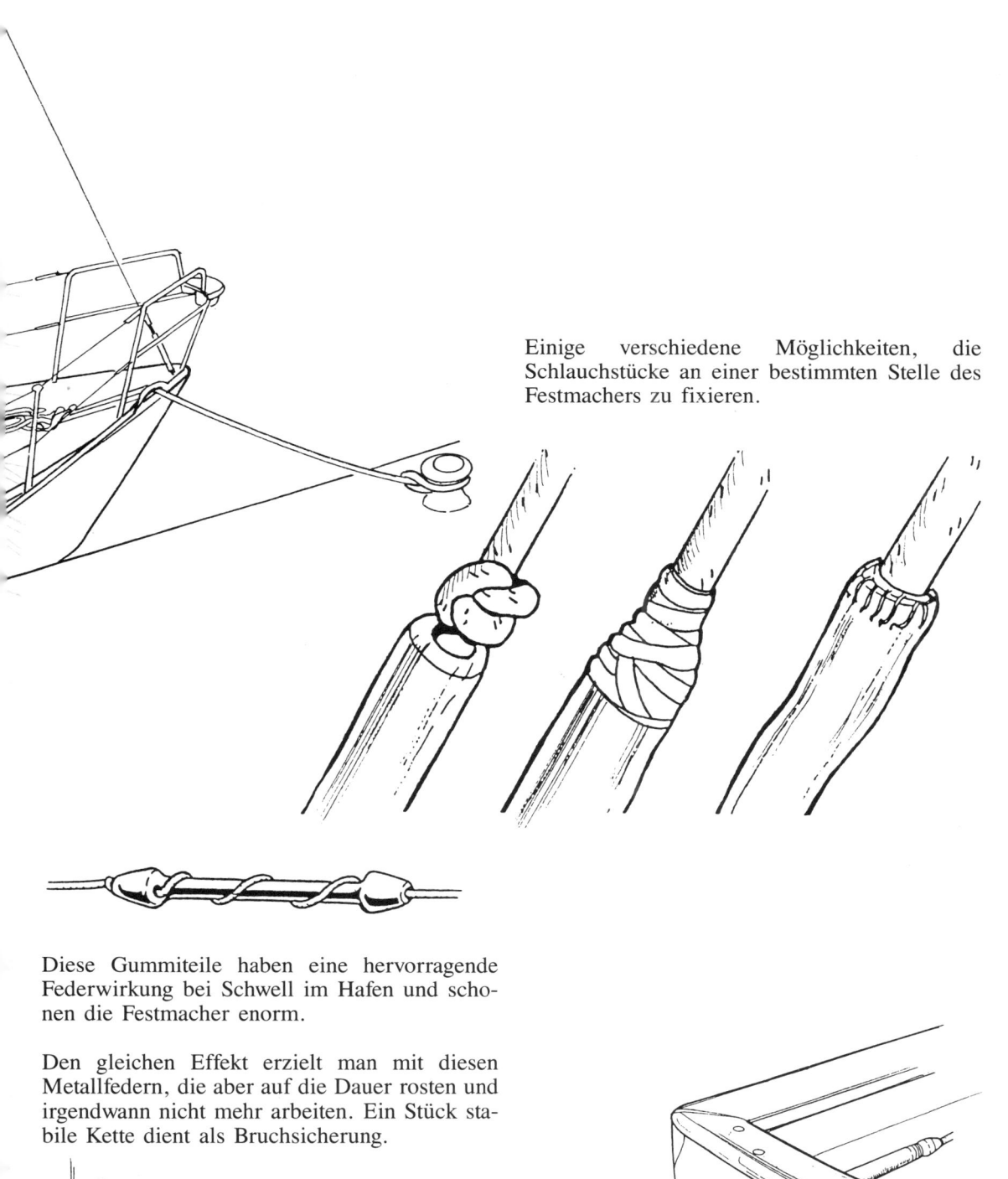

Einige verschiedene Möglichkeiten, die Schlauchstücke an einer bestimmten Stelle des Festmachers zu fixieren.

Diese Gummiteile haben eine hervorragende Federwirkung bei Schwell im Hafen und schonen die Festmacher enorm.

Den gleichen Effekt erzielt man mit diesen Metallfedern, die aber auf die Dauer rosten und irgendwann nicht mehr arbeiten. Ein Stück stabile Kette dient als Bruchsicherung.

Die Deutsche Bibliothek — CIP-Einheitsaufnahme

Manöver für Segler / Robbert Das; Erik v. Krause. —
Bielefeld : Delius Klasing, 1992
  ISBN 3-7688-0741-X
NE: Das, Robbert; Krause, Erik von

© Copyright by Delius, Klasing & Co., Bielefeld
Zeichnungen: Robbert Das
Foto (Erik v. Krause auf dem Einband):
Peter Neumann, YPS, Hamburg
Einbandgestaltung: Siegfried Berning
Layout: Ekkehard Schonart
Printed in Germany 1992
Gesamtherstellung:
Hans Kock Buch- und Offsetdruck GmbH, Bielefeld